Das Zahlenbuch

Lehrerband

1

von Erich Ch. Wittmann, Gerhard N. Müller
unter Mitwirkung von
Marcus Nührenbörger und Ralph Schwarzkopf

Bearbeitung der Ausgabe 2017:
Marcus Nührenbörger, Ralph Schwarzkopf,
Melanie Bischoff, Daniela Götze, Birgit Heß

Ernst Klett Verlag
Stuttgart · Leipzig

Inhalt

Erste Orientierung

Das NEUE ZAHLENBUCH basiert auf dem langjährig bewährten und im Dialog mit der Praxis entwickelten didaktischen Konzept des ZAHLENBUCHs. Zugleich führt es dieses insofern weiter, als dass es eine umfassende Unterstützung für einen diagnosegeleiteten, differenziert strukturierten Mathematikunterricht bietet, der den gegenwärtigen Anforderungen im Kontext von Heterogenität und Inklusion sowie einer Orientierung an prozess- und inhaltsbezogenen Kompetenzen gerecht wird.

Wichtig für die Arbeit in der täglichen Praxis ist es, die Eckpfeiler des ZAHLENBUCHs zu kennen, die grundlegend sind für einen kind- und fachgerechten guten Mathematikunterricht und Lösungen für aktuelle Schlüsselprobleme des Unterrichts anbieten. Diese seien hier kurz erläutert.

Differenzierung

Die häufig aus der Praxis zurück gemeldeten Methoden zu Differenzierung bestehen darin, dass die Lehrkraft Gruppen von Kindern oder einzelnen Kindern Aufgaben für ein bestimmtes Lernziel zuweist, die nach Einschätzung der Lehrkraft dem jeweiligen Lernstand entsprechen. Es gibt Werke, bei denen die Kinder weitgehend unabhängig voneinander Heftchen für Heftchen abarbeiten. Dadurch werden aber nicht nur die Bildungsstandards verfehlt, auch soziales Lernen wird verhindert. Individuelle Förderung wird verwechselt mit individueller Beschäftigung. Im ZAHLENBUCH wird ein grundsätzlich anderer Weg der Differenzierung beschritten: Das Buch ist so konzipiert, dass Kinder mit unterschiedlichen Voraussetzungen, Interessen und Möglichkeiten *gemeinsam* damit arbeiten können und gleichwohl *individuell* gefördert werden. Die Differenzierung ergibt sich aufgrund des besonderen Aufbaus und der Auszeichnung der Aufgaben von selbst:

Das ZAHLENBUCH bietet eine Grundlage für den Erwerb der Kenntnisse und Fertigkeiten, die für das weitere Lernen notwendig und daher für *alle* Kinder in gleicher Weise verbindlich sind. Alle Themenblöcke enden mit einem Rückblick, in dem diese Basiskompetenzen noch einmal aufgegriffen und gesichert werden.

Auf dieser Basis bauen Lernangebote auf, die sich ebenfalls an *alle* richten, aber von jedem Kind nach seinen Möglichkeiten individuell wahrgenommen werden können und dürfen (*natürliche Differenzierung*). Die Differenzierung zeigt sich nicht allein in einer unterschiedlichen Anzahl an bearbeiteten Aufgaben, sondern gerade auch darin, dass die Lernenden auf unterschiedliche Weise mathematische Zusammenhänge erkennen und darstellen sowie erörtern und reflektieren können. Ferner bietet das ZAHLENBUCH sowohl zahlreiche offene Aufgaben an, die von den Kindern mit selbstgewählten Zahlen und Umfang bearbeitet werden, als auch die wiederkehrenden Seiten zum *Forschen und Finden*, die nach einem niederschwelligen Einstieg Vertiefungen der inhaltlichen und prozessbezogenen Kompetenzen zum Ziel haben.

Damit das Potenzial aller Aufgaben für den Lernprozess der Kinder schneller und transparenter erkennbar ist, wurden sie in vier verschiedene Kategorien von Übungen eingeteilt und entsprechend gekennzeichnet:

- Grundlagen aufbauen und sichern,
- Zusammenhänge entdecken und anwenden,
- Beziehungen reflektieren und nutzen,
- selbstgesteuert üben und Aufgaben produzieren.

Die Kinder werden natürlich bei der Bearbeitung der Übungen unterschiedlich weit kommen. Das ist aber kein Problem, sondern eine Lernchance: Gerade wegen der unterschiedlichen Bearbeitungen ist ein sozialer Austausch möglich, den wir als hohes Gut ansehen. Wenn beispielsweise die Ergebnisse von Rechnungen an der Tafel zusammengetragen werden, damit auf dieser Grundlage Muster erkannt und beschrieben werden, können auch Kinder einbezogen werden und den Anschluss finden, die selbst nur wenige Rechnungen durchgeführt haben.

Eigenaktives und interaktives Lernen

Die Lernenden erhalten umfangreiche Unterstützungen beim Entdecken und Verstehen der mathematischen Inhalte. Dazu werden die Kinder zu Beginn eines Themenblocks stets angeregt, eigenständig inhaltliche Vorstellungen zu entwickeln und Lösungen zu erproben, die an ihre Vorerfahrungen anknüpfen. Die Eigenaktivität der Lernenden in der Auseinandersetzung mit Materialien ist grundsätzlich von besonderer Bedeutung. Aber sie darf sich nicht auf konkrete Handlungen mit Materialien beschränken. Diese sind zugleich verbal zu beschreiben, bildlich darzustellen oder symbolisch zu notieren, um langfristig verinnerlichte Vorstellungen aufzubauen, die eigenständig verändert werden können. Diese Vernetzung der Darstellungsebenen ist eine wesentliche Voraussetzung für die Entwicklung mathematischer Kompetenzen.

Zugleich müssen die Kinder aber ihre Ideen mit anderen Kindern austauschen, um neue Erkenntnisse aufzubauen oder zu sichern. Daher bieten wir im ZAHLENBUCH von Anfang an zahlreiche Aktivitäten an, gemeinsam mit anderen Kindern und auch spielerisch mathematische Handlungen durchzuführen, Fragestellungen und Lösungswege zu erkunden und über Mathematik zu sprechen.

Übung der Basiskompetenzen

Zum Grundangebot gehört der „Blitzrechenkurs“ mit zehn Übungen pro Schuljahr, der ständig auf der Tagesordnung stehen muss. Allen Beteiligten muss bewusst gemacht werden, dass es sich lohnt, an dieser Stelle intensiv und fortgesetzt zu üben. Hilfreich ist hier der Vergleich mit dem Sport, wo Fitness- und Konditionsprogramme eine Selbstverständlichkeit sind. Wer sich körperlich fit hält, kann körperlich etwas leisten. Wer in der Mathematik die Basiskompetenzen übt, kann damit seine mathematische Leistung steigern. Zum Wesen der Basiskompetenzen gehört es ja, dass sie ständig benutzt werden.

Jede Blitzrechenübung wird an der entsprechenden Stelle im Schülerbuch eingeführt. Die Kinder lernen dabei, sich gegenseitig Aufgaben zu stellen.

Die Praxis des Blitzrechnens wird unterstützt durch die Rechenkartei „Blitzrechnen. Basiskurs Zahlen“, die CD-ROM „Blitzrechnen“ und die Blitzrechnen-App. Die Rechenkartei für jedes Schuljahr enthält ca. 400 Aufgabenkarten. Auf der Vorderseite jeder Karte ist eine Aufgabe symbolisch und bildlich dargestellt. Die Lösung steht auf der Rückseite. Mit der Kartei können alle Kinder trainieren. Sie kann auch eine Hilfe sein für externe Rechentrainer. Die CD-ROM „Blitzrechnen“ bietet noch mehr Möglichkeiten. Insbesondere enthält sie Testmodule, mit denen die Kinder ihre Lernfortschritte selbst überprüfen können. Diese CD gibt es in einer Einzelplatzversion und einer Netzwerkversion für eine ganze Schule, jeweils für die Klassen 1/2 und 3/4. Außerdem können mit den Arbeitsheften mit CD-ROM auch die jahrgangsbezogenen Teile einzeln erworben werden. Die App enthält die

Erste Orientierung

gleichen interaktiven Übungen und Auswertungsmöglichkeiten wie die Software. Auch im Sachrechnen und in der Geometrie gibt es Basiskompetenzen, die besondere Übungsanstrengungen erfordern. Hierfür stehen die Karteien „Sachrechnen im Kopf. Basiskurs Größen 1/2 und 3/4“ sowie „Geometrie im Kopf. Basiskurs Formen“ (ab Klasse 3) zur Verfügung.

Förderung von Kindern mit Schwierigkeiten beim Mathematiklernen

Der Erfolg in der Mathematik steht und fällt mit dem Aufbau von Verständnis. Was man verstanden hat, kann man besser anwenden und behalten. Damit hat man auch für das Weiterlernen eine bessere Grundlage. Dies kann man nicht oft genug betonen. **Wegen seines auf Verständnis ausgerichteten Ansatzes bewährt sich das ZAHLENBUCH gerade bei Kindern, die Schwierigkeiten beim Aufbau mathematischer Verständnisgrundlagen zeigen, wie empirische Untersuchungen zeigen.**
Mehrere Elemente des Werkes wirken sich hier positiv aus:
- der schlüssige Aufbau des Werkes
- die wiederkehrende, Lehr-/Lernstrukturen und übersichtliche Doppel-Seitenstrukturierung, die den Aufbau eines ganzheitlichen mathematischen Verständnisses unterstützen,
- die kleine Anzahl gut ausgewählter Anschauungsmittel, die langfristig tragbar sind und als Hilfs- und Erkenntnismittel genutzt werden können,
- die prägnanten zeichnerischen Darstellungen und Sprechweisen als zugängliche Anregung für mathematische Aktivitäten,
- die durchgehenden Übungsformate, die eine Konzentration auf den Inhalt ermöglichen,
- die vielen offenen Aufgaben und reflektiven Übungen, die eine Bearbeitung auf unterschiedlichen Niveaus erlauben.

All dies hilft auch den Erklärungsbedarf zu reduzieren und trägt zur Entlastung der Lehrkräfte bei.
Darüber hinaus ist gerade auch der Blitzrechenkurs ein *eingebautes Förderprogramm* für die Kinder, die Schwierigkeiten beim Mathematiklernen zeigen und ausreichend Zeit benötigen. Denn er umfasst nicht nur das übliche Kopfrechnen, sondern auch grundlegende Zahlvorstellungen und Zahlbeziehungen, die für das Verständnis entscheidend sind. Der Kurs konzentriert sich auf die Basiskompetenzen, die ja so heißen, weil von ihnen andere Kompetenzen abhängen.
Für eine intensive Übung der grundlegenden Anforderungen kann auch die Reihe *„Verstehen und Trainieren. Grundaufgaben zum ZAHLENBUCH“* ergänzend zum Arbeitsheft eingesetzt werden. In der Reihe geht es nicht um das bloße Rechentraining, sondern um Üben im Hinblick auf Verständnis.
Für das überarbeitete ZAHLENBUCH wurden zur Förderung von Kindern mit größerem Unterstützungsbedarf zudem noch weitere ergänzende Materialien entwickelt:

(1) Der *Förderkommentar Lernen* bietet Anregungen dafür, wie schwächere Kinder bei der Bewältigung der mathematischen Grundlagen bei der Arbeit am ZAHLENBUCH unterstützt werden können. Dazu werden ausgewählte Seiten des ZAHLENBUCHs, auf denen die grundlegenden mathematischen Inhalte thematisiert werden, um weitere Förderseiten ergänzt. Besondere Förderansätze werden anhand der zugehörigen ZAHLENBUCHseiten und mit Hilfe eines eigens dazu entwickelten zusätzlichen Förderhefts aufgezeigt.

(2) Der *Förderkommentar Sprache* widmet sich einer weiteren Schwierigkeit bei der Organisation des heutigen Mathematikunterrichts: Für viele Kinder ist die Sprache ein Problem für die erfolgreiche Teilhabe am (Mathematik-)unterricht, so dass mehr und mehr die Anforderungen für einen sprachsensiblen Unterricht in den Vordergrund rücken. Im Förderkommentar finden sich zu ausgesuchten Themenbereichen und Schulbuchseiten des ZAHLENBUCHs Hinweise für die Identifizierung und Überwindung sprachlicher Hürden im Mathematikunterricht.

(3) Die Lernzielkontrollen werden um eine Variante ergänzt, die für Lernende mit Schwierigkeiten eine zugängliche Form der Leistungskontrolle darstellen kann, da hierbei der Zahlenraum und die Anzahl der Aufgaben reduziert sind.

Das Ziel aller Zusatzmaterialien liegt ganz klar darin, die Kinder weitestgehend im Unterricht zu fördern und den verstehensorientierten Ansatz des ZAHLENBUCHs für die Überwindung der inhaltlichen und sprachlichen Schwierigkeiten fortzuführen.
Mit Blick auf den inklusiven Unterricht empfehlen wir dringend, dass bei Kindern mit zusätzlichem Förderbedarf primär auf die Möglichkeiten des ZAHLENBUCHs und seiner Begleitmaterialien zurückgegriffen wird, da nur dadurch das gerade für diese Kinder wichtige, inhaltlich stimmige Lernen gesichert werden kann. Von besonderer Bedeutung für gemeinsames Lernen im inklusiven Unterricht sind folgende Kernmerkmale des neuen ZAHLENBUCHs:
- die Akzentuierung der Basiskompetenzen und die Fokussierung auf materialgestützte Zugänge,
- die klare visuelle Strukturierung und Konzentration auf wenige, nachhaltig tragfähige Anschauungsmittel,
- die sprachsensible Aufbereitung von Aufgabenstellungen und die Unterstützung kommunikativer Lernsituationen und
- die klar strukturierten Anregungen und Anleitungen zum eigenständigen und kooperativen Lernen.

Förderung mathematisch interessierter und/oder begabter Kinder

Mathematisch interessierte und begabte Kinder werden im ZAHLENBUCH durch die zahlreichen Aufgaben zum Erkunden und Beschreiben von mathematischen Problemstellungen gefördert. Dadurch finden sie im Klassenverband kognitiv herausfordernde Anregungen, ohne vom gemeinsamen Thema aller Lernenden getrennt zu werden. Auch werden auf den Seiten zum *Forschen und Finden* Aufgabenformate vorgestellt, die immer ein Angebot zur vertieften und zusätzlichen mathematischen Auseinandersetzung darstellen. Zur weiteren Förderung steht ferner die Reihe *„Probieren und Kombinieren. Igelaufgaben zum ZAHLENBUCH“* zur Verfügung, die aber keinesfalls als exklusives Angebot für diese Gruppe zu verstehen ist. Auch andere Kinder können und sollen sich an diesen Aufgaben versuchen. *Probieren* ist eine mathematische Grundstrategie, die gerade dann eingesetzt wird, wenn man noch keine Lösungsstrategien kennt.
Da das ZAHLENBUCH mathematisch gehaltvoll ist, können mathematisch interessierte oder begabte Kinder viele Themen des Buches selbstständig weiterführen. Entsprechend werden diese Kinder insbesondere dadurch gefördert, dass sie das Potenzial der zahlreichen offenen Aufgaben zum selbstgesteuerten Üben voll ausreizen. Zudem werden sie auf den Seiten zum *Forschen und Finden* angemessene Anreize finden.

Allgemeine Praxishinweise

In diesem Abschnitt sollen Hinweise vorweg genommen werden, die für den Unterricht generell wichtig sind. Dies erspart bei den Hinweisen zu den einzelnen Seiten Wiederholungen.

Im ZAHLENBUCH werden mathematische Grundideen von der Frühförderung beginnend über die Schulstufen hinweg konsequent entwickelt. Dies wird in der Grundkonzeption erläutert. Umfassende mathematikdidaktische Hinweise finden sich auf eingeschobenen Seiten vor jedem Themenblock.

Lernumgebungen und didaktische Situationen

In den letzten Jahren hat es sich eingebürgert, den Unterricht in „Lernumgebungen" zu gliedern. Durch diese Bezeichnung kommt zum Ausdruck, dass den Lernenden Spielräume für eigene Aktivitäten geboten werden müssen. Eine Lernumgebung kann kleinere Lernumgebungen enthalten und selbst Teil einer umfassenderen Lernumgebung sein. Das ZAHLENBUCH wurde so konzipiert, dass in der Regel jede Doppelseite als Lernumgebung erscheint. Das betreffende Thema wird in der Überschrift benannt.

Man kann die Beschreibung einer Lernumgebung mit einem Theaterstück vergleichen, das aufgeführt werden soll. Die Lehrkraft führt dabei Regie. Als Regisseurin hat sie selbst Freiheiten, die sie nutzen darf und soll. Die in diesem Begleitband unter der Rubrik „Wie kann man vorgehen?" gemachten Regiehinweise sind daher grundsätzlich nur als Empfehlungen zu verstehen.

Für die Unterrichtsorganisation hat sich eine Unterscheidung „didaktischer Situationen" bewährt, die der französische Didaktiker Guy Brousseau vorgeschlagen hat:

1. Einführung in eine Lernumgebung
2. Aktive Bearbeitung der Aufgaben durch die Kinder
3. Bericht und Diskussion
4. Reflexion (Erklärung eines Lösungswegs, Begründung eines Musters
5. Zusammenfassung („Institutionalisierung")

Der Lehrkraft und den Kindern fallen bei den einzelnen Situationen unterschiedliche Aufgaben zu:

Zu 1: Bei der Einführung in eine Lernumgebung geht es darum, die Aufgabenstellung möglichst klar zu beschreiben. Dies geschieht am besten mit Hilfe prägnanter Beispiele. Vor der Arbeit mit dem Buch müssen immer Aktivitäten stehen, die auf die Aufgabenstellungen im Buch vorbereiten. Dafür werden in der Regel einzelne Aufgaben aus dem Buch herausgegriffen. Im ersten Schuljahr müssen Texte, für welche die Lesefähigkeiten der Kinder noch nicht ausreichen, vorgelesen werden.

Zu 2: Wenn die Aufgabenstellung verstanden ist, sollen die Kinder möglichst selbstständig arbeiten, alleine, in Zweiergruppen oder in Kleingruppen. Die Lehrkraft muss sich nur vergewissern, ob alle verstanden haben, worum es geht und ggf. steuernd eingreifen. In manchen Fällen arbeitet die gesamte Klasse gemeinsam an einer Aufgabe.

Zu 3: Nach Bearbeitung der Aufgabenstellung werden die Ergebnisse z.B. an der Tafel gesammelt, von den jeweiligen Kindern präsentiert, überprüft und gemeinsam geordnet. Beim Austauschen über die verschiedenen Lösungswege und Ergebnisse achtet die Lehrkraft auf die Nutzung einer Fachsprache, indem sie konsequent als sprachliches Vorbild agiert, Fachbegriffe visualisiert und sammelt sowie auf diese regelmäßig verweist.

Zu 4: In der Reflexionsphase ist es das Ziel, die Kinder zu Erklärungen von Lösungswegen und zu Begründungen von Mustern anzuleiten. Dazu müssen Impulse gegeben werden, die auf die zentralen mathematischen Inhalte fokussieren, ein Gespräch zwischen den Kindern initiieren und eine breite Beteiligung ermöglichen.

Zu 5: Zum Abschluss der Arbeit werden die wichtigen Ergebnisse von der Lehrperson herausgestellt und zusammengefasst.

Wie ersichtlich beschreiben diese Situationen die idealtypische Abfolge der Phasen, die bei der Untersuchung einer mathematischen Aufgabenstellung durchlaufen werden. Sie müssen natürlich von der Lehrkraft den faktischen Bedürfnissen des eigenen Unterrichts angepasst werden und hängen auch von den aktuell behandelten Schulbuchseiten ab. Wenn z.B. auf einer Seite nur Übungsaufgaben zu einer vorher eingeführten Fertigkeit gerechnet werden, bedarf es keiner neuen Einführung und die Besprechung kann kurz gehalten werden. Wenn die Kinder in Kleingruppen Blitzrechnen üben, ist nur die Situation 2 relevant. Bei der Überarbeitung des ZAHLENBUCHs wurde verstärkt darauf geachtet, dass die Kinder eine Vielzahl der Übungen in Eigenregie durchführen können – die Betonung des selbstständigen Arbeitens darf aber natürlich nicht bedeuten, dass die Kinder allein gelassen werden.

Die unterschiedlichen Rollen der Lehrkraft und der Kinder bei den einzelnen Situationen gehen aus folgender Tabelle hervor:

Situation	Lehrkraft	Kinder
Einführung	Aufgabe vorstellen und erklären, Probehandeln durchführen, an erste Erkundungen heranführen, Vermutungen sammeln	Vorerfahrungen aktivieren, zuschauen, zuhören, mitmachen, Ideen einbringen
Aktive Bearbeitung	beobachten, Hinweise geben, unterstützen	Individuelles Arbeiten, Zusammenhänge erkunden, mit anderen austauschen und ordnen
Sammlung der Ergebnisse, Bericht	zuhören, nachfragen	berichten und vorstellen, zuhören und ordnen, Erkenntnisse systematisieren
Reflexion	Blick öffnen, anleiten und vernetzen	erklären, begründen und auf andere Beiträge eingehen
Zusammenfassung	prägnant darstellen	zuhören, nachfragen
Übung	beobachten, Hinweise geben, unterstützen	wiederholen und trainieren, automatisieren

Allgemeine Praxishinweise

Unterricht in inklusiven Klassen

In inklusiven Klassen kann erfolgreich mit den entsprechenden Jahrgangsbänden und den zusätzlichen Unterstützungsmaterialien des ZAHLENBUCHs gearbeitet werden. Für einen inklusiven Unterricht gelten grundsätzlich die gleichen didaktischen Prinzipien wie für einen guten „nicht-inklusiven“ Mathematikunterricht. Zugleich sind aber einzelne Prinzipien unter der Bedingung des gemeinsamen Lernens womöglich noch stärker hervorzuheben – dies betrifft insbesondere die Differenzierung, die konsequent berücksichtigt werden muss, ebenso die durchgängige Beachtung der unterschiedlichen Darstellungsebenen mit Akzentuierungen auf material- und sprachgestützte Aufgabenstellungen. In diesem Sinne sollte ein inklusiver Mathematikunterricht in erster Linie auf dem grundlegenden mathematikdidaktischen Konzept des ZAHLENBUCHs aufbauen. Um aber allen Kindern gerecht zu werden, bedarf es gezielter Aufmerksamkeit auf die Lernenden, die beim Lernen zusätzliche Unterstützung benötigen.

Im Konzept des ZAHLENBUCHs sollen diese Kinder nicht durchgehend an isolierten Aufgabenstellungen getrennt von den anderen Kindern lernen. Vielmehr ist es das Anliegen des ZAHLENBUCHs, die größtmögliche fachliche Teilhabe aller Kinder am Mathematikunterricht zu gewährleisten, ohne individuelle Unterstützungen und auch zeitweilig fokussiertes Arbeiten an spezifischen Grundlagen auszuschließen. Dies gelingt in besonderer Weise, wenn der Mathematikunterricht an den fachlichen Kernideen orientiert ist und somit für alle Kinder wiederkehrend Zugänge zu den Basiskompetenzen ermöglicht.

Durch den analogen Aufbau der ZAHLENBÜCHER können auch Kinder, die z.B. in den Klassen 3 oder 4 zieldifferent unterrichtet werden, an den ZAHLENBÜCHERN 1 oder 2 arbeiten, da sich immer wieder inhaltliche Schnittmengen ergeben, die ein gemein sames Lernen an einer mathematischen Grundidee trotz unterschiedlicher ZAHLENBÜCHER ermöglichen (z.B. Aufbau von Zahl- und Operationsvorstellungen in verschiedenen Zahlenräumen).

In erster Linie schafft hierbei das Prinzip der natürlichen Differenzierung Möglichkeiten für alle Kinder, auf unterschiedlichen Niveaus an einem gemeinsamen Thema zu arbeiten, ohne einzelne Kinder vollständig im Fach zu separieren. Darüber hinaus sichern materialgestützte Angebote ebenso wie visuelle und sprachliche Unterstützungen bei der Auseinandersetzung mit Aufgabenstellungen zum einen Zugänglichkeit für alle Lernende, zum anderen auch Anregungen für verstehensorientiertes Arbeiten. Zu guter Letzt liefern auch die kooperativen Angebote des ZAHLENBUCHs einen bedeutsamen Eckpfeiler für einen erfolgreichen inklusiven Mathematikunterricht. Denn in der Kultur einer kleinen Lerngruppe können auch Kinder mit besonderen Bedürfnissen unterstützend und kooperativ gefördert werden.

Für das überarbeitete ZAHLENBUCH wurden zur Förderung von Kindern mit größerem Unterstützungsbedarf zudem noch die *Förderkommentare Lernen* und *Sprache* entwickelt. Diese bieten zusätzliche Hinweise, Anregungen und Aufgabenstellungen, wie einzelne Kinder mit Blick auf die grundlegend für gemeinsames Lernen geeigneten Inhalte des ZAHLENBUCHs unterstützt werden können.

Unterricht in altersgemischten Klassen

In altersgemischten Klassen kann ebenso erfolgreich mit den entsprechenden Jahrgangsbänden des ZAHLENBUCHs gearbeitet werden. Die einzelnen mathematischen Themen eines Jahrgangs sind parallelisiert aufgebaut, so dass alle Kinder einer altersgemischten Klasse in einen thematischen Block eingeführt werden können. Anschließend arbeiten die Kinder in Einzelarbeit oder in Kleingruppen an spezifischen Fragestellungen, die zum Buch der jeweiligen Jahrgangsklasse passen und zugleich die Aufgabenstellungen in den unterschiedlichen Zahlenräumen verknüpfen. Ebenso wie im inklusiven Mathematikunterricht können auch im altersgemischten Unterricht nicht alle Themen zeitgleich von allen Kindern erlernt werden. Für das altersgemischte Lernen sind aber die Themen von besonderer Bedeutung, zwischen denen es vom Fach her auch Beziehungen gibt. Die Erkundung von Rechenwegen und die damit verbundene geschickte Nutzung von einfachen Aufgaben zur Bearbeitung schwieriger Aufgaben ist sowohl im Zahlenraum bis 20 als auch über 20 für die Kinder bedeutsam. Es kann hierbei sogar als jahrgangsälterer Lernender hilfreich sein, zu sehen, wie man früher gelernt hat und wie die Rechenstrategien im kleineren Zahlenraum für den größeren Zahlenraum nutzbar gemacht werden können. Die jahrgangsjüngeren profitieren zugleich nicht allein von der Unterstützung der erfahreneren Schülerinnen und Schüler, sondern erahnen bereits, wie sinnstiftend die Rechenkünste im kleineren Zahlenraum für das weitere mathematische Treiben sind.

Der Unterricht muss unter den Bedingungen des jahrgangsgemischten Mathematiklernens in Abhängigkeit zum jeweiligen mathematischen Thema auf verschiedene Weise organisiert werden: Soll eine Lerngruppe gezielt in eine Lernumgebung eingeführt werden oder sollen nur mit einer bestimmten Lerngruppe Ergebnisse, besprochen, reflektiert bzw. zusammengefasst werden, so müssen die anderen Kinder/Kleingruppen in dieser Zeit selbstständig am ZAHLENBUCH arbeiten. Sollen die Lernenden an parallelen Aufgabenstellungen arbeiten, wird das übergreifende mathematische Thema an Beispielen aus den jeweiligen Zahlenräumen eingeführt. Anschließend arbeiten die Kinder eigenständig an den inhaltlich ähnlichen Aufgabenstellungen der jeweiligen ZAHLENBÜCHER, so dass sogar eine gemeinsame Abschlussreflexion mit allen Kindern der Klasse denkbar wäre. Die Aufgaben zum selbstständigen Mathematiklernen eignen sich schließlich in herausragender Weise zum gemeinsamen altersgemischten Mathematiklernen. Denn die Kinder erfinden Aufgaben und arbeiten miteinander ganz unabhängig vom Einschulungsalter.

Inklusiver oder altersgemischter Mathematikunterricht ist ohne Zweifel anspruchsvoll. Wenn an den Zielsetzungen des Mathematikunterrichts keine Abstriche gemacht werden sollen, wird hierzu ein Buch benötigt, das bewusst das eigenständige und gemeinsame Arbeiten in wohldosierter Balance fördert. Das ZAHLENBUCH genügt diesen Ansprüchen.

Stoffverteilung

Nicht alle Seiten/Doppelseiten erfordern den gleichen Aufwand. Langsamer vorgehen muss man bei der Grundlegung von Themen, um ein solides Verständnis aufzubauen. Ansonsten empfiehlt sich ein zügigeres Tempo. Im ZAHLENBUCH werden alle grundlegenden Themen des Bereichs „Zahlen und Operationen“ in mehreren Durchgängen behandelt und die Basiskompetenzen im „Blitzrechnen“ das gesamte Schuljahr hindurch geübt. Daher wird kein Kind „abgehängt“. Zudem werden explizit zu diesen Seiten Hinweise im *Förderkommentar Lernen* gegeben, wie mit Kindern mit besonderem Unterstützungsbedarf hierzu fachlich konzentriert weitergearbeitet werden kann.

Bereits beim ersten Themenblock wird dieses Konstruktionsprinzip deutlich: Immer geht es um Anzahlen, die Zahlenreihe oder Ordnungszahlen. Immer steht die strukturierte Anzahlerfassung im Mittelpunkt. Bei dem Einspluseins folgt nach den Plusaufgaben in der Umwelt deren Übertragung auf das Zwanzigerfeld. Im nächsten Durchgang schließen sich Übungen an strukturierten Aufgabenformaten und die Vertiefung an der Einspluseintafel an. Begleitet wird dies durch die entsprechenden Blitzrechenübungen, die den Unterricht ständig begleiten. Es sind immer die gleichen Grundideen, die nach dem Spiralprinzip entwickelt werden. Das ZAHLENBUCH ist nicht als Angebot aufzufassen, Seite für Seite und Aufgabe für Aufgabe abzuarbeiten. Denn es enhält eine Vielzahl an wiederkehrenden Aufgabenstellungen, die für die Kinder anschaulich und zugänglich aufbereitet werden. Die Lernziele lassen sich auch mit dem sprichwörtlichen „Mut zu Lücke" erreichen, zumal diese Lücken in den weiteren Durchgängen auch sukzessiv gefüllt werden.
Wenn alle diese Punkte beachtet werden, sollte kein Stoffdruck entstehen.

Als grobe Anhaltspunkte für die Stoffverteilung[1] haben sich folgende Angaben bewährt:

1. Halbjahr: Orientierung und Einführung	2. Halbjahr: Festigung und Vertiefung
Bis zu den Herbstferien: Entwicklung des Zahlbegriffs	*Bis zu den Osterferien:* Addieren und Subtrahieren
Herbstferien bis Weihnachten: Orientierung im Zwanzigerraum, Einführung der Addition	*Ostern bis Schuljahresende:* Zahlen und Aufgaben vergleichen
Weihnachten bis Ende des 1. Halbjahrs: Einführung der Subtraktion	

Die Miniprojekte „Bald ist Weihnachten", „Bald ist Ostern" sind zeitlich einzupassen.

Einrichtung von Kleingruppen

Um das selbstständige Arbeiten der Kinder zu unterstützen, empfehlen wir generell eine Organisationsform, die auf den ersten Blick überraschend anmuten mag: die Einrichtung relativ fester Kleingruppen. Wenn vom 1. Schuljahr an viel Wert auf die Koordination kooperativer Lernphasen gelegt wird, bauen die Lernenden eine solidarisch arbeitende Lerngruppe auf, die auf der Selbstorganisation des Einzelnen fußt und zugleich die Organisation der Gemeinschaft sichert. Die Kinder unterstützen sich gegenseitig im Lernprozess, sind sich gegenseitig Vorbild bei der Bearbeitung von Aufgabenstellungen und bieten zudem vielfältige Anregungen, die ausgetauscht und diskutiert werden können. Jede Lerngruppe soll dazu Aufgaben, die sie selbst bewältigen kann, in eigener Regie bearbeiten, und nur dann Hilfe von der Lehrkraft anfordern, wenn die eigenen Kräfte nicht ausreichen. Somit werden zwischen das einzelne Kind und die Lehrkraft Kleingruppen mit in der Regel zwei Kindern als Zwischenebene eingeschoben. Die Kinder jeder Gruppe sollen sich gegenseitig helfen, natürlich ohne einander die Arbeit abzunehmen. Es empfiehlt sich, die Gruppen im Laufe eines Jahres mehrfach neu zu mischen. Obgleich die Organisation der Gruppen zu Beginn aufwändig ist, lohnt sich diese Investition.
Für einige Aufgabenstellungen des ZAHLENBUCHs sind Kleingruppen eine große Hilfe, z. B. deuten dies die Illustrationen oder auch das Symbol für Gruppenarbeit an. Ferner erleichtern Teams aus zwei Kindern das Blitzrechnen, da sich die Kinder gegenseitig Aufgaben stellen und kontrollieren können. In Mathekonferenzen erklären sich die Kinder gegenseitig ihre Rechen- und Lösungswege. Der möglichst selbstständige Umgang der einzelnen Kinder und der Kleingruppen mit dem Buch wird durch Lösungsbände zum Schülerbuch und zum Arbeitsheft unterstützt.

Potenzial zum selbstgesteuerten Üben

Viele Aufgaben im ZAHLENBUCH öffnen trotz kurzer Formulierung ein weites Übungsfeld, das von den Kindern allein oder in Partner- oder Gruppenarbeit bearbeitet werden kann. Das funktioniert in der Regel so, dass einige wenige Aufgaben zum Start vorgegeben sind und die Kinder weitere, dazu passende Aufgaben mit selbstgewählten Zahlen und in selbstgewählter Anzahl finden, notieren und lösen sollen. Weil man einigen Aufgaben dieses *Potenzial zum selbstgesteuerten Üben* auf den Blick nur schwer ansieht, wurden sie zur besseren Übersicht entsprechend ausgewiesen: Man erkennt sie durch den entsprechenden Hinweis im Schnellzugriff, aber auch bereits durch das Symbol ❀ direkt an der Aufgabe.

Potenzial zur Sprachförderung

Im Gegensatz zum traditionellen Rechenunterricht, der eher auf die Vermittlung von prozeduralem Wissen ausgerichtet war, legt der moderne Mathematikunterricht viel Wert auf die Durchdringung mathematischer Muster und Strukturen. Hierzu ist die Sprache ein notwendiges Hilfsmittel, denn die Darstellung von mathematischen Zusammenhängen ist prinzipiell sprachlicher Natur. Aus diesem Grunde ist die Erarbeitung von Mustern und Strukturen immer auch eine Situation, in der die Nutzung der Sprache inhaltsgebunden thematisiert werden kann und muss. Damit dieses *Potenzial zur Sprachförderung* transparent wird und bei der Unterrichtsvorbereitung sofort auffällt, wurden die zugehörigen Aufgaben ebenfalls im Schnellzugriff ausgezeichnet. Zudem werden die Kinder explizit aufgefordert und herangeführt, Zusammenhänge zu versprachlichen.

Themenblöcke

Die arithmetischen Inhalte sind so aufbereitet, dass sie in einem in sich geschlossenen Themenblock bearbeitet werden können. Dies bietet den Kindern die Möglichkeit, selbstständig innerhalb des Themenblocks voran zu schreiten und grundlegende Übungen zu bearbeiten. Jeder Themenblock schließt einerseits mit einem Rückblick auf die essentiellen Grundlagen. Dieser Rückblick soll Lehrkräften und Kindern transparent aufzeigen, welche Ziele sie in den thematischen Lernprozessen erreicht haben.
Andererseits bietet immer eine Seite zum Forschen und Finden herausfordernde neue Problemfelder, um mit den Kindern auf mathematische Entdeckungsreise zu gehen.

---

[1] *Ausführlicher Stoffverteilungsplan auf CD-ROM im Begleitband und im Internet zum Download www.zahlenbuchfanclub.de.*

Arbeits- und Demonstrationsmittel im Band 1

Im Folgenden werden die für das ZAHLENBUCH in Frage kommenden Arbeits- und Demonstrationsmittel beschrieben. Welche davon jeweils benötigt werden und welche Materialien sonst noch bereitgestellt werden müssen, ist bei den Hinweisen zu den einzelnen Doppelseiten unter der Rubrik „Was wird benötigt?“ angegeben.

Arbeitsmittel

Für die Arbeit mit dem Band 1 werden benötigt:
- *Zwanzigerreihe* (dem Schülerbuch beiliegend, für die Grundidee „Zahlenreihe“)
- *Zwanzigerfeld* (beiliegend, für die Grundideen „Rechnen“ und „Zehnersystem“)
- *Wendeplättchen* (rot/blau, für die Grundideen „Rechnen“ und „Zahlenmuster“)
- *Fünfer- und Zehnerstreifen* (beiliegend, rot/blau, für die Grundidee „Zehnersystem“)
- *Wendekarten* (beiliegend, für die Grundideen „Zahlenreihe“ und „Rechnen“)
- *Einspluseins-Tafel* (auf der Rückseite des Arbeitsheftes, für die Grundideen „Rechnen“ und „Zahlenmuster“)
- *Rechengeld* (Münzen und Scheine in Cent und Euro, für die Grundidee „Zahlen in der Umwelt“)
- *Legeplättchen* (beiliegend, für die Grundidee „Formen legen“)

Diese Arbeitsmaterialien wurden so ausgewählt, dass sie die arithmetischen Grundideen für den ersten Band voll abdecken.
Die Materialien sollten für die Schüler stets greifbar sein. Zur Aufbewahrung der Wendeplättchen und Wendekarten empfehlen sich verschließbare Dosen oder kleine Schachteln (wie sie für Kosmetikartikel benutzt werden).
Ferner sind folgende Arbeitsmaterialien erhältlich (Bestellnummern und Preise sind dem aktuellen Katalog für die Grundschule des Ernst Klett Verlags zu entnehmen):
- *Wendeplättchen*, Klassensatz mit 1500 Stück aus dickem Karton
- *Fünferstäbe*, 4 Fünferschiffchen mit 20 Wendeplättchen aus Holz
- Magnetische Wendeplättchen in Metallbox mit Zwanzigerfeld
- *Wendekarten*, im Zehner-Pack (zur Nachbestellung)
- *Der Hunderterrahmen*, 10 Zehnerschiffchen mit 100 Wendeplättchen aus Holz im Holzrahmen

Die Holzmaterialien erlauben einen erheblich besseren haptischen Zugang zum Rechnen als Wendeplättchen aus Karton, was für manche Kinder sehr wichtig ist.
Die magnetischen Wendeplättchen eignen sich darüber hinaus gerade für Situationen, in denen Mengen dargestellt werden sollen, ohne dass diese zu leicht verschoben werden können.

Demonstrationsmittel

Die Unterrichtsarbeit wird erleichtert, wenn einige oder im Idealfall alle Arbeitsmittel auch als Demonstrationsmittel im Großformat zur Verfügung stehen. Kinder können dann Arbeitsaufträge, Aufgabenstellungen und Erklärungen, die von der Lehrkraft am Demonstrationsmaterial verdeutlicht werden, sofort am eigenen Material nachvollziehen und auch ihre am eigenen Material erarbeiteten Lösungswege und Überlegungen mithilfe des Demonstrationsmaterials der ganzen Klasse vorstellen. Dies ist effektiver als eine rein verbale Präsentation.

Hierzu werden für das 1. Schuljahr folgende auf die Arbeitsmittel abgestimmte Demonstrationsmaterialien angeboten:
- *Wendeplättchen* (100 Stück), blau/rot, doppelseitig magnetisch, Ø 4 cm, inklusive Zwanzigerfeld und Zwanzigerreihe
- *Wendekarten* für die Zahlen 0 bis 20, doppelseitig magnetisch
- *Die Einspluseins-Tafel*, Poster 84 cm x 119 cm, stabiles Kunststoffpapier

Diese Materialien sind sehr haltbar und können jahrelang verwendet werden.

Plättchen & Co. digital

Für den Einsatz in Klassenzimmern, die mit einem Whiteboard oder Beamer ausgestattet sind, steht Plättchen & Co. Digital zur Verfügung. Diese 6 mal 6 Module umfassen alle notwendigen Darstellungen arithmetischer und geometrischer Objekte sowie die grundlegenden Übungsformate aus dem Zahlenbuch. Damit lassen sich Aufgaben interaktiv im Klassenzimmer mit allen Kindern anschauen, erklären, verändern und besprechen. Damit wird die Kommunikation mit den Kindern und der Kinder untereinander unterstützt und gefördert.
Die ersten vier Module enthalten interaktive Versionen der Arbeitsmittel passend zu den Zahlenräumen bis 20, bis 100, bis 1000 und bis 1 Million:
- Zwanzigerraum: Wendeplättchen, Wendekarten, Zwanzigerfeld, Zwanzigerreihe, Einspluseinstafel, Mini-Einmaleins
- Hunderterraum: Hunderterfeld, Hundertertafel, Punkt-/Balkendarstellung, Einmaleins am Hunderterfeld, Einmaleinstafel, Freie Punktfelder
- Tausenderraum: Bündeln, Tausenderfeld, Stellenwertdarstellung, Tausenderbuch, Stellentafel, Zweihunderterfeld und Malkreuz
- Millionraum: Stellentafel, Ziffernkarten, Hunderterfeld und Malkreuz, Vierhunderterfeld und Malkreuz, Malkreuze, Malstreifen

Das fünfte Modul enthält Übungsformate: Zahlenmauern, Rechendreiecke, Zahlenfolgen, Igeldreiecke.
Das sechste Modul enthält Formate für die Geometrie: Legesteine für die Frühförderung, Regelmäßige Vielecke, Würfelgebäude, Zeichenuhr, Gitter, Zeichnen.

Hinweise zu den Doppelseiten im Schülerbuch

Dieser Abschnitt ist folgendermaßen aufgebaut: **Jedem Themenblock ist eine Doppelseite vorangestellt, auf der die mathematischen und didaktischen Grundlagen erklärt werden.**
Anschließend werden Praxishinweise zu den einzelnen Seiten des Themenblocks gegeben. Links und rechts der Schülerbuchseiten befindet sich der sogenannte „Schnellzugriff“. Hier erhält die Lehrkraft kurz und knapp die wichtigsten Informationen zum Einstieg und zu den einzelnen Aufgaben und die wichtigen Wörter sind auf einem Blick zu sehen.
Auf der unteren Hälfte werden die Aufgaben ausführlicher erläutert, konkrete Hinweise zur Unterrichtsgestaltung, Diagnose und Unterstützung gegeben.

Im Abschnitt **Fortsetzung** wird verwiesen auf anschließende Aufgaben/Seiten im Arbeitsheft, in den Heften „Verstehen und Trainieren. Grundaufgaben zum Zahlenbuch“, „Probieren und Kombinieren. Igelaufgaben zum Zahlenbuch“, die Rechenkartei „Blitzrechnen“, die CD-ROM „Blitzrechnen“ sowie auf weitere Zusatzmaterialien (ZAHLENBUCH-Frühförderprogramm, Ziffernschreibkurs, Sieben auf einen Blick, ... s. auch Übersicht unten).
Es sei an dieser Stelle noch einmal angemerkt, dass die Aufgabenstellungen im Arbeitsheft und auch die Aufgaben im Heft „Verstehen und Trainieren“ im Schülerbuch erarbeitet werden. Daher eignen sich diese Hefte gut für Hausaufgaben.

Übersicht über die Werkteile

Das ZAHLENBUCH für das 1. Schuljahr	
978-3-12-201740-8 Schülerbuch (allgemeine Ausgabe)	978-3-12-200995-3 Förderkommentar Lernen
978-3-12-201702-6 Schülerbuch (Baden-Württemberg)	978-3-12-200900-7 Förderkommentar Sprache
978-3-12-201744-6 Schülerbuch mit Lösungen	978-3-12-200991-5 Förderheft
978-3-12-201741-5 Arbeitsheft mit Übungssoftware	978-3-12-201743-9 Lehrerband
978-3-12-201742-2 Arbeitsheft	978-3-12-201780-4 Materialband
978-3-12-201745-3 Arbeitsheft mit Lösungen	978-3-12-201789-7 Paket aus Lehrerband und Materialband
	978-3-12-200414-9 Arbeitsmittel (Beilagen) im 5er-Pack

Das ZAHLENBUCH – Frühförderprogramm	
978-3-12-201261-8 Spiele zur Frühförderung 1	978-3-12-201260-1 Handbuch zur Frühförderung
978-3-12-201262-5 Spiele zur Frühförderung 2	978-3-12-201270-0 Spielmaterial 1/2
978-3-12-201271-7 Malheft zur Frühförderung 1	978-3-12-200979-3 Das Zahlenbuch 0 Schülerbuch
978-3-12-201272-4 Malheft zur Frühförderung 2	978-3-12-200976-2 Das Zahlenbuch 0 Arbeitsheft

Weitere Materialien für die Frühförderung und das 1. Schuljahr	
Übungsmaterialien	
Ziffernschreibkurs	*Software*
978-3-12-200941-0 Schöne Ziffern – Schöne Muster	978-3-12-200931-1 Blitzrechensoftware 1/2 Einzelplatzversion
	978-3-12-200932-8 Blitzrechensoftware 1/2 Netzwerkversion
Arbeitshefte zum Fördern und Fordern	Blitzrechnen 1-App für I.OS und Android:
978-3-12-200935-9 Verstehen und Trainieren 1	
978-3-12-200915-1 Probieren und Kombinieren 1	*Lernspiele*
978-3-12-201015-7 Vernetzen und Automatisieren 1	978-3-12-200939-7 Sieben auf einen Blick
	978-3-12-200961-8 Das Zauberdreieck
Karteien	978-3-12-199071-9 Spiegeln mit dem Spiegel
978-3-12-200901-4 Blitzrechnen 1 – Basiskurs Zahlen	978-3-12-199021-4 Die Denkschule 1/2
978-3-12-200911-3 Sachrechnen im Kopf 1/2 – Basiskurs Größen	978-3-12-200986-1 Mit Zahlen spielen
Arbeits- und Demonstrationsmaterial	
978-3-12-199058-0 Wendeplättchen, 1500 Stück, Klassensatz	978-3-12-200988-5 Fünferstäbe aus Holz
978-3-12-199059-7 Wendeplättchen, Demonstrationsmaterial, magnetisch	978-3-12-199068-9 Wendekarten, Demonstrationsmaterial, magnetisch
978-3-12-200999-1 Wendeplättchen magnetisch	978-3-12-199061-0 Wendekarten, 10er-Pack, Schülerausgabe
978-3-12-200960-1 Hunderterrahmen aus Holz	978-3-12-200944-1 Spiel- und Lernplakate 1/2
Digitale Unterrichtshilfen	
978-3-12-201746-0 Digitaler Unterrichtsassistent	978-3-12-200958-8 Plättchen & Co. digital

Themenblock Entwicklung des Zahlbegriffs

Inhalte der Frühförderung

Schulanfänger sind keine Lernanfänger, auch nicht in der Mathematik. In diesem Satz kann man die Erkenntnisse bündeln, die in den letzten Jahrzehnten über die Vorkenntnisse von Schulanfängern gewonnen wurden.
Das ZAHLENBUCH-Frühförderprogramm stellt deswegen bereits für die Vorschule Material zum Bereich „Zahlen und Operationen" zur Verfügung und zielt damit auf die Entwicklung der „numerischen Bewusstheit", die zwei Komponenten aufweist:
Die Kinder sollen *erstens* die Zahlenreihe bis mindestens 12 und verschiedene Zahlaspekte (Zählzahl, Anzahl, Ordnungszahl. Maßzahl, Code) kennenlernen. *Zweitens* sollen sie angeleitet werden, Anzahlen strukturiert zu ermitteln, d. h. die kleinen Anzahlen 2, 3 und 4 sozusagen auf einen Blick zu erfassen und größere Anzahlen aus kleinen zusammenzusetzen, z. B. 6 aus 3 + 3. Diese Fähigkeit ist die unabdingbare Grundlage für das flexible Rechnen.
Im Bereich „Raum und Form" zielt die Frühförderung auf die Entwicklung der geometrischen Bewusstheit mit den beiden Komponenten „Kenntnis von Grundformen" und „Schulung der Feinmotorik". Das ZAHLENBUCH-Frühförderprogramm besteht zur Hälfte aus geometrischen Aktivitäten, da die Geometrie für die geistige Entwicklung über die Mathematik hinaus eine Schlüsselrolle spielt. Zur Schulung der Feinmotorik dienen die beiden Malhefte, mit denen das richtige Schreiben von Buchstaben und Ziffern vorbereitet wird. Ob in das Schreiben von Buchstaben und Ziffern schon im Kindergarten eingeführt werden sollte, ist gegenwärtig eine offene Frage.
Generell steht aus unserer Sicht im vorschulischen Bereich das spielerische Lernen im Vordergrund. Dementsprechend sind im Programm des ZAHLENBUCHs weitere Spielmaterialien entwickelt worden, die zusätzlich zur Entwicklung *numerischer Bewusstheit* beitragen sollen. Im Kern geht es darum, dass sich die Kinder im Spiel mit den beiden wesentlichen Zahlaspekten anhand der Zahlen bis 10 auseinandersetzen: Der ordinale Zahlaspekt steht im Spiel „Zahlen treffen" im Vordergrund, während es in den beiden weiteren Spielen („Würfeltürme" und „Wer hat mehr?") um die Entwicklung eines kardinalen Zahlaspekts geht. Diese Spiele werden im Schülerbuch aufgegriffen, wobei die operative Erarbeitung der mathematischen Hintergründe stärker in den Vordergrund tritt: Die Kinder erforschen hierbei die Eigenschaften, die den Zahlen im jeweiligen ordinalen oder kardinalen Zahlaspekt aufgeprägt werden.

Inhalte des Themenblocks

Die Themen der Frühförderung werden im Bereich Zahlen in vollem Umfang behandelt. Der Nachdruck liegt dabei auf der strukturierten Anzahlerfassung: Unstrukturierte Mengen von beweglichen Plättchen sollten immer erst strukturiert werden, wobei durchaus unterschiedliche Strukturierungen zur Geltung kommen sollten.
In der Grundschule muss deutlich werden, dass es sich bei der strukturierten Anzahlerfassung um ein „rechnendes Zählen" handelt.
Beispiel:

Die Anzahl der Plättchen dieser Menge kann folgendermaßen ermittelt werden: „3 und 3 sind 6 und 1 dazu sind 7." Bei fortgeschrittenen Zahlkenntnissen kann ein Kind auch Gruppen mit 4 und 3 Plättchen „auf einen Blick" sehen und dann 4 und 3 zu 7 zusammenrechnen. Wie man sieht, ist schlichtes Zählen bei der Anzahlbestimmung keineswegs verboten, sondern wird einbezogen.
Es ist zu beachten, dass beim „rechnenden Zählen" im Grunde genommen schon „gerechnet" wird. Dabei werden die Rechnungen ganz bewusst noch nicht aufgeschrieben. Die formale Notation mit Symbolen hat ihre eigenen Schwierigkeiten, mit denen man die Zahlbegriffsentwicklung am Anfang nicht belasten darf.

Die Anzahlbestimmung ist umso einfacher, je besser die zu zählenden Objekte strukturiert sind. Im weiteren Unterricht werden bei größeren Anzahlen aus gutem Grund Anschauungsmittel benutzt, die übersichtlich strukturiert sind, besonders das Zehnerfeld und das Zwanzigerfeld – aber auch die Finger werden genutzt, um bei den Kindern über die *Kraft der Fünf* und später auch die *Kraft der Zehn* Vertrauen in die Struktur des Zahlenraums aufzubauen.

„Kraft der Fünf"

Eine besondere Bedeutung kommt bei der Strukturierung des Zwanzigerraums der Zahl 5, der Hälfte von 10, zu.
Es gibt gute Gründe, die Zahl 5 beim Rechnen besonders hervorzuheben:
1. Die menschliche Hand hat 5 Finger. Da die Menschen in der Urzeit die Finger zum Zählen benutzten, hat sich die 5 als eigene Zähleinheit zwangsläufig ergeben.

2. Die meisten Kulturvölker benutzten die *Kraft der Fünf* in der einen oder anderen Form für die Darstellung von Zahlen – man denke nur zum Beispiel an die bekannten römischen Zahldarstellungen, aber auch an die Strichlisten, in denen vier einzelne Striche durch einen Querstrich ergänzt zu einem Fünfer werden.

3. Psychologische Experimente zeigen, dass das Gehirn in der Lage ist, bei ungeordneter Plättchenmengen die Anzahl relativ schnell zu erfassen, wenn diese klein ist. Die Zahl 5 markiert dabei die Grenze, nach der die Anzahlbestimmung deutlich mehr Zeit erfordert. Die 5 ist also die Grenze der „Simultanerfassung".

Aus diesen Gründen werden Arbeitsmittel genutzt, bei denen die Zahl 5 prägnant zur Geltung gebracht wird:
Das Zehnerfeld besteht aus zwei Reihen mit fünf Feldern, die über- oder nebeneinander angeordnet sind:

Das später eingeführte Zwanzigerfeld besteht aus zwei Zehnerfeldern bzw. vier Teilen mit je fünf Feldern:

Diese Struktur kehrt auch auf der Rückseite der Wendekarten wieder.
Der Fünfer kommt auch beim Geld vor. Gerade bei Kindern, die am Abzählen von Einern „kleben", empfiehlt sich der Einsatz von Geld als Arbeitsmittel.

Die bei Geld übliche Sprechweise „Fünfer“ ist auch für den Unterricht relevant. Sie bringt die Zusammenfassung von fünf Einern zu einer neuen Einheit treffend zum Ausdruck.

Praktisch bedeutet *Kraft der Fünf*, dass die Zahlen unter 5 und zwischen 5 und 10 zur 5 in Beziehung gesetzt werden:
$6 = 5 + 1$
$7 = 5 + 2$
$8 = 5 + 3$
$9 = 5 + 4$

Wenn diese Beziehungen im Kopf „fest verdrahtet“ sind, lassen sich Aufgaben des Einspluseins und des Einsminuseins einfach legen und damit auch einfach rechnen – die Rechenstrategien leiten sich aus den Kenntnissen über die Zerlegungen der Zahlen ab. Die Aufgabe $6 + 7$ lässt sich dann wie folgt legen und berechnen:

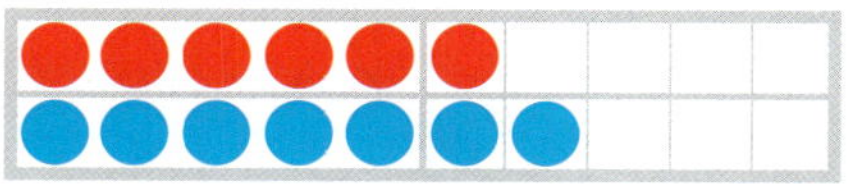

6 stellt sich als $5 + 1$, 7 als $5 + 2$ dar. Das Ergebnis 13 ist offensichtlich, da $5 + 5 = 10$ und $1 + 2 = 3$ ist.

Blitzrechenübung „Kraft der Fünf“

Um das Einspluseins zu unterstützen wurde die *Kraft der Fünf* auch in die Blitzrechenübungen aufgenommen. Diese Übung kann zwar erst dann in vollem Umfang durchgeführt werden, wenn die Subtraktion eingeführt ist. Die Beziehungen $6 = 5 + 1$, $7 = 5 + 2$, $8 = 5 + 3$, $9 = 5 + 4$ können und sollen sich die Kinder aber schon vorher einprägen.

Rechnen mit den Fingern

An dieser Stelle ist auch ein kurzes Wort zur Benutzung von Fingern beim Rechnen angebracht. Dass Finger zum zählenden Rechnen verleiten und von manchen Kindern hartnäckig in dieser Weise benutzt werden, spricht nicht grundsätzlich gegen die Nutzung der Finger. Man kann dieses natürlich gegebene Anschauungsmittel auch gut für die strukturierte Anzahlerfassung einsetzen, wie es in guten Förderprogrammen für rechenschwache Kinder praktiziert wird. Im ZAHLENBUCH-Frühförderprogramm, im *Förderkommentar Lernen* und im ZAHLENBUCH werden die Finger an verschiedenen Stellen in diesem Sinne einbezogen. Dabei wird vor allem ihre Fünferstruktur besonders hervorgehoben, um zwei strukturelle Aspekte im Zehnerraum deutlich zu machen:

1. Die Zahlen von 1 bis 5 unterscheiden sich von den Zahlen von 6 bis 10 nur dadurch, dass eine volle Hand hinzukommt – die *Kraft der Fünf* zeigt sich hier also ganz deutlich:

5 Wie viele? Immer 5 dazu.

Schülerbuch 1, S. 23

2. Die Zahlen von 6 bis 9 kann man am übersichtlichen zeigen, wenn man den ihnen enthaltenen Fünfer durch eine volle Hand deutlich hervorhebt:

Schülerbuch 1, S. 23

Auf diese Weise können die Kinder auch anhand ihrer Finger Vertrauen in den systematischen Aufbau des Zahlenraums aufbauen und später auf tragfähigere Darstellungsmittel wie dem Zehner- und dem Zwanzigerfeld übertragen:

Schülerbuch 1, S. 24

Nach und nach treten die Finger dann in den Hintergrund, denn das Legen von Plättchen am Zehner- und Zwanzigerfeld bietet viel mehr Möglichkeiten zum strukturierten Legen und Zerlegen von Zahlen – und später auch zum Operieren mit ihnen. Zudem ermöglichen diese Darstellungsmittel auch eine nahtlose Fortsetzung auf den Hunderter- und Tausenderraum.

Bei der Arbeit an diesem Themenblock muss der Fokus auf das „rechnende Zählen“ gerichtet sein. Die Kinder müssen immer wieder angehalten werden, kleine Anzahlen „auf einen Blick“ zu erfassen. Anzahlen zusammen mit ihren möglichen Zerlegungen in Teilgruppen zu sehen ist das A und O des denkenden Rechnens. Das Strukturieren muss nach und nach das bloße Zählen ablösen.

4/5 Zählen und Spielen

Einstieg Zahlen an die Tafel schreiben, Zahlbilder dazu legen.

1 Würfelbilder: Woran erkennt man die Zahl?

2 Male oder schreibe: Was weißt du über Zahlen? Potenzial zum selbstgesteuerten Üben nutzen.

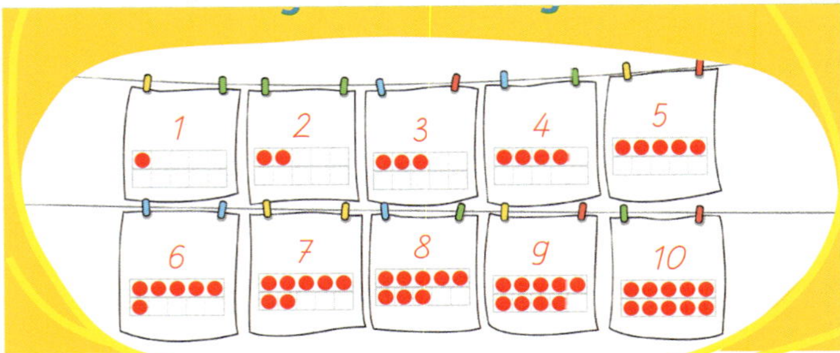

1

2 Diese Zahlen kenne ich:

(verschiedene Lösungen)

WAS WIRD BENÖTIGT?

Arbeits- und Demonstrationsmaterial: Zahlenkarten, Wendeplättchen, ggf. KV 1 ***Meine Lieblingszahl***, für das Spiel „Räuber und Goldschatz“: Spielplan (ggf. Plakat), Spielwürfel, Plättchen o. Ä. (für den Schatz)

WORUM GEHT ES?

Auf dieser Doppelseite geht es vorrangig um die diagnostische Erhebung der vielfältigen Vorkenntnisse der Kinder. Die Hauptaktivität besteht im Spielen des Spiels „Räuber und Goldschatz“. Das Spiel bietet eine erste zwanglose Beschäftigung mit den Zahlen bis 20 (und auch schon mit Grundzügen der Addition und Subtraktion). Wie „Mensch ärgere dich nicht“ kann es schon mit geringen Zahlvorkenntnissen gespielt werden. Die Kenntnis der Zahlenreihe wird gefördert, ist aber nicht erforderlich, da die Kinder Feld für Feld rücken können. So können auch Kinder mit ganz unterschiedlichen Vorkenntnissen gut gemeinsam spielen. Während des Spielens ist es der Lehrkraft möglich, die erwartungsgemäß große Spannbreite an Vorkenntnissen in der Klasse zu erfassen.
Es geht darum, die Kinder in ihren Auseinandersetzungen mit den Würfelzahlen zu beobachten und festzustellen, ob die Spielfigur Stein für Stein vorwärts gezogen wird, in Sprüngen (etwa die gewürfelte 6 in drei Zweierschritten) oder zielgerichtet (etwa von 10 direkt auf die 14, wenn eine 4 gewürfelt wurde) gesetzt wird. Die systematische Beschäftigung mit der Zwanzigerreihe anhand dieses Spiels erfolgt zu einem späteren Zeitpunkt.

WIE KANN MAN VORGEHEN?

Einstieg *Zahlbilder erfassen*

Man kann die Kinder zunächst fragen, wie weit sie schon zählen können. Die Zahlenreihe wird von den Kindern entweder ein Stück gemeinsam aufgesagt oder einzelne Kinder zeigen, was sie können.
Dann wird mit Blick auf die Abbildung im Einstieg erfragt, wer schon Zahlen lesen oder schreiben kann. Die Zahlen von 1 bis 10 werden von der Lehrkraft oder den Kindern, die sich das schon zutrauen, jeweils mit etwas Abstand an die Tafel geschrieben (oder als Zahlenkarten aufgehängt). Dazu werden Wendeplättchen in der entsprechenden Anzahl geheftet. Die Kinder können die Plättchen dabei so anordnen, wie sie es für richtig halten, wobei bekannte Zahlbilder (z. B. Würfelbilder) oder besonders übersichtlich geordnete Zahlbilder (etwa in Zweiern oder in Fünfern gebündelt) von der Lehrkraft hervorgehoben werden.
Anschließend werden die Zahlbilder an der Tafel mit denen im Einstiegsbild verglichen und die Lehrkraft betont, dass Zahlbilder ganz unterschiedlich aussehen können.

1 *Würfelbilder schnell erfassen*

Die Kinder verbinden jeweils die durch das Würfelbild angezeigte Zahl mit der passenden gegenständlichen Anzahl. Dabei beobachtet die Lehrkraft die Kinder und stellt insbesondere fest, wer die Zahlbilder der Würfel lesen kann und wer die Anzahl der Würfelaugen zählend bestimmt. Mit den Kindern wird dann darüber gesprochen, wie man möglichst schnell die Würfelaugen erkennen kann, ohne alle Punkte auf dem Würfel abzählen zu müssen. Insbesondere zur Vorbereitung des Spiels ist diese Diskussion hilfreich.

3

4

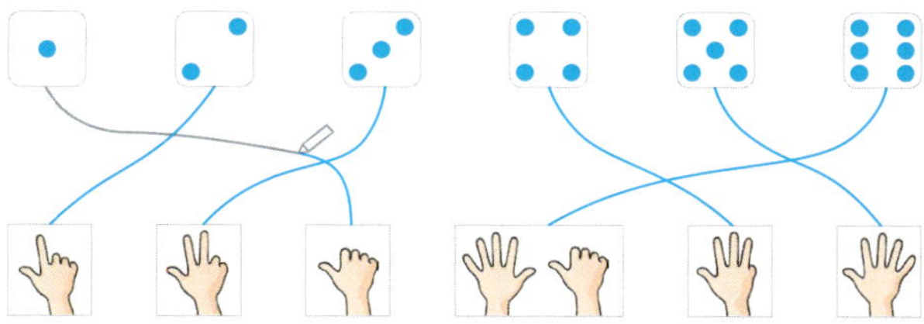

3 Räuber und Goldschatz spielen, Vorwissen beobachten.

4 Die Würfelzahlen mit passenden Fingerbildern verbinden.

2 *Eigenproduktionen zu Zahlen*
Die Kinder dürfen hier malen oder schreiben, was ihnen zum Thema Zahlen einfällt: Würfelbilder, Anzahlen von Gegenständen oder Personen in mehr oder weniger angeordneter Form, Zahlen in Ziffernschreibweise oder vielleicht auch schon Rechnungen. Es kann sinnvoll sein, jedem Kind ein Blatt Papier auszuhändigen, damit der Platz ausreicht. Die Aufgabenstellung kann zunächst auch auf die Lieblingszahl der Kinder zugespitzt werden (s. KV 1 ***Meine Lieblingszahl***). Diese Blätter können in den nächsten Tagen und Wochen immer wieder um neue Erkenntnisse im Zahlenraum ergänzt werden. Alternativ werden regelmäßig neue Blätter oder ein kleines Heft ausgeteilt, sodass die Kinder nach und nach ein Album mit Zahlen (wie ein Fotoalbum).
Zur Ergebnispräsentation der Aufgabe können die Darstellungen der Kinder ausgestellt werden. Möglich ist auch eine Ausstellung am Ende des Halbjahres, in der die Kinder ihre regelmäßig weiter geführten Zahlendarstellungen präsentieren.

3 *Räuber und Goldschatz spielen*
In dieser Aufgabe geht es um das Spiel „Räuber und Goldschatz". Die Lehrkraft betrachtet mit den Kindern den Spielplan und erzählt dabei eine Geschichte, etwa:
Tief im Wald lebten vor langer Zeit zwei Räuber, die gute Freunde waren. Deshalb hatten sie zwischen ihren Höhlen einen Weg aus Steinen gelegt und darauf die Zahlen von 1 bis 20 geschrieben. Einmal entdeckten sie einen Schatz. Natürlich behauptete jeder, er habe den Schatz zuerst entdeckt. Ein Räuber sagte: „Lass uns doch auf dem Weg zwischen unseren Höhlen um den Schatz würfeln. Wir stellen den Schatz auf die 10, würfeln abwechselnd und tragen den Schatz so viele Felder zu unserer Höhle, wie der Würfel zeigt. Wer den Schatz zuerst in seine Höhle bekommt, darf ihn behalten. Weil die 10 etwas näher an meiner Höhle ist, darfst du anfangen."
Die Steine 1 und 20 am Eingang der Höhlen müssen nicht genau getroffen werden. Beispiel: Wenn der Schatz auf der Zahl 4 steht und der Minusräuber 3, 4, 5 oder 6 würfelt, hat er gewonnen. Das Spiel kann zunächst in der ganzen Klasse und, sobald die Regeln klar sind, in Partnerarbeit gespielt werden.

4 *Ikonische Zahldarstellungen zuordnen*
Die Kinder nutzen beim Zählen zu diesem Zeitpunkt ganz natürlich ihre Finger. Der Anfangsunterricht sollte solche Aktivitäten fördern, in denen die Fünfer- und Zehnerstruktur der Finger deutlich werden. Auf diese Weise werden die Finger zur sinnvollen Unterstützung für die Orientierung im Zehnerraum.

DIAGNOSTISCHES POTENZIAL

Von welcher Art sind die selbst erstellten Darstellungen zu den Zahlen? Wie bilden die Kinder die Zahlwörter und wie weit sagen sie die Zahlwortreihe auf?
Woran erkennen die Kinder die geworfenen Augenzahlen? Wie werden die zu setzenden Felder bestimmt?

MÖGLICHKEITEN ZUR UNTERSTÜTZUNG

3 Kinder, die noch nicht zählen können oder große Mühe haben, die Augenzahlen beim Würfeln zu bestimmen, können durch Kinder mit größerem Erfahrungsschatz unterstützt werden. Zur Verinnerlichung der Würfelzahldarstellungen kann man den Kindern auch die Würfelzahlen von 1 bis 6 der Reihe nach auf den Tisch kleben.

→ Förderheft, Seite 3

6/7 Zählen und Erzählen

Einstieg Zum Bild erzählen, zum Zählen anregen.
Potenzial zur Sprachförderung nutzen.

1 Anzahlen von Gegenständen bestimmen.

2 Im Klassenraum zählen.
Potenzial zum selbstgesteuerten Üben nutzen.

1

2 Meine Klasse. Wie viele?

WORUM GEHT ES?

Die meisten Kinder bringen vorschulische Erfahrungen zum Zählen mit. Neben Spielen, in denen sie auf ganz natürliche Weise mit Zahlen umgehen, spielen Zahlen auch in der Beschreibung ihrer Umwelt eine zentrale Rolle – Zählen kann deswegen durch Erzählen gefördert und gefordert werden.
Auf dieser Doppelseite soll dazu angeregt werden, dass die Kinder ihre Kenntnisse zum Zählen nutzen und weiter entwickeln. Ausgehend von den Darstellungen eines Klassenraums und eines Schulhofs suchen die Kinder nach Gegenständen und bestimmen deren Anzahlen. Die Lehrkraft kann hier weiterhin beobachten, aber durchaus auch unterstützend eingreifen.

WIE KANN MAN VORGEHEN?

Einstieg *Zählen und Erzählen (Einstiege zu beiden Seiten)*
Die Lehrkraft fordert die Kinder dazu auf, etwas über die dargestellten Situationen in der Klasse bzw. auf dem Schulhof zu erzählen und legt dabei fest, dass in den Erzählungen auch Zahlen vorkommen sollen. Die Kinder werden vermutlich keine komplexen Handlungsstränge erfinden, sondern eher Situationsbeschreibungen liefern, die von der Lehrkraft angereichert werden können. Wenn die Kinder etwa erzählen, dass vier Kinder auf dem Boden arbeiten, kann die Lehrkraft auf die leeren Stühle verweisen. Auf diese Weise wird einigen Kindern auffallen, dass vier Kindern fünf freie Stühle zur Verfügung stehen. Gemeinsam kann man überlegen, warum die Anzahlen nicht gleich sind und davon ausgehend weiterführende Fragen entwickeln, etwa: Ist ein Kind krank? Ist ein Kind auf der Toilette? Ist gar nicht die ganze Klasse abgebildet? Wie viele Kinder haben wir in unserer Klasse? Haben wir auch so große Gruppentische? Solche kleinen „Irritationen“ – zum Beispiel, dass es mehr Stühle als Kinder gibt – können einige Kinder durchaus dazu motivieren, sich mit den Anzahlen genauer zu beschäftigen.

1, 3 *Erkunden und Erzählen*
Nach der Einführungsphase werden die Darstellungen wie Suchbilder genutzt: Wer findet alle Schultaschen? Wie viele sind es? Wo sind sie?
Abschließend werden die zu den Aufgaben 1 und 3 gefundenen Anzahlen miteinander verglichen. Bei Unstimmigkeiten fordert die Lehrkraft die Kinder dazu auf, die gefundene Anzahl verbal zu rechtfertigen: Wo hast du die Gegenstände gesehen? Hierbei wird das Sprachverständnis, insbesondere die Beschreibung der Raumlage (rechts, links, auf, in) besonders gefordert und gefördert: Die Kinder zeigen nicht auf die Gegenstände, sondern müssen deren Position genau beschreiben, um die Unterschiede in den gefundenen Anzahlen aufzuklären.
Die Anzahlen der Gegenstände können die Kinder mit Zahlen oder/und als Strichlisten notieren. Hier kann bereits auch auf die Strukturierung in Fünfer hingewiesen werden.

2, 4 *Vertiefen und Erzählen*
Die Kinder erkunden zunächst den Klassenraum, dann die Schule und suchen nach Anzahlen, die für sie von Bedeutung sind. Die Bedeutung kann entweder von den Gegenständen selbst herrühren (weil sie besonders interessant sind) oder durch die besondere Anzahl, in der sie vorhanden sind (einige Kinder haben etwa eine Lieblingszahl, nach der sie suchen, andere Kinder sind fasziniert von besonders großen Zahlen und suchen nur Gegenstände, die es möglichst oft gibt).

3

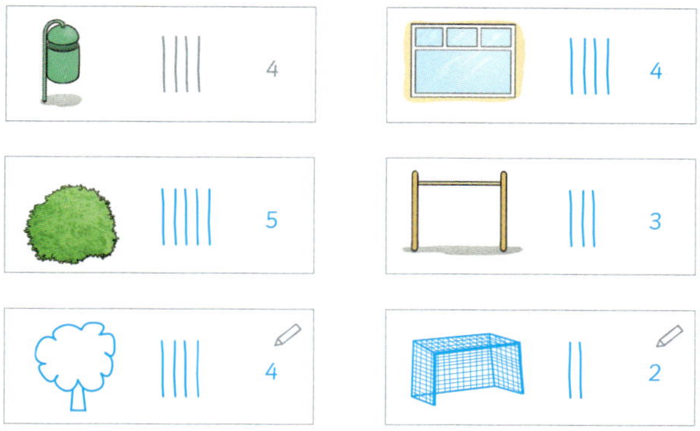

(Beispiele)

4 Meine Schule. Wie viele?

Einstieg Zum Bild erzählen, anregen die Raumlage zu beschreiben.
Potenzial zur Sprachförderung nutzen.

3 Gegenstände zählen.

4 Im eigenen Schulhof zählen.
Potenzial zum selbstgesteuerten Üben nutzen.

Wichtige Wörter
rechts, links, auf, in, oben, unten

Die Notation der Anzahlen ist den Kindern freigestellt: Sie können die Ziffernschreibweise nutzen, die Anzahl durch Striche symbolisieren oder die gefundenen Gegenstände passend zu ihrer Anzahl mehrmals aufzeichnen.
Zur Ergebnispräsentation der Aufgaben 2 und 4 können die Kinder ihre Aufzeichnungen an die Wand heften und untereinander vergleichen. Dazu lassen sich u. a. folgende Fragen stellen: Welche Gegenstände wurden von mehreren Kindern gezählt? Stimmen die Zählerergebnisse dabei überein oder muss nachgezählt werden? Wie wurden die Zahlen dargestellt? Wer hat die größte Zahl gefunden? Hat jemand einen Gegenstand gefunden, den es tatsächlich nur einmal gibt?

DIAGNOSTISCHES POTENZIAL

Wie ermitteln die Kinder die Anzahlen der Gegenstände in den Bildern? Welche Merkmale der Bilder fallen ihnen besonders auf und inwiefern treten in den Erzählungen Zahlen auf? Wie stellen die Kinder in den selbst erstellten Darstellungen die Zahlen dar und in welchem Zahlenraum bewegen sie sich dabei?
Wie beschreiben die Kinder die Lage von Objekten? Welche Ausdrücke verwenden sie dazu?

MÖGLICHKEITEN ZUR UNTERSTÜTZUNG

2, 4 Die Kinder können in Teams eingeteilt werden. Auf diese Weise profitieren Kinder mit rudimentären Zahlenkenntnissen und Zählerfahrungen von Kindern mit gesicherten Zahlenkenntnissen. Auch umgekehrt kann die Lerngruppe profitieren: Originelle Ideen der Mitschülerinnen und Mitschüler führen zu neuen Impulsen zur Grundlegung eines mathematischen Verständnisses der Umwelt.
Um den Zählprozess einer Anzahl von Objekten zu unterstützen, können diese mit Klebepunkten versehen werden, um ein Mehrfachzählen zu verhindern.

→ Arbeitsheft, Seite 3

8/9 Zahlen bis 10

1 Zahlenausstellung erstellen und besprechen.
Alternativ: Bild besprechen.
Potenzial zur Sprachförderung und zum selbstgesteuerten Üben nutzen.

2 Zahlendarstellungen einander zuordnen.

3 Ziffernschreibkurs beginnen, regelmäßig durchführen.

○ 1

○ 2

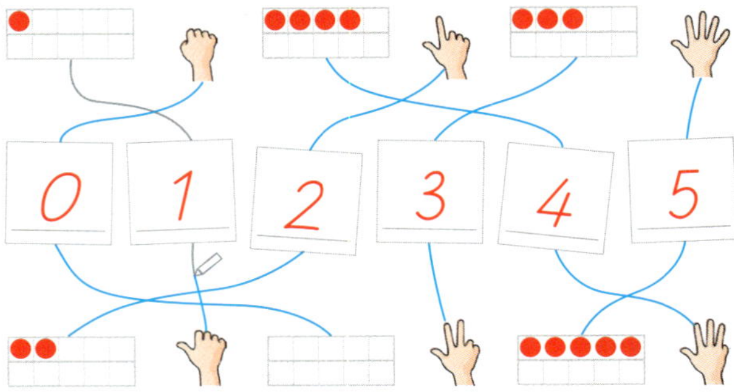

✻ 3

(verschiedene Lösungen)

WAS WIRD BENÖTIGT?

Arbeits- und Demonstrationsmaterial: Zahlenkarten, Plättchen, Zehnerfelder, Gegenstände in Anzahlen von 1 bis 10, Ziffernschreibkurs

WORUM GEHT ES?

Auf dieser Doppelseite werden die Zählaktivitäten in die Systematik des Zahlenraums bis 10 eingebettet und damit insbesondere der kardinale Zahlaspekt ausgebaut. Dazu knüpft die Seite direkt an die vorangegangene an, geht aber über deren Inhalt hinaus: Die Kinder werden in das Zehnerfeld eingeführt, also in ein strukturiertes Darstellungsmittel der (kardinalen) Zahlen, das auf enaktiver und ikonischer Ebene zentral ist. Dabei wird die Blockdarstellung gewählt, d.h. ein Feld, das aus zwei untereinander angeordneten Fünfern besteht.
So wird die *Kraft der Fünf* in besonderem Maße zur Orientierung im Zehner betont: Die Zahlen zwischen 6 und 10 unterscheiden sich im Zehnerfeld von den Zahlen zwischen 1 und 5 nur durch den vollen Fünfer in der ersten Zeile.
Einerseits wird das Zehnerfeld mit den symbolischen Darstellungen der Zahlen bis 10 verbunden, andererseits werden Bezüge hergestellt zu *dem* natürlichen Zahlendarstellungsmittel: den Fingern.
Früher galt die Nutzung von Fingern als hinderlich für den Aufbau von Rechenkompetenz. Im modernen Mathematikunterricht versucht man dagegen, die Stärken dieser Darstellungsweise zu nutzen: Finger sind immer verfügbar, den Kindern sehr vertraut und passen zur *Kraft der Fünf*. Sie bieten also nicht nur ein Mittel zum Abzählen, sondern auch zum Aufbau einer Zahlenraumvorstellung bis 10. Sie sind aber nur dann förderlich für den Lernprozess, wenn sich die Kinder ihrer Struktur gemäß der *Kraft der Fünf* bewusst werden; d.h. wenn sie die Finger nicht nur dynamisch zum Auf- und Abzählen nutzen, sondern vor allem statisch zur Darstellung von Anzahlen. Auf dieser Seite werden die Kinder dazu angeregt, sich die Fünferstruktur ihrer Hände bewusst zu machen: Die Zahlen von 6 bis 10 unterscheiden sich von den Zahlen zwischen 1 und 5 nur durch eine volle Hand. Damit wird der Übergang zum analog aufgebauten Zehnerfeld unterstützt.
In sämtlichen Fingerdarstellungen im Schulbuch ist der Handrücken sichtbar, daher zeigen die Daumen nach innen. Die Kinder sollten angehalten werden, ihre Hände ebenso zu halten, damit sie zu den Darstellungen im Buch passen. Ansonsten gibt es jedoch unterschiedliche Möglichkeiten, Zahlen zu zeigen. So ist die 4 etwa unterschiedlich darstellbar, je nachdem, wie sie erzeugt wird: Zählt man die Zahlenreihe von 1 bis 4 herauf, dann ist in der Regel der kleine Finger geknickt (eine dynamische Herstellung der 4). Wenn man aber 4 Finger „auf einmal" zeigen soll und dazu nicht abzählen muss, dann wird man oftmals den Daumen einknicken (eine eher statische Herstellung der 4). Diese Mehrdeutigkeit sollte mit den Kindern besprochen werden. Sie ist wichtig für eine Festigung des kardinalen Zahlaspektes: Anzahlen sind prinzipiell immer unterschiedlich darstellbar, wenngleich es unterschiedlich geschickte Darstellungen einer Anzahl gibt.
Für die Arbeit mit Fingerbildern ist es wichtig, dass die Kinder statische Darstellungen der Finger bewusst in den Blick nehmen, dynamische sind hingegen zu vermeiden.

WIE KANN MAN VORGEHEN?

Diese Doppelseite ist so aufgebaut, dass die Aufgaben von links nach rechts behandelt werden können.

4

5

6

(verschiedene Lösungen)

4 Zahlenausstellung erstellen und besprechen.
Alternativ: Bild besprechen.
Potenzial zur Sprachförderung und zum selbstgesteuerten Üben nutzen.

5 Zahlendarstellungen einander zuordnen.

6 Ziffernschreibkurs beginnen, regelmäßig durchführen.

1, 4 *Erzählen und legen*
Der Einstieg kann durch eine gemeinsame Bildbetrachtung oder durch den Aufbau einer Zahlenausstellung erfolgen.
Im ersten Fall suchen die Kinder für jede Zahl zwischen 1 und 10 auf dem Bild nach Gegenständen, die in der entsprechenden Anzahl vorhanden sind (etwa 7 Ordner) und zeichnen sie zur passenden symbolischen Zahldarstellung.
Im zweiten Fall werden Zahlenkarten mit den Zahlen von 0 bis 10 ausgelegt. Die Kinder legen passend dazu Gegenstände, sodass die Anzahl jeweils gut zu erkennen ist. Abschließend erzählen die Kinder dazu.
Einigen Kindern wird auffallen, dass keine Gegenstände bei der Null abgelegt wurden – nicht wenige Kinder halten diese Zahl deswegen für überflüssig. Die Lehrkraft sollte aber betonen, dass die Null deswegen gerade eine ganz wichtige Zahl ist: Sie zeigt an, dass von etwas nichts vorhanden ist.

2, 5 *Zahldarstellungen verbinden*
Die Kinder verbinden hier die zueinander passenden Zahldarstellungen. Dabei werden sie unterschiedlich vorgehen: Einige Kinder zählen alle Plättchen, evtl. auch alle Finger, einzeln ab und brauchen Unterstützung beim Auffinden der Zifferndarstellung, andere wiederum werden schon „auf einen Blick“ die Zahlen bis 3 erkennen und die Zahlen ab 4 schnell durch die sichtbare Beziehung zur 5 ableiten können.
Wichtig ist, dass hier noch einmal die besondere Rolle der Null besprochen wird: Ihre Bedeutung erkennt man hier wieder, denn sie besitzt ihre eigenen Darstellungen (das Zehnerfeld ohne Plättchen und die Hand ohne erhobene Finger) und tritt auch in der Zifferndarstellung der 10 in wichtiger Funktion auf.

Zur Ergebnispräsentation wird das „schnelle Sehen“ von Fingerbildern thematisiert: Wie kann man die Zahl 7 schnell zeigen bzw. schnell sehen? Dabei geht es hier und in den nächsten Wochen darum, sich der Struktur des Zehnerraums immer mehr bewusst zu werden. Der Zehner wird dazu im Folgenden noch mehrmals operativ durchgearbeitet, so dass die Struktur hier nicht schon von allen Kindern durchdrungen werden muss.

3, 6 *Ziffernschreibkurs*
Nun kann der Ziffernschreibkurs beginnen. Das Nachspuren auf dieser Seite reicht nicht aus, sondern dient als Einstieg in die systematische Behandlung der Ziffernschreibweise.
Die Kinder können hier auch ggf. Mengen/Gegenstände in der vorgegebenen Anzahl einzeichnen.

DIAGNOSTISCHES POTENZIAL
Wie bestimmen die Kinder die Anzahlen der Gegenstände, die sie für die Zahlenausstellung heranziehen? Wie nutzen die Kinder ihre Finger? Welcher Zahlaspekt steht im Vordergrund, wenn die Kinder ihre Finger nutzen? Wie bestimmen sie Anzahlen im Zehnerfeld?

MÖGLICHKEITEN ZUR UNTERSTÜTZUNG
2, 3 Die Bearbeitung kann zunächst auf die linke Seite beschränkt werden.

→ Arbeitsheft, Seiten 4 – 7 → Förderheft, Seite 4 → Ziffernschreibkurs

10/11 Zahlen am Körper

Einstieg Pro Strophe: erste Zeile vorlesen, Kinder antworten, dann weiterlesen.

1 Anzahlen am Körper gemäß der Bilder notieren.

2 Die Beinanzahl ist verschieden.
Was ist mit den Nasen, Augen usw.?

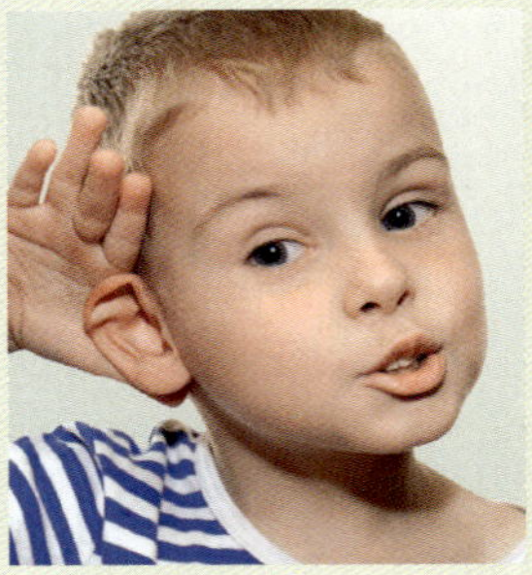

Sag mir doch, wo hast du **eins**?
Eine Nase hab ich,
einen Mund dazu,
habe **einen** Kopf,
schau, den hast auch du.

Sag mir doch, wo hast du **zwei**?
Zum Hören **zwei** Ohren,
zum Schauen **zwei** Augen,
zum Greifen **zwei** Hände,
zum Laufen **zwei** Beine,
zwei Füße dazu, genauso wie du.

Sag mir doch, wo hast du **fünf**?
Oh, das sag ich dir geschwind.
An jeder Hand **fünf** Finger sind,
an jedem Fuß **fünf** Zehen sind,
das weiß doch jedes kleine Kind.

1 Wie viele?

Augen	Ohren	Nase
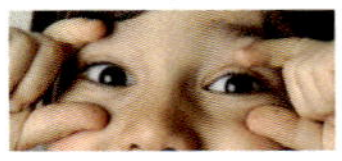	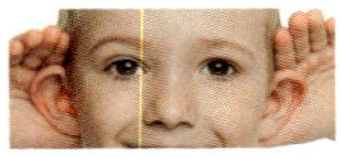	
2	2	1
Zehen	**Zähne**	**Finger**
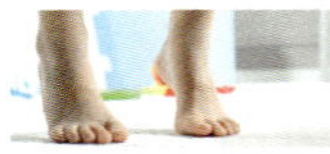	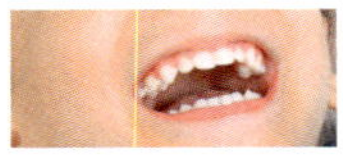	
10	20 (verschiedene Lösungen)	10

2 Wie viele Beine?

2	4	8

WAS WIRD BENÖTIGT?

Demonstrationsmaterial: Ggf. zehn Fingerpuppen für Kinderreim auf der rechten Seite

WORUM GEHT ES?

Die Kinder haben zu diesem Zeitpunkt schon viel über Zahlen gelernt und können mit diesem Wissen ausgestattet Zahlenstrukturen erforschen, die beim Menschen und anderen Lebewesen markant hervortreten. Das ist einerseits ein wichtiger Beitrag zur Umwelterschließung. Andererseits geht es hier um eine erneute Durcharbeitung des Zehnerraums. So liefern vor allem die Fingerbilder auf der rechten Seite Hilfen aus der Umwelt der Kinder, um die Strukturierung des Zehnerraums zu *be*-greifen. In den Vordergrund rückt hierbei immer mehr der Teil-Ganze Aspekt der kardinalen Zahlen: Zahlen können in Zahlen zerlegt und Zahlen können aus Zahlen aufgebaut werden. Dieser Aspekt wird ganzheitlich gesehen und gleich damit verknüpft, dass die Kinder Vertrauen in die Struktur des Zehnerraums aufbauen: Die Zahlen bis 5 unterscheiden sich von den Zahlen zwischen 5 und 10 nur dadurch, dass ein Fünfer in der Darstellung einer vollen Hand hinzukommt.
Durch die Einstiegsgedichte wird eine Anknüpfung an den Deutschunterricht ermöglicht.

WIE KANN MAN VORGEHEN?

Einstieg *Zahlen am Körper*
Das Gedicht der Waldorflehrerin Hélène Hummes regt einen Dialog an: Die Lehrkraft verabredet mit einem Kind, dass es der Reihe nach folgende Fragen stellt: „Sag mir doch, wo hast du eins?" „Sag mir doch, wo hast du zwei?" „Sag mir doch, wo hast du fünf?" Dann stellt sie sich mit diesem Kind vor die Klasse und beantwortet jede Frage mit dem Gedicht. Dabei zeigt sie auf ihre Körperteile und am Schluss auf die Körperteile des Kindes. Dieser Dialog wird mit einigen anderen Kindern wiederholt. Anschließend versuchen je zwei Kinder selbst, den Text entsprechend vorzutragen.

1 *Zahlen am Körper vertiefen*
Die Kinder sollten mit diesen Aufgaben selbstständig arbeiten können. Das Zählen der Zähne ist nicht so einfach, weil die Zähne nicht so gut zu erkennen sind, es sich um eine große Zahl handelt und sich die Anzahl der Zähne im Laufe des Lebens ändert. Die Kinder können sich über ihre Vorgehensweisen austauschen und sich gegenseitig unterstützen. Diese Teilaufgabe lässt sich abschließend auch mit der gesamten Lerngruppe besprechen.

2 *Vertiefung: Zahlen in der Tierwelt*
Nach der Bearbeitung der Aufgabe kann hier der Aspekt der Umwelterschließung vertieft werden: Warum gibt es keine Tiere mit drei Beinen (oder nur mit einem)? Gibt es auch Tiere ohne Beine? Gibt es Tiere mit mehr (oder weniger) als zwei Augen? Haben alle Tiere (zwei) Ohren?

Einstieg *Gedicht*
Der Kinderreim kann mit Fingerpuppen vorgetragen werden, wenn auf die Hände als besondere Hilfe des Körpers beim Mathematiklernen fokussiert wird. Er wird vielen Kindern schon bekannt sein und sollte als Lockerungs- und Konzentrationsübung gesprochen und gespielt werden. Es macht Kindern viel Freude, wenn sie selbst Fingerpuppen basteln oder sich Gesichter auf die

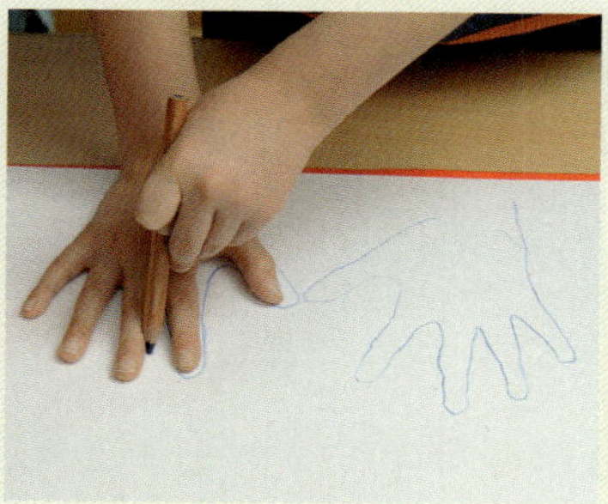

Zehn kleine Zappelmänner
zappeln hin und her.
Zehn kleinen Zappelmännern
fällt das gar nicht schwer.

Zehn kleine Zappelmänner
zappeln auf und nieder.
Zehn kleine Zappelmänner
tun das immer wieder.

Zehn kleine Zappelmänner
zappeln rings herum.
Zehn kleine Zappelmänner,
die sind gar nicht dumm.

Zehn kleine Zappelmänner
spielen jetzt Versteck.
Zehn kleine Zappelmänner
sind auf einmal weg.

3 Wie viele?

2 3 1 6

4 0 9 8

5 4 7 10

4 Zeigt Zahlen von 1 bis 10.
Findet verschiedene Möglichkeiten.
(verschiedene Lösungen)

5 Male Bilder.

(verschiedene Lösungen)

Einstieg Umrisse der eigenen Hände herstellen.
Hände als Strukturierungshilfe für Zehnerraum.

3 Fingerbilder jeweils in Bezug auf die fünf Finger einer Hand thematisieren.
Anzahl der Finger schnell erkennen.

4, 5 Anzahlen mit Fingern darstellen: Es gibt verschiedene Möglichkeiten.
Potenzial zum selbstgesteuerten Üben nutzen.

Fingerkuppen malen dürfen. Zudem können die Kinder Umrisse der eigenen Hände herstellen. So ergibt sich ein Anknüpfungspunkt zum Kunstunterricht.

3 *Fingerbilder erkennen*
Die Fingerbilder sollen die Kinder bei der Strukturierung des Zehners unterstützen. Sie müssen dazu lernen, dass sie die Finger in den Bildern nicht einzeln abzählen müssen. Nach oder während der Bearbeitung der Aufgaben muss evtl. mit einigen Kindern besprochen werden, woran man Anzahlen mit den Fingern „auf einen Blick“ gut erkennen kann: 1, 2 und 3 können Kinder simultan erkennen. Die 4 erkennt man daran, dass ein Finger an einer Hand umgeknickt und alle anderen aufgestellt sind. Die Fünf besteht aus einer vollständigen Hand. Die Zahlen 6, 7 und 8 lassen sich bestimmen, indem die volle Hand (der Fünfer) gesehen wird und die dazu kommenden Finger wie oben bestimmt werden. Die 9 erkennt man wiederum dadurch, dass nur ein Finger der beiden Hände abgeknickt ist.
Diese Zahlenbeziehungen sind grundlegend für den Aufbau des Zahlbegriffs und tragfähig für alle Erweiterungen des Zahlenraums.
Zur Ergebnispräsentation können die Kinder das schnelle Erkennen von Fingerbildern üben: Die Lehrkraft zeigt eine Zahl mit ihren Fingern, die Kinder müssen das Fingerbild nachzeigen, die Anzahl sagen oder auf die entsprechenden Zahlenkarten zeigen. Dabei ist es wichtig, über die Strukturierungsmerkmale zu sprechen: Woran kann man die Anzahl schnell erkennen? Im Laufe des Anfangsunterrichtes wird die Zeit, die ein Fingerbild gezeigt wird, immer kürzer.

4, 5 *Fingerbilder vertiefen*
Die Kinder sollen sich nicht nur in einer Unterrichtsstunde mit den Fingerbildern beschäftigen. Vielmehr müssen sie in der gesamten folgenden Zeit immer wieder die Strukturierung des Zehners mithilfe ihrer Finger aktiv durcharbeiten. Dazu werden hier zwei weitere Aufgaben angeboten.

DIAGNOSTISCHES POTENZIAL

Welche Kenntnisse bringen die Kinder aus der Tierwelt mit in den Unterricht? Wie bestimmen sie die Anzahl der Finger in den Darstellungen? Zeigen sie nach Durchführung der dritten Aufgabe selbst Anzahlen mit ihren Händen dynamisch (Finger werden einzeln aufgeklappt) oder statisch (unter Nutzung einzelner „Fingerpakete“)?

MÖGLICHKEITEN ZUR UNTERSTÜTZUNG

Kinder, die Schwierigkeiten haben den Zehnerraum zu strukturieren, werden sich im Zwanzigerraum nicht zurechtfinden. Deshalb ist es sehr wichtig, mit diesen Kindern Übungen mit Fingerbildern intensiver und über einen längeren Zeitraum durchzuführen als mit den anderen Kindern. Hierzu können auch Mitschülerinnen und Mitschüler sowie die Eltern eingebunden werden. Beim Einbezug der Eltern ist darauf zu achten, dass sie keinen Druck ausüben, sondern ihr Kind mit viel Zeit und Geduld unterstützen.

→ Arbeitsheft, Seite 8 → Förderheft, Seite 5 → Ziffernschreibkurs fortsetzen

12/13 Muster legen

Einstieg Plättchenfolgen legen: Wie wird das Muster beschrieben?
Potenzial zur Sprachförderung nutzen.

1 Muster mit Plättchen nachlegen, fortsetzen, aufzeichnen, ggf. Startfigur im Buch markieren.

2 Eigene Muster legen. Partnerdiktat.
Wie kann man ein Muster kurz und eindeutig beschreiben?
Potenzial zum selbstgesteuerten Üben nutzen.

WAS WIRD BENÖTIGT?

Arbeitsmaterial: Wendeplättchen, KV 8, 9 *Plättchenmuster*, KV 10 *Würfelbilder*

WORUM GEHT ES?

Mithilfe der Aktivitäten zu dieser Doppelseite sollen das Zahlenmusterverständnis und der Struktursinn der Kinder gefördert werden. Dafür ist es wichtig, dass die Kinder lernen, den Aufbau einer Gesamtheit aus strukturierten Teilmengen bewusst und schnell wahrzunehmen.
Auf der linken Schulbuchseite geht es um die Entwicklung solcher Fähigkeiten bei Plättchenfolgen: Die Kinder sollen erkennen, dass den Plättchenfolgen jeweils eine immer wiederkehrende „Startfigur" zugrunde liegt.

Startfigur der Plättchenfolge

Die rechte Schulbuchseite verfolgt ergänzend dazu das Ziel, die Strukturierungsmöglichkeiten einer kompakten Zusammenstellung von Plättchen (in Form eines Würfelbildes) sowie einer Darstellung von zehn Plättchen (in Form eines Zehnerfeldes) genauer zu betrachten. Hier wird also nicht ein wiederkehrendes Muster einer Folge erkannt, sondern es werden Zerlegungsmöglichkeiten für räumlich strukturierte Plättchenmuster gesucht. Insbesondere bei der Beschreibung der Strukturierungen der rechten Seite werden die Raumlagebegriffe oben, unten, links, rechts und in der Mitte gefordert und gefördert.

WIE KANN MAN VORGEHEN?

Einstieg *Muster erkennen und beschreiben*
Das im Einstiegsbild dargestellte Muster wird an die Tafel gezeichnet und die Kinder vermuten, wie das Muster weitergeht. Möglicherweise erkennen einzelne Kinder kein Muster, sondern setzen die Plättchenfolge ohne ein konkretes Muster fort oder wählen ihr eigenes Muster. Durch Einkreisen wird die Startfigur hervorgehoben. Rhythmisches Sprechen bei der Beschreibung der Startfigur kann zusätzlich helfen.
Um das Beschreiben der Muster anzubahnen, können die Kinderaussagen im Schulbuch betrachtet werden: Warum reicht die Beschreibung, um das Muster nachzulegen?
Weitere Muster und deren Fortsetzungen können gemeinsam an der Tafel oder in Kleingruppen erarbeitet werden. Für die Arbeit in Kleingruppen oder alleine brauchen die Kinder Plättchen, um die Muster nachzulegen und fortzusetzen (ggf. KV 8 und 9 *Plättchenmuster* nutzen).

1 *Muster in Plättchenfolgen fortsetzen*
Die Kinder legen die angefangenen Muster mit Plättchen nach, setzen sie fort und übertragen sie dann in das Schulbuch. Die Startfigur kann im Schulbuch farbig eingekreist werden.

2 *Muster in Plättchenfolgen erfinden*
Ein Kind legt eine Plättchenfolge und beschreibt seinem Partner das Muster. Das Partnerkind versucht die Plättchenfolge zu legen. Dann werden die Plättchenfolgen verglichen.
Abschließend können Partnerdiktate an der Tafel vorgeführt werden. Dabei sollte explizit darauf geachtet werden, wann ein beschriebenes Muster besonders leicht nachzulegen und fortzu-

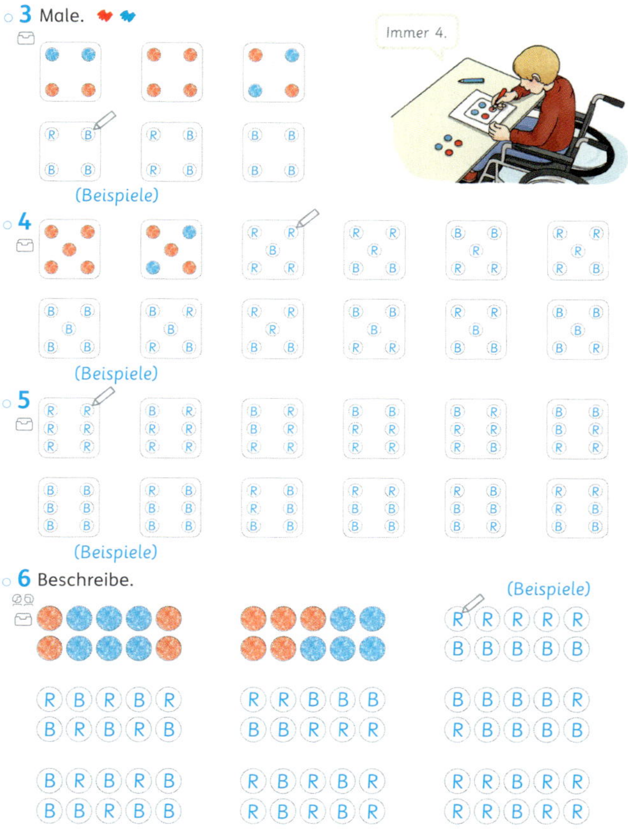

3 – 5 Gemeinsam: Verschiedene Strukturierungen in rote und blaue Plättchen finden. Weitere Möglichkeiten ins Buch zeichnen lassen.
Anschließend: Weitere Möglichkeiten ins Buch zeichnen.
Potenzial zur Sprachförderung nutzen.

6 Strukturierungen der 10 in rote und blaue Plättchen finden und beschreiben.
Partnerdiktat.

Wichtige Wörter
oben, unten, rechts, links, in der Mitte

setzen ist. Dies ist in der Regel dann der Fall, wenn das diktierende Kind die Startfigur als eine Einheit beschreibt.

3 – 5 *Würfelbilder strukturieren*
Im Plenum werden zunächst gemeinsam einige Würfelbilder rot und blau gefärbt und die Struktur beschrieben, z. B. „Ich habe die Vier mit zwei roten und zwei blauen Plättchen gelegt. Oben zwei rote und unten zwei blaue." Dabei sind nicht nur die Anzahlen, sondern auch die exakte Lage der roten und blauen Plättchen von Bedeutung. Anschließend legen die Kinder weitere Zerlegungen der Würfelbilder zu 4, 5 und 6, übertragen sie ins Buch und beschreiben sie möglichst genau.
Als erweiterte Anforderung können Kinder versuchen, zu den Würfelbildern 4 und 5 möglichst alle Zerlegungen zu finden (KV 10 *Würfelbilder*). Dazu malen die Kinder jeweils eine ihrer gefundenen Möglichkeiten groß auf und hängen diese an die Tafel. Gemeinsam werden die Ergebnisse dann sortiert (z. B. alle Doppelten, alle mit einem roten, zwei roten und drei roten Plättchen). Es kann dann reflektiert und begründet werden, ob dies alle Möglichkeiten sind. Unter der Vorgabe, dass beide Farben mindestens einmal vorkommen sollen, gibt es für die Würfelvier 14 Möglichkeiten und für die Würfelfünf 30 Möglichkeiten.

6 *Vertiefung: 10 Plättchen strukturieren*
Die Kinder strukturieren die 10 auf verschiedene Weisen und beschreiben sie ihrem jeweiligen Partnerkind. Dann werden die Rollen getauscht. Im Plenum können die Kinder einzelne Partnerdiktate vorführen, dabei sollen sie die Raumlage genau beschreiben. Es sollte thematisiert werden, bei welchen Darstellungen die Anzahl von roten und blauen Plättchen schnell gesehen werden kann.

DIAGNOSTISCHES POTENZIAL
Wie setzen die Kinder die angefangenen Muster fort? Erkennen sie die Startfigur? Wie werden die eigenen Muster beschrieben? Sprechen sie dabei rhythmisch?
Wie beschreiben die Kinder die Zerlegungen der Würfelbilder in eine bestimmte Anzahl blauer und roter Plättchen? Nutzen sie die Raumlagebegriffe (oben, unten, rechts, links, in der Mitte) korrekt?

MÖGLICHKEITEN ZUR UNTERSTÜTZUNG
1, 2 Bei den mit Plättchen gelegten Mustern werden kleine Lücken zwischen den Teilfiguren der Muster gelassen, so dass das Identifizieren der Startfigur leichter fällt. Ebenso stellt das rhythmische Sprechen durch die Lehrkraft und die Kinder eine Erleichterung bei der Mustererkennung dar.

3 – 6 Es können kleinere Würfelzahlen (z. B. Würfeldrei) zerlegt werden. Oder die Kinder erhalten Würfelbilder mit eingezeichneten Lösungen. Die Kinder legen diese Muster nach, beschreiben („drei rote und ein blaues Plättchen"), sortieren und vervollständigen sie.

FORTSETZUNG
Musterfolgen mit Fehlern legen lassen. Das Partnerkind muss die Fehler finden und korrigieren.

→ Arbeitsheft, Seite 9 → Förderheft, Seiten 6, 7 → KV 8, 9 *Plättchenmuster*, KV 10 *Würfelbilder*

14/15 Zahlen treffen

Einstieg Das Spiel „Zahlen treffen“ einführen.

1 – 4 Aufeinander folgende Zahlen eintragen: Welche Zahl kommt davor, danach, liegt dazwischen?
Potenzial zur Sprachförderung nutzen.

5 Eigene Zahlenfolgen mit vier Zahlen finden, ggf. KV 11, 12 *Zahlen treffen* nutzen.
Der Zahlenraum ist geöffnet.
Die Folgen können auch länger werden.
Potenzial zum selbstgesteuerten Üben nutzen.

Wichtige Wörter
davor, danach, dazwischen

1
1 – 2 – 3
2 – 3 – 4
3 – 4 – 5
4 – 5 – 6

2
5 – 6 – 7
4 – 5 – 6
3 – 4 – 5
2 – 3 – 4

3
4 – 5 – 6
6 – 7 – 8
8 – 9 – 10

4
5 – 6 – 7
7 – 8 – 9
9 – 10 – 11

5 Finde Zahlenfolgen.
7 – 8 – 9 – 10

WAS WIRD BENÖTIGT?

Arbeitsmaterial: Für das Spiel „Zahlen treffen“:
- Zahlenreihe 1 – 10 (Spielfeld, KV 11, 12 *Zahlen treffen*)
- 2 Spielsteine, möglichst transparent
- 1 Würfel
- Zahlenkarten von 1 – 10

WORUM GEHT ES?

Neben dem zentralen Kardinalzahlaspekt – den Anzahlen – spielt in der Entwicklung des Zahlbegriffs auch der Ordinalzahlaspekt eine wesentliche Rolle: Die Zahlen stehen in einer eindeutig festgelegten Reihenfolge, die den Kindern durch die Zahlwortreihe schon geläufig ist. Auf dieser Doppelseite sollen die Kinder ihre Kenntnisse der Zahlenfolge im Spiel „Zahlen treffen“ vertiefen und flexibilisieren.

Vorbereitung und Regeln: Das Spiel kann von zwei Kindern (oder Kindergruppen) gespielt werden. Die Zahlenkarten werden gemischt, dann werden zwei Karten des Stapels aufgedeckt (hier 3 und 5). Diese geben die Zielfelder an. Auf die Startposition 1 und 10 werden transparente Spielsteine gelegt.
Bei einem Spielzug würfelt man und sucht sich einen Spielstein aus, mit dem man die gewürfelte Augenzahl in eine Richtung vorwärts oder rückwärts auf dem Spielfeld setzt. Man darf das Spielfeld nicht verlassen – mit einem Spielstein auf dem Feld 1 kann man z. B. nur nach rechts ziehen. Zwei Spielsteine dürfen auch auf derselben Zahl liegen.
Erreicht man ein Zielfeld, darf man die entsprechende Karte behalten und muss eine neue Karte aufdecken. Falls bereits ein Spielstein auf dem Zielfeld liegt, wird die Karte unter den Stapel geschoben. Das Spiel wird bei der aktuellen Lage der Spielsteine fortgesetzt und endet, wenn alle Zahlenkarten erreicht wurden. Ziel des Spiels ist es, möglichst viele Zahlenkarten zu sammeln. Die Kinder ziehen also mit den Spielsteinen entsprechend der gewürfelten Augenzahl vorwärts oder rückwärts auf der Zahlenreihe und versuchen, bestimmte Zielfelder zu erreichen. Dazu nehmen sie Abstände zwischen der Ausgangsposition und den erwünschten Zielfeldern in den Blick. Die Idee der Abstände zwischen Zahlen in der Zahlenreihe ist wichtig, damit die Kinder eine flexible Vorstellung der Zahlen auch im Sinne des ordinalen Zahlaspekts gewinnen.

WIE KANN MAN VORGEHEN?

Einstieg *Spiel einführen*

Den Kindern werden die Spielregeln erklärt und es werden einige Runden gemeinsam gespielt, bis die Regeln durchdrungen wurden. Wenn einige Kinder das Spiel schon kennen, können auch Expertenkinder für die Verbreitung der Spielregeln eingesetzt werden. Nach einer kurzen Einführung können die Kinder das Spiel selbstständig immer dann spielen, wenn Zeit dafür vorhanden ist (Freiarbeit, Betreuung, Mittagspause o. Ä.). Es empfiehlt sich, das Spielmaterial für die Kinder stets griffbereit zu haben.

1 – 4 *Zahlenfolgen ergänzen*

Die Aufgaben thematisieren die Abfolge aufeinander folgender Zahlen in unterschiedlichen Schwierigkeitsstufen. In allen Aufgaben folgen die Zahlen unmittelbar aufeinander, es werden also keine Sprünge an der Zahlenreihe thematisiert.

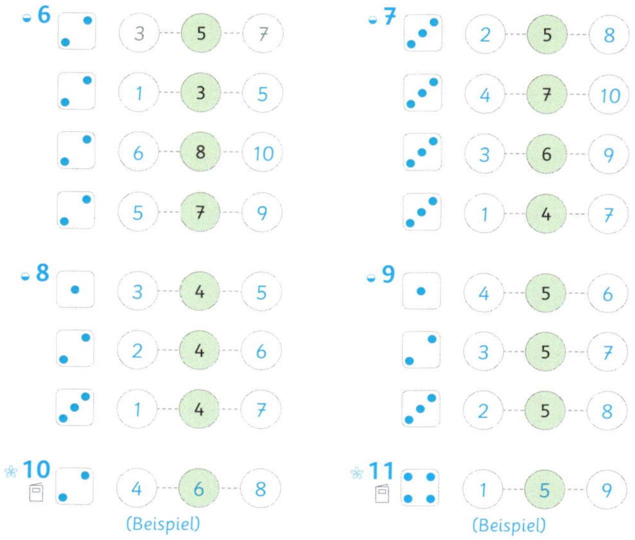

Einstieg Zu einer vorgegebenen Spielsituation und einem Würfelbild kann man (in der Regel) zwei Zahlen treffen.

6–9 Zahlen eintragen, die im vorgegebenen Abstand zur Ausgangsposition (Zahl in der Mitte) liegen.

10, 11 Möglichst viele (alle) Zahlentripel finden.
Der Zahlenraum ist geöffnet.
Potenzial zum selbstgesteuerten Üben nutzen.

5 *Eigene Zahlenfolgen notieren*

Die Kinder entscheiden hier selbst, in welchem Zahlenraum sie ihre Zahlenfolgen ansiedeln und wie lang die Folgen sein sollen. Erfahrungsgemäß werden die Ergebnisse sehr unterschiedlich ausfallen. Einige Kinder werden noch Mühe haben, die Zahlen zu schreiben und sich im Zahlenraum bis 5 oder 10 aufhalten, während andere Kinder schon routiniert in der Schreibweise sind und sich bereits jenseits der 20 bewegen können.

Zur Ergebnispräsentation können einzelne oder alle Kinder eine eigene Zahlenfolge mitbringen, die sie zuvor – aufgrund einer besseren Lesbarkeit – auf ein DIN-A4-Blatt oder eine Folie mit schwarzem Stift notiert haben. Diese von den Kindern gefundenen Zahlenfolgen können gemeinsam sortiert und verglichen werden: Was unterscheidet eine Zahlenfolge im Zahlenraum bis 10 von einer Zahlenfolge mit größeren Zahlen? Es kann thematisiert werden, dass man zum Schreiben der Zahlen immer nur die Ziffern von 0 bis 9 braucht und dass man dadurch beliebig große Zahlen schreiben kann. Evtl. können auch einige Kinder Zahlenfolgen verlängern.

Einstieg, 6–9 *Sprünge auf der Zahlenreihe*

Mit etwas Spielerfahrung werden die meisten Kinder die Abstände ohne abzuzählen bestimmen können. Zu diesem Zeitpunkt eignen sich die Aufgaben der rechten Seite: Hier werden vorgegebene Spielsituationen simuliert, in denen die Lage des Spielsteins auf der Zahlenreihe sowie die Würfelzahl vorgegeben sind. Die Kinder entscheiden von der jeweiligen Ausgangsposition und in Abhängigkeit des Würfelbildes, welche Zahlenfelder sie nach links und nach rechts besetzen können. Durch diese „eingefrorenen" Spielsituationen sollen den Kindern die für das Spiel hintergründigen Strukturen stärker in das Bewusstsein rücken, ohne dass das Spiel gänzlich verdrängt würde: Zu jeder Zahl der Zahlenreihe haben immer zwei weitere Zahlen denselben Abstand.

10, 11 *Vertiefung durch Eigenproduktionen*

Die Kinder sollen möglichst viele (alle) Zahlentripel mit der Differenz 2 (1, 3, 4, 5, 6) finden. Um die Vollständigkeit zu überprüfen, können die Lösungen auf der KV 12 *Zahlen treffen* notiert, ausgeschnitten und sortiert werden.

Wenn die Kinder die Ausgangszahl kleiner als das Würfelbild wählen, können sie links keine (natürliche) Zahl eintragen. Dies bietet einen Anlass, im Plenum darüber zu sprechen.

DIAGNOSTISCHES POTENZIAL

Wie sicher bewegen sich die Kinder in der Zahlenreihe bis 10? In welcher Schrittweite können sie die Zahlwortreihe aufsagen? In welchem Zahlenraum befinden sich die von den Kindern produzierten Zahlenfolgen? Wie sieht das Schriftbild der geschriebenen Ziffern aus?

MÖGLICHKEITEN ZUR UNTERSTÜTZUNG

Kinder mit großen Schwierigkeiten können das Spiel mit einem Partnerkind oder einer erwachsenen Betreuung spielen. Bei der Bearbeitung der rechten Schulbuchseite können sämtliche Aufgaben konkret am Spiel gelegt werden.

→ Arbeitsheft, Seite 10 → Förderheft, Seite 8 → Ziffernschreibkurs fortsetzen → „Mit Zahlen spielen"

16/17 Zahlen schnell sehen

Einstieg Anzahlen größer als 5 legen.
Wie kann man die Anzahl erkennen, ohne jeden Stein einzeln zu zählen?

1 Zerlegungen in Mengen von Naturmaterialien sehen, einkreisen, zur Bestimmung der Gesamtanzahl nutzen.

2–4 Plättchen in gut erkennbaren Gruppierungen zeichnen.
Potenzial zum selbstgesteuerten Üben nutzen.

1 Wie viele? (Beispiele)

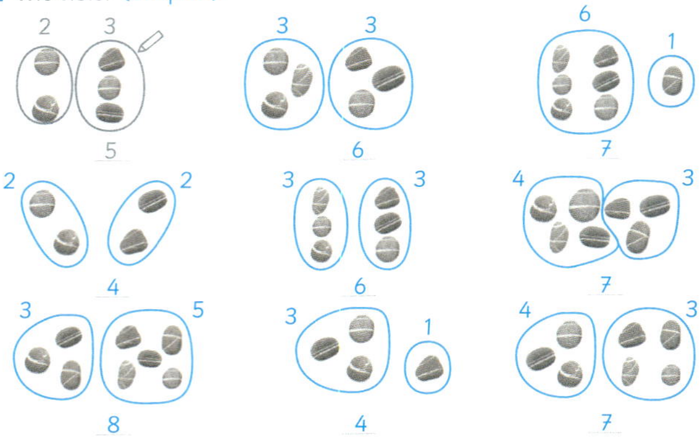

2 Lege und male. Immer 6. **3** Lege und male. Immer 8.

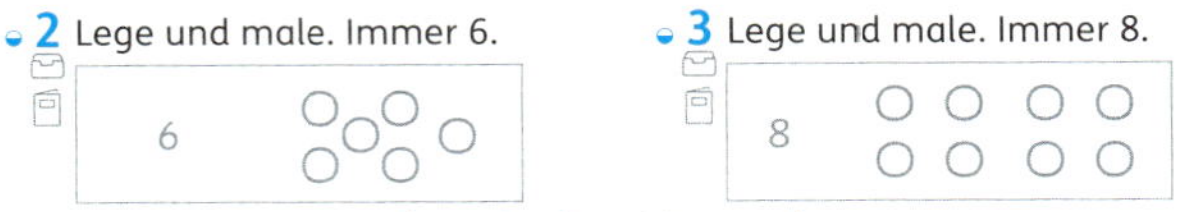

(verschiedene Lösungen)

4 Lege und male. Immer 5, 7, 9.
(verschiedene Lösungen)

WAS WIRD BENÖTIGT?

Arbeits- und Demonstrationsmaterial: Naturmaterialien (Kastanien, Steine, Muscheln …) und Alltagsgegenstände (Zahnstocher, Muggelsteine, Knöpfe …), als didaktisches Material: Plättchen

WORUM GEHT ES?

Hier wird das „rechnende Zählen" (weiter) entwickelt. Im Wesentlichen geht es darum, das mittlerweile entwickelte Wissen über die Teil-Ganze-Beziehungen im kardinalen Zahlaspekt anzuwenden, um eine größere Anzahl aus kleineren, gut erkennbaren Anzahlen zusammen zu setzen. Das hierbei wechselweise ablaufende Zusammenspiel zwischen dem Zerlegen einer größeren Anzahl und dem Zusammensetzen zweier kleinerer Anzahlen ist gleichermaßen eine wesentliche Grundlage für die Entwicklung eines flexiblen Operationsbegriffs wie auch für eine strukturierte Vorstellung von den Zahlen ab 11, die man sich ja prinzipiell aus zwei Zahlen zusammengesetzt vorstellen muss.
Die Überschrift „Zahlen schnell sehen" soll dazu anregen, Teilgruppen mit zwei und mehr Elementen zusammenzufassen ohne einzeln abzuzählen. Dafür benötigen die Kinder Stützpunktwissen über Zusammenfassungen von kleinen Anzahlen. Grundlage bilden hier die Beziehungen: 2 und 1 ist 3, 2 und 2 ist 4, 3 und 2 ist 5, 3 und 3 ist 6. Aber auch Beziehungen größerer Anzahlen können auf der Basis gründlicher Vorarbeiten schon thematisiert werden. So werden einige Kinder auch Zahlen zwischen 5 und 10 schon adäquat zerlegen und damit „quasi-simultan" erkennen können.
Sofern den Kindern die Möglichkeiten zur Zerlegung großer Anzahlen fehlen, dürfen sie natürlich auch zählen. Auch Erwachsene mit einer guten Anzahlerfassung zählen, wenn Elemente einer Menge der Reihe nach präsentiert werden.

WIE KANN MAN VORGEHEN?

Einstieg *Mengen von Naturmaterialien strukturieren*
Zur Vorbereitung auf die Stunde können die Kinder aufgefordert werden, schöne Steine mitzubringen.
Im Sitzkreis werden sechs Steine (oder andere Naturmaterialien) ungeordnet gelegt. Die Kinder bestimmen die Anzahl, wobei viele Kinder naheliegender Weise alle Steine abzählen werden. Es folgt die Frage, ob und wie man die Anzahl auch bestimmen kann, ohne alle Steine einzeln zu zählen. Die Ideen der Kinder werden aufgegriffen. Bei Bedarf legt die Lehrkraft als stillen Impuls zwei Dreiergruppen (o. Ä.). Es wird besprochen, dass es bei solchen Gruppierungen einfacher ist und schneller geht, die Anzahl zu bestimmen. Die Kinder nehmen die Botschaft mit, selbst auf geschickte Anordnungen zu achten.
Für weitere Aufgaben im Kreis können die Kinder die Augen schließen und die Lehrkraft (oder ein Kind) legt eine Menge an Steinen vorstrukturiert in die Mitte unter ein Tuch. Nun öffnen alle Kinder die Augen und die Anzahl wird kurz gezeigt. Die Kinder werden angeregt, mit Hilfe von Strukturierungen schnell die Gesamtanzahl (oder einen Teil davon) zu erfassen. Dazu erläutern die Kinder (bevor die Abdeckung weggenommen wird), wie sie sich die vorgestellte Anzahl strukturiert haben.

1 *Strukturen erkennen und nutzen*
Die Kinder orientieren sich an der angedeuteten Zerlegung: Sie fassen die beiden Teilmengen zusammen und bestimmen dadurch die gesamte Anzahl der Steine.

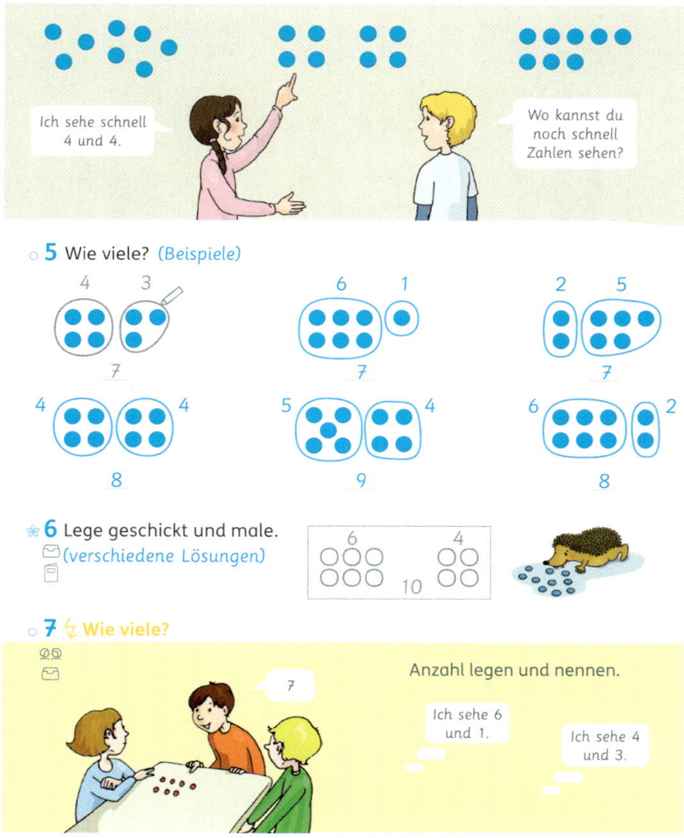

Einstieg, 5 Zerlegungen sehen, einkreisen und zur Bestimmung der Gesamtanzahl nutzen.

6 Mengen von Plättchen in gut erkennbaren Gruppierungen legen und zeichnen.

7 Blitzrechnen
Anzahl legen und nennen.
Schnelles Erkennen von gruppierten Anzahlen trainieren.

2–4 *Mengen strukturiert anordnen*

In diesen Aufgaben erproben die Kinder ihre eigenen Ideen, größere Anzahlen aus kleineren zusammen zu setzen, indem sie diese geschickt legen und aufzeichnen.
Abschließend präsentieren sie ihre Lösungen zu den Aufgaben 2 und 3 und besprechen gemeinsam, bei welcher Darstellung die 6 bzw. 8 besonders schnell zu erkennen ist, ohne jedes Plättchen einzeln zu zählen. Das Ordnen in zwei Kategorien (gut zu sehen/nicht so gut zu sehen) fokussiert den Blick auf die unterschiedlichen Darstellungen.
Hierfür können im Vorfeld einzelne Lösungen von Kindern oder der Lehrkraft vergrößert aufgezeichnet werden oder es werden verschiedene Ideen im Plenum mit dem Material nachgelegt, beschrieben und Vor- und Nachteile besprochen. Ebenso können die Kinder ihre Plakate kurz der Klasse zeigen, so dass abschließend ein „Schnelles-Sehen-Rätsel" gespielt wird. Auch ist es möglich, aus den Dokumenten der Schüler ein Memory für Freiarbeitsphasen herzustellen.

5, 6 *Didaktische Materialien strukturiert anordnen*

Die mithilfe von Naturmaterialien durchgeführten Aktivitäten werden auf didaktische Materialien übertragen und die Kinder finden geschickte Zerlegungen von Anzahlen mithilfe von Wendeplättchen. Eine Ergebnispräsentation kann hier analog zu Aufgaben 2 und 3 erfolgen.

7 *Blitzrechnen: Wie viele?*

Die erste von insgesamt zehn Blitzrechenübungen dient dem schnellen Erkennen von gruppierten Anzahlen. Die Blitzrechenübungen müssen einmal eingeführt werden und dann regelmäßig in den folgenden Wochen in Partnerarbeit trainiert werden.

DIAGNOSTISCHES POTENZIAL

Welcher Zahlaspekt steht bei den Kindern im Vordergrund? Welche Zerlegungen wählen sie für ihre Eigenproduktionen und in welchem Zahlenraum bewegen sie sich dabei? Wie gehen die Kinder mit dem Übergang von den Naturmaterialien zu den Plättchen um?

MÖGLICHKEITEN ZUR UNTERSTÜTZUNG

Für die geschickte Anzahlbestimmung müssen zuvor folgende Zahlbeziehungen gesichert werden: 2 und 1 ist 3, 2 und 2 ist 4, 3 und 2 ist 5, 3 und 3 ist 6.
Prinzipiell sind diese Aufgaben nicht an das im Schulbuch genutzte Zahlenmaterial gebunden. So kann man die Übungen sowohl auf den Zahlenraum bis 5 beschränken, als auch auf größere Zahlen oder auf mehr als zwei Gruppierungen erweitern.

FORTSETZUNG

Immer wieder vielfältige Zählaktivitäten mit den unterschiedlichen Materialien durchführen, Kinder zum strukturierten Legen und Aufzeichnen anregen (Anlegen eines Albums mit Zahlen), Ergebnisse reflektieren, dabei besonders gelungene hervorheben („hier muss nicht einzeln gezählt werden").

→ Arbeitsheft, Seite 11 → Förderheft, Seite 9 → Verstehen und Trainieren, Seite 2 → Vernetzen und Automatisieren, Seiten 1–4
→ Blitzrechnen ▤, ⦾ → Ziffernschreibkurs fortsetzen

18/19 Zehnerfelder

Einstieg Anzahlen schnell im Zehnerfeld sehen. Fünferstruktur im Zehnerblock thematisieren. Unterschiedliche Legemöglichkeiten für Zahlen von 1 bis 10.

1 Anzahlen mithilfe der Struktur schnell erkennen, wenn möglich anhand der Fünferstruktur. Teilmengen einkreisen, Anzahlen ergänzen.

2 Partnerdiktat: Kind A legt eine Anzahl, beschreibt die Lage der Plättchen (oben, unten). Kind B (ohne Sicht auf das Zehnerfeld) nennt die Zahl. Potenzial zur Sprachförderung nutzen.

Wichtige Wörter
oben, unten, rechts, links, Fünfer, Zehner

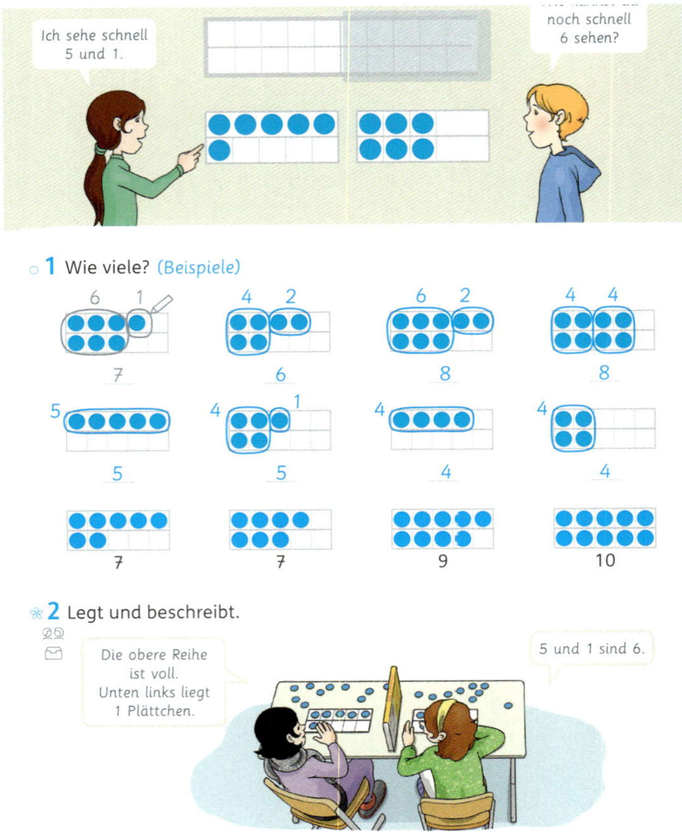

WAS WIRD BENÖTIGT?

Arbeits- und Demonstrationsmaterial: KV 16, 17 *Zehnerfelder hoch* (im Block) und *quer* (linear) oder Zwanzigerfeld mit transparenter Abdeckfolie, Plättchen, Zahlenkarten von 1 bis 10

WORUM GEHT ES?

Zahlenfelder sind besonders gut geeignete Darstellungsmittel für den kardinalen Zahlaspekt. Sie liefern durch ihre rechteckige Form und durch die Strukturierung in Fünfer und Zehner eine ideale Grundlage für die operative Erarbeitung aller für die Grundschule relevanten Zahlenräume, für deren Verständnis das dezimale Stellenwertsystem zentral ist. Zusätzlich erlauben sie es, durch ihre Vorstrukturierung die gelegten Zahlen schnell zu sehen, so dass sich ihre Einführung sehr gut an die vorangegangene Doppelseite anschließt.

Bevor im nächsten Kapitel das Zwanzigerfeld eingeführt wird, wird auf dieser Doppelseite das Zehnerfeld als Teilstruktur des Zwanzigerfeldes durchgearbeitet. Dabei ist es wichtig, dass die Kinder vertraut werden mit zwei prinzipiell unterschiedlichen Möglichkeiten, Zahlen in Feldern zu legen:

1. *Blockweise:* Die Plättchen werden möglichst gleichmäßig untereinander gelegt, d.h. es entstehen entweder zwei gleiche Reihen (bei geraden Zahlen) oder die Reihen unterscheiden sich genau um ein Plättchen (bei ungeraden Zahlen).

2. *Linear:* Die Plättchen werden nebeneinander platziert: Erst wenn die eine Reihe voll ist, wird die zweite Reihe genutzt.

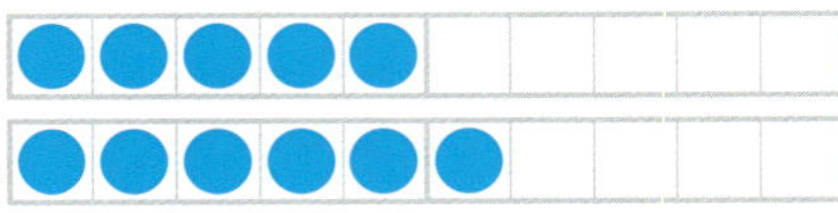

Beide Lege- und Leseweisen von Zahlen sind zentral. So ist etwa die blockweise Anordnung wichtig, um später Verdopplungen in der Addition oder Zahlvergleiche bei der Subtraktion durchzuführen, während die lineare Anordnung hilfreich ist für den Zehnerübergang der Addition und für die Grundvorstellung des Wegnehmens bei der Subtraktion. Durch die Beschreibung und Rekonstruktion von Zahlbildern werden mentale Vorstellungsbilder im Zehnerraum vertieft.

Vor allem in der ersten Darstellung sind die sprachlichen Mittel zur Beschreibung der Zahlen wichtig. Die Lehrkraft sollte in der Einführungsphase sicherstellen, dass die Kinder die passenden Worte (oben und unten, links und rechts) verfügbar haben (Wortspeicher, individuelle Merkhilfen ...).

WIE KANN MAN VORGEHEN?

Einstieg *Anzahlen im Zehnerfeld legen*

Die Lehrkraft betrachtet mit den Kindern ein Zwanzigerfeld. Zunächst wird gemeinsam festgestellt, dass es insgesamt 20 Plätze hat, in jedes kann ein Plättchen gelegt werden. Dann deckt die Lehrkraft den rechten Block ab (wie in der Einstiegsillustration) und fragt, wie viele Felder nun zu sehen sind. Es wird herausgearbeitet, dass zwei Fünfer untereinander liegen und damit ein Zehner sichtbar sind. Zu verschiedenen Zahlen wird diskutiert, wie man diese Zahlen so im Feld legen kann, dass man sie schnell erkennt. Die Kinder sollten in ihre Erläuterungen die Fünferstruktur des Feldes einbeziehen.

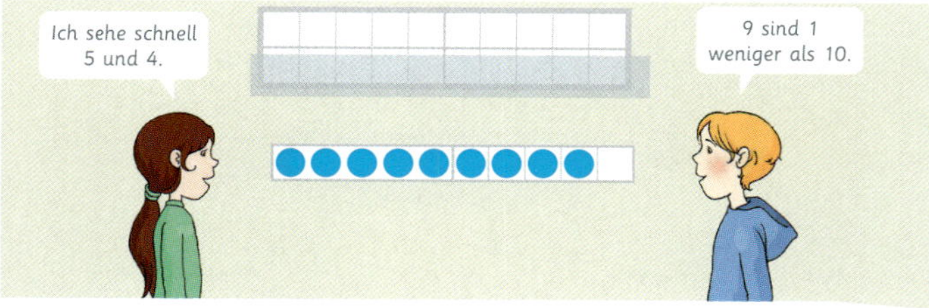

○ **3** Wie viele?

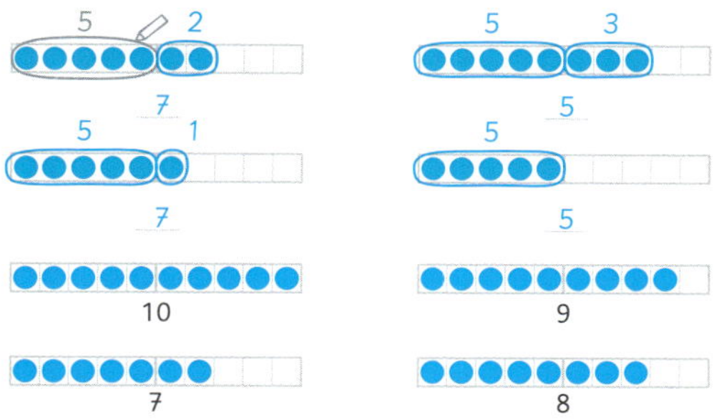

4 Legt Zahlen in die Zehnerfelder.

Einstieg Anzahlen im Zehnerfeld schnell sehen. Fünferstruktur im linearen Zehnerfeld thematisieren.

3 Anzahlen mithilfe der Struktur schnell erkennen, wenn möglich anhand der Fünferstruktur.

4 Anzahl legen, Zahl nennen.
Durch das Legen und das Ablesen von Zahlbildern mentale Vorstellungsbilder im Zehnerraum vertiefen.

Anschließend deckt die Lehrkraft den rechten Block wieder auf und verdeckt nun die untere Zeile des Feldes. Die Kinder stellen fest, dass hier zwei Fünfer nebeneinander angeordnet sind. Analog zur vorangegangenen Vorgehensweise werden Zahlen dargestellt und in Bezug zur Fünfer- und Zehnerstruktur des Feldes beschrieben. In Abhängigkeit von der Lerngruppe können diese beiden Zehnerfelder (blockweise und linear) auch zeitlich getrennt voneinander behandelt werden.

1, 3 *Erkunden von Legeweisen*
Die Kinder sollten diese Aufgaben nach der einführenden Besprechung selbstständig bearbeiten können. Für die freien Felder erhalten sie den Hinweis, die Plättchen geschickt anzuordnen, sodass die Anzahl möglichst schnell („auf einen Blick") erkannt werden kann.
Als Material erhalten die Kinder jeweils zu zweit ein blockartiges und ein lineares Zehnerfeld (alternativ ein Zwanzigerfeld mit Abdeckfolie), sowie Plättchen und ggf. Zahlenkarten von 1 bis 10.

2 *Beschreiben von Legeweisen*
In dieser Partnerarbeit legt ein Kind eine Zahl im Zehnerfeld, ohne dass das Partnerkind die Darstellung sehen kann (Sichtschutz aufbauen, z. B. Stehordner). Dann wird die Anordnung möglichst kurz (oft mit Bezug auf den Fünfer) und treffend beschrieben, jedoch ohne die Gesamtanzahl der Plättchen zu nennen. Das Partnerkind muss aus der Beschreibung auf die gelegte Anzahl schließen. Anschließend werden die Rollen getauscht.

4 *Anzahlen geschickt legen*
Die Kinder legen in Partnerarbeit Zahlen bis 10 im Zehnerfeld. Dabei nutzt das eine Kind das lineare Zehnerfeld, das andere die Blockstrukturierung. Wenn einige Zahlen gelegt wurden, tauschen die Kinder die Zehnerfelder.

Nach der Bearbeitung der Doppelseite können etwa an der Tafel oder mit einem Tageslichtprojektor Zahlbilder in den Zehnerfeldern für kurze Zeit gezeigt werden. Die Kinder müssen die Anzahlen schnell erkennen und dann beschreiben, welche Merkmale der Darstellung sie zur Erkennung genutzt haben. Hier werden vor allem die Fünferstrukturierungen der Felder herangezogen.

DIAGNOSTISCHES POTENZIAL

Welche Anzahlen an Plättchen können die Kinder simultan und quasisimultan erkennen? Welche Merkmale der Zehnerfelder werden bei der Zahlerkennung genutzt?

MÖGLICHKEITEN ZUR UNTERSTÜTZUNG

In Abhängigkeit der Lernvoraussetzungen können sich einzelne Kinder ggf. längere Zeit mit einer Variante der Zehnerfelder beschäftigen. Empfehlenswert ist dabei die Blockdarstellung, weil dort die beiden Fünfer durch den Zeilenwechsel besser ersichtlich sind.

FORTSETZUNG

Die Kinder zeichnen beide Zehnerfelder auf (mit oder ohne Sicht auf das Material) und markieren Gemeinsamkeiten und Unterschiede.

→ Arbeitsheft, Seite 12 → Förderheft, Seite 10 → Verstehen und Trainieren, Seiten 3 – 7 → Ziffernschreibkurs fortsetzen

20/21 Kraft der 5

1 Die Struktur einer Strichliste mit Fünferbündelung besprechen.
Der Eisbär kommt auf dem Bauernhof nicht vor. Die Zahl 0 kann durch eine Strichliste nicht ausgedrückt werden, das Feld bleibt leer.

2 Strichlisten mit Fünferbündelungen als alternative Darstellungen der Zahlen im Zehnerraum kennenlernen.

1

	𝍸 ||	7		||	2		𝍸 |||	8
	|||	3		||||	4		||	2
	𝍸 |	6		𝍸	5			0

2

||||	𝍸 ||||	||	𝍸 ||	|	𝍸 |	|||	𝍸 |||	𝍸	𝍸 𝍸
4	9	2	7	1	6	3	8	5	10

WAS WIRD BENÖTIGT?

Arbeitsmaterial: ggf. Plättchen und Spielgeld

WORUM GEHT ES?

Die Fünferstruktur wird hier unter einem weiteren Schwerpunkt beleuchtet, nämlich in ihrem Nutzen zur übersichtlichen Bündelung in einer Strichliste, sowie als Bündelungseinheit bei Geld und als natürliche Bündelung von fünf Fingern an einer Hand.
Im Buch ist ein Bild vorgegeben, auf dem Tiere in unterschiedlicher Weise versteckt sind. Da man nicht sofort erkennt, wie viele Tiere von jeder Art vorhanden sind, ist es zweckmäßig, für jedes gefundene und ausgemalte Tier einen Strich in eine Strichliste einzutragen. Die dazu notwendige Eins-zu-eins-Zuordnung wird den Kindern intuitiv klar sein – sie wird hier nicht weiter thematisiert, sondern später explizit behandelt (vgl. Seite 28). Auf dieser Doppelseite geht es vielmehr weiterhin um die zentrale Rolle des Fünfers zur Orientierung im Zehnerraum. So wird auf der linken Seite die Fünfer-Bündelung bei Strichlisten eingeführt und auf der rechten Seite die Zahldarstellung einer Strichliste mit anderen Zahlendarstellungen verknüpft.

WIE KANN MAN VORGEHEN?

1 *Zählen mit Strichlisten*

Vor der Arbeit mit dem Buch sollten vielfältige Zählübungen mit der Klasse durchgeführt werden (vorwärts zählen, rückwärts zählen, weiter zählen, in Schritten zählen). Sodann wird das Bild gemeinsam betrachtet. Die Kinder beschreiben, was sie sehen. Dabei kommen auch die Tierarten zur Sprache, die in der Tabelle farbig markiert sind.
Gemeinsam werden die sieben Vögel gesucht, die in der Tabelle schon vorgegeben sind. Die Lehrkraft überträgt die Tabelle an die Tafel, einschließlich der Zahl 7 als Strichliste, und führt in die Fünferbündelung der Strichliste ein. Auch die weitere Vorgehensweise wird geklärt: Jedes gefundene Tier einer Tierart wird mit der angegebenen Farbe ausgemalt. (Die Farbe passt nicht zwangsläufig zur natürlichen Färbung der Tiere, sie dient hier nur zur Wiedererkennung der bereits gezählten Tiere.) Immer wenn ein Tier ausgemalt ist, wird dafür ein Strich in das entsprechende Feld der Tabelle eingetragen. Mit jedem fünften Tier einer Art wird eine Fünferstrichliste abgeschlossen. Es bietet sich an, Zahlen bis 10 mit den zugehörigen Strichlisten an der Tafel zu notieren, damit sich die Kinder an den Bildern orientieren können.
Nach diesem Verfahren bestimmt jedes Kind die Anzahl der anderen Tiere und trägt das Ergebnis als Strichliste in die Tabelle ein. Am Schluss wird verglichen, ob die Anzahlen richtig bestimmt wurden. Die Zahl 0 kann durch eine Strichliste nicht ausgedrückt werden. Mit den Kindern kann dann darüber gesprochen werden, wie vorteilhalft es für eine Liste ist, ein Zeichen für die Anzahl Null zur Verfügung zu haben.

2 *Vertiefung: Strichlisten als Zahldarstellung*

Strichlisten werden in die Zahlendarstellung mit Ziffern übertragen. Die Fünferbündelung in Strichlisten wird zur schnellen Deutung genutzt.

3 *Verschiedene Zahldarstellungen deuten*

In dieser Aufgabe werden den Kindern neben den Fingerbildern und den Strichlisten Geldscheine als Beispiel für die Fünferbündelung aus ihrer Umwelt angeboten.

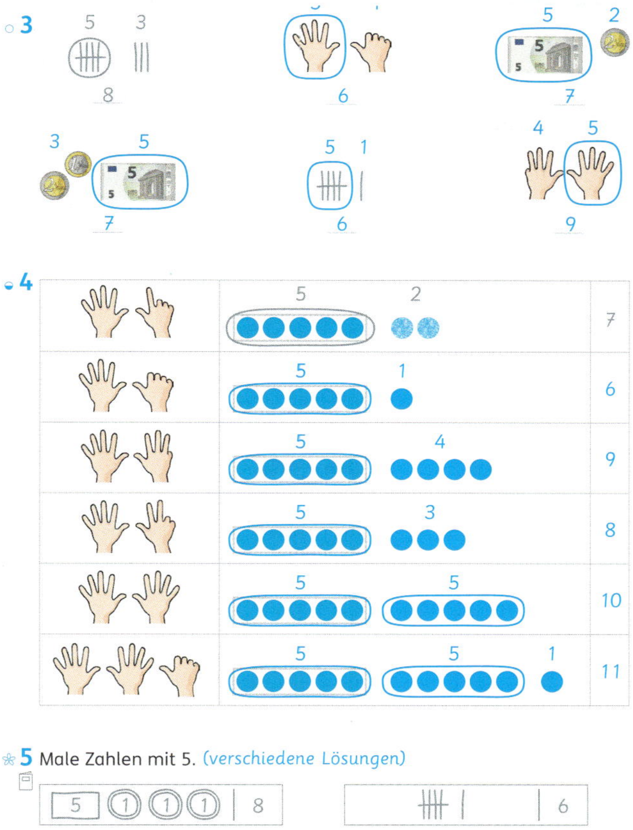

3 Verschiedene Darstellungen zur Fünferbündelung.

4 Die Zahlbilder zwischen 5 und 10 von der Darstellung der Fingerbilder in die Plättchendarstellung übersetzen.

5 Eigene Darstellungen für Fünferbündelungen wählen.
Der Zahlenraum ist freigestellt.
Potenzial zum selbstgesteuerten Üben nutzen.

Die Geldwerte an sich sind keine Anschauungsmittel im engeren Sinne: sie repräsentieren die Bündelung nur dadurch, dass die Bündelungseinheit symbolisch darauf vermerkt ist. Das Wechseln von Geldstücken in Geldscheine und umgekehrt verdeutlicht aber sehr wohl das Bündeln und Entbündeln, wodurch die Geldwerte zu einem wichtigen didaktischen Material für den Aufbau von Vorstellungen zum Stellenwertsystem werden.

4 *Zahlendarstellungen übertragen*
Die Kinder übersetzen die Darstellungen von Zahlen zwischen 5 und 10 in andere Repräsentationen: Die Fingerbilder werden in Punktedarstellungen übersetzt und die symbolischen Schreibweisen geübt.

5 *Eigene Zahldarstellungen finden*
In dieser Aufgabe vertiefen und erweitern die Kinder ihre Vorstellung von der Kraft der Fünf, indem sie eigene Darstellungen wählen. Der Zahlenraum ist hier freigestellt, so dass einige Kinder sicher schon mit mehreren Fünfern, vielleicht sogar mit Zehnern arbeiten.
Abschließend präsentieren die Kinder ihre Bilder zu Zahlen mit 5, vergleichen verschiedene Darstellungen, finden Gemeinsamkeiten und Unterschiede und diskutieren ggf. Ordnungsmöglichkeiten.

DIAGNOSTISCHES POTENZIAL

Wie nutzen die Kinder den Fünfer beim Lesen strukturierter Zahldarstellungen? Kennen sie die dargestellten Geldwerte? In welchem Zahlenraum bewegen sie sich bei den selbst erstellten Darstellungen in Aufgabe 5?

MÖGLICHKEITEN ZUR UNTERSTÜTZUNG

1 Kinder mit Schwierigkeiten beim Anmalen der Tiere können hier dicke Punkte eintragen oder bereits gezählte Tiere durchstreichen.
Manchen Kindern hilft es, die 5er-Strichliste zu beachten, wenn sie sich eine Hand mit vier gestreckten Fingern und einem nach innen angelegten Daumen vorstellen. Zudem kann man (durchaus mit Kindern gemeinsam) Karten erstellen, auf denen die Zifferndarstellung der Zahlen durch Strichlisten ergänzt wird und ggf. den Kindern auf die Tische kleben.

3 Falls die Geldwerte den Kindern nicht aus ihrer Erfahrung bekannt sind, können an dieser Stelle auch Euro-Münzen und Scheine bis 10 Euro thematisiert werden. Alternativ können sie diese Aufgabe auslassen. Die Geldwerte werden an späterer Stelle gründlich besprochen, so dass hier auf diesen zusätzlichen Lernstoff auch verzichtet werden kann.

4 Um die Orientierung in der Tabelle zu erleichtern, können die Kinder ein Blatt nutzen, das den Teil unter der zu bearbeitenden Zeile abdeckt.

FORTSETZUNG

Die Kinder erstellen ein Paarspiel zu den Zahlen von 5 bis 10 mit unterschiedlichen Darstellungen und Repräsentanten: Strichliste, Geldwerte, Plättchen.

→ Arbeitsheft, Seiten 13, 14 → Förderheft, Seite 11 → Ziffernschreibkurs fortsetzen

22/23 Kraft der 5

Einstieg Fünferstreifen als Material zum schnellen Legen eines Fünfers.

1, 2 *Kraft der Fünf* beim Legen und Zeichnen von Zahlbildern zu Zahlen zwischen 5 und 10 bewusst nutzen.

3 Blitzrechnen
Zu einer Zahl Zerlegung in Fünfer und Einer nennen.
Erkennen von Zahlbildern durch die *Kraft der Fünf* automatisieren.

Wichtige Wörter:
Fünfer, Einer

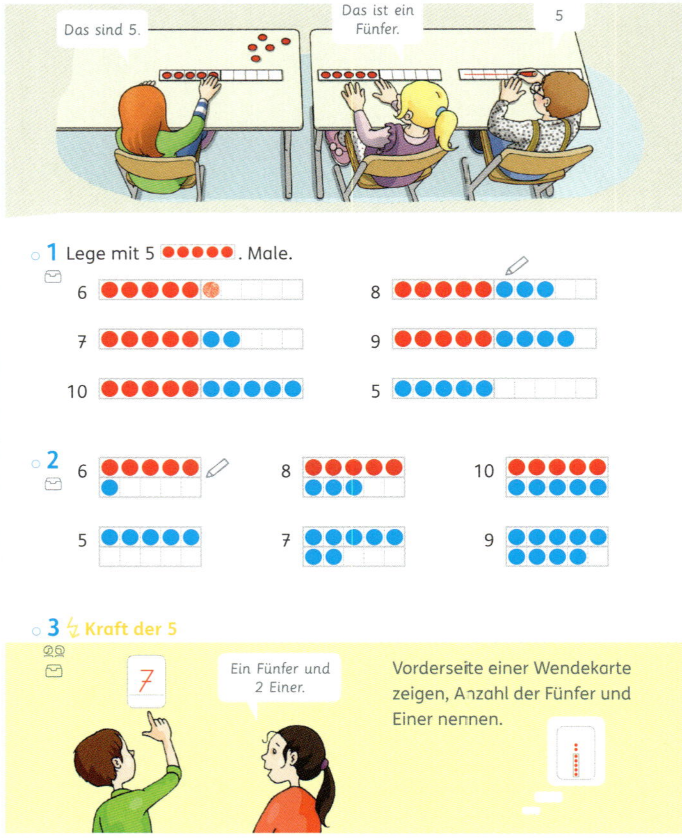

WAS WIRD BENÖTIGT?

Arbeitsmaterial: Zwei Zehnerfelder (oder zwei Zwanzigerfelder und Abdeckfolie), zwei Fünferstreifen, 4 Plättchen, ggf. Blanko-Zwanzigerfelder
Demonstrationsmaterial: Streifen zur Visualisierung des Aufgabenformates

WORUM GEHT ES?

Auf dieser Doppelseite wird die Einführung in die Strukturierung des Zehnerraums mithilfe der *Kraft der Fünf* abgeschlossen, indem die Beziehungen zwischen den Zahlen bis 5 und den Zahlen von 5 bis 10 bewusst zum Legen und Zeichnen genutzt werden. Dazu wird als neues Legematerial der Fünferstreifen „verpflichtend“ eingeführt. Für die ikonischen Darstellungen wird vereinbart, dass die Kinder für einen Fünfer nicht fünf Kreise zeichnen müssen, da dies einerseits sehr zeitaufwändig ist und andererseits das zählende Rechnen unterstützt, sondern den gesamten Fünfer durch einen Strich kennzeichnen können.
Auf der rechten Seite wird mithilfe der Fingerdarstellung von Zahlen trainiert, Zerlegungen in Teilmengen mit Bezug zur 5 umzustrukturieren.
Die Kinder sollten nach Abschluss dieser Doppelseite das Erkennen von Zahldarstellungen im Zahlenraum bis 10 mithilfe der Fünferstruktur automatisiert haben, bzw. die Automatisierung anhand der Blitzrechenkartei forcieren.

WIE KANN MAN VORGEHEN?

Einstieg *Material Fünferstreifen einführen*
Es wird besprochen, dass das Legen von Zahlen zwischen 5 und 10 durch den Einsatz von Fünferstreifen deutlich beschleunigt werden kann. Dabei wird geklärt, dass im Fünferstreifen keine Unterteilung in einzelne Felder vorgesehen ist. Es wird vereinbart, dass man bei einem Streifen dieser Art davon ausgehen kann, dass er aus genau fünf Plättchen besteht. Auf einem Lernplakat können ein Fünferstreifen und ein einzelnes Plättchen aufgeklebt und mit den Wörtern „ein Fünfer“ bzw. „ein Einer“ beschriftet werden. Die Lehrkraft kann ankündigen, dass im Zwanzigerraum zusätzlich noch ein Zehnerstreifen dazu kommt.
Anschließend wählen die Kinder aus den Zahlenkarten Zahlen von 5 bis 10 aus, die sie geschickt in beide Zehnerfelder legen. Dabei beschreiben sie ihre Legeweise. Zum Legen von Zahlen im Zehnerraum sollen die Kinder außer einem Zehnerfeld oder einem Zwanzigerfeld mit Abdeckstreifen deswegen nur zwei Fünferstreifen und vier einzelne Plättchen nutzen. Dadurch wird gesichert, dass sie die Zahlen zwischen 5 und 10 auf der Basis der Fünferstruktur legen.

1, 2 *Zahlen darstellen mit neuem Material*
Zahlen bis 10 werden mithilfe des Fünferstreifens gelegt und ikonisch dargestellt. Man sollte darauf achten, dass für den Fünfer nicht einzelne Punkte gemalt werden, sondern der Fünferstreifen mit einem Strich („wie ein Fünfer“) gekennzeichnet wird. Dies unterstützt die Ablösung vom Zählen in Einerschritten.
Darüber hinaus können auch Zahlen größer 10 am Zwanzigerfeld mithilfe von Fünferstreifen und Plättchen gelegt und auf Blanko-Feldern eingezeichnet werden.

3 *Blitzrechnen: Kraft der Fünf*
Mit dieser Blitzrechenübung wird trainiert, Zahlen hinsichtlich der Fünferstruktur zu zerlegen.

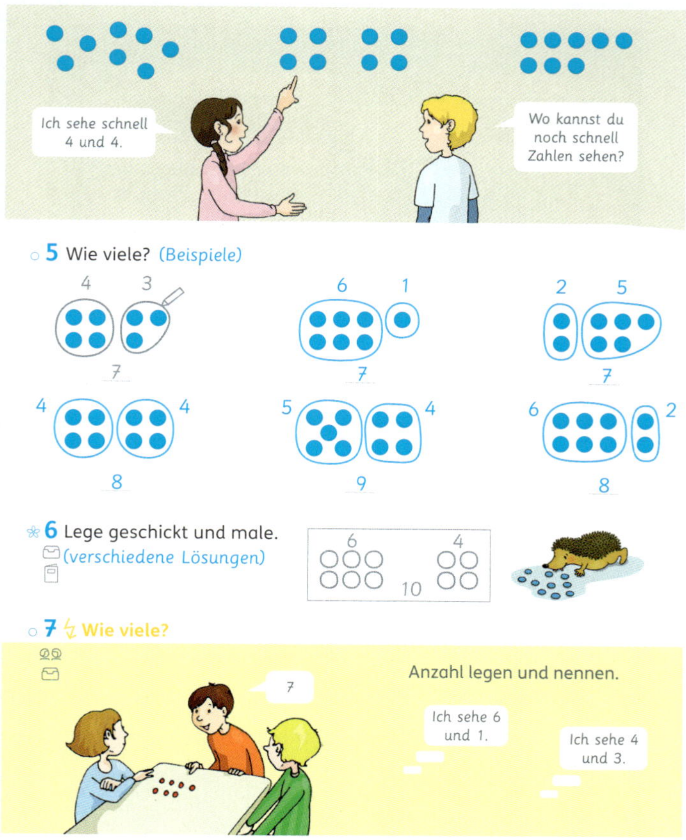

Einstieg, 4 Aufgabenformat „Aus... mache...“ klären, Fingerbilder umstrukturieren.
In Partnerarbeit über Veränderungen sprechen.

5 Zahlen bis 5 vergleichen mit Zahlen zwischen 5 und 10.
Sicherstellen, dass die Kinder hiermit keine Probleme mehr haben.

Einstieg, 4 *Aufgabenformat einführen*
In dieser Aufgabe werden Zahlen nach dem Gesetz „von der Konstanz der Summe“ (eine Anwendung des Assoziativgesetzes) umstrukturiert: Es wird aus einer vorgegebenen Zerlegung einer Zahl (etwa 4 + 2) eine Zerlegung mit einem Fünfer (also im Beispiel 5 + 1) hergestellt. Diese Übung ist wichtig, damit die Kinder in der Zahldarstellung flexibel bleiben und sie keine starren Bilder von den Zahlen entwickeln – jede Zahl ist prinzipiell mit oder ohne erkennbare Fünferstruktur darstellbar.
Hier tritt zum ersten Mal das Aufgabenformat „Aus ... mache ...“ auf, das auf eine bewusste operative Variation von mathematischen Objekten oder Operationen hinweist. Es ist sinnvoll, dieses Format gründlich mit den Kindern zu besprechen. Dazu kann ein Visualisierungsstreifen angefertigt werden, der immer wieder genutzt werden kann und den Kindern die Aufgabenvorschrift verdeutlichen soll.

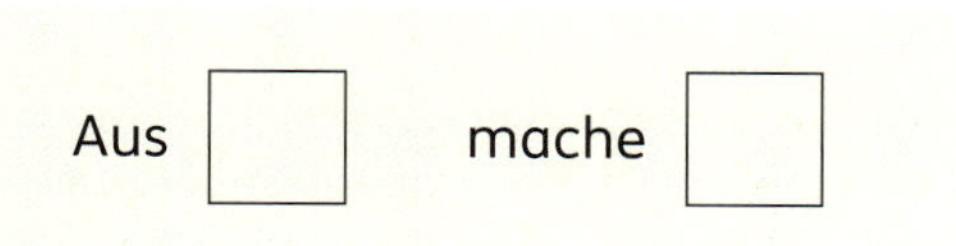

Ausgehend von einem Fingerbild auf dem Startfeld soll durch geschicktes Verändern das Fingerbild auf dem Zielfeld erreicht werden. Die Lehrkraft legt das erste Fingerbild auf das Startfeld und lässt die Kinder dieses beschreiben und selbst zeigen. Dann legt sie das Zielbild als Fingerbild auf und lässt die Kinder überlegen, wie nun geschickt und mit wenigen Veränderungen dieses Fingerbild erreicht werden kann. Dabei können auch zwei Schulkinder wie in der Abbildung oben (oder die Lehrkraft) die Änderungen vor der Klasse stehend vorführen. Dabei ist darauf zu achten, dass jedes Kind aus seiner Perspektive die Handrücken sieht – die Klasse macht also die Fingerbewegung der Kinder vorne „spiegelverkehrt“ nach.

5 *Vertiefung: Strukturen an Finderbildern erkennen*
Die Kinder vergleichen die Zahlen bis 5 noch einmal abschließend anhand der Fingerbilder mit den Zahlen zwischen 5 und 10. Wichtig ist, dass sie die Beziehungen zwischen den Zahlen bis 5 und zwischen 5 und 10 über die *Kraft der 5* beschreiben und nutzen können.

DIAGNOSTISCHES POTENZIAL

Nutzen die Kinder den Fünferstreifen? Haben sie Vertrauen in die *Kraft der Fünf* und damit in die Strukturierung des Zehners aufgebaut?

MÖGLICHKEITEN ZUR UNTERSTÜTZUNG

Kinder mit großen Schwierigkeiten können ihre Anstrengungen auf eine Variante des Zehnerfeldes beschränken. Wiederum empfiehlt sich hier die Blockdarstellung aufgrund ihrer prägnanteren Strukturierung in zwei Zeilen.
Sollten die Kinder am Ende der Behandlung dieser Doppelseite noch Probleme damit haben, die Fünferstrukturierung im Zehnerraum zu erkennen, ist die Entwicklung dieser grundlegenden Einsicht unbedingt weiter zu verfolgen.

→ Förderheft, Seite 12 → Blitzrechnen, → Vernetzen und Automatisieren, Seiten 7 – 9 → Ziffernschreibkurs fortsetzen

24/25 Immer 5 – immer 10

Einstieg Zehnerstreifen einführen.
5er- und 10er-Zerlegungen vergleichen.
Pluszeichen für die Zerlegung in zwei Zahlen einführen.

1 Zerlegungen von 10 ableiten aus den Zerlegungen von 5.

Wichtige Wörter
Fünferstreifen, Zehnerstreifen, zerlegen, plus, erste Zahl, zweite Zahl

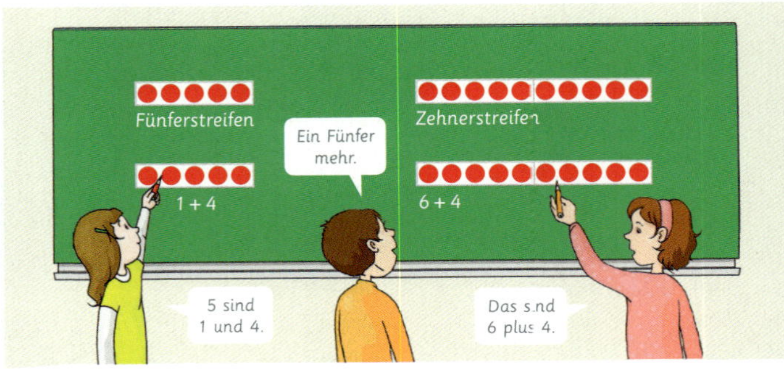

1 Vergleiche.

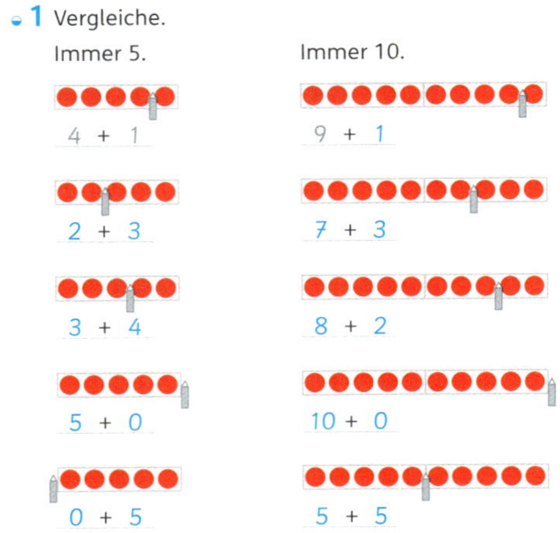

WAS WIRD BENÖTIGT?

Arbeits- und Demonstrationsmaterial: Zehner- und Fünferstreifen, Stift zum Zeigen der Zerlegung

WORUM GEHT ES?

Kurz vor dem Abschluss der Erarbeitung des Zehnerraums sollen die Kinder zentrale Vergleiche zwischen einem Fünfer und einem Zehner verinnerlichen, indem sie die 10er-Zerlegungen aus den 5er-Zerlegungen herleiten. Für den Aufbau eines soliden Stellenwertverständnisses ist es ungemein wichtig, dass die Kinder eine tragfähige Vorstellung von den 10er-Zerlegungen entwickeln und verinnerlichen.
Für die additive Zusammensetzung wird hier erstmals das Pluszeichen (allerdings ohne das Gleichheitszeichen), verwendet. Es handelt sich aber noch nicht um Additionsaufgaben, ausgedrückt wird damit nur die additive Zusammensetzung von Zahlen.

WIE KANN MAN VORGEHEN?

Einstieg *Material Zehnerstreifen einführen*
Die Seite baut unmittelbar auf den Erfahrungen auf, die anhand der vorangegangenen Seiten gemacht wurden. Erweitert wird hier das Legematerial um den Zehnerstreifen, so dass ggf. das Lernplakat der vorangegangenen Stunde um einen Zehnerstreifen und die Beschriftung „ein Zehner" ergänzt werden kann. Die Kinder werden aufgefordert, den Fünferstreifen mit dem Zehnerstreifen zu vergleichen: Was ist gleich? Was ist verschieden? Nacheinander werden diese Fragen mit den Kindern geklärt.
Anschließend werden erst der Fünfer- und dann der Zehnerstreifen dazu passend in zwei Teile zerlegt und diese Zerlegungen miteinander verglichen. Die Zerlegungen werden mit einem Stift angezeigt, der genau zwischen zwei Plättchen zeigt. Die Lehrkraft fordert die Kinder dazu auf, eine Zerlegung der 5 (z. B. 1 + 4) mit einer passenden Zerlegung der 10 (also 6 + 4) zu vergleichen. Die Kinder werden feststellen, dass hier nur ein Fünfer dazu kommt. Anschließend erklärt die Lehrkraft, dass die Zerlegung durch das Pluszeichen symbolisiert wird, führt in die Sprechweise „6 plus 4" ein und entlässt die Kinder in die Bearbeitung der Aufgaben.

1 *Zahlzerlegungen am Material vergleichen*
Die selbstständige Bearbeitung dieser Aufgabe sollte nach den Erfahrungen mit den letzten Seiten für viele Kinder machbar sein. Die Kinder vergleichen die Zerlegungen der 5 mit denen der 10 und stellen fest, dass der Stift in jeder Zeile genau einen Fünfer weiter nach rechts wandert. Der zweite Summand der Zerlegungen in einer Zeile ist deswegen immer gleich.

2 *Zerlegung in Tauschaufgaben vergleichen*
In dieser Aufgabe werden die 10er-Zerlegungen weiter verinnerlicht. Dabei wird die Idee der Tauschaufgaben vorbereitet: In jeder Zeile wird die Reihenfolge der Summanden durch eine entsprechende Verschiebung des Zerlegungsstiftes vertauscht. Die Kinder können anschließend die weiteren Zerlegungen finden. Ebenso ist es denkbar, dass man den Kindern kürzere Streifen zur Verfügung stellt, so dass daran entsprechende Zerlegungspaare gefunden werden können.

3 *Zahlendarstellungen vernetzen*
Die Kinder haben auf den vorangehendenden Seiten den Zehnerraum und insbesondere die Fünferbündelung in verschiedenen Darstellungen kennen gelernt. In dieser Aufgabe sollen sie jeweils

2 Immer 10. Vergleiche.

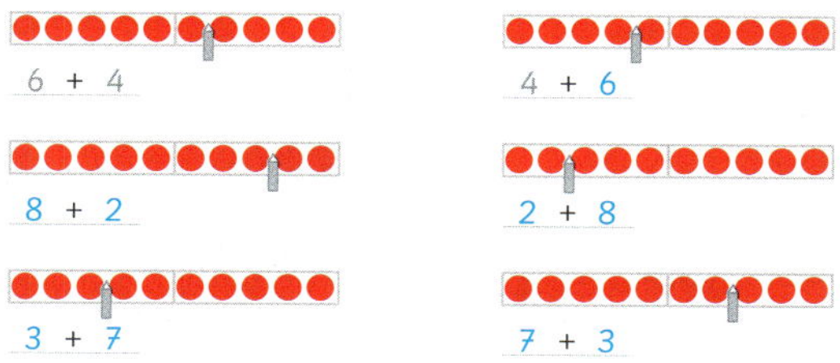

3 Aus 5 mache 10.

4 Immer 10

2 Idee der Tauschaufgaben vorbereiten.
Entdeckungen verbalisieren.
Potenzial zur Sprachförderung nutzen.

3 In der jeweiligen Darstellungsform Fünfer zu Zehner ergänzen.

4 Blitzrechnen
Zahl zwischen 1 und 10 nennen, zeigen und bis 10 ergänzen.
Zerlegungen der 10 automatisieren.

in einer der Darstellungen den Fünfer zu einem Zehner ergänzen und dadurch verschiedene Darstellungen der Fünfer- und Zehnerstruktur weiter verinnerlichen. Wiederum wird das Aufgabenformat „Aus ... mache ...“ aufgegriffen.

4 *Blitzrechnen: Immer 10*
Die Automatisierung der 10er-Zerlegungen ist von herausragender Wichtigkeit für die Erarbeitung einer Vorstellung des dezimalen Stellenwertsystems. Es ist deswegen sorgfältig darauf zu achten, dass diese Blitzrechenübung in einer ausreichenden Intensität durchgeführt wird und regelmäßig wiederholt wird.

DIAGNOSTISCHES POTENZIAL

Inwiefern stellen die Kinder Beziehungen zwischen der 5er-Zerlegung und der 10er-Zerlegung her? Welchen der Summanden einer Zerlegung bestimmen sie zuerst und wie gehen sie dabei vor?

MÖGLICHKEITEN ZUR UNTERSTÜTZUNG

1 Bei großen Problemen mit der Erarbeitung des Zehnerraums kann diese Aufgabe auf die Zerlegungen des Fünfers beschränkt werden.

→ Arbeitsheft, Seite 15 → Förderheft, Seite 13 → Verstehen und Trainieren, Seite 9 → Blitzrechnen → Ziffernschreibkurs fortsetzen

26/27 Zahlen zerlegen

Einstieg Aufgabenformat „Zahlenhaus“ einführen.
In den Etagen stehen alle Zerlegungen der „Dachzahl“.

1 Evtl. in Partnerarbeit durchführen.
Zerlegungen mit Stift erzeugen, in das Zahlenhaus eintragen.
Warum hat das Zahlenhaus zur 6 eine Etage mehr als das zur 5?
Entdeckungen beschreiben.
Potenzial zur Sprachförderung nutzen.

2 Blitzrechnen
Reihe zerlegen und Plusaufgabe nennen.
Das Zerlegen aller Zahlen bis 10 regelmäßig üben und automatisieren.

1 Immer 6.

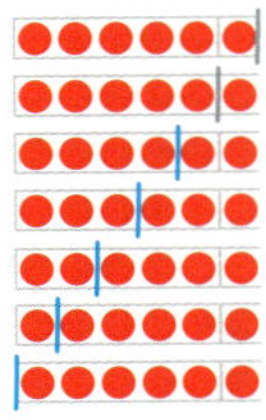

6
6 + 0
5 + 1
4 + 2
3 + 3
2 + 4
1 + 5
0 + 6

Immer 5.

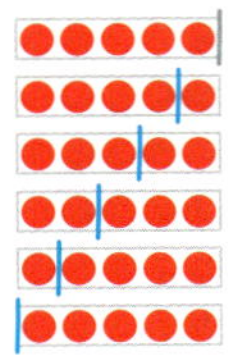

5
5 + 0
4 + 1
3 + 2
2 + 3
1 + 4
0 + 5

Vergleiche. Was fällt dir auf?

2 Zerlegen

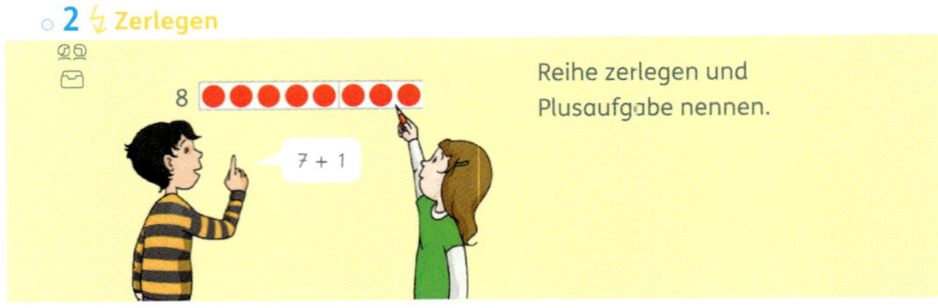

WAS WIRD BENÖTIGT?

Arbeitsmaterial: Zehnerfelder und Plättchen, KV 20–23 *Zahlen zerlegen*, LF 8 *Zahlenhäuser*
Demonstrationsmaterial: Dach mit der Zahl 6, 6er-Streifen, Haftnotizzettel, schwarzer Filzstift

WORUM GEHT ES?

Für eine fruchtbare Erarbeitung des Zwanzigerraums ist es unbedingt notwendig, dass die Kinder am Ende des ersten Themenblocks eine solide Vorstellung von den Beziehungen zwischen den Zahlen bis 10 gebildet haben. Nur dann können sie in den neuen, großen Zahlen altbekannte Eigenschaften (Analogien) wiedererkennen, nur dann wird der Zahlenraum einsichtig erweitert und nicht nur ergänzt.
Besonders wichtig ist die Fähigkeit, Zahlen aus Zahlen zusammenzusetzen (10+5=15) und Zahlen in Zahlen zu zerlegen (7=5+2). Hierfür wurden auf den vorangegangenen Seiten mit der Fünf und der Zehn besondere Zerlegungen durchgearbeitet. Diese Doppelseite beschäftigt sich intensiv und systematisch mit den Zerlegungen aller Zahlen bis 10.
Für eine flexible Vorstellung vom Aufbau der Zahlen ist eine Ordnung in den Zerlegungen sehr hilfreich: 6+0, 5+1, 4+2, 3+3, 2+4, 1+5, 0+6. Sie hilft, dass man keine Zerlegung vergisst, und erzeugt zudem die Einsicht in eine Eigenschaft: Es gibt immer genau eine Zerlegung mehr, als die Zahl groß ist. Das kann man am ersten Summanden sehen, der von 6 bis zur 0 (und nicht nur bis zur 1) verändert wird.
Erfahrungsgemäß werden einige Kinder hier alternative Ordnungen nutzen (etwa in Paaren von Aufgabe und Tauschaufgabe – auch wenn die Begriffe noch nicht bekannt sind). Man sollte die verschiedenen Ordnungen vergleichen und die jeweiligen Vor- und Nachteile herausstellen.

WIE KANN MAN VORGEHEN?

Einstieg *Zahlzerlegungen im Zahlenhaus*
Die Kinder werden aufgefordert, die Zahl 6 zu zerlegen, indem sie sechs im Zehnerfeld angeordnete Plättchen mithilfe eines Zerlegungsstiftes in zwei Teile zerlegen. Die so gefundene Zerlegung soll auf einem Papierstreifen als Additionsaufgabe notiert werden. Die Lehrkraft legt ein Dreieck mit der Zahl 6 (Dachzahl) und lässt exemplarisch eine Additionsaufgabe darunter legen.
Die Kinder werden vermutlich noch nicht systematisch anfangen, Zerlegungen zu finden. Das ist auch an dieser Stelle des Lernprozesses noch nicht wichtig. Allerdings kann die Lehrkraft durch Impulse erstes systematisches Vorgehen anbahnen, indem sie nach den ersten gefundenen Zerlegungen dazu auffordert, die letzte Lösung für die Entwicklung einer neuen Zerlegung zu nutzen: Wie kannst du geschickt von dieser Zerlegung zu einer neuen Zerlegung kommen? Dann werden die Kinder in die Arbeitsphase entlassen.

1 *Zahlenhäuser systematisch füllen*
Die Kinder markieren die Zerlegungen in den Zahlenstreifen und notieren sie im Zahlenhaus. Auffällig ist, dass das Zahlenhaus zur 6 aus genau einer Etage mehr besteht als das zur 5. Das liegt daran, dass es immer genau eine Zerlegung mehr gibt, als die Zahl groß ist. Diese Entdeckung kann an einem Plättchenstreifen illustriert werden, indem der Zerlegungsstift sukzessive von ganz rechts außen (6+0) nach ganz links außen (0+6) verschoben wird – es ergeben sich bei dem Stift im Sechserstreifen also sieben Positionen.

• **3** Immer 10. Zerlege.

• **4** Immer 9. Zerlege.

• **5** Immer 8. Zerlege.

• **6** Immer 7. Zerlege.

• **7** Wie viele Plättchen sind verdeckt?

8: 6 + 2

7: 3 + 4

9: 7 + 2

9: 5 + 4

6: 2 + 4

6: 3 + 3

• **8**

6	6	7	7	8
4 + 2	5 + 1	5 + 2	4 + 3	4 + 4
8	9	9	10	10
5 + 3	5 + 4	6 + 3	6 + 4	7 + 3

9

10	10	3	4	8
2 + 8	9 + 1	1 + 2	3 + 1	7 + 1

(Beispiele)

3 – 6 Zerlegungen analog zur Aufgabe 1 finden und notieren.
KV 20 – 23 *Zahlen zerlegen* nutzen.

7, 8 Zerlegungen zu finden wird schwieriger, weil nicht beide Zerlegungszahlen sichtbar sind.

9 Eigene Zerlegungen finden.
Der Zahlenraum ist hier freigestellt.
Potenzial zum selbstgesteuerten Üben nutzen.

2 *Blitzrechnen: Zerlegen*
Die Kenntnis von Zerlegungen der Zahlen von 1 bis 10 ist notwendig für den Aufbau einer flexiblen Vorstellung vom Zwanzigerraum. Daher sollten die Übungen regelmäßig durchgeführt werden, ggf. auch begleitend zum folgenden Themenblock.

3 – 6 *Übung: Weitere Zahlen zerlegen*
In Analogie zu Aufgabe 1 finden und notieren die Kinder hier alle Zerlegungen der Zahlen 7 bis 10 (KV 20 – 23 *Zahlen zerlegen*).

7, 8 *Vertiefung: Zahlzerlegung vervollständigen*
Das Zerlegen wird hier weiter vertieft durch das Abdecken der Zahlenstreifen und schließlich anhand von symbolischen Darstellungen, bei der die Kinder mit ihren mentalen Bildern von den Zahlen operieren müssen. In Partnerarbeit können sie gegenseitig von ihren Vorstellungen profitieren.
Der zweite Summand ist jeweils nicht sichtbar und muss deshalb hergeleitet werden. Einige Kinder werden damit möglicherweise überfordert sein und die Lösungen nicht oder nur durch Aufsagen der Zahlwortreihe in Einerschritten finden. Sie müssen sich dann intensiv mit der Blitzrechenübung (Aufgabe 2) beschäftigen, bevor sie hier weiter arbeiten können.

9 *Eigene Zerlegungen finden*
Diese Aufgabe bietet die Möglichkeit, einen Einblick in die Fähigkeiten der Kinder zu gewinnen (LF 8 *Zahlenhäuser*).

DIAGNOSTISCHES POTENZIAL

Wie bestimmen die Kinder Zerlegungen am Zahlenstreifen? Welche Ordnung bringen sie in die Zahlenhäuser? Wie finden sie Zerlegungen in den Aufgaben, bei denen kein Plättchenstreifen abgebildet ist? In welchem Zahlenraum suchen Kinder eigene Zerlegungen?

MÖGLICHKEITEN ZUR UNTERSTÜTZUNG

3 – 6 Zum systematischen Auffinden der Zerlegungen können Kinder Fünfer- und Zehnerstreifen in zwei Teile zerschneiden, auf Papierstreifen aufkleben und die Additionsaufgabe darunter notieren. Die Streifen haben den Vorteil, dass im Anschluss die Aufgaben sortiert und auf Vollständigkeit überprüft werden können. Gemeinsamkeiten und Unterschiede können mit Farben und Pfeilen dargestellt werden.

7 – 9 Einige Kinder werden sich vor Bearbeitung dieser Aufgaben längere Zeit mit den Blitzrechenübungen beschäftigen müssen.

→ Arbeitsheft, Seiten 16, 17 → Förderheft, Seite 14 → Verstehen und Trainieren, Seiten 10 – 15 → Vernetzen und Automatisieren, Seiten 10 – 12 → Blitzrechnen

28/29 Mengen vergleichen

1 Gibt es mehr Stühle oder mehr Kinder?
Im Plenum besprechen, dass man diese Frage (ohne zu zählen) anhand der Verbindungslinien beantworten kann.
Potenzial zur Sprachförderung nutzen.

2 Von welchen Objekten gibt es mehr?
Möglichst ohne zu zählen durch Verbindungslinien feststellen.

3 Mengen von Objekten nach den Vorgaben zeichnen:
1. Mehr Bälle als Kinder
2. Mehr Kinder als Tischtennisschläger
3. Gleich viele Roller wie Kinder

Wichtige Wörter
mehr als, weniger als, gleich viele, genauso viele wie

○ **1** Erzähle. Wovon sind es mehr?

○ **2** Wovon sind es mehr? (Beispiele)

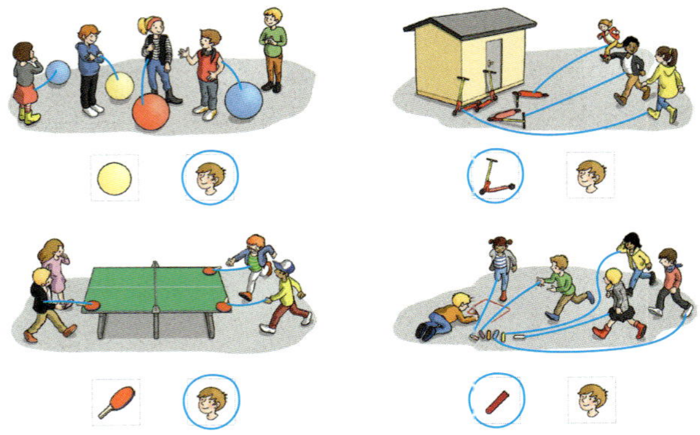

3 Wovon sind es mehr? Male. (verschiedene Lösungen)

gleich viele

WAS WIRD BENÖTIGT?

Arbeitsmaterial: Für das Spiel „Wer hat mehr?“:
- zwei Zehnerfelder als Streifen (KV 24 *Wer hat mehr?* zum Vergleichen von Anzahlen)
- zwei Zehnerfelder (zur Darstellung der Gewinnplättchen)
- zwei Würfel
- 30 Wendeplättchen

WORUM GEHT ES?

Auf dieser Doppelseite geht es um eine Grundlage des kardinalen Aspekts: Man kann zwei Anzahlen miteinander vergleichen, ohne dafür Zahlen zu benutzen. Dazu müssen, wie im Einstiegsbild, die Menge der Kinder und die Menge der Stühle durch eine Eins-zu-eins-Zuordnung ihrer Elemente so miteinander verglichen werden, dass die Verbindungslinien zwei Eigenschaften besitzen: Kein Kind erhält mehr als einen Stuhl und kein Stuhl erhält mehr als ein Kind. Auf diese Weise werden – so lange wie es möglich ist – Verbindungslinien gezeichnet. Am Ende gibt es drei mögliche Zustände:
1. Es gibt ein Kind (oder mehr Kinder) ohne Stuhl (dann gibt es mehr Kinder als Stühle).
2. Es gibt einen Stuhl (oder mehr Stühle) ohne zugewiesenes Kind (also sind es mehr Stühle als Kinder).
3. Jedes Kind hat genau einen Stuhl (dann gibt es von Stühlen und Kindern gleich viele).

Aufgrund der Verbindungslinien ist es nicht notwendig zu zählen, um herauszufinden, ob eine Menge größer oder kleiner als eine andere Menge ist. Gleichwohl ist Zählen möglich und wichtig, wenn man wissen möchte, wie viele es mehr oder weniger sind. Mit den Kindern soll an dieser Stelle reflektiert werden, wozu Zählen wichtig ist und dabei die Relationsbegriffe „mehr als“, „weniger als“ und „gleich viele“ oder „genauso viele wie“ entwickelt werden. Hierzu gibt es auf der linken Seite Darstellungen von Sachsituationen aus der Umwelt, auf der rechten Seite wird ein Spiel aufgegriffen, in dem es um die Bestimmung von Unterschieden geht.

WIE KANN MAN VORGEHEN?

1 – 3 *Anzahlen vergleichen durch Zuordnen*
Die Lehrkraft spielt die Situation mit einigen Kindern und einer entsprechenden Anzahl an Stühlen nach: „Wie können wir feststellen, ob es mehr Stühle als Kinder, mehr Kinder als Stühle oder gleich viele Kinder und Stühle gibt?“
Erste Lösung: Man zählt zuerst die Kinder, dann die Stühle und vergleicht die Zahlen.
Zweite Lösung: Jedes Kind sucht sich einen Platz.
- Bleiben Stühle unbesetzt, so gibt es mehr Stühle als Kinder,
- bleiben Kinder ohne Sitzplatz, so gibt es weniger Stühle als Kinder,
- geht es genau auf, so gibt es gleich viele Stühle und Kinder (bzw. genauso viele Stühle wie Kinder).

Um den Unterschied zwischen den Mengen zu bestimmen muss also entweder gar nicht gezählt werden (gleich viele), oder es müssen nur noch die Elemente (Stühle oder Kinder) gezählt werden, die nicht zugeordnet werden konnten.
Anhand des Bildes wird dann besprochen, dass die Lösung nach der zweiten Methode durch die Verbindungslinien in der Eingangsillustration dargestellt wird, die von den Kindern in Aufgabe 2 angewendet werden sollen.

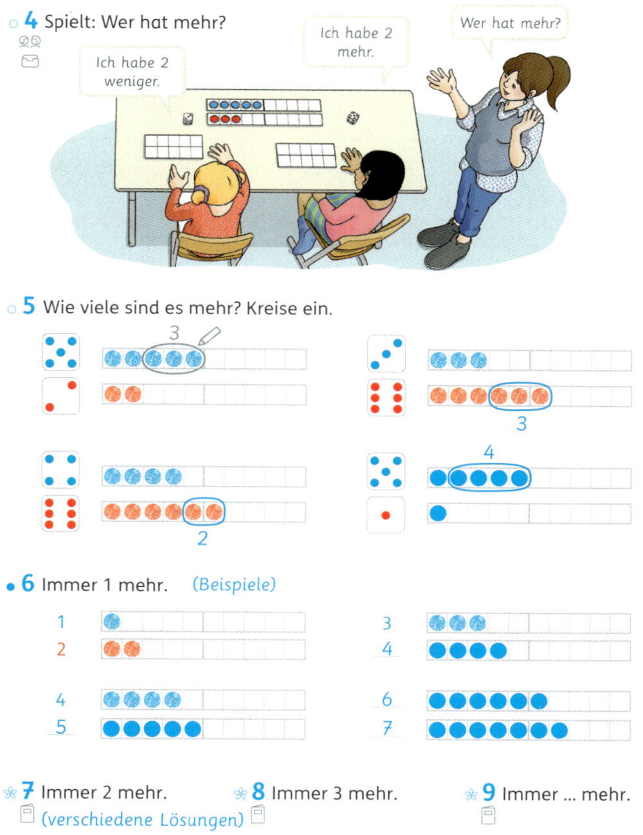

4 Spielregel: 2 Kinder würfeln. Jeder legt die Anzahl an Würfelpunkten als Plättchen in das Zehnerfeld. Anzahlen vergleichen: Wer hat mehr? Die Differenz legt der Gewinner in sein eigenes Zehnerfeld. Mathematische Erkundungen vornehmen.

5 Mengen zeichnen, vergleichen, Unterschiede einkreisen.

6 Zu vorgegeben Unterschieden Plättchen legen.

7–9 Selbst Zahlenpaare zum vorgegebenen Unterschied finden. Der Zahlenraum ist freigestellt. Potenzial zum selbstgesteuerten Üben nutzen.

In Aufgabe 3 malen die Kinder selbst Bilder, wobei sie darauf achten, dass die vorgegebene Mengenrelation eingehalten wird. Der Zahlenraum ist hier geöffnet, die Kinder können auch Objekte ihrer Wahl zeichnen.
Zur Ergebnispräsentation werden die Bilder im Sitzkreis betrachtet und den Relationen „mehr als“ und „gleich viele“ zugordnet. Verschiedene Vorgehensweisen beim Vergleichen der Anzahlen werden diskutiert, Vor- und Nachteile benannt. An Bildern mit sehr vielen Objekten kann die Idee der Eins-zu-eins-Zuordnung noch einmal bewusst gemacht werden.

4 *Spiel „Wer hat mehr?“ einführen*
Beim Spiel „Wer hat mehr?“ geht es darum, Anzahlen zu vergleichen. Jeder Spieler würfelt mit einem Würfel. Die Augenzahl gibt die Plättchenmenge an, die man in das eigene Zehnerfeld (Streifen) legen darf. Beide Anzahlen werden verglichen (KV 24 *Wer hat mehr?*) und wer mehr hat, darf den Unterschied in das eigene Zehnerfeld legen. Würfeln beide Spieler die gleiche Augenzahl, so ist der Unterschied 0, d. h. niemand hat mehr und somit darf auch niemand Plättchen nehmen. Ziel des Spiels ist es, als erstes das eigene Zehnerfeld zu füllen. Ob das Zehnerfeld genau gefüllt werden muss oder auch „überlaufen“ darf, muss vor Beginn des Spiels vereinbart werden – der Übungseffekt wird beim genauen Füllen größer, das Spiel dauert aber u. U. auch deutlich länger.
Den Kindern werden die Spielregeln erklärt und es werden einige Runden gemeinsam gespielt, bis die Regeln durchdrungen wurden. Diese Einführung kann im frontalen Unterricht oder in kleinen Gruppen geschehen. Kinder, die das Spiel schon kennen, können als Expertenkinder für die Verbreitung der Spielregeln eingesetzt werden. Nach einer Einführung können die Kinder das Spiel selbstständig immer dann spielen, wenn Zeit dafür vorhanden ist (Freiarbeit, Betreuung, Mittagspause o. Ä.). Es empfiehlt sich, das Spielmaterial für die Kinder stets griffbereit zu haben.

5 *Üben: Mengen vergleichen*
Mengen zeichnen, vergleichen und Unterschiede einkreisen.

6–9 *Vertiefen: Zahlen zu Unterschieden finden*
Hier wird umgekehrt überlegt: Zu einem vorgegebenen Unterschied müssen passende Zahlenpaare gefunden werden.
In den Aufgaben 7–9 ist der Zahlenraum geöffnet, die Kinder können symbolisch arbeiten.

DIAGNOSTISCHES POTENZIAL

Wie bestimmen die Kinder die Unterschiede? Welcher Zahlaspekt steht bei den Überlegungen im Vordergrund? In welchem Zahlenraum bewegen sich die Eigenproduktionen?

MÖGLICHKEITEN ZUR UNTERSTÜTZUNG

5–9 Das Spielmaterial kann zum Nachlegen der dargestellten Situationen weiterhin genutzt werden.
Es ist denkbar, dass die Kinder auch das Spielfeld erweitern und zwei Zehnerfelder nutzen. Sie können auch einen Zehnerwürfel nutzen.

→ Arbeitsheft, Seiten 18, 19 → Förderheft, Seite 15 → „Mit Zahlen spielen“

30 Rückblick

1 Schnelles Sehen von Anzahlen durch geschicktes Zählen, Vergleichen und Zerlegen, vgl. S. 16 – 19

2 Darstellungen von Zahlen mit Bezug auf die *Kraft der 5* festhalten (in Zehnerfeldern, als Strichliste, als Zahlzerlegung), vgl. S. 20 – 23

3 Unterschiedliche Zerlegungen zu einer Zahl finden, vgl. S. 26/27

4 Blitzrechnen
Wie viele?, vgl. S. 17; *Kraft der 5*, vgl. S. 22; Immer 10, vgl. S. 25; Zerlegen, vgl. S. 26

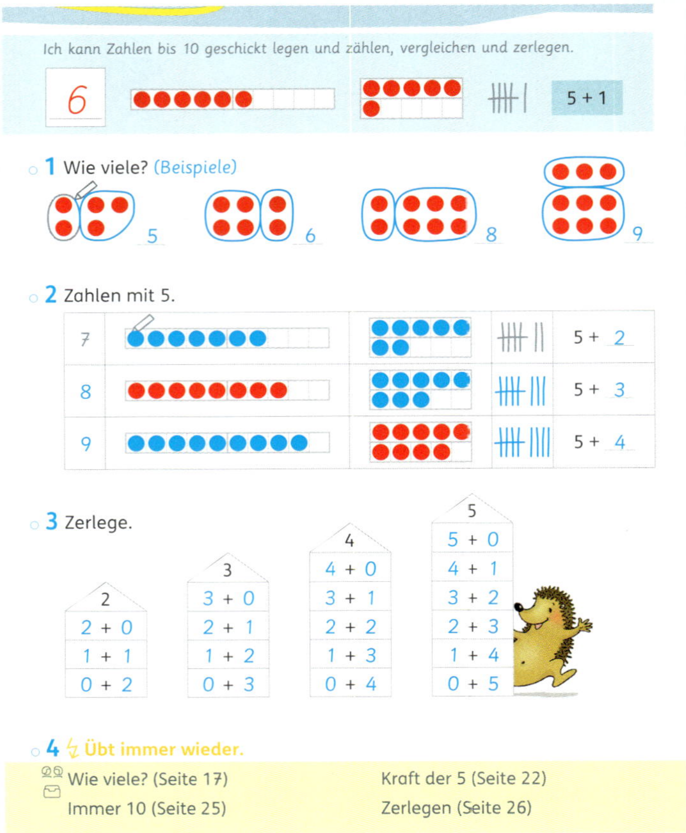
Ich kann Zahlen bis 10 geschickt legen und zählen, vergleichen und zerlegen.

6 | 5 + 1

1 Wie viele? (Beispiele)
5 6 8 9

2 Zahlen mit 5.

7				5 + 2
8				5 + 3
9				5 + 4

3 Zerlege.

2	3	4	5
			5 + 0
		4 + 0	4 + 1
	3 + 0	3 + 1	3 + 2
2 + 0	2 + 1	2 + 2	2 + 3
1 + 1	1 + 2	1 + 3	1 + 4
0 + 2	0 + 3	0 + 4	0 + 5

4 Übt immer wieder.
Wie viele? (Seite 17) Kraft der 5 (Seite 22)
Immer 10 (Seite 25) Zerlegen (Seite 26)

Rückblick: Entwicklung des Zahlbegriffs

Die inhaltsbezogenen Kompetenzen des Kapitels *Entwicklung des Zahlbegriffs* werden hier rückblickend angesprochen. Im Kern geht es darum, dass die Kinder

- die Zahlen bis 10 kennen und ordnen, sowie in symbolischer Notationsweise schreiben und lesen,
- die Zahlen bis 10 ordinal und kardinal interpretieren,
- die Zahlen bis 10 geschickt zerlegen und dadurch Anzahlen schnell bestimmen können.

Die dabei geförderten Kompetenzen treten vor allem in Form des Darstellens, des Kommunizierens und des Argumentierens auf. Diese werden stets – eingebettet in die Entwicklung der inhaltsbezogenen Kompetenzen – weiterentwickelt, indem die Kinder insbesondere

- die Zahlen bis 10 kardinal und ordinal in den zentralen Anschauungsmitteln darstellen (Darstellen),
- kardinale und ordinale Darstellungen unter Entwicklung geeigneter Begriffe zur Raumlage und zum Anzahlvergleich beschreiben (Kommunizieren),
- Analogien zwischen kleinen und großen Zahlen im Zehnerraum herstellen, die durch die Fünferstruktur naheliegt (Argumentieren).

Forschen und Finden: Plättchen werfen

WAS WIRD BENÖTIGT?

Arbeitsmaterial: Wendeplättchen, Würfelbecher, Unterlage zum leisen Würfeln, KV 25 – 27 *Plättchen werfen*

WORUM GEHT ES?

Hier üben die Kinder weiter die schnelle Anzahlerfassung und erwerben gleichzeitig erste Einsichten in fundamentale Ideen der Stochastik. Beim „Plättchen werfen" handelt es sich um Zufallsexperimente, bei denen die verschiedenen Ausgänge mit unterschiedlicher Wahrscheinlichkeit vorkommen. Dies ist bereits bei zwei Plättchen gut zu sehen: Beim Ausgang „2 rote" müssen beide Plättchen auf die rote Seite fallen. Beim Ausgang „1 rot, 1 blau" kann das erste oder das zweite rot sein. Daher sind die Chancen hierbei doppelt so groß wie bei „2 rot" und „2 blau".

WIE KANN MAN VORGEHEN?

1 *Experiment erläutern*
Die Lehrkraft klärt das Experiment: Jedes Kind wirft die Plättchen und trägt das geworfene Ereignis mit einer Strichliste in die Tabelle ein (Schulbuch oder KV *Plättchen werfen*). Dies wird mehrfach wiederholt.
Sobald die Kinder dies verstanden haben, sollen sie vermuten, welche Möglichkeiten aus ihrer Sicht selten und welche häufig geworfen werden.

31 Forschen und Finden: Plättchen werfen

1 Immer 5. (verschiedene Verteilungen möglich)

R R R R R	
R R R R B	
R R R B B	
R R B B B	
R B B B B	
B B B B B	

Was kommt häufig vor? R R R B B (Beispiele)

Was kommt selten vor? R R R R R

2 Immer 4. (verschiedene Verteilungen möglich)

R R R R	
R R R B	
R R B B	
R B B B	
B B B B	

Was kommt häufig vor? R R B B

Was kommt selten vor? R R R R

3 Immer 8. (verschiedene Verteilungen möglich)

Was kommt häufig vor? Vermute. R R R R B B B B

Überprüfe.

1, 2 Im Plenum einführen.
Plättchen werfen, erst mit fünf Plättchen, dann mit vier Plättchen, jeweils die Beobachtung festhalten.

3 Anzahl der Plättchen variieren.
Vorher Vermutung über die Häufigkeit abgeben, im Experiment überprüfen.

Wichtige Wörter
selten, seltener als, häufig, häufiger als,
größere/kleinere Chance, mehr/weniger Möglichkeiten

Nach einer Experimentierphase vergleichen die Kinder paarweise ihre Ergebnisse. Welches Ereignis kommt selten vor? Welches häufig? Diese malen sie jeweils auf einen Fünferstreifen, die sie passend zum entsprechenden Begriff an die Tafel heften. Im Plenum werden die Fünferstreifen innerhalb der Kategorien sortiert und entsprechende Sprechweisen eingeführt.

2, 3 *Experimente durchführen*
Auch bei den weiteren Experimenten werden die Kinder dazu angehalten, vor der Durchführung Vermutungen darüber anzustellen, welches Ereignis wohl eher häufig vorkommen wird. Die Vermutung wird anschließend im Experiment überprüft (KV 25 – 27 *Plättchen werfen*).

Die Reflexion der Experimente kann unterschiedlich erfolgen:
1. Möglichkeit: Überprüfung durch Experimente
Man zeichnet Tabellen für „Plättchen werfen“ mit 1, 2, 3, 4 und 5 Plättchen an die Tafel und trägt die Ergebnisse der Kinder zusammen. Im Vergleich der Tabellen zeigt sich die zunehmende Konzentration zur Mitte.
2. Möglichkeit: Überprüfung durch theoretische Überlegungen
Die Lehrkraft schreibt auf fünf Plättchen die Nummern von 1 bis 5 und macht sie damit unterscheidbar. Die Plättchen werden mehrmals geworfen und die Ereignisse zeilenweise in eine Tabelle eingetragen (z. B. wie in der Abbildung rechts).

	1	2	3	4	5
1. Wurf	r	r	b	r	r
2. Wurf	b	b	b	r	b
3. Wurf	b	r	r	b	r
4. Wurf	r	b	r	r	b
…					

Anschließend wird für einzelne Ereignisse überprüft, wie viele Einträge in dieser Tabelle dazu gehören. Man stellt zum Beispiel fest, dass für das Ereignis „5 blau“ alle Plättchen auf die blaue Seite fallen müssen. Für das Ereignis „1 blau, 4 rot“ muss nur eines auf die blaue Seite fallen (Plättchen Nummer 1, 2, 3, 4 oder 5) – hierfür gibt es also fünf Möglichkeiten. Im Zentrum steht hier der qualitative Vergleich der Möglichkeiten, die genaue Anzahl muss nicht unbedingt herausgefunden werden (Anm: Es gibt genau 10 Möglichkeiten für 2 rote und 3 blaue Plättchen). Ähnliche kombinatorische Probleme finden sich im Abschnitt „Bald ist Ostern“.

DIAGNOSTISCHES POTENZIAL

Wie ordnen die Kinder die roten und blauen Plättchen? Wie bestimmen sie die Anzahlen? Wie finden sie die passende Zeile in der Tabelle? Welche Beobachtungen machen sie und inwiefern führen diese zu Vermutungen für die Ausgänge der anschließenden Experimente?

MÖGLICHKEITEN ZUR UNTERSTÜTZUNG

Kinder mit großen Schwierigkeiten können dieselben Entdeckungen auch mit kleinerer Plättchenanzahl machen.
Kinder mit besonderem Interesse und Begabungen an kombinatorischen Aufgabenstellungen können vor der Bearbeitung der Schulbuchseite aufgefordert werden, sich selbst eine Tabelle zur Dokumentation der Ergebnisse zu erstellen und alle Wurfmöglichkeiten (zunehmend systematisch) zu finden.
Material: einzelne Fünferstreifen zum Ausmalen, fünf Wendeplättchen, rote und blaue Stifte, Kleber.

→ Arbeitsheft, Seite 21 → Förderheft, Seite 17

Themenblock Geometrie

Raumvorstellung

Ein zentrales Ziel des Geometrieunterrichts ist es, dass die Kinder der Raumvorstellung (oder auch „räumliches Vorstellungsvermögen“ genannt) entwickeln sollen. Diese Kompetenz umfasst im Allgemeinen die Fähigkeit, sich Objekte und Bewegungen im Raum aus eigener oder fremder Perspektive gedanklich vorzustellen. Geometrieunterricht darf daher nicht beim Hantieren mit konkretem Material stehen bleiben. Vielmehr sollen aus den Handlungen mit Material Vorstellungsbilder von geometrischen Objekten, ihren Eigenschaften und den zugehörigen Operationen aufgebaut werden. Zwischen den dabei entwickelten „mentalen geometrischen Objekten“ werden Beziehungen hergestellt, die dann wiederum zum Argumentieren und Problemlösen genutzt werden. Damit bei den Kindern „Bilder im Kopf“ entstehen, ist das gemeinsame Besprechen von Strategien und Herangehensweisen wichtig.
Alle Geometrieseiten im ZAHLENBUCH sind so gestaltet, dass die Entwicklung gedanklicher Vorstellungsbilder gefördert werden. So wird z. B. im Schulbuch auf der Doppelseite 52 und 53 das „Falten und Schneiden“ thematisiert.

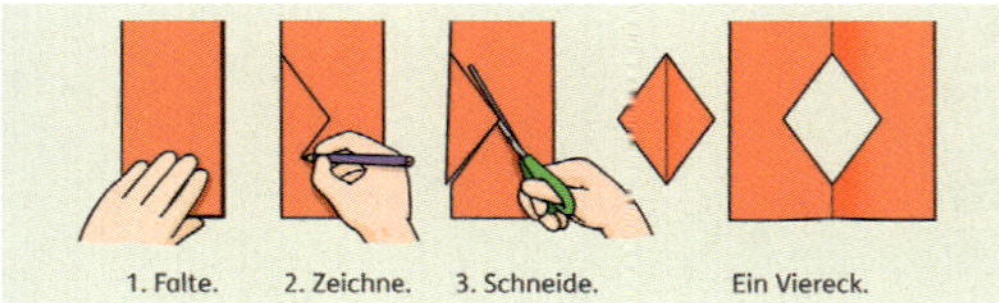

Schülerbuch 1, S. 52

Die Handlungen mit dem Material werden genutzt, achsensymmetrische Figuren zu erzeugen und deren Eigenschaften zu erforschen. Bei der freien Herstellung von Figuren würden sich nur bei wenigen Kindern Vorstellungsbilder entwickeln. Deswegen wird die Aktivität mit einer geometrischen Problemstellung verknüpft: Wie muss man schneiden, damit Dreiecke oder Vierecke entstehen? So werden aus anfangs ungerichteten Schnittversuchen zunehmend zielführende Faltschnitte erzeugt: Die Kinder denken darüber nach, wie sie ihre Handlungen so modifizieren können, dass die Resultate besser den geometrischen Idealen entsprechen. Im anschließenden Sitzkreis werden Faltschnitte gezeigt und die Kinder vermuten, welche Formen entstehen – dazu müssen sie den vorher selbst durchgeführten Falt- und Schneideprozess im Kopf gedanklich durchspielen und vertiefen dadurch weiter ihre Vorstellungsbilder. Auch die weiteren Aufgaben auf dieser Doppelseite haben zum Ziel, sich die geometrische Bedeutung des Falt- und Schneideprozesses zunehmend im Kopf vorzustellen. Fällt dies manchen Kindern noch zu schwer, kann zur Überprüfung der Vermutung natürlich immer wieder auf das konkrete Falten und Schneiden zurückgegriffen werden – die Eigenschaften achsensymmetrischer Figuren werden dadurch im echten Wortsinn begreifbar.
Alle geometrischen Lernumgebungen im ZAHLENBUCH sind nach diesem Grundgedanken aufgebaut: Geometrische Kompetenzen werden durch die Reflexion über die Beziehungen zwischen Handlungen und ihren Wirkungen aufgebaut und im Laufe der Schuljahre spiralig erweitert und vertieft.

Ebene Figuren

Zum Teilbereich „ebene Figuren“ bringen die Kinder verschiedene Vorerfahrungen mit. Sie kennen die Begriffe „Dreieck“, „Kreis“, „Viereck“ ggf. auch „Rechteck“ oder „Quadrat“. Viele Kinder beschreiben, warum diese Formen genauso heißen und erkennen sie in der Umwelt wieder. Genau diese Vorerfahrungen greift das ZAHLENBUCH spielerisch auf. Die Kinder entdecken zunächst die zentralen ebenen Figuren in der Umwelt und charakterisieren sie (Wie viele Ecken? Wie viele Seiten?). Dabei machen sie sich Gedanken über die Funktionalität der Dinge: Warum haben viele Verpackungen ein Rechteck als Umriss? Kinder mit großem Erfahrungsschatz werden dabei diejenigen Kinder, die über wenig Vorerfahrung verfügen, unterstützen.

Schülerbuch 1, S. 34

Nachdem die Kinder aus Umrissen der Alltagsgegenstände die ebenen Figuren hergestellt und kategorisiert haben, nutzen sie die Figuren, um geometrische Muster damit zu legen.

Schülerbuch 1, S. 50

Diese Kompetenzen werden im Laufe des ersten Schuljahres noch durch das Legen von Ornamenten aus Dreiecken, Quadraten und Rechtecken ausgebaut (Schülerbuch 1, S. 72/73).
Darüber hinaus machen die Kinder erste Erfahrungen mit Symmetrieeigenschaften der zentralen Formen „Dreieck“ und „Viereck“, wobei sie die ebenen Figuren auch zeichnen. Zum einen werden sie durch Falten und Schneiden selbst hergestellt (Schülerbuch 1, S. 52/53) und zum anderen zur Erzeugung von Spiegelbildern genutzt (Schülerbuch 1, S. 75). Da hierbei nicht nur Rechtecke, Quadrate und rechtwinklige oder gleichseitige Dreiecke betrachtet werden, erweitern die Kinder auch ihren Vierecks- und Dreiecksbegriff.
Zuletzt nutzen sie die ebenen Figuren, um mit ihnen vorgegebene Figuren auszulegen und lernen somit Ersetzungs- und Ergänzungsstrategien kennen: zwei Quadrate ergeben ein Rechteck, zwei Dreiecke ein Quadrat.

Schülerbuch 1, S. 70

Diese vielfältigen Erfahrungen im Bereich „ebene Figuren“ stehen in einem engen Zusammenhang miteinander und ermöglichen den Kindern, eine umfassende Vorstellung zu den zentralen ebenen Figuren „Kreis“, „Dreieck“, „Rechteck“, „Quadrat“ und „Viereck“ aufzubauen.

Achsensymmetrie

Im ZAHLENBUCH werden im ersten Schuljahr zwei Zugänge zur Symmetrie angeboten: Der erste Zugang erfolgt über Falten und Schneiden, dessen Tragweite für den Aufbau geometrischer Kompetenzen oben bereits erläutert wurde.
Das Spiegeln ist ein gängiger, allerdings für viele Kinder schwer nachvollziehbarer Zugang zur Symmetrie. Das liegt insbesondere daran, weil das Spiegelbild – anders als ein Faltschnitt – kein real greifbares Bild liefert, sondern nur eine Projektion hinter der Spiegelfläche. Trotz dieser Schwierigkeit hat die Arbeit mit dem Spiegel auch viele Vorteile und einen besonderen Reiz für Kinder. Mit dem Spiegel können durch Drehen und Versetzen schnell viele achsensymmetrische Figuren erzeugt werden, so dass die Symmetrie visuell über viele Beispiele erfasst wird. Darüberhinaus bieten sich neue Aufgabenformate zum Überprüfen und Korrigieren von Symmetrien mit dem Spiegel an. Deshalb werden den Kindern im ZAHLENBUCH viele Gelegenheiten zum Experimentieren mit dem Spiegel an und mit Alltagsgegenständen sowie mit geometrischen Formen eingeräumt.

Schülerbuch 1, S. 74 und 75

Pläne

Sich in einem Plan zu orientieren sowie dreidimensionale Gegenstände mithilfe von Bauplänen abzubilden, ist eine Kompetenz mit großem Alltagsbezug (z. B. Stadtpläne, Flucht- und Rettungspläne ...). Diese Kompetenzen bahnt das ZAHLENBUCH bereits im ersten Schuljahr an. Zu Beginn beschäftigen sich die Kinder mit einfachen Plänen von Würfelgebäuden im Sinne einer Vorderansicht. Die Kinder machen hier die Erfahrung, dass dreidimensionale Würfelgebäude aus zwei Würfeltürmen sehr einfach durch einen zweidimensionalen Plan dargestellt werden können.

Schülerbuch 1, S. 32

Diese Kompetenz wird im weiteren Verlauf des Schuljahres auf das Lesen und Zeichnen von räumlichen Plänen erweitert. Zunächst werden einfache Sitzpläne betrachtet (im Sinne einer Draufsicht), an denen auch die Raumlagebegriffe „rechts von“, „links von“, „gegenüber von“, „zwischen“, „auf (dem Tisch)“ und „unter (dem Tisch)“ geübt werden.

Schülerbuch 1, S. 127

Dann orientieren sich die Kinder in dem reduzierten Stadtplan von „Eckenhausen“ und üben mithilfe von anwendungsorientierten Aufgaben Raumlagebegriffe wie „nach rechts gehen“, „nach links gehen“ und „in Richtung ... gehen“.

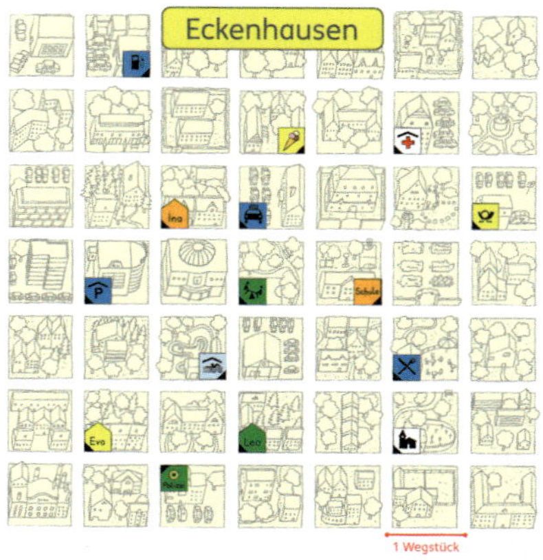

Schülerbuch 1, S. 128

Zeichnen

Das ZAHLENBUCH bietet den Kindern vielfältige und vor allem neuartige Aufgabenstellungen, die sie zunächst handelnd mit Material lösen, anschließend aber auch dokumentieren. Das freihändige Zeichnen einfacher geometrischer Figuren wird somit bereits im ersten Schuljahr angebahnt: Die Kinder zeichnen Dreiecke, Vierecke, Kreise, Pläne, Schnittkanten, Spiegelachsen ... Diese Zeichnungen sind sicherlich nicht perfekt. Das müssen sie auch nicht sein. Wichtiger ist, dass die Kinder sich im freihändigen Zeichnen konstruktiv mit den Eigenschaften der geometrischen Objekte auseinandersetzen, ohne dass sie die eigentliche geometrische Aufgabe aus den Augen verlieren.

Schülerbuch 1, S. 70

32/33 Würfeltürme

Einstieg Im Plenum Darstellungen beschreiben.
Begründen: Warum passt 3 + 3 zum Würfelgebäude, zum Bauplan und zur Beschreibung des rechten Kindes?
Potenzial zur Sprachförderung nutzen.

1 – 3 Gebäude mit zwei Würfeltürmen bauen.
Bauplan zeichnen.
Passende Plusaufgabe finden.
KV *Würfeltürme* für Aufgabe 3 nutzen.

Wichtige Wörter
links, rechts, höher, niedriger, größer, kleiner, gleich, Turm, Zahl, Plusaufgabe

1 Immer 6 Würfel.

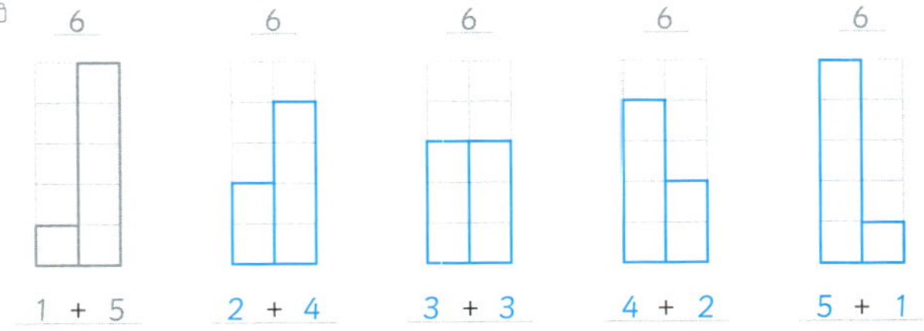

2 Immer 4 Würfel.

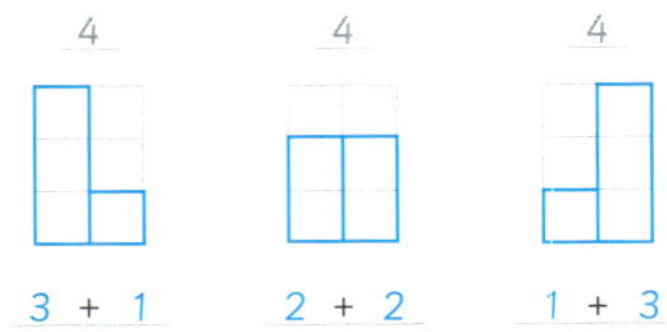

3 Immer 7 (8, 9, 10) Würfel. (verschiedene Lösungen)

WAS WIRD BENÖTIGT?

Arbeits- und Demonstrationsmaterial: Würfel, KV 28 – 32 *Würfeltürme*

WORUM GEHT ES?

Auf dieser Doppelseite werden raumgeometrische Fähigkeiten mit arithmetischen verknüpft. Die Kinder bauen aus Würfeln zwei Türme bzw. bauen diese um. Sie müssen diese dreidimensionalen Gebilde in einfache Baupläne (gezeichnete Ansicht von vorne) umwandeln und Baupläne lesen können. Zeitgleich wird das Operieren an und mit diesen Würfeltürmen arithmetisch betrachtet: Zu einem Bauplan oder einem Gebäude aus Würfeln sollen eine Additionsaufgabe sowie die Summe bestimmt werden.
Auf der linken Schulbuchseite soll die Einsicht erworben werden, wie man Zerlegungen so variieren kann, dass die Gesamtzahl erhalten bleibt. Diese Einsicht ist insbesondere grundlegend für ein Verständnis der Teil-Ganze-Beziehung im kardinalen Zahlaspekt: $6 = 1 + 5 = 1 + (1 + 4) = (1 + 1) + 4 = 2 + 4$.
Darüber hinaus werden auf der rechten Schulbuchseite Würfeltürme systematisch verändert und somit erste Erfahrungen mit Veränderungen von Anzahlen gemacht.
Im Kern geht es daher um folgende Ziele:

- Die Kinder zerlegen eine Anzahl, indem sie Teile davon (um-)strukturieren: $6 = 4 + 2 = 3 + 3$, dabei gewinnen sie Einsichten in Gesetzmäßigkeiten, wie das „Gesetz der Konstanz der Summe".
- Sie vergleichen zwei Anzahlen, indem sie die zugehörigen Zerlegungen vergleichen: $3 - 2$ ist einer weniger als $3 + 3$.
- Die Kinder erkunden und nutzen zunehmend gezielt operative Veränderungen: Wie verändert sich die Anzahl, wenn man einen Würfel hinzufügt/umlegt/wegnimmt?

WIE KANN MAN VORGEHEN?

Einstieg *Würfelgebäude bauen und darstellen*
Vor der Tafel sind die Würfelgebäude zu den Aufgaben 1 + 5 und 3 + 3 aufgebaut. Die entsprechenden Baupläne und die Additionsaufgabe zur Gesamtsumme dazu hängen an der Tafel. Die Kinder sitzen so, dass sie passend zu den Bauplänen auf die Würfeltürme schauen. Sie erklären, wie und warum die Würfelgebäude, die Baupläne und die Additionsaufgaben zusammengehören. Anschließend können weitere Würfeltürme gemeinsam gebaut, an die Tafel gezeichnet sowie die Additionsaufgabe und die Gesamtsumme notiert werden. Dazu kann ein Kind versuchen, die Würfeltürme verbal zu beschreiben, etwa „Links ist 1 Würfel, rechts sind 5 Würfel."

1 – 3 *Würfelgebäude zu vorgegebenen Summen finden*
Die Kinder finden weitere Würfelgebäude mit je zwei Würfeltürmen zur vorgegebenen Anzahl an Würfeln. Zunächst bauen sie diese mit Würfeln und übertragen dann den Bauplan in ihr Schulbuch. Dazu notieren sie die passende Additionsaufgabe.
Manche Kinder gehen schon systematisch vor und verringern einen Turm immer um einen Würfel und erhöhen den anderen um genau diesen (KV *Würfeltürme* nutzen).
Abschließend werden die gefundenen Additionsaufgaben zu Aufgabe 1 an der Tafel gesammelt. Mit dem Impuls: „Haben wir denn jetzt alle gefunden?", können die bisherigen Zerlegungen umsortiert werden. Manche Kinder werden vorschlagen, Paare zu bilden: Sie fassen die Tauschaufgaben immer paarweise zusammen. 3 + 3 ist die einzige Aufgabe, die keine Tauschaufgabe hat. Alternativ können Zerlegungen auch nach der Größe des ersten Summanden sortiert werden: 1 + 5, 2 + 4, 3 + 3, 4 + 2, 5 + 1. Hier lässt sich ein Bezug zu den Zahlenhäusern herstellen.

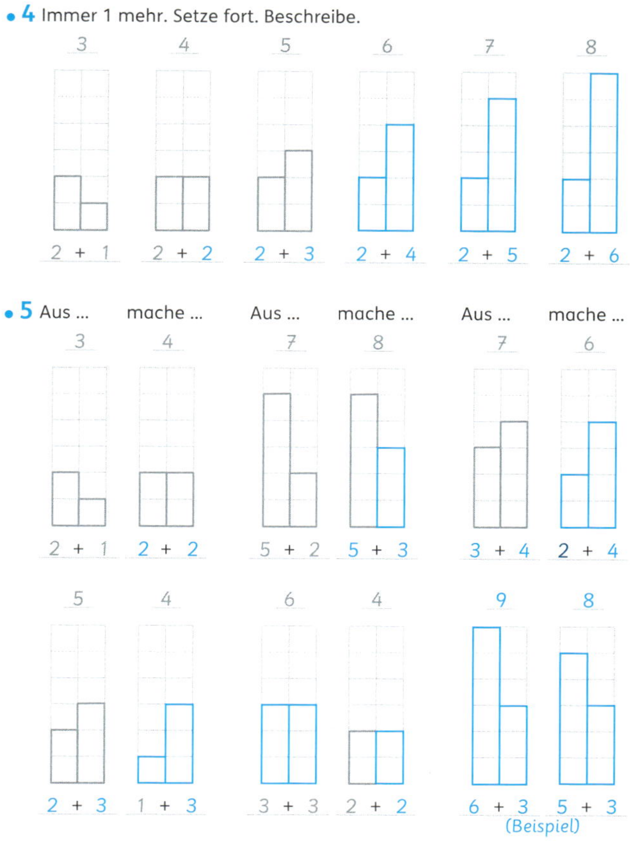

4 Muster der Würfeltürme fortsetzen: d. h. den rechten Turm und damit den rechten Summanden immer um eins erhöhen.
Bauplan und Zerlegung notieren.
Muster beschreiben.
Potenzial zur Sprachförderung nutzen.

5 Benachbarte Würfeltürme vergleichen.
Bauplan, Plusaufgabe und Summe ergänzen. Eigene benachbarte Würfeltürme finden.
Bekanntes Format wiederholen: „Aus... mache ..."
Potenzial zur Sprachförderung und zum selbstgesteuerten Üben nutzen.

Wichtige Wörter
wird immer 1 mehr/weniger, wird immer 1 kleiner/größer

4 Würfelgebäude systematisch variieren
Auf der rechten Schulbuchseite sollen die Kinder nicht mehr eine bestimmte Anzahl an Würfeln in zwei Türme zerlegen, sondern jetzt werden Würfel dazugelegt oder weggenommen. Die Kinder sollen beobachten, wie sich Bauplan, Aufgabe und Summe verändern, wenn nicht mehr versetzt, sondern dazugelegt oder weggenommen wird. Dies kann zunächst gemeinsam an einem Beispiel mit Würfeltürmen oder an der Tafel angeschaut werden. Dabei ist es wichtig, den Kindern mündlich Satzstrukturen zur Beschreibung anzubieten, etwa: Der linke Turm/die erste Zahl wird immer um eins größer/kleiner. Dann wird das Ergebnis auch immer um 1 größer/kleiner.
Anschließend bearbeiten die Kinder Aufgabe 4 und setzen das angefangene Muster mit Material fort (KV 32 *Würfeltürme*). Dabei ist darauf zu achten, dass die Kinder die Würfeltürme verändern anstatt sie immer wieder neu zu bauen, sie dürfen also immer nur einen Würfel hinzulegen oder wegnehmen. Sie zeichnen die neuen Baupläne, notieren die Additionsaufgabe und das Ergebnis in ihr Schülerbuch. Wenn möglich sollen die Kinder immer wieder versuchen, die Veränderungen mit Worten zu beschreiben.
Analog zum Einstieg werden die Veränderungen in den Würfeltürmen, Aufgaben und Ergebnissen gemeinsam besprochen und an der Tafel visualisiert. Die Kinder sollen dabei versuchen, die Veränderungen zu beschreiben: „Der linke Turm/die erste Zahl bleibt immer gleich, die rechte Zahl/der rechte Turm wird immer um eins größer."

5 *Vertiefung: Würfeltürme verändern*
In dieser Aufgabe wird das Format „Aus ... mache ..." wieder aufgegriffen: Die Kinder vergleichen Würfeltürme, beschreiben Veränderungen und führen eigenständig gezielte Veränderungen durch. Die entsprechenden Zerlegungen dokumentieren sie symbolisch.

DIAGNOSTISCHES POTENZIAL

Wie verknüpfen die Kinder die unterschiedlichen Darstellungen miteinander? Wie erklären sie die Zusammengehörigkeit? Können sie Würfeltürme zu einer bestimmten Anzahl (systematisch) bestimmen? Wie begründen sie, dass sie alle Würfeltürme zu einer bestimmten Anzahl gefunden haben?
Wie setzen sie Muster in Würfeltürmen fort? Können sie die Veränderungen um eins mehr/weniger in den unterschiedlichen Darstellungen identifizieren und beschreiben?

MÖGLICHKEITEN ZUR UNTERSTÜTZUNG

Die Kinder können mit dem Material „Mit Zahlen spielen" arbeiten und die Würfel passend auf die Baupläne legen.

FORTSETZUNG

Eigene Aufgabenserien aus Würfeltürmen wie in Aufgabe 4 finden. Mit den weiterführenden Arbeitsaufträgen aus dem Material „Mit Zahlen spielen" arbeiten.

→ Arbeitsheft, Seite 22 → „Mit Zahlen spielen"

34/35 Formen in der Umwelt

Einstieg, 1 Plakate im Unterricht herstellen: Kinder sammeln Gegenstände und zeichnen deren Umrisse. Umrisse passend aufhängen.
Begriffe einführen und mit Fachausdrücken beschreiben: Ecke und Seite als Eigenschaften der geometrischen Figuren sowie ein Quadrat als besonderes Rechteck herausstellen.
Potenzial zur Sprachförderung nutzen.

2 Umrisse der realen Objekte erkennen und geometrischen Formen zuordnen.

Fachsprachlicher Hinweis
Geometrie ist die Wissenschaft der Formen und ihren Eigenschaften, von Muster und Strukturen. Der Begriff Form ist somit ein Oberbegriff für sämtliche geometrischen Objekte. Ebene Formen wie z. B. Dreieck, Viereck, Kreis ... werden auch ebene Figuren genannt, während dreidimensionale Objekte wie z. B. Würfel, Kugel, Quader ... als Körper bezeichnet werden.

Wichtige Wörter
Dreieck, Viereck, Quadrat, Rechteck, Kreis
Umriss, Ecke, Seite

1 Zeichne Formen.

2

WAS WIRD BENÖTIGT?

Arbeits- und Demonstrationsmaterial: Gegenstände aus der Umwelt mit den geometrischen Formen Kreis, Dreieck, Quadrat und Rechteck als Umrissen, große Zeichenblätter

WORUM GEHT ES?

Die Kinder sollen in ihrer Lebenswelt geometrische Grundformen als Umrisse realer Objekte bewusst wahrnehmen. Dabei sollen sie einerseits Fachausdrücke kennen lernen und andererseits die Eigenschaften der Objekte betrachten: Wie viele Ecken und wie viele Seiten haben die Formen?
Rechtecke und Quadrate werden dabei als *spezielle* Vierecke thematisiert. Der Vierecksbegriff wird in späteren Schuljahren weiter ausdifferenziert und um weitere Grundformen wie z. B. Parallelogramm oder Drachen erweitert. Der Begriff Viereck ist der Oberbegriff für alle Formen mit genau vier Ecken und vier Seiten. Wichtig ist deshalb frühzeitig darauf zu achten, dass bei den Kindern nicht der Eindruck entsteht, dass jedes Viereck ein Rechteck ist oder dass jedes Rechteck auch ein Quadrat ist. Um solchen Fehlvorstellungen entgegenzuwirken, muss die Lehrkraft sich bereits im ersten Schuljahr fachlich korrekt ausdrücken: „Ein Quadrat ist ein spezielles Rechteck. Quadrate und Rechtecke sind spezielle Vierecke."

WIE KANN MAN VORGEHEN?

Einstieg, 1 *Umrisse zeichnen und zuordnen*
Die dargestellte Situation kann im Klassenverband umgesetzt werden. Die Kinder suchen im Klassenraum oder zu Hause Gegenstände, deren Umrisse die geometrischen Grundformen besitzen. Die Umrisse werden durch Umfahren auf ein Blatt gezeichnet. Dabei können sich die Kinder gegenseitig unterstützen, indem ein Kind den Gegenstand hält und das andere Kind diesen mit einem Stift umfährt. Die Kinder sollen dabei sorgsam arbeiten und dicht am Gegenstand entlangzeichnen, damit die geometrische Form erkennbar wird.
Die Umrisse werden dann sortiert nach Kreis, Dreieck, Rechteck und Quadrat. Die Zuordnung der gezeichneten Umrisse sollte begründet werden, etwa „Diese Form ist ein Dreieck, weil es drei Ecken und drei Seiten hat." Dabei zeigen die Kinder jeweils auf die Ecken und Seiten.
Der Bereich zum Viereck, insb. der Bereich zum Rechteck wird sich schnell füllen, während für Kreis und Dreieck relativ wenige Beispiele gefunden werden. Diese Situation kann als Gesprächsanlass genommen werden: Die Kinder können feststellen, dass nahezu jede Verpackung einen rechteckigen Umriss hat. Das ist dadurch zu erklären, dass sich derartige Verpackungen besonders stabil und platzsparend stapeln lassen.

2, 3 *Formen der Umrisse erkennen*
Die Kinder sollen überlegen, welche Formen die Umrisse der abgebildeten Gegenstände besitzen. Falls die Kinder hiermit noch Schwierigkeiten haben, sollten ihnen diese Objekte als reale Gegenstände (oder dazu sehr ähnliche) zur Verfügung gestellt werden.
Damit die Formen eindeutig sind, sollten die Umrisse der Gegenstände genau in der abgebildeten Lage gezeichnet werden. Der Umriss des stehenden Holzscheits in Aufgabe 3 etwa ist also ein Dreieck. Legt man das Holzscheit, ergibt sich ein Rechteck. In einem abschließenden Gespräch mit der gesamten Lerngruppe oder in Kleingruppen kann weiterführend überlegt werden, wel-

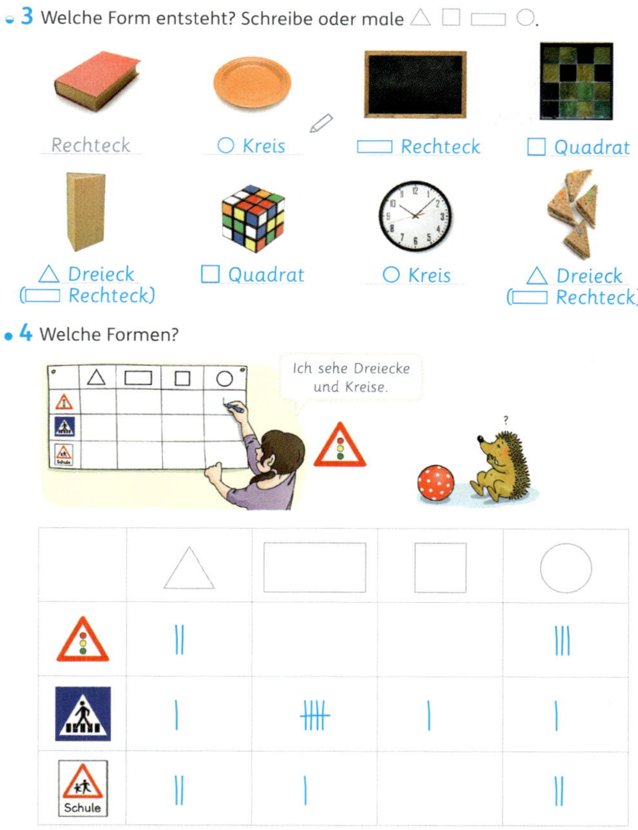

3 Welche Form entsteht? Schreibe oder male △ □ ▭ ○.

Rechteck · ○ Kreis · ▭ Rechteck · □ Quadrat

△ Dreieck (▭ Rechteck) · □ Quadrat · ○ Kreis · △ Dreieck (▭ Rechteck)

4 Welche Formen?

	△	▭	□	○
Schild Ampel	II			III
Schild Fußgängerüberweg	I	IIII (durchgestrichen)	I	I
Schild Schule	II	I		II

3 Umrisse der Körper als geometrische Grundformen erkennen und benennen oder zeichnen.
Umrisse in abgebildeter Lage zeichnen, dann ergibt sich ein Dreieck beim Holzscheit.

4 Geometrische Grundformen in Verkehrsschildern identifizieren, benennen und per Strichliste festhalten.
Verkehrsschilder genau beschreiben.
Potenzial zur Sprachförderung nutzen.
Weitere Verkehrsschilder nach ebenen Formen untersuchen.
Potenzial zum selbstgesteuerten Üben nutzen.

che Gegenstände je nach ihrer Lage verschiedene Umrissformen haben.
In Aufgabe 3 können die Kinder zudem versuchen, den Fachausdruck zu notieren (sie können ihn etwa aus der Einstiegsillustration übernehmen). Alternativ oder auch zusätzlich können sie die Formen zeichnen.

4 *Formen identifizieren*
Die Verkehrsschilder aus dem Schulbuch und möglichst noch weitere Verkehrsschilder sollten in der Klasse aufgehängt werden. Es werden zwei Verkehrsschilder (z. B. „Achtung Schulweg" mit zwei Kindern) betrachtet und ihre Bedeutung besprochen. Dann sollen sie sich die Verkehrsschilder genau ansehen und überlegen, welche ebenen Formen zu erkennen sind. So können im Schild „Achtung Schulweg" ein rotes Dreieck, ein weißes Dreieck sowie zwei Kreise entdeckt werden. Die Fachausdrücke für die Grundformen werden geübt. Die in den Schildern gefundenen Formen werden per Strichliste in einer Tabelle an der Tafel festgehalten (analog Schulbuch Aufgabe 4).
Nach dieser Einführung können die Kinder die Aufgabe selbstständig bearbeiten und ggf. weitere Verkehrsschilder analog analysieren.

DIAGNOSTISCHES POTENZIAL

Welche Formen können die Kinder bereits benennen? Kennen sie ihre Eigenschaften (Anzahl der Ecken und Seiten)?
Können sie bei dreidimensionalen Gegenständen vermuten, welche Formen die zugehörigen Umrisse haben? Legen die Kinder die Gegenstände zielsicher auf die richtigen Plakate?
Wie sehen ihre Freihandzeichnungen der Formen aus, wie verwenden sie Fachausdrücke?
Sehen sie in Verkehrsschildern (mehrere) Grundformen?

MÖGLICHKEITEN ZUR UNTERSTÜTZUNG

Falls Kinder große Schwierigkeiten damit haben, in Alltagsgegenständen geometrische Grundformen zu erkennen, so können sie zunächst das beiliegende Legematerial nach Formen sortieren. Dabei werden immer wieder die Eigenschaften der Formen genannt („Ein Dreieck hat drei Ecken und drei Seiten.") und begleitend dazu gezeigt.

FORTSETZUNG

Die Kinder untersuchen weitere Verkehrsschilder nach Formen oder schneiden aus Katalogen Gegenstände aus, die rechteckige, quadratische, dreieckige oder kreisrunde Umrisse haben und fertigen ihr eigenes Formenbuch an.

→ Arbeitsheft, Seite 23

Themenblock Orientierung im Zwanzigerraum

Der Hunderterraum ist der natürliche Rahmen für das Einmaleins, denn die größte Aufgabe, die man in der Didaktik im Einmaleins rechnet, ist $10 \cdot 10 = 100$. Ganz analog ist der Zwanzigerraum der natürliche Rahmen für das Einspluseins, denn $10 + 10 = 20$.

Ganzheitliche Einführung in den Zwanzigerraum

Nach den Vorstellungen der Rechendidaktik, die den Unterricht über Jahrhunderte bestimmten und heute noch in vielen Köpfen stecken, wurde in den Zahlraum gestuft eingeführt. Der Unterricht verharrte lange im Fünfer- oder Sechserraum, dann nochmals mindestens bis zum Ende des ersten Halbjahrs im Zehnerraum, bevor die Zahlen bis 20 eingeführt wurden und nach dem Rechnen innerhalb des zweiten Zehners schließlich der Zehnerübergang an die Reihe kam.

Das ZAHLENBUCH führt in den Zwanzigerraum im Gegensatz dazu ganzheitlich ein und zwar so, dass das formale Rechnen zurück gestellt wird. Für die Entwicklung von Zahlvorstellungen, ist der größere Zahlraum eine große Hilfe, weil das Verständnis gefördert wird. „Ganzheitlich" heißt natürlich nicht, dass von den Kindern sofort verlangt wird, sich in im gesamten Zwanzigerraum sofort sicher zu bewegen, was vielen Kindern nicht möglich ist. Es heißt nur, dass dieser Raum als „Spielraum" zur Verfügung steht und die Kinder Anregungen erhalten, sich in diesen Raum einzuleben. Das ZAHLENBUCH bietet hierzu verschiedene Durchgänge an, bei denen der Zwanzigerraum jeweils unter anderen Aspekten, mit anderen Anschauungsmitteln und anderen Aufgabenstellungen neu erschlossen wird. Die Kinder erhalten also mehrere Gelegenheiten sich mit dem Zwanzigerraum vertraut zu machen. Von entscheidender Bedeutung ist dabei die Einsicht in das dekadische System. Wenn die Zahlen 11, 12, ..., 19 klar als Zusammensetzungen von einem Zehner und Einern verstanden werden, sind Analogien wie $5+3$ und $15+3$ oder $5+5=10$ und $15+5=20$ kein Problem.

Strukturierung des Zehnerraums

Mit dem Blick auf den Zwanziger- und den Hunderterraum wird der Zehnerraum keineswegs außer Kraft gesetzt. Die Zerlegung von Zahlen in kleinere Zahlen und die Zusammensetzung von kleineren Zahlen zu größeren Zahlen bleibt Thema. Die Blitzrechenübungen „Zerlegen" und „Immer 10 (Ergänzen bis 10)" spielen sich ganz im Zehnerraum ab.

Auch in diesem Themenblock werden noch keine Rechnungen aufgeschrieben. Der Nachdruck liegt ganz auf der Entwicklung von Zahlvorstellungen und in Verbindung damit auf dem „rechnenden Zählen". Eine zu frühe Einführung der formalen Notation von Rechnungen ist schädlich, gerade für schwächere Kinder.

Struktur des Themenblocks

Auf den Seiten 36 – 39 wird der Zehner als neue Zahleneinheit bewusst gemacht. Wichtige Darstellungsmittel sind hier die Zahlenkarten, vor allem aber das Zwanzigerfeld, das als Fortführung der bereits bekannten Zehnerfelder sorgfältig eingeführt wird.

Schülerbuch 1, S. 38

Das Zwanzigerfeld leistet bei der Behandlung des Einspluseins und des Einsminuseins einen unschätzbaren Dienst und prägt auch die Zahlvorstellung über den Zwanzigerraum hinaus. In den folgenden Bänden werden in ähnlicher Weise Hunderterfeld und Hundertertafel, Tausenderfeld und Tausenderbuch sowie das Millionenbuch eingeführt. Insgesamt ergibt sich auf diese Weise ein schlüssiger Aufbau des Zahlraums.

Auf der nachfolgenden Doppelseite wird dann die besondere Analogie zwischen dem Zehner und dem Zwanziger thematisiert: Zerlegungen der 20 entstehen aus den Zerlegungen der 10, indem ein voller Zehner hinzugenommen wird. Die Betrachtung solcher Analogien kennen die Kinder bereits aus den Überlegungen zum Aufbau des Zahlbegriffs.

Schülerbuch 1, S. 40

Ebenso bekannt ist bereits das Spiel Räuber und Goldschatz, das auf der Doppelseite 42/43 den Übergang zum ordinalen Zahlaspekt schafft. Im Kontext des Spiels werden sich die Kinder der Abfolge der Zahlen immer bewusster. Dabei werden die Spielregeln im engeren Sinne durchbrochen, um die Struktur der Zahlenreihe stärker in den Fokus zu rücken.

Schülerbuch 1, S. 43

Anschließend wird auf Seite 44/45 die Zwanzigerreihe als eigenständiges Darstellungsmittel eingeführt. Wichtig ist, dass auch die Zwanzigerreihe die Fünfer- und damit auch die Zehnerstruktur widerspiegelt.

Schülerbuch 1, S. 44

Zugleich werden hier die Wendekarten genutzt, die eine Synthese zwischen dem Anzahl- und dem Zählzahlaspekt darstellen und daher für das Verständnis des Zahlbegriffs sehr wichtig sind: Die Wendekarten können mit der Vorderseite (Zahlsymbol) in einer Reihe angeordnet werden. Auf der Rückseite findet sich die Punktfeld-Darstellung.

Schülerbuch 1, S. 45

Ein weiterer Durchgang durch den Zwanzigerraum eröffnet sich im Kontext der Ordnungszahlen (S. 46/47).

Schülerbuch 1, S. 46

Den Abschluss bildet auf S. 48 der Rückblick über die Grundlagen der Orientierung im Zwanzigerraum. Der Abschnitt schließt mit einer systematischen Erforschung des NIM-Spiels, das im ZAHLENBUCH als Spiel „Rot gegen Blau" thematisiert wird und die Einsichten in Strukturierungsmöglichkeiten des Zahlenraums vertieft.

Blitzrechnen im Zwanzigerraum

An dieser Stelle kann deutlich gemacht werden, dass der „Blitzrechenkurs" keine Verkürzung auf die Automatisierung von Plus-, Minus-, Mal- und Geteilt-Aufgaben darstellt, sondern auf die Entwicklung grundlegender Zahl- und Operationsvorstellungen ausgerichtet ist.

36/37 Zahlen bis 20

Einstieg Eine Zeile der Tabelle von Aufgabe 1 nach und nach aufbauen: Zehner als zentrale Bündelungseinheit für größere Zahlen herausstellen.

1 Verwandtschaft zwischen den Zahlen 1 bis 5 und den Zahlen zwischen 11 bis 15 hervorheben.
Bei Zahlwörtern Verwandtschaft erst ab Zahl 13.

2 Symbolische Darstellungen werden ikonischen zugewiesen. Vertrauen in die Darstellung vertiefen: Fünfer- und Zehnerstruktur sind verlässlich, es müssen nicht einzelne Plättchen in den Streifen nachgezählt werden.

Wichtige Wörter
Einer, Zehner

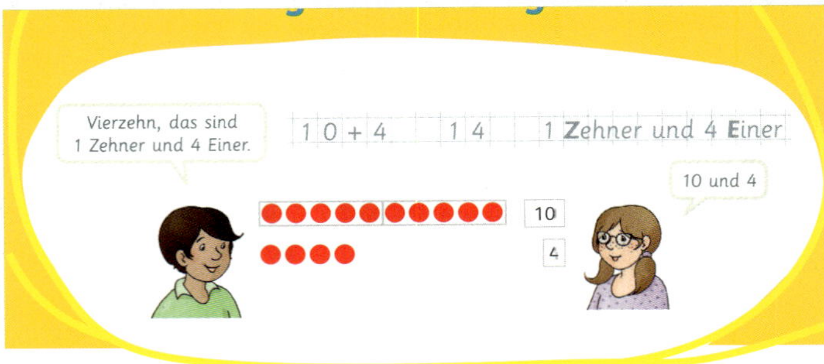

1

elf	●●●●●●●●●● ●	10 / 1	10 + 1	11
zwölf	●●●●●●●●●● ●●	10 / 2	10 + 2	12
dreizehn	●●●●●●●●●● ●●●	10 / 3	10 + 3	13
vierzehn	●●●●●●●●●● ●●●●	10 / 4	10 + 4	14
fünfzehn	●●●●●●●●●● ●●●●●	10 / 5	10 + 5	15

2

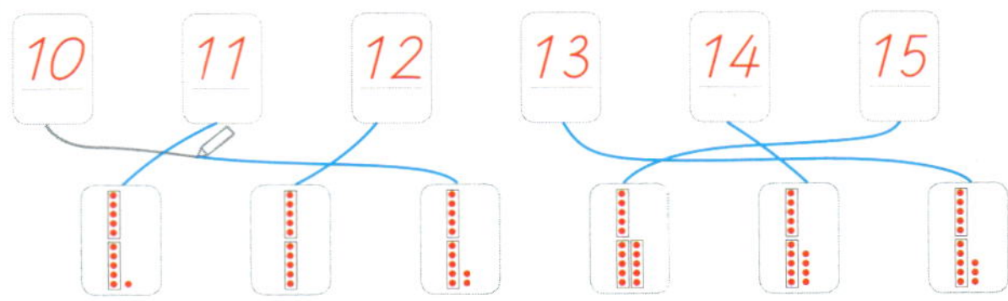

WAS WIRD BENÖTIGT?

Arbeits- und Demonstrationsmaterial: Wendeplättchen, Wendekarten, Fünfer- und Zehnerstreifen, ggf. KV 33 – 39 *Zahlen und Zahlwörter bis 20*

WORUM GEHT ES?

Die im vorhergehenden Themenblock gewonnene Einsicht in die Fünfer- und Zehnerstruktur wird auf den Zahlenraum bis 21 übertragen: Hier wird der zweite Zehner Zahl für Zahl aufgebaut. Für jede Zahl werden neben der üblichen symbolischen Schreibweise drei alternative Darstellungen angeboten: ein Punktefeld, zwei Zahlenkarten und eine Zerlegung. Diese Darstellungen betonen die Zusammensetzung der Zahlen aus einem Zehner und einer Anzahl an Einern und bereiten damit auf das Stellenwertsystem vor. Die Kinder gewinnen einen ersten Überblick über den für das erste Jahr vorgesehenen Zahlenraum. Dem Prinzip der natürlichen Differenzierung entsprechend können sie im weiteren Verlauf des Lernprozesses ihr Wissensnetz über den Zwanziger individuell dichter knüpfen. Einige Kinder erarbeiten noch den Zahlenraum bis 10 und fühlen sich bei größeren Zahlen recht unsicher, andere bewegen sich schon im vollen Zwanzigerraum flexibel, einige sogar darüber hinaus. Da der Zwanzigerraum im Folgenden operativ durchgearbeitet wird, erhalten langsamere Kinder immer wieder die Chance, mehr Vertrauen in die Strukturen der Zahlen und ihrer Darstellungen zu gewinnen.

WIE KANN MAN VORGEHEN?

Einstieg *Zahlen einführen*

Die Lehrkraft bespricht mit den Kindern die Zahlwortreihe bis 20 und thematisiert parallel zu den Zahlen die verschiedenen Darstellungen. Wichtig ist, dass gemeinsam mit den Kindern eine der Zeilen von Aufgabe 1 entwickelt wird. Dazu legt die Lehrkraft die notwendigen Materialien geordnet bereit: Plättchenmaterial, Zahlenkarten (1 – 9 für die Einer, 10 für den Zehner), die Wendekarten von 11 bis 20, leere Karten zur Notation der passenden Additionsaufgabe sowie Zahlwortkarten (ggf. in verschiedenen Sprachen).

Verschiedene Zugangsweisen sind möglich:

a) Die Lehrkraft beginnt mit der Darstellung der Zahl 11, ordnet die passenden Materialien zu und beschreibt dabei ihre Vorgehensweise.

elf	●●●●●●●●●● ●	10 / 1	10 + 1	11

Sie hebt insbesondere Fünfer- und Zehnerstreifen als ganzheitliche Strukturen hervor: Man kann sich auf die Anzahlen in den Streifen verlassen und muss nicht die einzelnen Plättchen nachzählen. Anschließend fordert sie die Kinder auf, einen Einer dazu zu legen und so die nächste Zahl zu legen. Sukzessive werden von der Lerngruppe alle Zahlen bis 20 gelegt.

b) Die Lehrkraft beginnt mit der Darstellung einer beliebigen Zahl, die Kinder stellen die anderen Zahlen dar und sortieren sie anschließend.

Falls die Einführungsphase an der Tafel stattfindet, können die Kinder die thematisierten Zahlen am Tisch parallel dazu selbst darstellen und sich so an den Umgang mit dem Material gewöhnen. Zum Legen erhält jedes Kind Wendeplättchen, Zahlenkarten, Wendekarten, Fünfer- und Zehnerstreifen.

○ **3**

sechzehn	●●●●●●●●●● ●●●●●●	10 / 6	10 + 6	16
siebzehn	●●●●●●●●●● ●●●●●●●	10 / 7	10 + 7	17
achtzehn	●●●●●●●●●● ●●●●●●●●	10 / 8	10 + 8	18
neunzehn	●●●●●●●●●● ●●●●●●●●●	10 / 9	10 + 9	19
zwanzig	●●●●●●●●●● ●●●●●●●●●●	20	20 + 0	20

4 Kennst du noch mehr Zahlen?

	●●●●●●●●●● ●●●●●●●●●● ●	20 / 1	20 + 1	21

Einstieg Zahlenausstellung erstellen.
Auf geeignete Fünfer- und Zehnerbündelungen achten.
Alternativ: Bild betrachten.
Potenzial zur Sprachförderung und zum selbstgesteuerten Üben nutzen.

3 Verwandtschaft zwischen den Zahlen 6 bis 10 und den Zahlen zwischen 16 bis 20 hervorheben.

4 Eigenproduktionen der Kinder anregen.
Analogie der größeren Zahlen zum Zwanzigerraum besprechen.
Potenzial zum selbstgesteuerten Üben nutzen.

1, 3 *Zahldarstellungen vernetzen*
Die Kinder füllen die Lücken in der Tabelle im Buch oder auf KV *Zahlen bis 20*. Es sollte darauf geachtet werden, dass sie die Zahlwörter mitsprechen, auch wenn sie die ausgeschriebenen Zahlwörter vermutlich noch nicht lesen können.

2 *Vertiefung: Zahldarstellungen vernetzen*
Die symbolischen Zahldarstellungen werden mit Punktebildern verbunden. Wichtig ist, dass die Kinder Vertrauen in die Struktur der Darstellungen gewinnen bzw. vertiefen: Die Fünfer bzw. die Zehner (als Doppelfünfer) sind stets deutlich erkennbar und müssen nicht abgezählt werden. Am Tisch können auch die restlichen Zahlen bis 20 thematisiert werden.

Einstieg *Anzahlen bestimmen*
Ähnlich zur Besprechung der Zahlen bis 10 (S. 8) werden die Zahlen durch Anzahlen von Gegenständen repräsentiert. Hierbei wird hervorgehoben, dass das Bündeln in Zehnern und Einern Übersicht über größere Anzahlen von Gegenständen bringt. Entsprechend kann in der Klasse nach Gegenständen gesucht werden, die in einer geeigneten Anzahl zur Verfügung stehen: Bücher, Stifte, Lineale, Schultaschen usw.

4 *Große Zahlen darstellen*
Die Kinder versuchen, Zahlen größer als 20 darzustellen und können dabei erkennen, dass sich die Struktur der Zahlen zwischen 10 und 20 fortsetzt. Hierzu bietet sich auch Partnerarbeit an: Die Kinder erhalten zehn Zehnerstreifen, einen Fünferstreifen und fünf Einerplättchen. Ein Kind legt eine Zahl, das andere Kind versucht, diese Zahl in einer alternativen Darstellungsform zu notieren. Dann wird gewechselt.

DIAGNOSTISCHES POTENZIAL

Beherrschen alle Kinder die Zahlwörter bis zwanzig oder bereits darüber hinaus? Können die Kinder Zahlen mit Ziffern notieren? Welche Zahldarstellung steht im Vordergrund? Wie gelingt der Wechsel zwischen verschiedenen Zahldarstellungen? Verlassen sich die Kinder darauf, dass die Streifen aus genau zehn bzw. fünf Plättchen bestehen? In welchem Zahlenraum bewegen sich die Kinder (sicher)?

MÖGLICHKEITEN ZUR UNTERSTÜTZUNG

1 Es kann hilfreich sein, den üblichen deutschen Zahlennamen Bezeichnungen gegenüber zu stellen, die einer strengen Systematik folgen und bei der die Reihenfolge der gesprochenen Ziffern mit der Reihenfolge der geschriebenen Ziffern übereinstimmt:

elf	zehn und eins
zwölf	zehn und zwei
dreizehn	zehn und drei
…	…
zwanzig	zwanzig
einundzwanzig	zwanzig und eins

Ggf. können deutsche Zahlwörter mit Zahlwörtern anderer Sprachen verglichen werden (KV *Zahlwörter bis 20*).

2 Zusätzlich Wendekarten im Zahlenraum bis 10 nutzen.

38/39 Das Zwanzigerfeld

Einstieg Struktur des Zwanzigerfelds besprechen. Auf Erfahrungen im Zehnerfeld zurückgreifen. Wichtig: Fünfer- und Zehnerstruktur von Beginn an flexibel handhaben.

1 Einer in Zwanzigerfeldern vervollständigen. Links 10 als Streifen, rechts als Block, dabei sollte klar werden: Die 10 muss nicht nachgezählt werden.

2 Zum Legen Zehner- und ggf. Fünferstreifen nutzen.

3 Partnerarbeit: Zahl legen, anschließend Zahl und Zerlegung der Zahl nennen.

Wichtige Wörter
Zwanzigerfeld
oben, unten, rechts, links

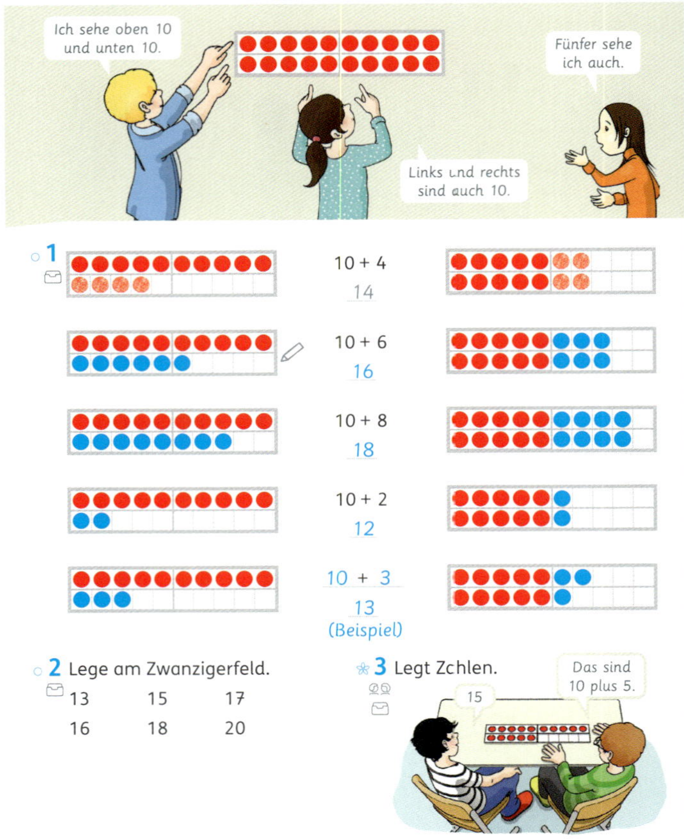

WAS WIRD BENÖTIGT?

Arbeitsmaterial: Zwanzigerfeld, Plättchen, zwei Fünfer- und zwei Zehnerstreifen, ggf. KV 43 *Verwandte Zahlen in Zwanzigerfeldern*
Demonstrationsmaterial: zusätzlich zum Arbeitsmaterial: beide Typen von Zehnerfeldern (Zehnerstreifen und Zehnerblock)

WORUM GEHT ES?

Das Zwanzigerfeld ist das grundlegende Arbeitsmittel für die Addition und Subtraktion im Zwanzigerraum. Es besteht aus vier Fünferfeldern: Zwei Fünferfelder nebeneinander bilden ein lineares Zehnerfeld (Zehnerstreifen); zwei Fünferfelder übereinander ein geblocktes Zehnerfeld (Zehnerblock). Diese Struktur unterstützt das Rechnen im Zehnersystem, insbesondere wird so die *Kraft der Fünf* und die *Kraft der Zehn* deutlich.

Die Kinder müssen nun lernen, beide Zehnerdarstellungen für die Zahlen im Zwanzigerraum flexibel zu nutzen. Die Struktur des Zwanzigerfeldes wird den Kindern nicht durch bloßes Betrachten deutlich, sondern nur durch intensives Operieren mit dem Arbeitsmittel. Wesentlich ist, dass sie die verschiedenen Darstellungen einer Zahl vernetzen. Auf der linken Seite wird insbesondere das lineare und das geblockte Legen von Zahlen thematisiert: Man füllt das Zwanzigerfeld entweder zeilenweise (Zehnerstreifen zuerst) oder man füllt zunächst den linken Zehnerblock. Nur im Kontext einer Aufgabenstellung kann beurteilt werden, welche Darstellung geeigneter ist. Schwerpunkt der rechten Seite sind die Zehneranalogien, die durch einen handlungsorientierten Zugang verinnerlicht werden.

WIE KANN MAN VORGEHEN?

Einstieg *Struktur des Zwanzigerfeldes erkunden*

Die Lehrkraft zeigt ein Zwanzigerfeld und lässt die Kinder vermuten, warum es Zwanzigerfeld heißt. Die Kinder werden aufgefordert, die ihnen schon bekannten Materialien im Zwanzigerfeld zu positionieren und jeweils die Raumlagebeziehungen zu beschreiben.

Es kann sinnvoll sein, mit den Kindern eine „ungeeignete" einer „aufgeräumten" Darstellung gegenüber zu stellen und zu thematisieren, an welchem Bild man die Zahl schneller ablesen kann.

An welchen Zahlenbildern kann man die 8 schnell sehen?

Anschließend werden einzelne Zahlen größer 10 mit Material gelegt. Die Kinder sollen nicht allein die Gesamtanzahl benennen, sondern auch die Zerlegung mit 10; also z. B. 10 + 4, um die Analogie zu den Zahlen im Zahlenraum bis 10 zu erfassen.

Zum Legen erhält jedes Kind Arbeitsmaterial. Dabei ist es wichtig darauf zu achten, dass die Kinder möglichst wenige Plättchen nutzen. Damit wird ein Anreiz gegeben, Fünfer- und Zehnerstrukturen zu nutzen, anstatt die Plättchen einzeln zu zählen. Es kann sinnvoll sein, jedem Kind ein Zwanzigerfeld auf den Tisch zu kleben, damit immer ein Feld einsatzbereit ist und die Vorstellung vom Zwanzigerraum auch „nebenbei" weiter entwickeln kann.

1 *Zahlen im Zwanzigerfeld legen*

Der Zehner, der als linearer Streifen (linke Spalte) sowie als Block (rechte Spalte) dargestellt ist, soll passend ergänzt werden. In der Blockdarstellung sollte darauf geachtet werden, die Zehnerfelder

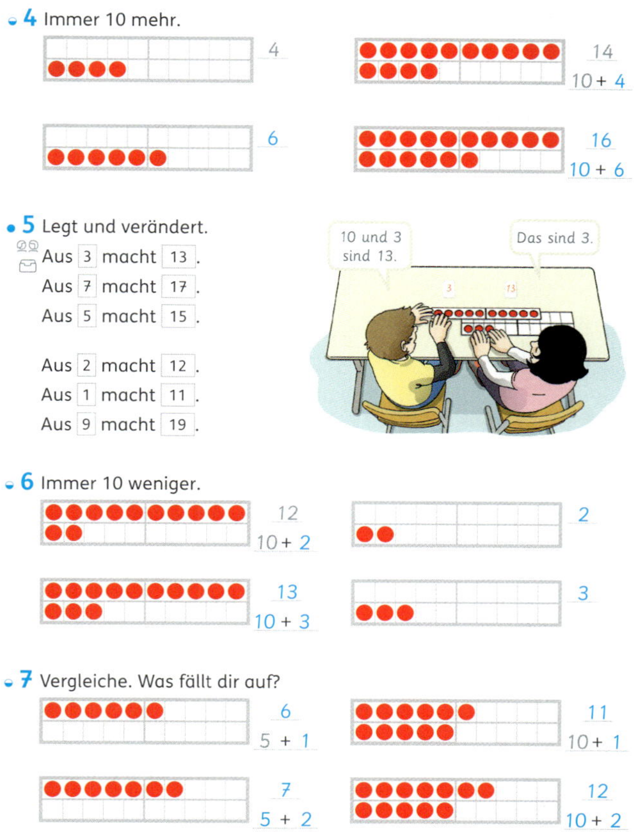

4 – 6 Analogien zwischen den Zahlen von 0 bis 10 und 10 bis 20 vertiefen: Legen im Zwanzigerfeld, begleitend verbalisieren.
Zehneranalogie als „verwandte Zahlen" besprechen.

7 Bilder von Zahlen zwischen 5 und 10 zu den Bildern der Zahlen zwischen 10 und 15 in Beziehung setzen, Vorstellung vom Zwanzigerraum vertiefen.

Wichtige Wörter
Verwandte Zahlen

nicht zeilenweise, sondern spaltenweise zu füllen.
Eine Bewusstheit über die Zerlegungen mit 10 wird sowohl durch Notation als auch durch deren Verbalisierung angestrebt.

2, 3 *Vertiefung: Zahlen legen*
Die Kinder legen zunächst vorgegebene, dann selbst gewählte Zahlen. Dabei sollen die Zahlen entweder linear oder im Block gelegt werden. Die Kinder können paarweise arbeiten: Ein Kind legt die Zahl in Blockdarstellung, das andere in der linearen Darstellung. Bei der nächsten Zahl wird die Legeweise gewechselt. Wichtig ist die begleitende Verbalisierung der Zahl und ihre Zerlegung in Zehner und Einer.

4, 5 *Verwandte Zahlen herstellen*
Es werden Veränderungen der Zahlen erkundet, wenn ein Zehnerstreifen dazu gelegt wird.
Das Aufgabenformat „Aus ... mache ..." wird in Aufgabe 5 wieder aufgegriffen. Die Visualisierungsstreifen (vgl. Hinweise S. 31) können hier zusammen mit den Wendekarten genutzt werden.

Aus [3] mache [ ] Aus [3] mache [13]

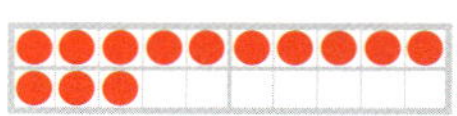

In Partnerarbeit sollen die Kinder zunächst die erste Zahl legen, um 10 ergänzen und so die verwandte Zahl zwischen 10 und 20 zu finden. Die Zehneranalogie wird hier enaktiv erlebt durch das Hinzulegen eines Zehnerstreifens und die Zerlegung verbalisiert (etwa „10 und 3 sind 13"). KV 43 *Verwandte Zahlen in Zwanzigerfeldern* kann zur Darstellung genutzt werden.

Zur Ergebnispräsentation können die Kinder Zahldarstellungen diktieren: „Ich lege zu 3 einen Zehner dazu. Welche Zahl?" Kinder, die bereits die Analogien des ersten und zweiten Zehners beherrschen, können überlegen, was beim Hinzufügen von mehreren Zehnern geschieht. Hierzu kann das Zwanzigerfeld durch darüber gelegte Zehnerstreifen ergänzt werden.

6, 7 *Analogien vertiefen*
Ähnlich zu Aufgabe 4 werden Veränderungen der Zahlen erkundet, wenn ein Zehnerstreifen ergänzt oder weggenommen wird (Aufgabe 6) bzw. ein Fünferstreifen ergänzt wird (Aufgabe 7). So werden Rechenstrategien angebahnt.

DIAGNOSTISCHES POTENZIAL

Kennen die Kinder die Zahlwortreihe bis 20 oder darüber hinaus? Nutzen sie Zehner- und Fünferstreifen? Zählen sie die Plättchen in Fünfer- und Zehnerstreifen einzeln ab? Wie legen die Kinder die Plättchen? Notieren sie die Zahlen in der Zifferndarstellung korrekt oder gibt es „Zahlendreher"? In welchem Zahlenraum arbeiten sie?

MÖGLICHKEITEN ZUR UNTERSTÜTZUNG

1 – 7 Alle Zahlen im Zwanzigerfeld der Reihe nach legen, um die Struktur zu vertiefen. Dabei Bündelungen hervorheben: Beim Übergang von 4 zu 5 werden vier Plättchen gegen einen Fünferstreifen, beim Übergang von 9 zu 10 werden ein Fünfer und 4 einzelne Plättchen gegen einen Zehnerstreifen getauscht (analog: Übergänge von 14 zu 15 und von 19 zu 20).
Manche Kinder legen vorerst nur Zahlen bis 10.

→ Arbeitsheft, Seite 26 → Förderheft, Seiten 20, 21

40/41 Immer 10 – immer 20

Einstieg Zerlegungen der 10 vergleichen mit Zerlegungen der 20: Es kommt nur ein Zehner dazu. Das wird besonders deutlich, wenn die Zehnerzerlegungen im unteren
linearen Zehnerfeld gezeigt werden.
Zerlegungen versprachlichen.

1, 2 Analogien zwischen der Zerlegung der 10 und der Zerlegung der 20 vertiefen. Symbolische Darstellungen mit Punktedarstellungen im Zwanzigerfeld vergleichen.

3 Blitzrechnen
Zerlegung zeigen, Ergänzungsaufgabe nennen.
Ergänzungen bis 20 automatisieren.

Wichtige Wörter
Zerlegung, verwandte Zahl

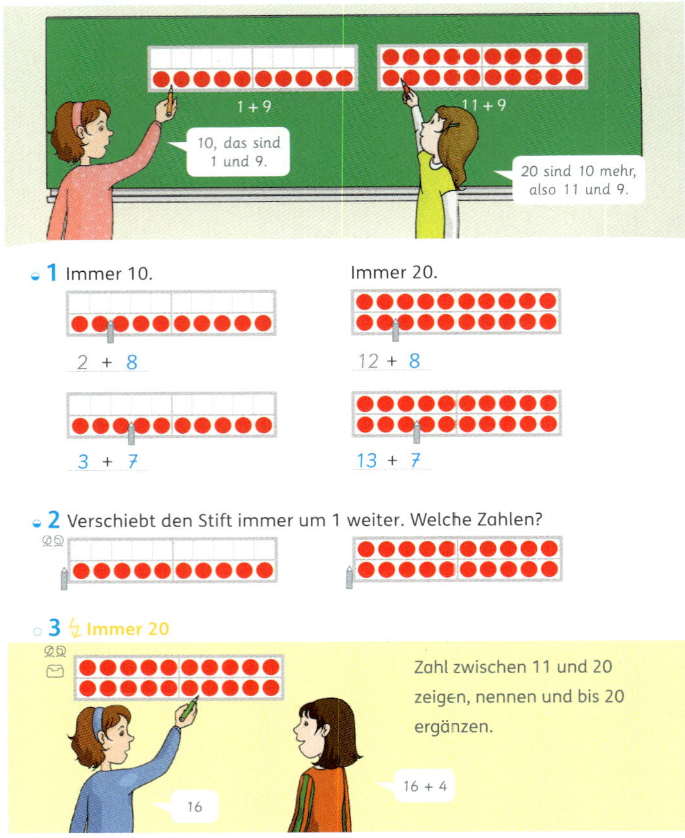

WAS WIRD BENÖTIGT?

Arbeitsmaterial: Zwei Zwanzigerfelder, drei Zehnerstreifen zum Kleben, Kleber, Stift, (halbtransparenter) Abdeckstreifen (Tipp: gut geeignet sind farbige, transparente Abdeckstreifen, z. B. aus laminiertem Transparentpapier. Alternativ können Lineale genutzt werden, die oftmals leicht gefärbt und dennoch durchsichtig sind.)
Demonstrationsmaterial: Wie Arbeitsmaterial, vorbereitend ein Zwanzigerfeld vollständig füllen, beim anderen untere Zeile

WORUM GEHT ES?

Diese Seiten schließen unmittelbar an die vorhergehende Doppelseite an. Die Kinder sollen lernen, die Zerlegungen der 10 auf die Zerlegungen der 20 durch den Vergleich der zugehörigen Darstellungen im Zwanzigerfeld zu übertragen. Eine solide Kenntnis der 10er- und 20er-Zerlegungen ist sehr hilfreich, um später die Ergänzung zur 10 zum Berechnen von Plusaufgaben heranziehen zu können. An späterer Stelle werden solche „=10"-Aufgaben neben den Aufgaben mit 5 und 10 als Summanden und den Verdopplungsaufgaben als einfache Aufgaben thematisiert und dienen als Hilfsmittel zur Berechnung von Aufgaben mit höherem Schwierigkeitsgrad. Aus diesem Grund ist es wichtig, die 10er-Zerlegungen fest zu verankern und in den folgenden Wochen auch durch „Blitzrechnen" zu automatisieren. Die rechte Seite leitet dann von Zerlegungen über zu Ergänzungsaufgaben.
Wegen der einprägsamen Struktur ist das Zwanzigerfeld am besten dazu geeignet, bei den Kindern die für die Übertragung der 10er-Zerlegung auf die 20er-Zerlegung wesentlichen mentalen Bilder zu erzeugen. Hierdurch wird eine zentrale Grundlage für ein verständiges Operieren im Stellenwertsystem vorbereitet.

Zerlegungen können mithilfe eines Stiftes oder mithilfe einer Abdeckfolie hergestellt werden. Während die Zerlegung mit dem Stift die Addition von zwei Mengen vorbereitet, zielt das Abdecken bereits auf die später einzuführende Operation des Ergänzens.

WIE KANN MAN VORGEHEN?

Einstieg, 1 *Zerlegungen vergleichen*

An der Tafel hängen wie in der Abbildung zwei Zwanzigerfelder nebeneinander. Die Kinder beschreiben die beiden Felder. Mithilfe eines Stiftes zeigt die Lehrkraft eine 10er-Zerlegung der linken Spalte (zum Beispiel 1 + 9) und demonstriert, dass die analoge Zerlegung der 20 (also 11 + 9) rechts auf ähnliche Weise hergestellt werden kann. Der volle Zehner darüber muss für die Zerlegung nicht angetastet werden. Die Zerlegungen werden auch verbal gefasst.
Nach einigen Beispielen können die Kinder selbstständig Aufgabe 1 bearbeiten und so die strukturellen Gemeinsamkeiten der Zerlegungen erfahren. Für die Legeaktivität müssen die Kinder die Zwanzigerfelder passend vorbereiten: Zehnerstreifen werden passend aufgeklebt.

2 *Zerlegungen operativ erkunden*

In Partnerarbeit zeigt ein Kind eine Zerlegung der 10, das Partnerkind die passende Zerlegung der 20. Dann verschieben beide ihren Stift um ein Plättchen nach rechts und nennen die Zerlegungen usw. Anschließend tauschen die Kinder ihre Felder.

3 *Blitzrechnen: Immer 20*

Die Kinder vertiefen die Zerlegungen der 20. Hierbei stabilisieren sich die mentalen Bilder der Zahlen, so dass das Automatisieren

4 Immer 20. Vergleiche.

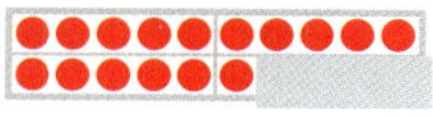

16 + 4

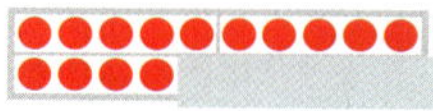

14 + 6

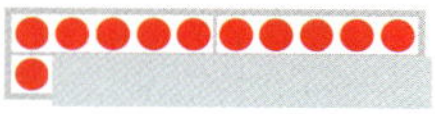

11 + 9

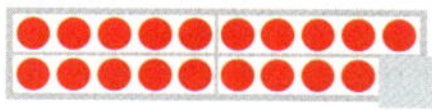

19 + 1

12 + 8

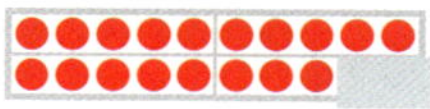

18 + 2

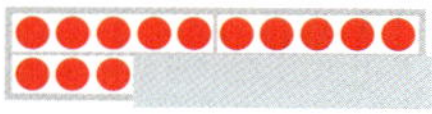

13 + 7

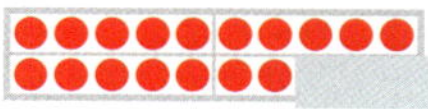

17 + 3

5 Legt ebenso.

6 Immer 10.

5 + 5	6 + 4	4 + 6
2 + 8	1 + 9	7 + 3
8 + 2	9 + 1	0 + 10

Immer 20.

15 + 5	16 + 4	14 + 6
12 + 8	11 + 9	17 + 3
18 + 2	19 + 1	10 + 10

4 Gemeinsam einführen: Zerlegungen durch Abdecken anzeigen.
Die Idee der Tauschaufgaben bei der Zehnerzerlegung auf Zerlegungen der 20 übertragen.

5 Partnerarbeit: Zahlbilder der Zwanzigerzerlegungen bzw. der Ergänzungen zur 20 weiter erkunden und vertiefen.

6 Zerlegungen der 10 und der 20 mit Summentermen vertiefen.
Idee der Ergänzung besprechen.

der Zerlegungen unterstützt wird. Diese Übung muss in regelmäßigen Abständen wiederholt werden.

4 *Zerlegungen der 20 flexibilisieren*
Die Zerlegungen der 20 werden flexibilisiert, indem Zerlegungspaare gebildet werden. Dazu werden in der rechten Aufgabe immer so viele Plättchen abgedeckt, wie in der linken Aufgabe zur Zerlegung der 20 fehlen. Die Paare sind verwandt mit den Tauschaufgaben im Zehnerraum.
Im Unterschied zu den vorangegangenen Aufgaben werden die Zerlegungen nun mithilfe einer Abdeckfolie hergestellt und damit die Vorstellung des Ergänzens angebahnt: 16 Plättchen sind abgedeckt, wie viele fehlen noch bis 20? An dieser Stelle kann man mit den Kindern auch darüber sprechen, dass die Aufgaben auch mit undurchsichtiger Abdeckfolie lösbar sind. Dies erfordert eine bewusstere Vorstellung der ergänzenden Teilmenge.
Zur Ergebnispräsentation der Aufgabe 4 kann das Abdecken wie in der Abbildung gehandhabt werden.

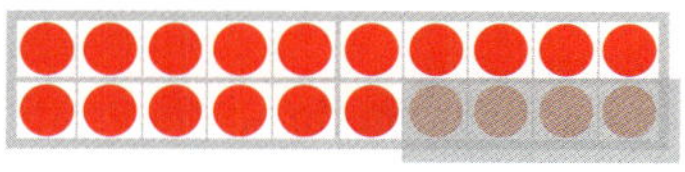

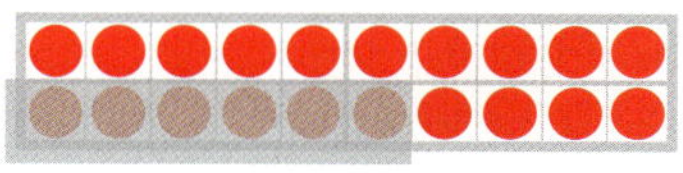

Die Verbalisierung der Regelmäßigkeit wird erleichtert durch den Impuls: Wie kann man die Aufgaben auch anders zeigen? Hierbei können Raumlagebezeichnungen wie links und rechts wiederholt und vertieft werden.

DIAGNOSTISCHES POTENZIAL

Welche Anzahlen von Plättchen werden simultan erfasst (mehr oder weniger als drei?)? Wie ermitteln die Kinder Anzahlen: Zählend oder nutzen sie für größere Anzahlen die Fünfer- und Zehnerstruktur des Feldes?
Kennen die Kinder die Zerlegungen der 10? Erkennen sie die Analogie zu Zerlegungen der 20? Wie werden die Zerlegungen ermittelt (zählend? mit Bezug auf Strukturen?)?

MÖGLICHKEITEN ZUR UNTERSTÜTZUNG

4 Bei großen Schwierigkeiten im Zwanzigerraum kann der obere Zehner (nicht-transparent) abgedeckt und die Überlegungen zunächst auf den Zehnerraum beschränkt werden. Anschließend kann man den oberen Zehner wieder aufdecken und die Zerlegungen des Zwanzigers noch einmal thematisieren. Sofern das Abdecken Schwierigkeiten bereitet, kann die Zerlegung auch weiterhin mit einem Stift dargestellt werden.
Für einige Kinder ist es herausfordernd, mit einem undurchsichtigen Papierstreifen zu arbeiten oder einem Abdeckwinkel, mit dem Anzahlen größer 10 abgedeckt werden können.

→ Arbeitsheft, Seite 27 → Förderheft, Seiten 22, 23 → Verstehen und Trainieren, Seiten 18, 19 → Vernetzen und Automatisieren, Seite 13 → Blitzrechnen

42/43 Räuber und Goldschatz

Einstieg Spielregeln wiederholen (vgl. S. 5 im Schulbuch).
„Räuber und Goldschatz“ spielen.

1 Zwanzigerreihe im Kontext des Spiels erkunden: Welche Zahl kommt davor? Welche danach?

2 Selbst Ausschnitte aus der Zwanzigerreihe wählen. Erlaubt sind auch Ausschnitte jenseits der 20. Potenzial zum selbstgesteuerten Üben nutzen. Ordinale Beziehungen zwischen den Zahlen besprechen. Potenzial zur Sprachförderung nutzen.

Wichtige Wörter
davor, danach, dazwischen, Abstand, Mittelzahl

○ **1** Welche Zahlen fehlen?

3 4 5 6 7 — 8 9 10 11 12

6 7 8 9 10 — 16 17 18 19 20

1 2 3 4 5 — 11 12 13 14 15

5 6 7 8 9 — 15 16 17 18 19

13 14 15 16 17 — 18 19 20

✻ **2** (Beispiele)

2 3 4 5 6 — 10 11 12 13 14

WAS WIRD BENÖTIGT?

Arbeits- und Demonstrationsmaterial: für das Spiel „Räuber und Goldschatz“: Spielplan (etwa S. 5, ggf. Plakat), Spielwürfel, Plättchen o. Ä. (für den Schatz)

WORUM GEHT ES?

Hier steht wieder das ordinale Zahlverständnis im Vordergrund: Die Kinder deuten die Zahlen also nicht mehr nur als Anzahl (ein, zwei, drei Steine), sondern als Position in einer Reihenfolge (erster, zweiter, dritter Stein). Dabei werden auch die ordinalen Beziehungen zwischen den Zahlen beschrieben: davor, dazwischen, danach.
Da der Wechsel zwischen verschiedenen Zahlaspekten für einige Kinder schwierig ist, wird auf dieser Seite ein spielerischer Zugang anhand des bereits bekannten Spiels „Räuber und Goldschatz“ gewählt. Das Spiel liefert einen für die Kinder authentischen Anlass, um die Reihenfolgen der Zahlen auch im Sinne anspruchsvollerer Fragestellungen genauer zu thematisieren. Zudem muss man den Schatz in der Regel um mehr als ein Feld versetzen, so dass sich aus dem Spiel heraus auch die Frage stellt, welche Felder in einem (vom Würfel) vorgegebenem Abstand liegen.

WIE KANN MAN VORGEHEN?

Einstieg *„Räuber und Goldschatz“ spielen*

Im Sitzkreis werden die Grundidee (vgl. Kommentar zu S. 4/5) sowie die Regeln des Spiels wiederholt. Der Räuber, der den Schatz nach links zu ziehen versucht, wird „Minusräuber“ genannt, der andere erhält den Namen „Plusräuber“. Einige der Kinder werden die Benennung auch schon erklären können – notwendig ist das aber an dieser Stelle noch nicht. Die Steine 1 und 20 am Eingang der Höhlen müssen nicht genau getroffen werden. Beispiel: Wenn der Schatz auf der Zahl 4 steht und der Minusräuber 3, 4, 5 oder 6 würfelt, dann hat er gewonnen. Nach der Wiederholung spielen die Kinder in Partnerarbeit einige Runden Räuber und Goldschatz.

1 *Zahlenreihen ergänzen*

Nachdem die Kinder eine Weile gespielt haben, tragen sie die fehlenden Zahlen in die Steine ein.

2 *Eigenen Ausschnitt der Zahlenreihe notieren*

Die Kinder wählen für die leeren Steine einen Ausschnitt aus der Zahlenreihe. Sie können selbst entscheiden, ob sie zuerst den linken, den rechten oder einen Stein im mittleren Bereich beschriften. Falls es sich die Kinder zutrauen, können sie auch einen Ausschnitt jenseits der 20 wählen.
Zur Ergebnispräsentation übertragen die Kinder jeweils einen Ausschnitt aus der Zahlenreihe auf ein Blatt Papier und beschreiben ihre Zahlenreihe. Die Zahlenreihen können nun gemeinsam geordnet werden.
Die Zahlenreihen der Aufgaben 1 und 2 dienen dazu, die Positionen der Zahlen genau zu erfassen. Mögliche Impulse: Welche Zahlen kommen vor 6? Welche Zahlen kommen nach 10? Auch schwierigere Fragen sind möglich, etwa: Welche Zahlen liegen zwischen 8 und 12? Welche Zahlen haben von 10 den Abstand 4?

Einstieg, 3 *Mögliche Spielzüge ermitteln*

Die aus „eingefrorenen“ Spielsituationen resultierende Frage ist schwieriger als die auf der linken Seite thematisierten Ausschnitte der Zahlenreihe: Auf welche Zahl könnte der Schatz gesetzt werden (wenn nicht bekannt ist, welcher Räuber am Zug ist),

3 Welche Zahlen treffen die Räuber?

Würfel	Zahlen	Würfel	Zahlen
1	4 – 5 – 6	1	14 – 15 – 16
2	3 – 5 – 7	2	13 – 15 – 17
3	2 – 5 – 8	3	12 – 15 – 18
4	1 – 5 – 9	4	11 – 15 – 19

4 Was fällt dir auf?

Würfel	Zahlen	Würfel	Zahlen
2	10 – 12 – 14	4	10 – 14 – 14
3	10 – 13 – 16	5	10 – 15 – 15

5 (Beispiele)

Würfel	Zahlen	Würfel	Zahlen
3	9 – 12 – 15	4	3 – 7 – 11
5	7 – 12 – 17	6	3 – 9 – 15

Einstieg Würfelzahl und Ausgangsposition sind bekannt.
Auf welche Zahl kann der Schatz gesetzt werden (wenn nicht bekannt ist, welcher Räuber am Zug ist)?

3 Zahlen in die Steine eintragen, die im vorgegebenen Abstand vor bzw. hinter der 5 bzw. der 15 liegen.
Die Abstände steigen von Zeile zu Zeile um 1.
Gestrichelte Linien zwischen Steinen zeigen an, dass nicht die unmittelbaren Nachbarzahlen gesucht sind, sondern die im vorgegebenen Abstand liegenden Zahlen.

4 Hier werden zugleich die Zahl im mittleren Stein wie auch die gewürfelte Zahl um 1 erhöht.
Auswirkung: Die Zahl im linken Stein bleibt gleich, während sich die rechte Zahl um 2 erhöht.

5 Eigene Zahlen zu festgesetzten Abständen wählen.
Zum Spiel passt es am besten, wenn die mittlere Zahl zuerst eingesetzt wird – das ist aber nicht zwingend notwendig.
Potenzial zum selbstgesteuerten Üben nutzen.

nachdem man eine Zahl zwischen 1 und 6 gewürfelt hat? Bei dieser Fragestellung liegt die bekannte Ausgangszahl (hier liegt der Schatz), genau in der Mitte zwischen den Zahlen, auf die der Schatz gesetzt werden könnte. Durch die gestrichelten Linien zwischen den Steinen soll hier angedeutet werden, dass nicht die unmittelbaren Nachbarzahlen eingetragen, sondern die im vorgegebenen Abstand liegenden Zahlen gesucht werden sollen. Diese veränderte Aufgabenvorschrift muss den Kindern im Einstieg deutlich gemacht werden.
Gemeinsam werden einige Beispiele gelöst, etwa: Der Schatz steht auf der 5. Es wird eine 3 gewürfelt. Wir wissen nicht, ob der Minus- oder der Plusräuber am Zug ist. Auf welche beiden Zahlen könnte der Schatz gesetzt werden?
Erst nach gefestigter Aufgabenvorschrift werden die Kinder in die Einzelarbeit entlassen. In Partnerarbeit können sie anschließend ihre Ergebnisse kontrollieren und die ausgefüllten Zahlenstreifen (spaltenweise) vergleichen. Dabei können die Kinder die aufsteigende Würfelzahl bei gleichbleibender Mittelzahl erkennen und die Auswirkung dieser systematischen Änderung erkunden: Die gesuchte linke Zahl wird immer um 1 kleiner, die rechte Zahl um 1 größer.

4 *Vertiefung: Spielzüge ermitteln*
Anders als in der dritten Aufgabe wird hier sowohl die geworfene Zahl als auch die Mittelzahl auf dem Spielfeld um 1 vergrößert. Dadurch bleibt die gesuchte vordere Zahl gleich, während die hintere Zahl um 2 größer wird.
Zur Ergebnispräsentation der Aufgaben 3 und 4 werden die Ausschnitte an die Tafel gezeichnet. Die Kinder tragen die Zahlen ein und erklären, warum man nicht bei jeder Aufgabe erneut die einzelnen Felder abzählen muss. Auffälligkeiten können farbig markiert werden.

5 *Spielzüge erfinden*
Die Kinder wählen selbst Zahlen, die in der Zahlenreihe im vorgegebenen Abstand aufeinander folgen. In der Sprache des Spiels suchen sie sich ein Feld für den Schatz aus und finden heraus, welche Position der Plus-Räuber bzw. der Minus-Räuber nach dem vorgegebenen Wurf erreichen könnte.

DIAGNOSTISCHES POTENZIAL

Erkennen die Kinder die Würfelaugen simultan? Halten sie sich an die Spielregeln? Werden die Zahlen korrekt geschrieben? Welchen Ausschnitt aus der Zahlenreihe wählen sie?

MÖGLICHKEITEN ZUR UNTERSTÜTZUNG

Wählt man für den Schatz ein durchsichtiges Plättchen, dann ist auch die Zahl darunter für die Kinder ablesbar.

3 – 5 Mit zwei zusätzlichen Plättchen, die von Zeile zu Zeile bewegt werden, kann der operative Zusammenhang zwischen den Aufgaben visualisiert werden.
Besonders starke Kinder sollten dazu ermuntert werden, die Zahlenreihe auch jenseits der 20 zu erkunden.

→ Arbeitsheft, Seite 28

44/45 Die Zwanzigerreihe

Einstieg Struktur der Zwanzigerreihe besprechen. Klären, dass jede Zahl zu einer Position gehört. Diese ist (anders als die Lage der Zahlen im Zwanzigerfeld) eindeutig festgelegt.

1 Fehlende Zahlen einsetzen.
Analogien der Zahlen von 1 bis 10 und von 11 bis 20 ordinal interpretieren: Die Zahlen liegen um 10 Positionen weiter rechts.

2 Zahlen den Positionen zuordnen. Klären, dass nicht immer von vorn gezählt werden muss, sondern dass die Beziehungen zwischen den Zahlen genutzt werden können (z. B. liegt die 17 im letzten Abschnitt der Reihe, weil sie nach 15 kommt).

3 Ausschnitt der Zwanzigerreihe malen.
Einige Kinder zeichnen die Reihe evtl. weiter als bis 20.

4 Blitzrechnen
Zahl zeigen und nennen.
Die Kenntnisse der Zahlenreihe bis 20 automatisieren.

Wichtige Wörter
vorne, hinten, rechts, links, Zwanzigerreihe

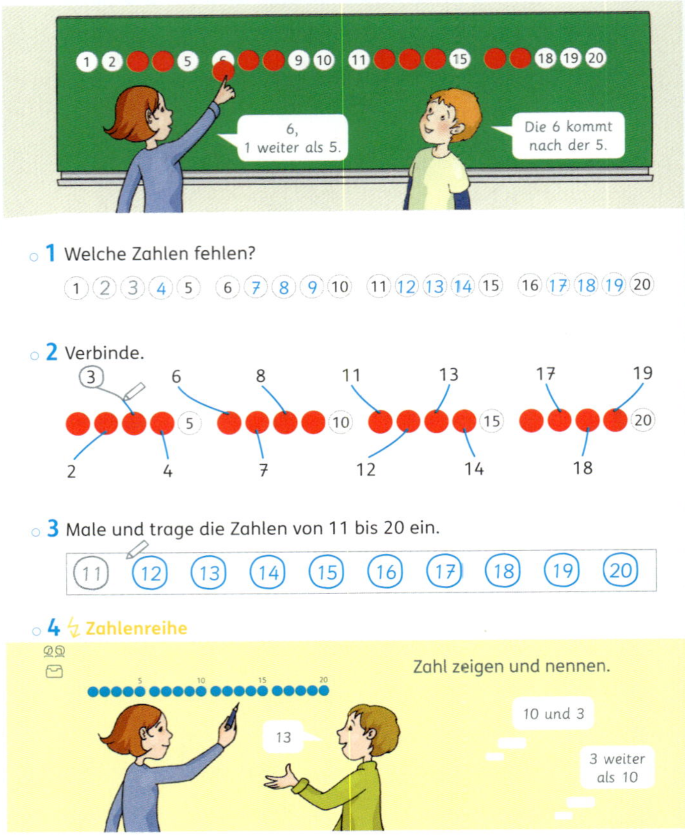

WAS WIRD BENÖTIGT?

Arbeitsmaterial: Evtl. die Zwanzigerreihe (LF 1) und Umschlag des Arbeitsheftes, Wendekarten.
Demonstrationsmaterial: Zwanzigerreihe, bei nur die Zahlen 1, 5, 10, 15 und 20 sichtbar sind.

WORUM GEHT ES?

Nachdem sich die Kinder auf den vorangegangenen Seiten bereits mit ordinalen Strukturen der Zahlen auseinandergesetzt haben, wird der ordinale Zahlaspekt nun vertieft und systematisch erarbeitet. Dazu wird das zentrale ordinale Anschauungsmittel der ersten Klasse eingeführt: Die Zwanzigerreihe. Sie besteht aus 20 linear in Fünfergruppen angeordneten Kreisen. Es wird eine „ausführlichen" Zwanzigerreihe (in alle Kreise sind Zahlen eingetragen) unterschieden von der „normalen" Zwanzigerreihe (nur die Zahlen 5, 10, 15, 20 sind angegeben, die restlichen Kreise sind leer).
Die normale Zwanzigerreihe dient dazu, dass die Kinder ihre Vorstellung vom Zwanzigerraum im ordinalen Sinn ausbauen: Da im Gegensatz zur ausführlichen Zwanzigerreihe nicht alle Zahlen abgelesen werden können, müssen die Kinder Positionen der Zahlen selbst finden und sich aktiv mit der Struktur der Zwanzigerreihe auseinandersetzen. Es ist nicht notwendig, alle Positionen durch das Zählen von 1 an zu bestimmen, da die Fünferstrukturierung durch die unverdeckten Zahlen sichtbar ist und ausgenutzt werden kann.
Wichtig ist, dass die Kinder sich hier systematisch und sprachlich mit der ordinalen Struktur des Zwanzigerraums vertraut machen:

- Jede Zahl besitzt eine eindeutige Position. Anders als im Zwanzigerfeld, in dem die Zahlen unterschiedlich gelegt werden können, muss hier die Eindeutigkeit gewahrt bleiben.
- Der Wechsel des Zahlaspekts von der kardinalen zur ordinalen Struktur führt auch zu sprachlichen Erweiterungen: So finden sich größere Zahlen weiter hinten in der Zwanzigerreihe (weiter rechts) und kleinere Zahlen weiter vorne (weiter links). Die Einführung der Zwanzigerreihe liefert also einen guten Anlass dazu, zentrale Raumlagebeziehungen (vorne, hinten, links, rechts) zu thematisieren und begrifflich zu vertiefen.

WIE KANN MAN VORGEHEN?

Einstieg *Zwanzigerreihe einführen*
Die Kinder betrachten eine ausführliche Zwanzigerreihe, bei der jedoch alle Zahlen bis auf 5, 10, 15 und 20 verdeckt sind. Hierzu wird erklärt, dass es sich um Zwanzigerreihe handelt, in der die Zahlen von 1 bis 20 der Reihe nach zu finden sind. Gemeinsam wird überlegt, wie man die Position der anderen Zahlen bestimmen kann, ohne von 1 zu zählen: Aufgrund der Fünferstrukturierung kann man die Position zumindest ungefähr erschließen, z. B. sind die Zahlen 11, 12, 13 und 14 hinter 10 zu finden. Diese relationale Zuordnung der Zahlen bereitet den Aufbau eines mentalen Zahlenstrahls vor, der Zehnerzahlen als Orientierungspunkte beinhaltet.
Exemplarisch werden einige Zahlen bestimmt und aufgedeckt: Die Lehrkraft oder ein Kind zeigt auf eine Position, die anderen Kinder nennen die Zahl. Auch umgekehrt kann überlegt werden: Es wird eine Zahl genannt und ein Kind bestimmt die Position. Wichtig ist dabei, dass die Position der Zahlen bezogen auf die Fünferstruktur genau beschrieben wird, bevor sie aufgedeckt wird.

5 Legt der Reihe nach.
Ordnet zu.

6 Immer 2 weiter.

2	4	6	8	10		1	3	5	7	9
12	14	16	18	20		11	13	15	17	19
11	13	15	17	19		12	14	16	18	20
1	3	5	7	9		2	4	6	8	10

7 Immer 5 weiter.

0	5	10	15		1	6	11	16
2	7	12	17		3	8	13	18
4	9	14	19		5	10	15	20

8 Immer 3 weiter. (Beispiele)

2	5	8	11	14		3	6	9	12	15

5 Partnerarbeit: Die Wendekarten (Zahlen oben) der Reihe nach ablegen. Anschließend Punktebilder (Rückseite der Karten) zuordnen.
Immer abwechselnd eine Karte legen.

6, 7 Systematische Ausschnitte der Zwanzigerreihe ergänzen. Falls notwendig: Ggf. Wendekarten nutzen, doch die meisten Kinder sollten diese Aufgabe jetzt ohne Material lösen können.
Analogien zwischen den Ausschnitten beschreiben.
Potenzial zur Sprachförderung nutzen.

8 Es gibt unterschiedlich schwierige Möglichkeiten, Zahlen jenseits der 20 einzutragen: etwa Zehner- oder Siebenerschritte.
Der Zahlenraum ist freigestellt.
Potenzial zum selbstgesteuerten Üben nutzen

1 – 4 *Zwanzigerreihe erkunden*
Die Struktur der Zwanzigerreihe wird in verschiedenen Aufgaben thematisiert und verinnerlicht. Wird die Blitzrechenübung in regelmäßigen Abständen wiederholt, fördert sie die mentale Vorstellung von der Zwanzigerreihe.

5 *Zahlen der Größe nach ordnen*
Die Kinder legen in Partnerarbeit die Zwanzigerreihe nach und stellen die Beziehung zum kardinalen Zahlaspekt her, indem jeder Zahl die Wendekarte mit der zugehörigen Punktedarstellung zugewiesen wird. Jedes Paar braucht zwei Sätze an Wendekarten für die Aufgabe.
Es gibt (mindestens) zwei Möglichkeiten, die Partnerarbeit hier umzusetzen: Entweder die Kinder wechseln sich von Karte zu Karte mit dem Legen ab. Oder als Partnerdiktat: Ein Kind gibt dem Partner an, wohin die Karte zu legen ist, etwa „vor die 5“, „hinter die 7“, „ganz nach rechts“, „zwischen 13 und 15“ usw. Hierdurch werden die Kinder von sich aus sprachliche Besonderheiten des ordinalen Zahlaspekts anwenden und weiter entwickeln.
Abschließend kann sich die Lehrkraft von den Kindern diktieren lassen, wohin sie die Karten legen soll: Dazu zeichnet sie die normale Zwanzigerreihe an die Tafel und zeigt den Kindern weitere Zahlen in zufälliger Reihenfolge. Die Kinder nennen dann die zur Zahl gehörende Position. Die Lehrkraft heftet die Zahl genau an die von den Kindern genannte Position und es wird gemeinsam überprüft, ob die Formulierung genügend genau war oder modifiziert werden muss.

6 – 8 *Vertiefung: Zahlen in Folgen anordnen*
Es werden Zahlenfolgen so gebildet, dass Zahlen im selben Abstand aufeinander folgen. Bei Aufgabe 6 lassen sich Zehneranalogien erkennen, bei Aufgabe 7 wird die bereits thematisierte Fünferstruktur wiederholt. Die Kinder beobachten, dass die Zahlen übereinander immer die Differenz 2 haben und versuchen dies zu erklären.
Der Zahlenraum in Aufgabe 8 ist freigestellt. So ist es möglich, dass einige Kinder den Zahlenraum bis 20 überschreiten. Dies stellt oftmals keine Überforderung dar, insbesondere wenn die Kinder Zehnerschritte wählen: 10, 20, 30, 40 ... Diese Aufgabe kann auch gut in Partnerarbeit durchgeführt werden, womöglich erfinden die Kinder Folgenpaare wie in Aufgabe 6.
Im Plenum können die Kinder ihre Zahlenreihenausschnitte zu Aufgabe 8 als Rätsel präsentieren, etwa: Meine erste Zahl ist die 3 und ich gehe in Viererschritten weiter. Wie lautet meine fünfte Zahl? Ebenso ist denkbar, dass eine Folge von anderen Kindern ergänzt wird oder aber analog aufgebaute Folgen dazu entwickelt werden.

DIAGNOSTISCHES POTENZIAL
Wie bestimmen die Kinder die Position einer Zahl in der normalen Zwanzigerreihe? Wie finden sie die Ausschnitte der Zahlenreihe (in Zweier-, Fünferschritten)? Welchen Ausschnitt der Zahlenreihe wählen die Kinder in Aufgabe 8?

MÖGLICHKEITEN ZUR UNTERSTÜTZUNG
1 – 8 Kindern mit großen Schwierigkeiten mit der Struktur der Zwanzigerreihe kann die ausführliche Zwanzigerreihe für ein paar Aufgaben zur Verfügung gestellt werden.

→ Arbeitsheft, Seite 29 → Förderheft, Seiten 24, 25 → Verstehen und Trainieren, Seiten 8, 9 → Vernetzen und Automatisieren, Seiten 5, 6 → KV 44 *Zwanzigerreihe* → Blitzrechnen

46/47 Immer der Reihe nach

Einstieg Fachsprache des ordinalen Zahlaspekts heraus-arbeiten.
Potenzial zur Sprachförderung nutzen.

1 – 3 Vorgänger, Nachfolger und Nachbarzahlen bestimmen.

4 Beide Nachbarzahlen einer gesuchten Zahl sind gegeben.

Wichtige Wörter
Vorgänger, Nachfolger, Nachbarzahl, Abstand

○ **1** Vorgänger.

4 5   10 11
14 15   0 1

○ **2** Nachfolger.

5 6   11 12
15 16   1 2

○ **3** Nachbarzahlen.

2 3 4   8 9 10   11 12 13
12 13 14   18 19 20   1 2 3

○ **4** Welche Zahl ist dazwischen?

3 4 5   0 1 2   8 9 10
13 14 15   10 11 12   18 19 20

WAS WIRD BENÖTIGT?

Arbeits- und Demonstrationsmaterial: Normale Zwanzigerreihe, Wendekarten

WORUM GEHT ES?

Auf dieser Doppelseite wird der ordinale Zahlaspekt weiter vertieft. Dabei wird zunächst eine zentrale Eigenschaft der natürlichen Zahlen anhand der Zwanzigerreihe entwickelt: Jede Zahl besitzt genau einen Vorgänger und genau einen Nachfolger. Vorgänger und Nachfolger bilden die beiden Nachbarzahlen.
Auf der rechten Seite werden dann die speziellen Zahlwörter thematisiert, die Ordnungszahlen von Kardinalzahlen unterscheiden: Während man Kardinalzahlen durch Grundzahlen „eins“, „zwei“, „drei“ usw. bezeichnet, nutzt man für die Bezeichnung einer Position die Ordnungszahlen „erster“, „zweiter“, „dritter“ usw. Dies ist den Kindern aus ihren Erfahrungen außerhalb der Schule bereits bekannt. Die Schreibweise 1., 2., 3. ... (Zahl mit Punkt) ist dagegen in der Regel kaum bekannt und muss daher eingeführt werden.

WIE KANN MAN VORGEHEN?

Einstieg *Begriffe einführen*

Die Lehrkraft hängt die „normale“ Zwanzigerreihe (d. h. die Zwanzigerreihe, bei der nur die Felder 5, 10, 15 und 20 beschriftet sind) an die Tafel und legt einen Stapel mit Wendekarten gemischt auf den Tisch. Die Kinder ziehen nacheinander Karten und diktieren, wohin diese gehängt werden sollen. Zur Beschreibung der Position wird jeweils die Raumlage auf bereits angehängte Zahlen bezogen. Dabei führt die Lehrkraft an geeigneten Stellen in die Begriffe Vorgänger und Nachfolger ein: Sie dienen zur Bezeichnung einer Zahl, die genau eine Position vor bzw. hinter einer anderen Zahl liegt. Aus dieser Beziehung leitet die Lehrkraft dann auch den Begriff der Nachbarzahlen ab: Vorgänger und Nachfolger einer Zahl sind ihre Nachbarzahlen.
Das Sprechen über Raumlage-Beziehungen nutzt und erweitert einerseits das Verständnis und die Verwendung von Präpositionen und Adverbien, verbalisiert andererseits jedoch auch direkt mathematische (geometrische) Beziehungen.

1 – 4 *Nachbarzahlen finden*

Die Kinder sollten diese Aufgaben nach der Einführung eigenständig durchführen können. Je nach Aufgabe werden Vorgänger, Nachfolger oder beide Nachbarzahlen eingetragen. In Aufgabe 4 sollte deutlich werden, dass die gesuchte Zahl gleichermaßen Nachfolger der linken Zahl wie auch Vorgänger der rechten Zahl ist.

5 *Ordinalzahlen einführen*

Zuerst wird die dargestellte Situation einer Warteschlange, die den Kindern durch eigene Erfahrungen sicher bekannt ist, besprochen: Sieben Kinder stehen in der Reihe vor dem Eismann. Nach jedem Verkaufsvorgang rücken die Wartenden normalerweise um einen Platz auf. Plötzlich kommt ein Junge mit Skateboard, der sich vordrängeln will. Die anderen Kinder lassen sich das nicht gefallen und schicken ihn zurück an das Ende der Schlange.
Die Situation kann gut in der Klasse nachgespielt werden. Am Anfang und nach jeder Veränderung wird der Rangplatz jedes Kindes (neu) bestimmt (oder die Kinder stehen auf nummerierten Teppichfliesen). Hierzu werden die Ordinalzahlen genutzt (erster, zweiter, etc.).

5 Im Plenum: Geschichte über die „gestörte" Reihenfolge erzählen (lassen).
Raumlage beschreiben (davor und dahinter) sowie Ordnungszahlen (erster, zweiter, etc.) verwenden.
Schreibweise Zahl mit Punkt einführen.
Potenzial zur Sprachförderung nutzen.

6 – 8 In Form von kleinen Rechengeschichten werden ordinale (Position) und kardinale (Anzahl bis zu dieser Position) Zahlaspekte zueinander in Beziehung gesetzt.

9 Rechengeschichte zum Kontext erfinden und lösen lassen.
Potenzial zum selbstgesteuerten Üben nutzen.

• **6** Lena steht am Eiswagen.
Sie ist an der 4. Stelle.
Wie viele stehen vor Lena?
3 Kinder stehen vor Lena.

• **7** Mila steht am Eiswagen.
Vor Mila stehen 2 Kinder.
Hinter Mila stehen 5 Kinder.
Wie viele stehen am Eiswagen?
8 Kinder stehen am Eiswagen.

• **8** 4 Kinder stehen am Eiswagen.
2 Kinder kommen dazu,
ein Kind geht weg.
Wie viele stehen am Eiswagen? *5 Kinder stehen am Eiswagen.*

9 Finde Rechengeschichten.
(verschiedene Lösungen)

Wichtige Wörter
davor, dahinter

Wichtig können auch bestimmte Abstände sein: Wer steht 2 Plätze vor mir? 5 Plätze hinter mir? Wie verändern sich die Positionen, wenn jemand dazu kommt/ ... wenn jemand auf Platz 3 kommt/ ... sich zwischen Platz 2 und 4 stellt? Zudem kann angesprochen werden: In welcher Schlange hast du schon gestanden? Gibt es gute und weniger gute Plätze in einer Schlange?
Abschließend wird die Schreibweise der Zahl mit Punkt eingeführt und die Kinder ergänzen die Zahlen im Buch.

6 – 9 *Rechengeschichten verstehen und erzählen*
Der Kontext des Schlangestehens wird ausgebaut, um die enge Beziehung zwischen kardinalen und ordinalen Zahlaspekten zu thematisieren. Den Kindern soll klar werden, dass die Position in einer Reihenfolge auch angibt, wie viele Objekte (bis zu dieser Position) vorhanden sind. Entsprechend kann man bei den Aufgaben 7 und 8 auch nachfragen, an welcher Position die thematisierte Person steht.
Zum Einstieg in die Rechengeschichten, sollten einige Situationen in Kleingruppen oder in der Klasse nachgespielt oder mit Spielfiguren nachgestellt werden. Für die Arbeitsphase können ebenfalls Spielfiguren wie auch erste Skizzen zum Verständnis und zur Lösungshilfe herangezogen werden.
Ebenso ist es denkbar, dass die einzelnen wartenden Personen und der Eiswagen den Kindern als Einzelbilder zur Verfügung gestellt werden. Dann können sie unterschiedliche Ordnungssituationen nachspielen und aufkleben sowie mit Ordnungszahlen benennen.
Zur Ergebnispräsentation können die Situationen zu den Aufgaben 6 - 9 nachgespielt und so die Ergebnisse überprüft werden.

DIAGNOSTISCHES POTENZIAL

Wie bestimmen die Kinder Vorgänger und Nachfolger von Zahlen? Inwiefern erkennen sie die Analogien zwischen den Zahlen bis 10 und den Zahlen zwischen 11 und 20? Welche Geschichten erzählen die Kinder zur Situation am Eiswagen? Welche Zahlaspekte kommen bei den selbst erstellten Rechengeschichten zum Tragen und in welchem Zahlenraum bewegen sich die Kinder dabei?

MÖGLICHKEITEN ZUR UNTERSTÜTZUNG

1 – 4 Kinder mit Schwierigkeiten können die normale oder bei Bedarf auch die vollständige Zwanzigerreihe nutzen. Sie können die Zahlenkarten der Reihe nach an der oberen Tischkante auslegen, die zur Lösung relevanten Zahlenkarten herunterziehen und nach Notation des Ergebnisses wieder an die entsprechende Stelle zurücklegen.

5 – 9 Kinder mit Schwierigkeiten beim sinnenerfassenden Lesen können einen entsprechenden Lernpartner zugewiesen bekommen, der sie unterstützt. Ferner kann die Lehrkraft die kurzen Texte mit einem Audiogerät aufnehmen, damit sich die Kinder diese über Kopfhörer vorlesen lassen können.

FORTSETZUNG

Bilderbuch von Ernst Jandl und Norman Junge: Fünfter sein, Bilderbuch von Tomoko Ohmura: Bitte anstellen!

→ Arbeitsheft, Seite 30 → Förderheft, Seiten 26, 27

48 Rückblick

1 Anzahlen am Zwanzigerfeld bestimmen, vgl. S. 38/39

2, 3 Zahlen bis 10 bzw. 20 ergänzen, vgl. S. 40/41

4 Zahlen der Zwanzigerreihe ergänzen, vgl. S. 44

5 Nachbarzahlen bestimmen, vgl. S. 46

6 Blitzrechnen
Immer 20, vgl. S. 40; Zwanzigerreihe, vgl. S. 44

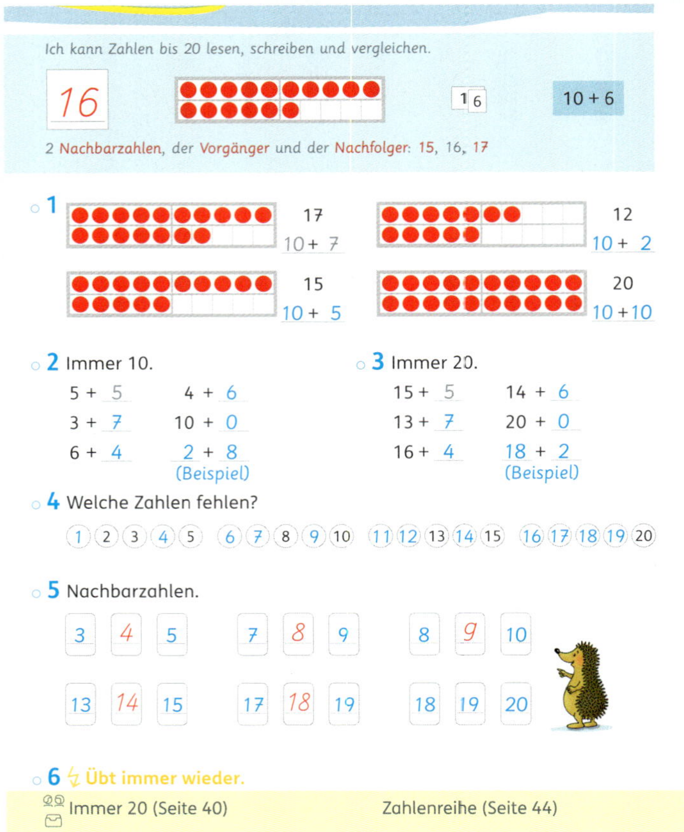
Ich kann Zahlen bis 20 lesen, schreiben und vergleichen.

16 | 1 6 | 10 + 6

2 Nachbarzahlen, der Vorgänger und der Nachfolger: 15, 16, 17

1 17 10 + 7 | 12 10 + 2 | 15 10 + 5 | 20 10 + 10

2 Immer 10.
5 + 5 | 4 + 6
3 + 7 | 10 + 0
6 + 4 | 2 + 8 (Beispiel)

3 Immer 20.
15 + 5 | 14 + 6
13 + 7 | 20 + 0
16 + 4 | 18 + 2 (Beispiel)

4 Welche Zahlen fehlen?
1 2 3 4 5 6 7 8 9 10 11 12 13 14 15 16 17 18 19 20

5 Nachbarzahlen.
3 4 5 | 7 8 9 | 8 9 10
13 14 15 | 17 18 19 | 18 19 20

6 Übt immer wieder.
Immer 20 (Seite 40) | Zahlenreihe (Seite 44)

Rückblick: Orientierung im Zwanzigerraum

Die inhaltsbezogenen Kompetenzen des Kapitels *Orientierung im Zwanzigerraum* werden hier rückblickend angesprochen. Im Kern geht es darum, dass die Kinder

- die Zahlen bis 20 kardinal interpretieren und auf verschiedene Weisen im Zwanzigerfeld darstellen können,
- die Zahlen bis 20 ordinal interpretieren und als eindeutige Position in der Zwanzigerreihe in Beziehung zur Fünferstruktur verorten können,
- die Analogien im Aufbau der Zahlen bis 10 und der Zahlen zwischen 10 und 20 verstehen und die Zahlen ab 10 als Summenterm mit einem Zehner verstehen, schreiben und lesen können.

Die dabei geförderten Kompetenzen treten vor allem in Form des Darstellens, des Kommunizierens und des Argumentierens auf. Diese werden stets – eingebettet in die Entwicklung der inhaltsbezogenen Kompetenzen – weiterentwickelt, indem die Kinder insbesondere

- die Zahlen bis 20 kardinal und ordinal in den zentralen Anschauungsmitteln darstellen und die Zahlen ab 10 als Additionsaufgabe passend zum Stellenwertsystem schreiben und lesen (Darstellen),
- kardinale und ordinale Darstellungen unter Weiterentwicklung geeigneter Raumlagebegriffe beschreiben (Kommunizieren),
- die Analogien zwischen einstelligen und mehrstelligen Zahlen im Zwanzigerraum zur Begründung struktureller Zusammenhänge nutzen (Argumentieren).

Forschen und finden: Rot gegen Blau

WAS WIRD BENÖTIGT?

Arbeitsmaterial: Zwanzigerreihe, Wendeplättchen, KV 45 *Rot gegen Blau* (10, 20)

WORUM GEHT ES?

„Rot gegen Blau" ist ein strategisches Spiel für zwei Personen. Bei 1 beginnend legen die Spieler legen abwechselnd ein oder zwei Plättchen ihrer Farbe auf die Zahlenreihe. Gewonnen hat derjenige Spieler, der die Zielzahl erreicht. Hier wird das Spiel zunächst bis 10 gespielt („10 gewinnt"). Nach einigen Erkundungen wird das Spielfeld bis 20 ausgeweitet („20 gewinnt"). Das Spiel eignet sich deswegen sehr gut zum Forschen und Finden, weil es eine den Erstklässlern zugängliche Gewinnstrategie gibt, bei der man Felder in gute und in schlechte Positionen unterteilt. Am Beispiel „10 gewinnt" kann man die Felder folgendermaßen von der letzten Position ausgehend einteilen:

- 10 ist eine gute Position: Wer sie besetzt, gewinnt.
- Die beiden vorangehenden Positionen, 9 und 8, sind dagegen schlechte Positionen: Wer sein Plättchen auf eines dieser beiden Felder setzt, ermöglicht es dem gegnerischen Spieler, im nächsten Zug 10 zu besetzen.
- 7 ist wieder eine gute Position: Wer dieses Feld besetzt, der zwingt den Gegenspieler, eines der schlechten Felder 8 oder 9 zu besetzen.
- So geht es weiter: 6 und 5 sind schlechte Positionen, 4 ist wieder eine gute Position. Dann folgen die beiden schlechten Positionen 3 und 2 und letztlich die gute Position 1.

49 Forschen und Finden: Rot gegen Blau

1 Rot gegen Blau. Spielt „10 gewinnt“.

• **2** Rot gewinnt. Finde Möglichkeiten.

(Beispiele)

• **3** Rot sagt: „Wer beginnt, der gewinnt.“ Stimmt das immer? Erkläre.

(Beispiele)

4 Spielt „20 gewinnt“.

• **5** Wie kann Blau sicher gewinnen? Finde Gewinnfelder.

1 Das Spiel „Rot gegen Blau: 10 gewinnt“ einführen.
Regel: Bei 1 beginnend legen die Spieler abwechselnd ein oder zwei Plättchen ihrer Farbe. Ziel: 10 erreichen.
Fokus darauf setzen, die Gewinnpositionen des Spiels zu erkunden. KV *Rot gegen Blau*
Das Spiel ist evtl. aus dem Vorschulbereich bekannt.

2, 3 Wie kann man gewinnen?
Idee der „guten Positionen“ entwickeln.
Überlegungen zu einer Gewinnstrategie ausbauen und das strategische Spiel dem Zufallsspiel gegenüber stellen.

4, 5 Partnerarbeit: Erkenntnisse und Analyseansatz auf die Zwanzigerreihe übertragen.

Wichtige Wörter
Gewinnstrategie, Gewinnposition, sicher

Der Spieler, der beginnt, kann mit folgender Strategie gewinnen: Er legt zuerst ein Plättchen und besetzt damit das erste gute Feld. Im Weiteren muss er immer nur passend auf den Mitspieler reagieren: Wenn dieser ein Plättchen legt, legt er zwei Plättchen. Wenn der Mitspieler zwei Plättchen legt, dann legt er ein Plättchen. Der erste Spieler gelangt so jeweils drei Felder weiter auf die nächste gute Position: Von 1 auf 4, dann auf 7 und schließlich auf 10.
Analog dazu analysiert man die Zwanzigerreihe von 20 ausgehend: Gute Positionen sind 20, 17, 14, 11, 8, 5, 2: Hier muss also der erste Spieler zwei Plättchen setzen, um mithilfe der Strategie zu gewinnen.
Im Wesentlichen geht es hier darum, Zufallsspielen exemplarisch ein strategisches Spiel gegenüber zu stellen: Hält man sich an die Gewinnstrategie gewinnt man sicher.

WIE KANN MAN VORGEHEN?

1 – 3 *„Rot gegen Blau: 10 gewinnt“ spielen und analysieren*
Die Lehrkraft erklärt die Spielregeln. Zwei oder mehrere Kinder führen das Spiel vor, bis alle Kinder die Regeln verstanden haben. Die Lehrkraft behauptet dann, dass sie immer gewinnt und fordert zur Demonstration einen Freiwilligen zum Spielen heraus. Danach spielen die Kinder in Partnerarbeit weitere Runden, um gemeinsam heraus zu finden, wie man geschickt spielen und dabei gewinnen kann. Zur Reflexion verschiedener Spielsituationen dokumentieren sie jeweils ihren letzten Spielzug auf leeren Zehnerstreifen, indem sie die Felder entsprechend ihrer Plättchenwahl rot bzw. blau färben (KV 45 *Rot gegen Blau*). Abschließend betrachten sie die letzten Spielzüge und überlegen, ab welcher Position der Gewinner schon fest stand.
Dann werden systematisch die guten Positionen im Spiel „10 gewinnt“ herausgearbeitet. Nach und nach gewinnen die Kinder hier die Einsicht, dass es sich nicht um ein Zufallsspiel, sondern um ein Strategiespiel handelt. Sie identifizieren die guten Positionen, die zu einem sicheren Gewinn führen.

4, 5 *Vertiefung: „Rot gegen Blau: 20 gewinnt“ spielen und analysieren*
Die Erkenntnisse und die Überlegungen zur Analyse des Spiels „10 gewinnt“ werden übertragen.
Zur Ergebnispräsentation können die Kinder die Gewinnstrategie erklären und demonstrieren, indem sie gegen die Lehrkraft spielen. Zur Begründung werden die Spielzüge dokumentiert und im Hinblick auf Gewinnpositionen untersucht. Dabei wird systematisch vorgegangen, etwa „20 gewinnt. Also ist 20 eine Gewinnposition. Ich möchte in meinem letzten Zug auf 20 kommen. Auf welche Position sollte ich davor kommen?“

DIAGNOSTISCHES POTENZIAL

Was verstehen die Kinder unter Zufallsspielen? Kennen sie Strategiespiele? Halten sich die Kinder an die Spielregeln? Wie erklären sie Möglichkeiten, den Gewinn zu beeinflussen?

MÖGLICHKEITEN ZUR UNTERSTÜTZUNG

1 – 5 Für Kinder mit großen Schwierigkeiten kann der Ausschnitt der Zahlenreihe auch verkleinert werden.
Kleine Variationen des Ausschnitts können durchaus herausfordernd sein: Wer findet eine Gewinnstrategie für 21 Felder?

→ Arbeitsheft, Seite 32 → Förderheft, Seite 29

50/51 Muster legen

Einstieg Dargestellte Situation beschreiben: Was haben die Kinder gelegt? Wie beschreiben sie das Muster?
Auf die Startfigur achten: Ab wann wiederholt sich das Muster?
Fachausdrücke für ebene Figuren nutzen.
Potenzial zur Sprachförderung nutzen.

1 Angefangene Muster mit Legematerial nachlegen, fortsetzen und zeichnen.
Auf die Startfigur achten: Ab wann wiederholt sich das Muster?
Ggf. Startfigur im Schulbuch markieren.

2 Eigene Muster legen und gegenseitig diktieren.
Muster möglichst kurz und eindeutig beschreiben
Potenzial zum selbstgesteuerten Üben nutzen.

Wichtige Wörter
Muster, wiederholen, Kreis, Dreieck, Quadrat, Viereck

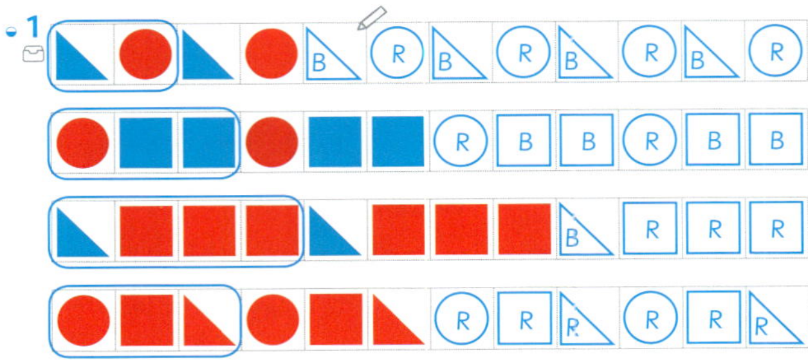

2 Lege und beschreibe.

WAS WIRD BENÖTIGT?

Arbeitsmaterial: Legematerial, rote und blaue Stifte, ggf. KV 47, 48 *Muster legen, fortsetzen*
Demonstrationsmaterial: Wendeplättchen, Legematerial (z.B. aus Moosgummi).
Tipp: Nasses Moosgummi haftet an der Tafel.

WORUM GEHT ES?

Wiederholt sollen sich die Kinder mit geometrischen Mustern beschäftigen. Während auf den Schulbuchseiten 12 und 13 ausschließlich Plättchen und einfache Reihen betrachtet wurden, kommen hier die geometrischen Grundfiguren Quadrat/Viereck sowie Dreieck hinzu. Darüber hinaus werden die Muster auf der rechten Seite auf Doppelreihen erweitert. Wiederholt müssen die Kinder erkennen, aus welcher Startfigur sich das gesamte Muster zusammensetzt. Dabei müssen nun aber nicht nur Farben, sondern auch die Formen mitbeachtet werden. Weiterhin bietet diese Schulbuchdoppelseite die Möglichkeit, dass die Kinder in der Beschreibung der Muster die Verwendung von Fachausdrücken für ebene Figuren (Kreis, Dreieck sowie Viereck/Quadrat) sowie zur Raumlage (oben, unten, darüber, darunter, rechts von) üben. Zudem werden die Kinder immer wieder aufgefordert, das Freihandzeichnen geometrischer Formen zu üben.

WIE KANN MAN VORGEHEN?

Einstieg *Muster erkennen und beschreiben*
Da diese Seiten eng an die Seiten „Mit Plättchen Muster legen“ (S. 12 und 13) anschließen, sollten die Aufgaben dazu nochmal aufgegriffen und so an Bekanntes angeknüpft werden. Die Kinder sitzen dazu im Sitzhalbkreis vor der Tafel, an der ein Plättchenmuster angeheftet ist, z.B. folgendes:

Das Muster soll mit möglichst wenigen Worten beschrieben und fortgesetzt werden.
Anschließend wird z.B. folgendes Muster an die Tafel geheftet:

Die Kinder sollen sich spontan äußern. Ein Impuls der Lehrkraft kann helfen auf die Unterschiede zu fokussieren: Was ist bei diesem Muster anders als beim vorherigen? Im Gespräch soll deutlich werden, dass nun weiterhin auf die Wechsel der Farben, aber zusätzlich auch auf die Wechsel der Formen geachtet werden muss.
Während des Einstiegs können auch die ebenen Figuren Kreis, Dreieck, Quadrat (oder Viereck) wiederholt werden. Falls noch vorhanden können Wortspeicher oder Umrisse zu ebenen Figuren eingesetzt werden (vgl. Aktivitäten zu den Schulbuchseiten 34 und 35). Sie dienen den Kindern als Erinnerungsstütze für die Fachausdrücke zu ebenen Figuren.
Für die Arbeit mit den weiteren Aufgaben erhalten die Kinder Legematerial. Zur Unterstützung (insb. der Arbeit mit Doppelreihen) kann ein Raster zum Hineinlegen der Plättchen (KV 47 *Muster legen*) angeboten werden.

1 *Muster fortsetzen*
Die Kinder legen die angefangenen Muster mit Legematerial nach und setzen sie fort. Ihre Fortsetzung sollen sie zeichnerisch

3 Muster in Zweierreihen.

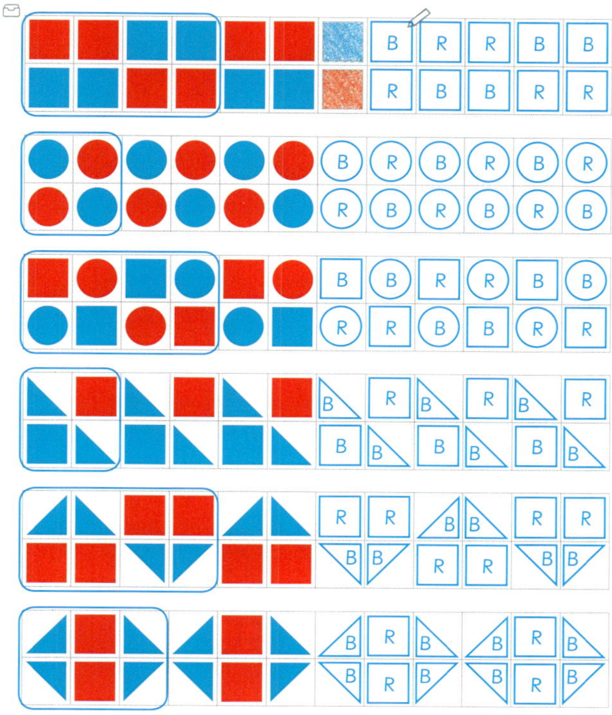

4 Lege Muster in Zweierreihen.
Beschreibe sie deinem Partner.

3 Muster in Doppelreihen: Mit Legematerial nachlegen, fortsetzen und einzeichnen.

4 Eigene Muster in Doppelreihen legen und gegenseitig diktieren. Muster möglichst kurz und eindeutig beschreiben.
Raumlage angeben: rechts von, darunter, darüber, oben, unten.
Potenzial zur Sprachförderung und zum selbstgesteuerten Üben nutzen.

Wichtige Wörter
oben, unten, darüber, darunter, rechts von, links von

festhalten. Dabei sind Freihandzeichnungen ausreichend und angemessen.

2 *Muster erfinden und beschreiben*
Die Kinder legen eigene Muster und beschreiben eines einem Partnerkind, das dieses Muster nicht sieht. Zwischen den Kindern sollte dazu ein Sichtschutz aufgebaut werden. Das beschreibende Kind versucht, das Muster mit möglichst wenigen Worten zu beschreiben, dabei muss es Farben und Formen nennen. Die Kinder sollen merken, dass es ausreicht, die Startfigur zu beschreiben. Das Partnerkind soll das Muster fortsetzen.

Im Plenum präsentieren die Kinder abschließend ihre Musterfortsetzungen zu Aufgabe 1. Sie versuchen diese Muster möglichst kurz und prägnant unter Verwendung von Fachausdrücken zu beschreiben. Anschließend können selbst entwickelte Muster präsentiert werden. Dazu beschreiben nacheinander einige Kinder ihre Muster, andere versuchen, diese Muster nachzulegen. Es kann über gute Beschreibungen reflektiert werden.

3, 4 *Muster in Doppelreihen erkennen*
Zur Vorbereitung der Aufgaben wird eine Musterdoppelreihe gemeinsam besprochen. Dabei soll geklärt werden, was die neue Herausforderung bei solchen Mustern ist. Ansonsten werden die Aufgaben analog zu den Aufgaben 1 und 2 durchgeführt.

DIAGNOSTISCHES POTENZIAL

Können die Kinder die angefangenen Muster fortsetzen? Erkennen sie die Startfigur? Können sie es unter Verwendung der Fachausdrücke beschreiben? Können die Kinder eigene Muster entwickeln? Können sie diese mit möglichst wenigen Worten beschreiben? Nutzen sie dabei das Fachvokabular zu ebenen Figuren und zur Raumlage? Wie nutzen sie es?

MÖGLICHKEITEN ZUR UNTERSTÜTZUNG

Für Kinder, die Probleme mit der Musterkennung haben, kann zunächst ein einfaches Muster (z. B. ein blaues Dreieck, ein roter Kreis) mit kleinen Lücken zwischen den Teilfiguren gelegt werden. Die Kinder sollen dieses Muster zunächst beschreiben und dann versuchen fortzusetzen. Dabei kann die Startfigur durch rhythmisches Sprechen in den Blick genommen werden („Ein blaues Dreieck, ein roter Kreis. Danach wieder ein blaues Dreieck, ein roter Kreis ...).

→ Arbeitsheft, Seite 33 → KV 48 *Muster fortsetzen*

52/53 Falten und Schneiden

Einstieg Faltschnitte ohne Vorgaben herstellen. Entstehende Form beschreiben.

1, 2 Wie muss geschnitten werden, damit ein Viereck bzw. ein Dreieck entsteht?
Zusatz: Wann entstehen Rechtecke?
Potenzial zum selbstgesteuerten Üben und zur Sprachförderung nutzen.

3 Kinder ordnen zu und erklären die Zusammengehörigkeit.
Bei Bedarf: Faltschnitte nachschneiden.
Potenzial zu Sprachförderung nutzen.

Wichtige Wörter
Viereck, Dreieck, Faltkante, Ecke, Seite

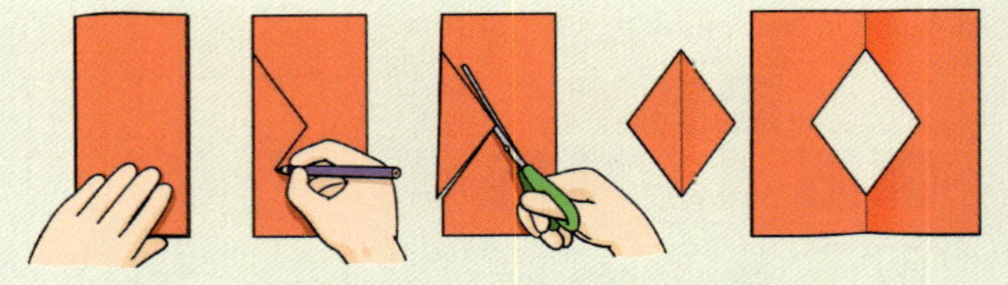

• **1** Falte, zeichne, schneide. Finde Vierecke.

• **2** Falte, zeichne, schneide. Finde Dreiecke.

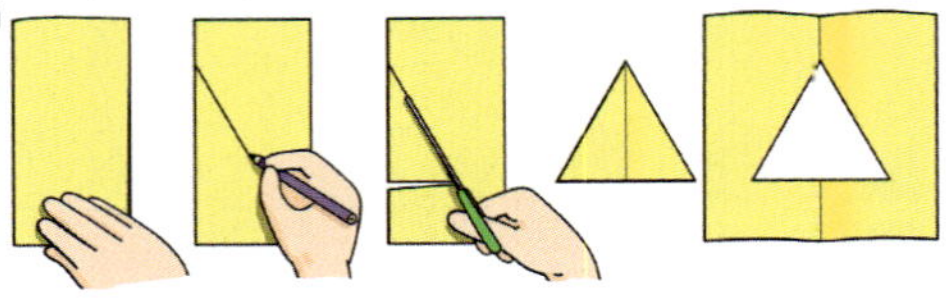

○ **3** Was gehört zusammen?

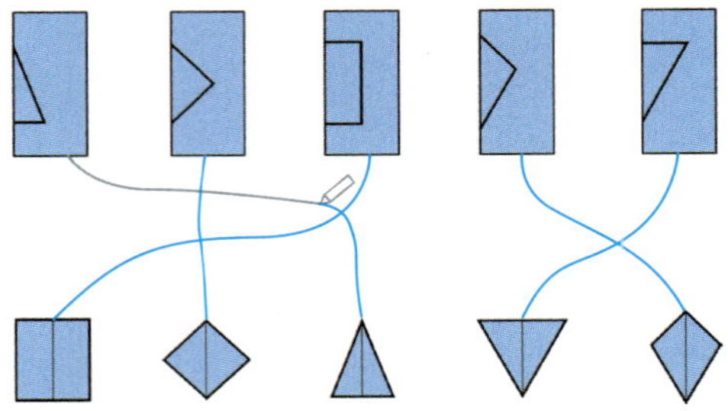

WAS WIRD BENÖTIGT?

Arbeits- und Demonstrationsmaterial: quadratisches Faltpapier in verschiedenen Farben (z. B. Zettelblock), Scheren

WORUM GEHT ES?

Mithilfe von Faltschnitten wird der Dreiecks- und Vierecksbegriff um nicht rechtwinklige aber weiterhin achsensymmetrische Dreiecke und Vierecke erweitert. Die Kinder erkunden handelnd Eigenschaften dieser Formen und schulen zeitgleich ihre Feinmotorik. Neue Fachausdrücke für spezielle Formen werden zu diesem Zeitpunkt nicht allgemein eingeführt, können aber mit interessierten und sprachlich begabten Kindern besprochen werden.

Zum Erzeugen von Vierecken durch Faltschnitte gibt es zwei wesentlich verschiedene Möglichkeiten:
1. An der Faltkante wird durch zwei Schnitte eine dreieckige Form eingeschnitten. Keiner der beiden Schnitte darf senkrecht zur Faltkante verlaufen. Durch das Aufklappen des Papiers wird diese Dreiecksform achsensymmetrisch ergänzt. Die Faltkante bildet die Symmetrieachse, die bei diesen Vierecken immer von einer der vier Ecken zur diagonal gegenüberliegenden Ecke verläuft.

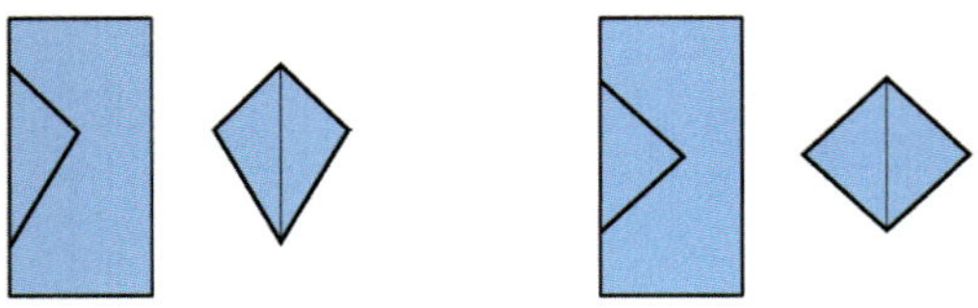

Es entstehen spezielle Vierecke: Drachen. Sind die beiden Schnitte gleich lang und bilden einen 90° Winkel, entsteht als spezieller Drachen ein Quadrat.

2. An der Faltkante werden Vierecke geschnitten. Allerdings müssen die Schnittkanten oben und unten genau senkrecht zur Faltkante verlaufen:

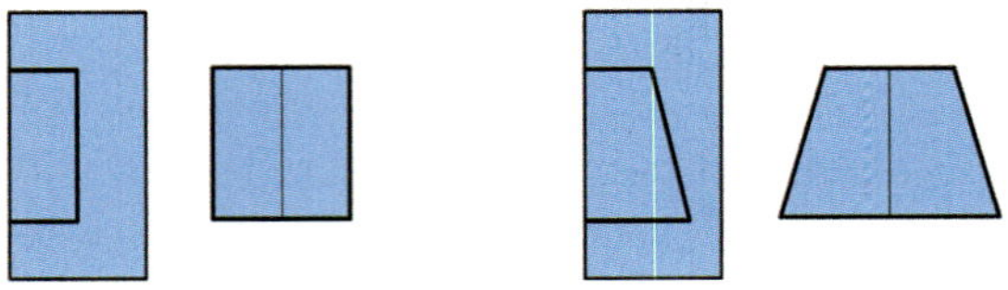

Durch diese Schnitte entstehen weitere spezielle Vierecke, nämlich gleichschenklige Trapeze oder Rechtecke. Auch hier bildet die Faltkante die Symmetrieachse, die aber nicht zwischen Ecken sondern von einer Seitenmitte zur gegenüberliegenden verläuft.

Es gibt nur eine Möglichkeit Dreiecke zu erzeugen: Einer der beiden Schnitte muss senkrecht zur Faltkante verlaufen.

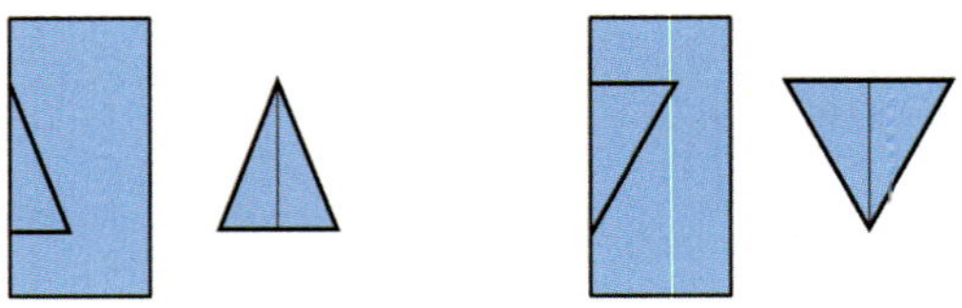

Alle so erzeugten Dreiecke sind gleichschenklig.

WIE KANN MAN VORGEHEN?

Einstieg *Faltschnitte erzeugen*
Die Kinder falten quadratische Papiere mittig: Ecke auf Ecke, Seite auf Seite. Dabei ist darauf zu achten, dass keine Verständnisschwierigkeiten beim Begriff „Seite“ entstehen. Gemeint ist die Verbindungslinie von Ecke zu Ecke. Nicht aber die Seite im

4 Welche Form passt? Kreuze an. Erkläre.

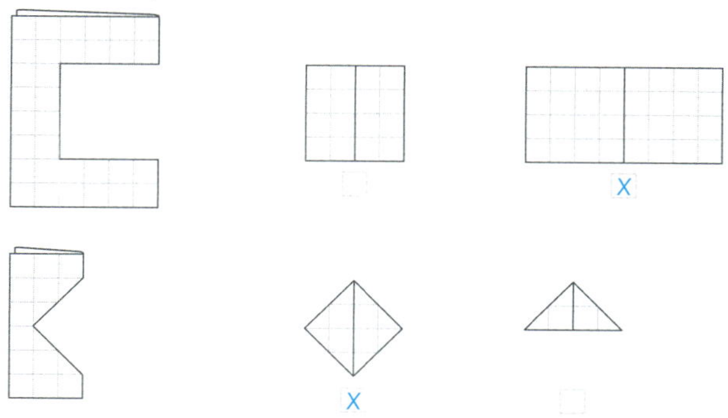

5 Was gehört zusammen? Erkläre.

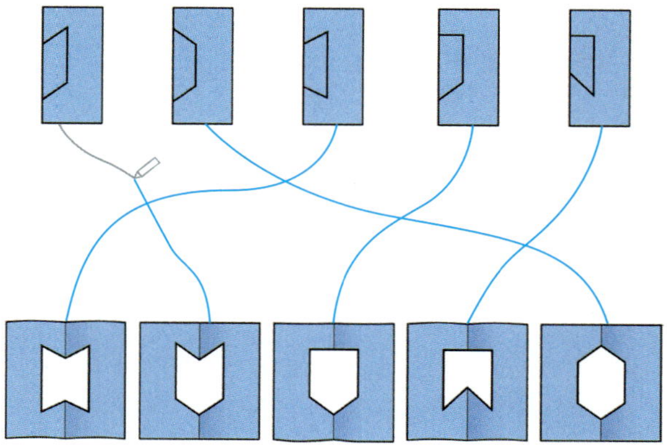

4 Erkenntnisse aus den Aufgaben 1 bis 3 nutzen, um herauszufinden, welche der beiden ausgeschnittenen Formen aus dem Faltschnitt entstanden sein könnte. Hier kann mit Rechenkästchen und ihrer Anzahl argumentiert werden.
Bei Bedarf Faltschnitte nachschneiden.
Potenzial zur Sprachförderung nutzen.

5 Für die Zuordnung nutzen die Kinder ihre bisher erworbenen Kompetenzen. Bei Bedarf Faltschnitte nachschneiden.

Sinne einer Buchseite (vgl. auch *Förderkommentar Sprache*). Beim gefalteten Papier wird an der Faltkante ein Dreieck eingezeichnet und geschnitten. Die Kinder vermuten, welche Form entsteht, wenn der Faltschnitt aufgeklappt wird. Anschließend werden die Vermutungen durch Aufklappen überprüft.
In einer freien Experimentierphase stellen die Kinder Faltschnitte ohne Vorgaben her. Dabei können sie entweder an der Faltkante vorab Schnittkanten einzeichnen oder frei schneiden. Sie sollen vor dem Aufklappen vermuten, welche Form entstehen wird. Im Rahmen eines Lerntempoduetts suchen sich die Kinder, die bereits die Arbeitsphase beendet haben, einen Partner, um mit diesem ihre Ergebnisse zu vergleichen und diese zu sortieren.
Zur Ergebnispräsentation (z. B. im Stuhlkreis) beschreiben die Kinder, welche Formen sie erzeugt haben. Auch kann über die Besonderheiten dieser Formen gesprochen werden: Sie haben zwei „gleiche" Hälften, die sich aufeinander klappen lassen.

1, 2 *Dreiecke und Vierecke erzeugen*
Die Kinder sollen selbst herausfinden, wie sie durch Falten und Schneiden Vierecke und Dreiecke erzeugen. Ein besonderer Forscherauftrag kann darin bestehen, Rechtecke zu erzeugen.
Hinweis: Das Finden von Rechtecken, Trapezen oder auch Dreiecken ist anspruchsvoll, weil senkrecht zur Faltkante geschnitten werden muss. Leichte Ungenauigkeiten bedingt durch eine noch nicht ausgeprägte Feinmotorik sind normal und akzeptabel.
Die gefundenen Beispiele werden für eine abschließende Präsentation an die Tafel gehängt und nach Formen sortiert. Die Entdeckungen, wie geschnitten werden muss, damit eine bestimmte Form entsteht, werden an den Beispielen erläutert.

3 *Faltschnitte Formen zuordnen*
Kinder vermuten, welche Form zu welchem Faltschnitt gehört.

4 *Passende Form identifizieren*
Kinder vermuten, welche Form aus dem Faltschnitt entstanden sein könnte. Neben ihren bisherigen Erfahrungen mit Faltschnitten können sie auch eine abzählende Strategie heranziehen. Nicht nur die Form sondern auch die Anzahl der ausgeschnittenen Kästchen werden durch Ausschneiden und anschließendes Aufklappen verdoppelt.

5 *Faltschnitte Formen zuordnen*
Analog zu Aufgabe 3.

DIAGNOSTISCHES POTENZIAL

Erkennen die Kinder, welche Formen durch Falten, Schneiden und Aufklappen entstehen? Welche Fachausdrücke nutzen sie zur Beschreibung? Suchen sie systematisch nach viereckigen und dreieckigen Formen? Verallgemeinern sie Entdeckungen, etwa: Wie muss ich schneiden, damit ein Viereck (ein Dreieck, ein Rechteck) entsteht? Wie versprachlichen sie ihre Entdeckungen? Nutzen sie ihre Erkenntnisse, um die Aufgaben zu lösen?

MÖGLICHKEITEN ZUR UNTERSTÜTZUNG

3, 5 Kinder mit Unterstützungsbedarf schneiden die Faltschnitte nach oder erhalten Faltschnitte mit Formen, die sie zuordnen müssen.

→ Arbeitsheft, Seite 34 → KV 50 *Falten und Schneiden*

Themenblock Größen und Sachrechnen

SACHRECHNEN – MATHEMATIK IM ALLTAG

Das Rechnen mit „Sachen“ zielt auf die anwendungsorientierte Seite der Mathematik. Die Alltagsbezüge unterstützen die Kinder dabei,

- Vorstellungen zu den mathematischen Inhaltsbereichen aufzubauen,
- den Nutzen der Mathematik im Alltag zu erkennen,
- mit Größen in Anwendungsaufgaben zu arbeiten,
- die prozessbezogene Kompetenz des Problemlösens und Modellierens zu fördern und zu fordern,
- alltäglich geometrische Kompetenzen wie z. B. die Raumorientierung zu schulen, sowie
- Bearbeitungsstrategien wie das Legen mit Material, das Markieren und das Zeichnen von Skizzen kindgerecht zu erarbeiten.

Mit Sachaufgaben Vorstellungen aufbauen

Der Einstieg wird in der Regel durch einen Sachkontext ermöglicht. So sollen die Kinder z. B. bei der Einführung der Subtraktion passende Aufgaben zu Sachbildern finden:

Schülerbuch 1, S. 77

Ziel solcher „Rechengeschichten“ ist es, dass die Kinder eine Vorstellung von „minus“ bzw. „minus rechnen“ bekommen.

Nutzen der Mathematik im Alltag erkennen

Die Verknüpfung von Mathematik und Lebenswelt wird im ersten Schuljahr an kleinen Beispielen angebahnt und in den kommenden Schuljahren stärker ausgebaut.

Mit Größen in Anwendungssituationen arbeiten

Die Größen des ersten Schuljahres sind die Geldwerte, die Zeitspannen sowie ein erster Zugang zu den Längen. Sie repräsentieren messbare Eigenschaften von Gegenständen und haben damit einen deutlichen Alltagsbezug.

Problemlösen und Modellieren fördern

Sachaufgaben fördern und fordern Problemlösestrategien wie z. B. das systematische Vorgehen. Bei der Aufgabe „Krippenspiel“ sollen die Kinder möglichst systematisch alle Verteilungen der drei Kinder auf die drei Rollen finden. Die Vorgehensweisen werden gemeinsam in der Klasse besprochen und reflektiert, um sie für alle Kinder nutzbar zu machen.

• 5 Leo, Ina und Ben spielen beim Krippenspiel die Heiligen Drei Könige. Welche Rollenverteilungen sind möglich?

Schülerbuch 1, S. 140

Unter Modellieren versteht man die Übertragung einer realen Situation in ein sogenanntes mathematisches Modell. Anschließend wird die Aufgabe in diesem mathematischen Modell gelöst und auf die reale Situation rückbezogen. Die Kinder müssen der Sachsituation somit zunächst die nötigen Informationen entnehmen, diese z. B. in einem Rechensatz verarbeiten, die Rechnung lösen und auf die Aufgabe zurückbeziehen. Diese Kompetenzen werden in der Regel bei jeder Aufgabe mit Sachbezug gefördert.

Alltägliche geometrische Kompetenzen schulen

In zahlreichen alltäglichen Situationen werden die Kinder mit geometrischen Informationen konfrontiert, die sie verarbeiten müssen. So kann z. B. das Üben von Raumlagebegriffen oder auch die Beschäftigung mit Plänen (z. B. einem Sitzplan) nur sinnvoll in (realen) Sachsituationen geschult werden.

○ 1 Erzähle.

Schülerbuch 1, S. 126

In der dargestellten Situation sollen die Kinder die Raumlagebegriffe „rechts von“, „links von“ und „gegenüber von“ richtig deuten und mit einem Sitzplan abgleichen. Auf diese Art und Weise kann „rechts“ und „links“ aber auch das Lesen von Plänen (z. B. auch von Flucht- und Rettungsplänen) im Alltag geübt werden.

Skizzen zeichnen

Kindern fällt es oft nicht leicht, eine Lösung für eine Sachaufgabe zu finden. Um sie hierbei angemessen zu unterstützen, stellt das Formulieren einer Frage, einer Rechnung und einer Antwort nicht für alle eine Hilfe dar. Wer die Frage formulieren kann, muss die Aufgabe bereits verstanden und eine Lösungsidee haben. Daher werden den Kindern über das Fragenstellen hinausgehende, differenziertere Bearbeitungsstrategien angeboten: das Zeichnen von Skizzen oder das Nachstellen der Situation, z. B. mit Plättchen.

Schülerbuch 1, S. 99

GRÖẞEN

Zahlen gewinnen im Alltag der Kinder insbesondere als Maßzahlen ihre Bedeutung. Immer wenn Kinder etwas mit Zahlen vergleichen und messen, lassen sich die Größenbeziehungen in der Verbindung von Zahl und Maßeinheit beschreiben: Im ersten Schuljahr werden insbesondere die Größen Längen und Zeitspannen sowie die sehr alltagsbedeutsame, aber auch besondere Größe Geldwerte thematisiert. Längen und Zeitspannen sind als physikalische Größen durch messbare Eigenschaften bestimmt: Ein Gegenstand hat eine bestimmte Länge, ein Prozess dauert eine bestimmte Zeitspanne. Die Länge oder Zeitspanne kann mittels der Einheiten gemessen werden, indem diese abge-

tragen werden. Bei einer Strecke von 5 cm wird also gemessen, dass eine Strecke von 1 cm fünfmal hintereinander gesetzt die Strecke 5 cm ausmisst. Hingegen besitzen Geldwerte keine Basiseinheit, die den spezifischen Wert eines Gegenstandes messen würde (ein Gegenstand kann je nach Verkaufsort, Beschaffenheit etc. unterschiedliche Werte einnehmen). In diesem Sinne wird auch nicht mit Euro oder Cent gemessen. Vielmehr wird der Wert festgelegt bzw. abgelesen.
Größenvorstellungen besitzen und mit Größen umgehen zu können, bedeutet weit mehr, als nur zwischen verschiedenen Einheiten umrechnen (1 Euro sind 100 Cent) oder Größenangaben addieren zu können (1 € + 2 € = 3 €). Der Aufbau von Größenvorstellungen ruht anfangs darauf, dass Kinder

- Repräsentanten für zentrale Größenangaben kennen (im Alltag bedeutsame und Standardeinheiten) und zum Messen nutzen (also Euro und Cent, Stunden und Minuten, Meter und Zentimeter), sowie
- Größen vergleichen und schätzen.

Der verständige Umgang mit den Größen basiert zudem darauf, dass die Kinder

- diese in Abhängigkeit zur alltäglichen Situation nutzen und
- Messinstrumente in ihrem Aufbau und Nutzen kennen (im 1. Schuljahr Uhren und Längenmesswerkzeuge).

Länge

Zur Größe Länge bringen viele Kinder Vorerfahrungen mit. Sie können in der Regel schon Objekte in ihrer Länge vergleichen und auch mit einer passenden Maßeinheit beschreiben. Sie kennen bereits Einheiten wie Meter und Zentimeter und wissen zuweilen auch, wie groß sie sind. Diese umfangreichen Vorerfahrungen bedeuten aber nicht zwangsläufig, dass die Kinder auch eine Vorstellung von den Einheiten Zentimeter oder Meter haben. Auch bedeutet es nicht, dass die Kinder mit einem Lineal oder Zollstock sicher umgehen können; selbst wenn sie den Messvorgang bereits viele Male gesehen haben.
Für den Aufbau von Längenvorstellungen und dem verständigen Umgang mit Längen ist es daher im Anfangsunterricht wichtig, dass zum einen an die Vorerfahrungen der Kinder über Maßeinheiten angeknüpft wird. Zum anderen müssen die Kinder auch grundlegende Vorstellungen über Zentimeter und Meter sowie Fähigkeiten des Messens von Längen entwickeln, indem sie handelnd mit Messobjekten und -instrumenten tätig werden. Im ersten Schuljahr wird daher die Vorstellung zu einem Meter, einem Zentimeter und zehn Zentimetern in den Blick genommen. Die Kinder lernen die grundlegenden Einheiten kennen, ohne dass sie auch aufeinander bezogen werden müssen oder dass der Zahlenraum bis 20 überschritten werden muss. Grundlegende Messkompetenzen erwerben sie sowohl durch das messende Abtragen von 1 m-, 1 cm- und 10 cm-Stäben als auch durch das Ablesen von Messskalen am Lineal oder Zollstock. Durch das Sammeln von Repräsentanten, die ungefähr 1 m oder auch 10 cm lang sind, erarbeiten sie Stützpunktvorstellungen, die sie letztlich zum Schätzen dieser Längen nutzen.

Zeitspannen

Auch wenn Kinder vielfach im Alltag mit Zeitpunkten und Zeitspannen konfrontiert sind, ist Zeit sehr schwer zu fassen, denn man kann sie weder sehen noch greifen. Zudem erschwert das individuelle Zeitempfinden, eine Vorstellung zu dieser Größe aufzubauen. Nicht zuletzt ist das Ablesen der Uhrzeit mithilfe einer Analoguhr nicht einfach. Aus einer Skala mit 60 Strichen (davon 12 erhobene), einem Zifferblatt mit 12 Ziffern und mindestens zwei Zeigern können Uhrzeiten von 0.00 Uhr bis 23.59 Uhr abgelesen werden. Ebenso wie bei den Längen können individuelle Uhrenbilder die Einsichten der Kinder in dieses Messinstrument widerspiegeln.

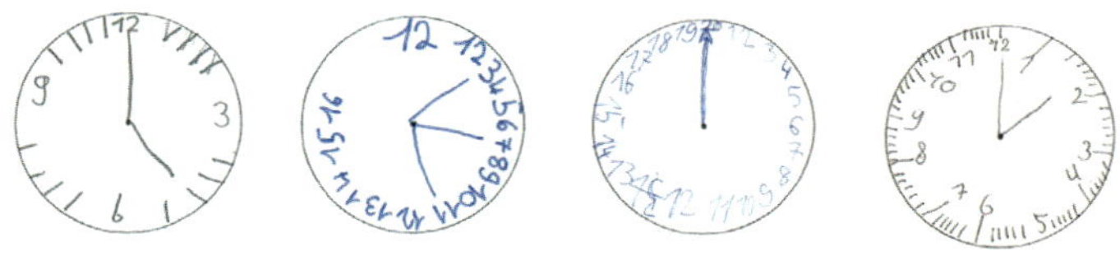

Uhrenbilder von Kindern

Die Kompetenz, eine Analoguhr abzulesen, erwerben die Kinder mit der Zeit, d. h. das Ablesen sollte immer im Unterrichtsalltag integriert werden. Dabei ist das Sprechen über den Ableseprozess sehr zentral. Da das Ablesen und Eintragen einer Uhrzeit an der Analoguhr sehr komplex ist, werden im 1. Schuljahr zunächst nur volle Stunden abgelesen und im Tagesverlauf verortet. Schließlich sollen die Kinder lernen, dass 15 Uhr eine eindeutige Uhrzeit mitten am Tag repräsentiert, während man bei 3 Uhr nicht genau weiß, ob es 3 Uhr in der Nacht oder am Tag bedeuten soll.
Letztlich ist das Ablesen von Zeitpunkten für ein umfassendes Verständnis dieser Größe nicht ausreichend, denn Zeit verstreicht. Zwischen zwei Zeitpunkten liegt auch immer eine Zeitspanne. Erstes Rechnen und auch Schätzen mit Zeitspannen wird somit im ZAHLENBUCH bereits thematisiert.

Geldwerte

Im ersten Schuljahr sind das Rechnen mit Geld und der Aufbau von Vorstellungen über Geldwerte in doppelter Hinsicht sehr wichtige Themen. Zum einen bildet Geld einen notwendigen Bestandteil unserer Kultur und zum anderen kann das arithmetische Verständnis durch den Umgang mit Geld erschlossen und erweitert werden.
Zu Beginn des Themas lernen die Kinder die Euro-Münzen und -Scheine bis 20 € kennen. Sie entdecken die unterschiedlichen Farben und Größen, berichten von eigenen Erfahrungen mit Geld und Vorstellungen über Preise. Dann wird der Wert des Geldes untersucht. Ein weiterer Aspekt ist das Legen von Geldbeträgen mit unterschiedlich vielen Münzen bzw. Scheinen. Hier muss man explizit zwischen der Anzahl der Münzen und dem dargestellten Münzbetrag unterscheiden. Dies ist für Kinder keine Trivialität, denn zwei 1-Euro-Münzen stellen eine größere Anzahl dar als eine 2-Euro-Münze. Durch die verschiedenen Zerlegungen eines Geldbetrags vertiefen die Kinder ihr bis dahin gewonnenes arithmetisches Verständnis. 10 Euro können nun dargestellt werden durch zwei 5-Euro-Scheine, fünf 2-Euro-Münzen, zehn 1 Euro-Münzen, usw. Aufgrund dieses Aspekts eignet sich (Rechen-)Geld in ganz besonderer Weise auch als Demonstrationsmaterial, um bei-spielsweise die Addition oder Subtraktion zu verdeutlichen.
Darüber hinaus sollen die Kinder Einkaufssituationen nachspielen. Dabei legen sie nicht nur Geldbeträge passend, sondern berechnen auch das Rückgeld – eine Erfahrung, die für den Alltag der Kinder absolut notwendig ist. Die Schüler erkennen, dass ein Einkaufsprozess einen Tauschhandel darstellt.

54/55 Münzen und Scheine

Einstieg Euro-Münzen und Euro-Scheine einführen: Charakteristische Merkmale beschreiben, Größenverhältnisse betrachten, erste Geldbeträge bestimmen.

1 Wert des Geldes thematisieren: Bilder aus Werbeprospekten ausschneiden, diese den Plakaten „Weniger als 1 Euro“, „Zwischen 1 Euro und 10 Euro“ und „Mehr als 10 Euro“ zuordnen.

2, 3 Geldbeträge bestimmen bzw. fehlende Münzen einzeichnen. Die Beträge ggf. mit Rechengeld legen. Euro-Münzen mit Doppelkreisen zeichnen.

4 Einprägen des Eurozeichens, Üben der Schreibweise.

Wichtige Wörter
Euro, Schein, Münze, Geldbetrag oder Geldwert

WAS WIRD BENÖTIGT?

Arbeitsmaterial: Rechengeld, Werbeprospekte, Plakate, KV 51, 52 *Geldbeträge*
Demonstrationsmaterial: echte Cent- und Euromünzen und Euroscheine, Rechengeld im Großformat, evtl. Geldbörse

WORUM GEHT ES?

Es gibt Kinder, die in ihrer Lebenswelt selten mit Geld in Kontakt kommen, so dass ihre Vorkenntnisse lückenhaft sind. Aufgabe der Schule ist es, die Kinder mit Aussehen und Wert der Münzen und Geldscheine gründlich vertraut zu machen. Kenntnisse über Anzahlen können dabei nicht direkt übertragen werden: Bei der Bestimmung der Eurobeträge müssen die Werte der Münzen und Scheine berücksichtigt werden, nicht nur ihre Anzahl. Da jedoch die Zusammenfassung von Einheiten zu einer größeren Einheit auch bei Geld wichtig ist, lernen die Kinder bei ihrer Beschäftigung mit Geld auch etwas über Zahlen.
Nach einführenden Aufgaben sollen die Kinder das Thema Geld auch arithmetisch tiefer durchdringen, indem sie verschiedene Möglichkeiten finden, um einen Geldbetrag zu legen. Da sie ggf. große Einheiten entbündeln (10-Euro-Schein in zwei 5-Euro-Scheine oder in zehn einzelne Euro-Münzen) oder mehrere kleine zu großen Einheiten bündeln (zehn einzelne Euro-Münzen in einen 10-Euro-Schein), werden wichtige Einsichten in das Stellenwertverständnis angebahnt.

WIE KANN MAN VORGEHEN?

Einstieg *Euro-Münzen und -scheine einführen*
Im Sitzkreis stellt die Lehrkraft Euro- und Cent-Münzen sowie verschiedene Euro-Scheine vor und lässt diese benennen, beschreiben, sortieren und nach ihrem Wert ordnen. Die Kinder können darüber hinaus von eigenen Erfahrungen mit Geld berichten und erzählen, ob sie auch andere Währungen kennen. Danach werden die 1-Euro- und die 2-Euro-Münze sowie der 5-Euro-, der 10-Euro- und der 20-Euro-Schein näher betrachtet und erste Beträge gelegt und benannt.
Vor der Arbeit mit dem Schulbuch können die Kinder ihr eigenes Rechengeld in den Blick nehmen, indem sie dieses sortieren, von jeder Euromünze und jedem Euroschein jeweils eine Sorte in ihr Heft kleben und den Betrag dazu schreiben, sowie erste Beträge legen und ausrechnen.

1 *Wert des Geldes begreifen*
Die Kinder gestalten in Gruppen Plakate zu den Überschriften „Weniger als 1 Euro“, „Zwischen 1 Euro und 10 Euro“ und „Mehr als 10 Euro“. Dazu schneiden sie Bilder mit Preisangaben aus Werbeprospekten oder malen Gegenstände auf, von denen sie den Preis kennen.
Danach werden die Plakate im Plenum vorgestellt und können in den kommenden Stunden ergänzt werden. Es sollte besprochen werden, dass sich viele Gegenstände nicht eindeutig einem Geldwert zuordnen lassen. So kann ein Kinderfahrrad 10 Euro kosten (etwa auf einem Trödelmarkt), aber ebenso zwischen 100 und 500 Euro (etwa im Fahrradgeschäft).

2 *Geldbeträge bestimmen*
Die Kinder bestimmen die abgebildeten Geldbeträge.

3 *Geldbeträge ergänzen*
Die Lehrkraft führt vor der Bearbeitung der Aufgabe die Darstel-

• **5** Wie kann Familie Otte bezahlen? *(Beispiele)*

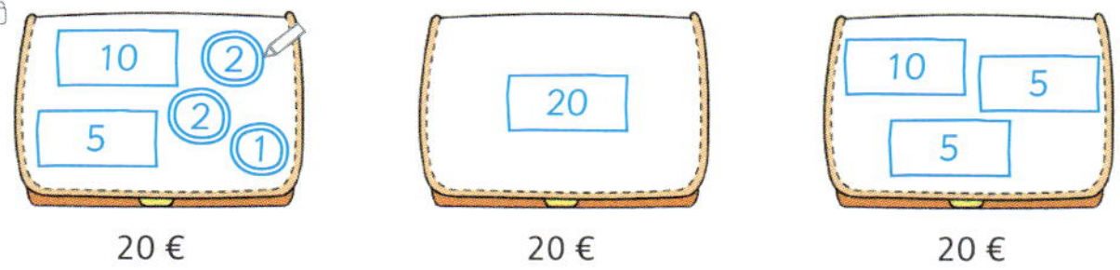

• **6** Immer 15 Euro. *(Beispiele)*

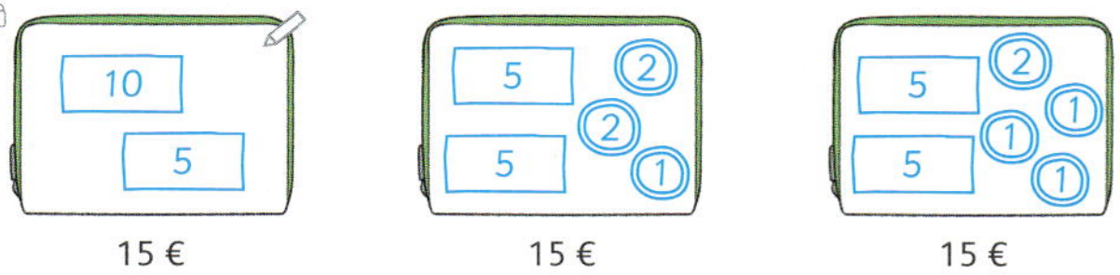

• **7** Immer 5 Euro.

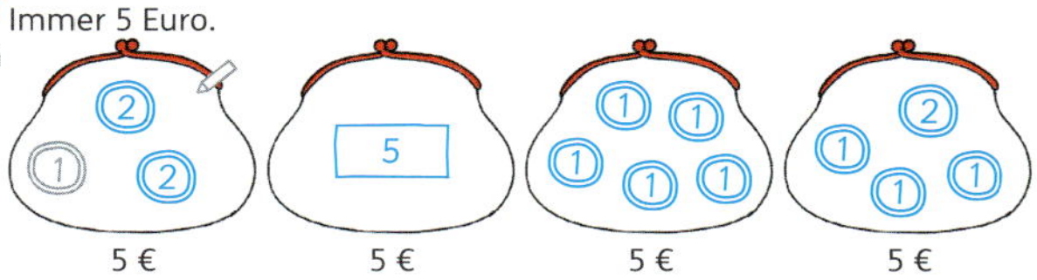

8 Immer 10 Euro. *(verschiedene Lösungen)*

Einstieg Situation besprechen.
Erste Lösungen sammeln, wie die Familie 20 Euro bzw. 15 Euro bezahlen kann.

5, 6 20 Euro bzw. 15 Euro auf verschiedene Weise legen.
Gibt es noch weitere Lösungen?

7, 8 5 Euro bzw. 10 Euro auf verschiedene Weise legen.
Viele, vielleicht alle Möglichkeiten finden.
Potenzial zum selbstgesteuerten Üben nutzen.

lungsweise der Euro-Münzen mit einem Doppelkreis ein. Dadurch wird es möglich, sie im zweiten Schuljahr von den Cent-Münzen zu unterscheiden, die mit einem einfachen Kreis gemalt werden. Scheine werden durch ein Rechteck dargestellt, in das der Betrag geschrieben wird.
Anschließend werden die bereits abgebildeten Münzen und Scheine mit Rechengeld nachgelegt und bis zum genannten Betrag ergänzt. Die Lösung wird mit der nun bekannten Darstellungsweise aufgemalt. Im Anschluss an diese Aufgaben können die Kinder Geldbörsen mit eigenen Beträgen gestalten und den Wert bestimmen.

4 *Euro-Zeichen schreiben*
Das Euro-Zeichen wird eingeführt und die Schreibweise geübt.

Einstieg, 5, 6 *Geldbeträge verschieden legen*
Die Einstiegssituation wird besprochen und herausgestellt, dass die Familie die Beträge 20 Euro und 15 Euro zahlen kann. Erste Möglichkeiten werden an der Tafel vorgestellt. Der Begriff „verschieden“ muss hier geklärt werden: Lösungen, die sich nur in der Reihenfolge aber nicht in der Wahl der Münzen oder Scheine unterscheiden, werden als gleich bezeichnet. Um gleiche Lösungen besser erkennen zu können, wird vereinbart, Münzen und Scheine ihrem Wert nach geordnet aufzuzeichnen.
Die Kinder legen die Beträge 20 Euro und 15 Euro auf verschiedene Weisen und zeichnen die Lösungen. Mathematisch interessierte und begabte Kinder können weitere Lösungen suchen und notieren. Diese können abschließend in Partnerarbeit sortiert und auf Vollständigkeit überprüft werden.

7, 8 *Vertiefung: Geldbeträge verschieden legen*
Die Kinder können versuchen, möglichst viele (vielleicht auch alle) Lösungen zu finden (natürliche Differenzierung).
Verschiedene Kinder stellen ihre Lösungen im Plenum vor und beschreiben ihre Vorgehensweisen. Mögliche Impulse: Wer kann den Betrag noch anders legen? Wie kann ich anhand dieser Lösung weitere Lösungen geschickt finden? Die Ergebnisse können systematisch geordnet werden. So lassen sich leichter alle Möglichkeiten finden: Es gibt vier Möglichkeiten, um 5 Euro und elf Möglichkeiten um 10 Euro zu legen.

DIAGNOSTISCHES POZENZIAL

Unterscheiden die Kinder zwischen der Anzahl der abgebildeten Münzen und Scheine und dem Wert des Geldes? Nutzen sie Ergebnisse von gelösten Aufgaben für die nächsten? Wie legen sie vorgegebene Geldbeträge bzw. wie flexibel gehen sie mit Münzen und Scheinen um? Wie viele Legemöglichkeiten können sie zu einem Geldbetrag ermitteln? Wie gehen sie dabei vor? Wie beschreiben sie ihre Vorgehensweise?

MÖGLICHKEITEN ZUR UNTERSTÜTZUNG

1, 2 Das Zahlenmaterial wird variiert (kleinere/größere Beträge). Manche Kinder legen die Beträge ggf. nur mit Münzen.

FORTSETZUNG

Auf Blanko-Karten wird ein Geldbetrag notiert und auf die Rückseite Münzen und Scheine gezeichnet. Diese Kartei kann in Freiarbeitsphasen genutzt und ergänzt werden.

→ Arbeitsheft, Seite 35 → KV 51, 52 *Geldbeträge* → Verstehen und Trainieren, Seiten 16, 17

Themenblock Einführung der Addition

Es ist kaum zu glauben, trifft aber zu, dass die gesamte Addition und das „rechnende Zählen“ als mündliche Vorform der Addition auf **lediglich zwei Rechengesetzen** beruhen. Im ZAHLENBUCH werden sie von Anfang an zur Geltung gebracht:
Vertauschungsgesetz (Kommutativgesetz): $a+b=b+a$ und
Verbindungsgesetz (Assoziativgesetz): $a+(b+c)=(a+b)+c$.

Die bewusste Nutzung dieser Gesetze erleichtert das Rechnen schon in der Grundschule, natürlich nicht in ihrer formalen Darstellung, sondern in der operativen Deutung nach Arnold Fricke. **„Operativ“ heißt, dass man die in diesen Gesetzen verborgenen Handlungen zur Geltung bringt.** Dies gelingt z. B. dadurch, dass man Zahlen durch Plättchenmengen darstellt, mit denen man konkret operieren kann. Wendeplättchen erlauben es, Summanden farblich zu unterscheiden.
Die beiden Gesetze folgen aus der Tatsache, dass die Anzahl der Plättchen einer Menge nicht von der räumlichen Lage der Plättchen abhängt.

Vertauschungsgesetz: Für die Anzahl der Plättchen einer aus zwei Teilmengen zusammengesetzten Menge ist es gleichgültig, ob man erst die eine und dann die andere Teilmenge legt.

Verbindungsgesetz: Teilmengen einer Menge von Plättchen kann man beliebig zerlegen und die Teile beliebig neu kombinieren Auch dies ändert an der Gesamtzahl der Plättchen nichts.

Bei diesem Themenblock wird die Addition lediglich *eingeführt*. Es wäre absurd anzunehmen, die Kinder sollten am Ende des Blocks das gesamte Einspluseins können. Es handelt sich hier um den ersten Durchgang, dem weitere folgen werden, besonders im Themenblock „Zahlen und Aufgaben vergleichen“, wo das Einspluseins mithilfe der Einspluseinstafel im Zusammenhang behandelt wird. Natürlich gehört das „Einspluseins“ auch zum „Blitzrechnen“ und wird später automatisiert.

Anwendung der Rechengesetze auf das Rechnen

Das Vertauschungsgesetz ist leicht anzuwenden. Man nutzt es um die größere von zwei Zahlen als ersten Summanden zu platzieren. Dies führt in der Regel zur Vereinfachung von Rechnungen.
Mehr Aufmerksamkeit erfordert das Verbindungsgesetz, da es mindestens drei verschiedene Interpretationen erlaubt:
1. Interpretation: *Eine Summe kann schrittweise berechnet werden, indem man den zweiten Summanden zerlegt und zuerst den ersten, dann den zweiten Teilsummanden addiert.*
Das ist die naheliegende Anwendung des Gesetzes.
Beispiel: $7+5=7+(3+2)=(7+3)+2=10+2=12$.

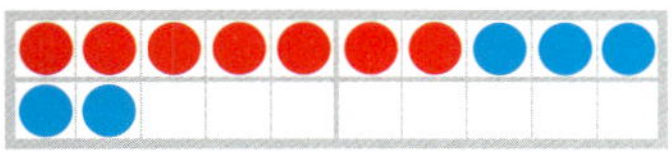

Am Zwanzigerfeld wird zuerst 7 mit roten Plättchen gelegt. Dann werden 5 blaue Plättchen dazugelegt, 3 in der ersten, 2 in der zweiten Reihe. Nach der ersten Hinzufügung hat man das Zwischenergebnis 10.

2. Interpretation: *Wenn ein Summand einer Summe um einen bestimmten Wert erhöht wird, erhöht sich die Summe genau um diesen Wert.*

Beispiel: $7+8=7+(7+1)=(7+7)+1=14+1=15$

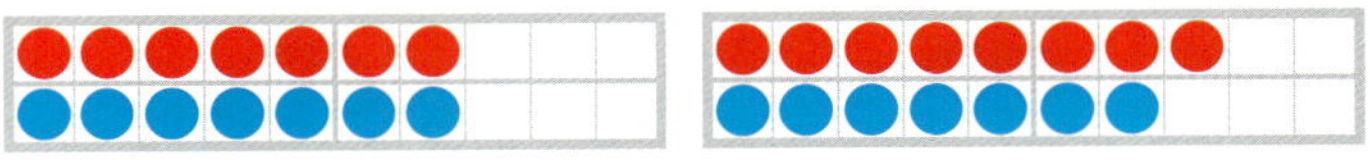

Am Zwanzigerfeld wird zuerst $7+7$ gelegt. Wenn zur ersten 7 ein Plättchen hinzugefügt wird, erhöht sich nicht nur dieser Summand, sondern auch die Summe um 1.

3. Interpretation: *Wenn ein Summand auf Kosten eines anderen erhöht wird, bleibt die Summe gleich.*
Beispiel: $10=5+5=5+(2+3)=(5+2)+3=7+3=10$

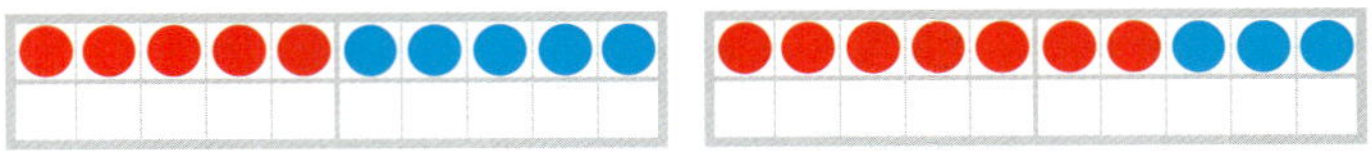

Am Zwanzigerfeld wird $5+5$ gelegt. Dann werden von der zweiten 5 zwei Plättchen gewendet. Ein Summand nimmt um genauso viel zu wie der andere abnimmt. Die Summe bleibt gleich.

Freie Wahl von Rechenwegen

Die beiden obigen Gesetze stehen fest, aber der Natur mathematischer Gesetze entsprechend ist ihre Anwendung frei. Nicht nur der Unterricht in der Grundschule sondern auch der spätere Algebraunterricht profitiert davon, dass die Kinder verschiedene Rechenwege kennenlernen. Dem Rechnen feste Wege vorzuschreiben, z. B. „**den** Zehnerübergang“, ist ein mathematischer Kunstfehler. Natürlich heißt dies nicht, dass jedes Kind möglichst viele verschiedene Wege gehen soll. Es heißt nur, dass es sich der Existenz verschiedener Wege bewusst sein und dieses Wissen für sich individuell nutzen darf.

Einfache Aufgaben

Das Verbindungsgesetz erlaubt es, schwierigere Einspluseinsaufgaben auf folgende einfachen Aufgaben zurückzuführen, die zum größten Teil schon behandelt wurden:
- Addition von Zahlen im Fünferraum (Wie viele?)
- Addition von 1 (Zahlenreihe)
- Ergänzen bis 10 (Immer 10)
- Addition von 5 (Kraft der Fünf)
- Verdopplungsaufgaben

Alle diese Aufgaben gehören, wie in den Klammern angedeutet, zum „Blitzrechnen“, zu dem auch noch das ebenfalls schon behandelte „Zerlegen“ gehört, das bei der Anwendung des Verbindungsgesetzes eine entscheidende Rolle spielt.
Wie die neueren Forschungen zur Rechenschwäche zeigen (z. B. U. Häsel-Weide, M. Gaidoschik), ist es die beste Hilfe für schwächere Kinder, wenn sie in der Ableitung schwieriger Aufgaben aus einfachen unterstützt werden.

Schriftliche Formulierung von Plusaufgaben

Ganz neu bei diesem Themenblock ist die *symbolische Notation* von Plusaufgaben mithilfe des Gleichheitszeichens und die zugehörige Sprechweise. Das Pluszeichen ist den Kindern schon bekannt. Jetzt kommt das Gleichheitszeichen dazu.
Schreib- und Sprechweisen sind in der Mathematik immer gewöhnungsbedürftig. Auch beim Gleichheitszeichen werden manche Kinder eine Weile brauchen, bis sie diese neue „Sprachform“ verstehen und beherrschen.

Die Verwendung von Plättchen

Die Abstützung von Rechnungen auf das Zwanzigerfeld und Plättchen darf nicht so verstanden werden, dass es sich nur um eine vorübergehende Phase handelt, und die Kinder von Plättchen möglichst schnell loskommen sollten. **Diesem immer noch verbreiteten Vorurteil muss die Lehrkraft mit einer selbstverständlichen Nutzung von Plättchen entgegentreten.** Plättchen sind ein wunderbares Mittel um über Rechenwege zu sprechen und um arithmetische Muster zu begründen. Wie oben gezeigt wurde, fußen die Rechengesetze auf dem Operieren mit Plättchen. Natürlich ist das Legen von Zahlen am Zwanzigerfeld mühsam, wenn man nur einzelne Plättchen zur Verfügung hat. Daher gehören zu den Beilagen des ZAHLENBUCHs auch Fünfer- und Zehnerstreifen. Bei den interaktiven Tafelbildern gibt es ebenfalls Fünferstreifen.

Struktur des Themenblocks

Die Einführung in die Addition startet damit, dass Grundvorstellungen aufgebaut und zugleich Symbole zur Darstellung der Rechnungen eingeführt werden.

Schülerbuch 1, S. 56

Unmittelbar daran anschließend werden die Grundvorstellungen auf das Zwanzigerfeld übertragen und dort bereits anhand von Tauschaufgaben das erste Rechengesetz bewusst gemacht.

Schülerbuch 1, S. 59

Nach der Behandlung des Verdoppelns als besonderem Typ von Additionsaufgaben auf den Seiten 60/61 werden dann weitere einfache Aufgaben diskutiert. Hier zahlt sich die sorgfältige Erarbeitung des rechnenden Zählens aus, da diese Aufgaben eigentlich allesamt aus dem Aufbau der strukturierten Anzahlerfassung bekannt sind. Sie erhalten wegen ihrer strategischen Bedeutung beim Rechnen eine Bezeichnung und werden bereits hier passend zur später thematisierten Einspluseinstafel gekennzeichnet.

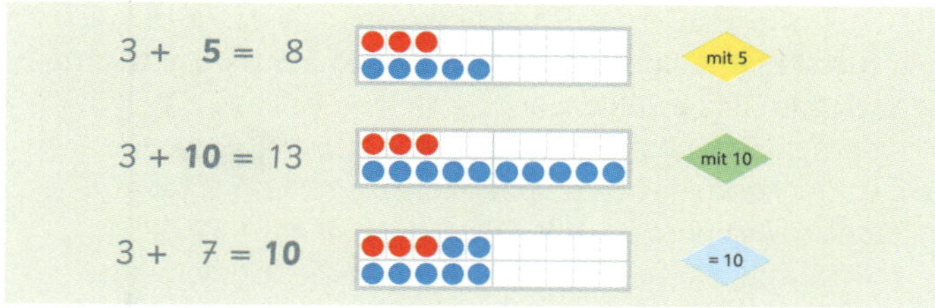

Schülerbuch 1, S. 63

Damit erschließen sich die Kinder dann schwierige Aufgaben als Nachbaraufgaben von einfachen Aufgaben.

Schülerbuch 1, S. 65

Anschließend werden Rechenstrategien vertiefend behandelt und die Verwandtschaftsbeziehungen zwischen den Aufgaben im Zehnerraum und denen im Zwanzigerraum bewusst gemacht.

Schülerbuch 1, S. 67

Den Abschluss des Abschnitts bilden wieder der Rückblick (S. 68) mit der Thematisierung der wesentlichen Grundlagen des Abschnitts und die Seite zum Forschen und Finden, auf der die Rechengesetze durch das Aufgabenformat *schöne Päckchen* vertiefend behandelt werden.

Schülerbuch 1, S. 69

56 Einführung der Addition

Einstieg Sachsituation beschreiben, Rechengeschichten zum Bild erzählen.
Gemeinsam überlegen: Welche Geschichte passt zur vorgegebenen Plusaufgabe? Zahlensatz und Sprechweise einführen.
Wichtig: Auch Geschichten zulassen, die von der vorgegebenen Aufgabe abweichen und diese als Zahlensatz festhalten.

1 Geschichten zu Bildern erzählen, als Plusaufgaben festhalten.
Besprechen, dass es verschiedene Geschichten und damit auch verschiedene Aufgaben zu einem Bild gibt. Potenzial zur Sprachförderung und zum selbstgesteuerten Üben nutzen.

○ **1** Erzähle. Was passiert? Finde Plusaufgaben. *(Beispiele)*

Wichtige Wörter
erste Zahl, Pluszeichen, zweite Zahl, Gleichheitszeichen, Ergebnis

WORUM GEHT ES?

Auf dieser Doppelseite werden zwei zentrale Grundvorstellungen zur Addition entwickelt:
(1) Die zahlenmäßige Vergrößerung einer Menge durch Hinzufügen einer zweiten (*dynamische* Deutung der Addition).
(2) Das zahlenmäßige Zusammenfassen zweier zeitgleich vorhandener Mengen (*statische* Deutung der Addition).
Bei der dynamischen Deutung steht der erste Summand also für etwas bereits Vorhandenes, der zweite symbolisiert die hinzukommende Anzahl. Im Einstiegsbild kommen drei Kinder zu zwei Kindern hinzu.

Bei der statischen Deutung werden zwei Anzahlen zu einem Ganzen zusammengefasst: In der Sandkiste bauen zwei Gruppen von zwei bzw. drei Kindern an zwei Sandburgen.

Beide Deutungen sollen hier entwickelt werden, indem zu den Bildern möglichst unterschiedliche Geschichten erzählt werden. Die Kinder lernen, wie die Geschichten durch Zahlensätze symbolisiert werden können. Dies ist die Grundlage für den sicheren Aufbau einer Vorstellung über die Operation der Addition.
Dabei entstehen Zahlensätze nicht „direkt aus dem Bild“, sondern erst durch das Erzählen einer Geschichte über das Bild: In der Sandkiste legt das Bild von sich aus nicht fest, ob hier zwei Gruppen von Kindern an einer Sandburg bauen (2 + 3 = 5) oder ob gleich die beiden Kinder neben der Sandkiste in das Spiel einsteigen (5 + 2 = 7).

WIE KANN MAN VORGEHEN?

Einstieg *Additionsaufgaben einführen*
Das Einstiegsbild dient als Anlass, um sog. „Rechengeschichten“ zu erzählen. Dies sind Geschichten, in denen Zahlen und Rechnungen eine Rolle spielen. Sie können durch Zahlensätze (Aufgabe, Gleichheitszeichen und Ergebnis) verkürzt aufgeschrieben werden.
Die Rechengeschichten der Kinder werden als Additionsaufgaben festgehalten, dabei ist bewusst auf die Verbindung von Handlung und Zahlsymbolen zu achten. Ggf. können Zahlenkarten, Plus- und Gleichheitszeichenkarten verwendet und den Objekten zugeordnet werden.
Beispiele sind
- Zwei Kinder klettern auf dem Gerüst, drei Kinder kommen dazu und wollen auch klettern. Insgesamt klettern dann fünf Kinder auf dem Gerüst (2 + 3 = 5). Bei der Arbeit mit Karten ist darauf zu achten, dass jede Karte zur Beschreibung passend gelegt wird: hier also erst die Zahlenkarte mit der 2, dann die Pluskarte, die Zahlenkarte mit der 3, die Gleichheitszeichenkarte und zu guter Letzt die Zahlenkarte mit der 5.
- Ein Mädchen und ein Junge klettern auf dem Klettergerüst (1 + 1 = 2).
- Zwei Mädchen und ein Junge laufen auf den Spielplatz zu (2 + 1 = 3).
- Zwei Kinder klettern auf dem Gerüst, zwei Kinder können zusätzlich am Netz hochklettern. Also klettern gleich vier Kinder auf dem Gerüst (2 + 2 = 4).

57 Plusaufgaben in der Umwelt

2 Welche Aufgaben passen zum Bild?

2 + 3 | 2 + 2 | 3 + 2 | 3 + 1 | 2 + 1 | 2 + 2 + 1

2 + 2 = 4
2 + 1 = 3
3 + 1 = 4

2 + 2 + 1 = 5
2 + 3 = 5
3 + 2 = 5
2 + 1 = 3

2 + 2 + 1 = 5
2 + 3 = 5

3 3 + 4 = 7

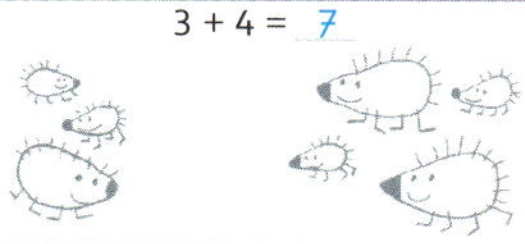

5 + 3 = 8

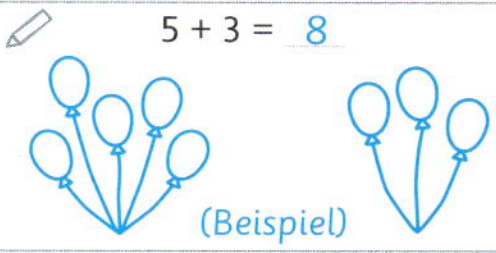

(Beispiel)

5 + 4 = 9 2 + 1 = 3 1 + 3 = 4 2 + 5 = 7 6 + 3 = 9

4 Schreibe Aufgaben und male Bilder dazu.
(verschiedene Lösungen)

2 Zu Bildern verschiedene Geschichten erzählen, als Zahlensatz notieren. Welche der vorgegebenen Aufgaben passen zu welchem Bild? Welche weiteren Geschichten und Zahlensätze passen?

3, 4 Eigene Bilder zu Aufgaben malen. Dabei können konkrete Situationen mit Gegenständen, Tieren, Menschen o. Ä. gemalt (oder gestempelt) werden, aber auch Plättchendarstellungen mit abstrakteren Operationsdarstellungen sind erlaubt.
Abschließend im Plenum präsentieren.
Potenzial zum selbstgesteuerten Üben nutzen.

- Es können vier Kinder klettern und eines kann im Sand spielen (4 + 1 = 5).

Anschließend wird anhand von Aufgabe 1 vertieft, dass man zu einer Situation verschiedene Rechengeschichten erzählen und entsprechend mehrere Zahlensätze finden kann. Welche Geschichte passt zu 3 + 3 = 6, welche zu 2 + 4 = 6? Können noch andere Geschichten erzählt werden und zu welchen Zahlensätzen führen sie?

1, 2 *Erkunden: Zu Bildern erzählen*
Die Kinder schreiben eine oder mehrere passende Additionsaufgabe(n) zu den Bildern in die Felder.

3, 4 *Vertiefung: Geschichten und Aufgaben erfinden*
Die Kinder malen Bilder zu den vorgegebenen oder selbst konstruierten Aufgaben. Der Zahlenraum ist in Aufgabe 4 freigegeben.
Zur Ergebnispräsentation kann man Zeichnungen der Kinder sammeln, gemeinsam überlegen, welche Geschichte dargestellt ist und welche Aufgabe dazu passt. Oder ein Kind erzählt eine Rechengeschichte und die anderen Kinder wählen das passende Bild begründet aus.

DIAGNOSTISCHES POTENZIAL

Wie schlüssig sind die zu den Bildern erzählten Geschichten? Werden in den Geschichten Handlungen deutlich? Wie werden Handlungen bezeichnet, die als Addition gedeutet werden? Werden zu einem Bild verschiedene (statische und dynamische) Deutungen vorgenommen?

MÖGLICHKEITEN ZUR UNTERSTÜTZUNG

1, 2 Den Kindern können Bestandteile zu den einzelnen Bildern vorgegeben werden: Die Lehrkraft gibt etwa zu einem Bild eine Aufgabe vor und die Kinder erzählen eine Geschichte dazu. Oder die Lehrkraft erzählt eine Geschichte und die Kinder finden eine Aufgabe dazu.

3, 4 Anstatt eigene Zeichnungen anzufertigen, können die Kinder Situationen mithilfe von Stickern, Bildern aus Prospekten o. Ä. darstellen. Möglich ist es auch, die Aufgaben durch reale Gegenstände (Spielzeugautos o. Ä.) und nicht zeichnerisch vorzustellen.

FORTSETZUNG

Bildmaterial aus dem Alltag (Fotos, ausgeschnitten aus Zeitschriften) in großer Auswahl bereitstellen: Die Kinder wählen ein Bild, malen oder kleben es auf, erzählen Geschichten dazu, notieren entsprechende Additionsaufgaben und kreisen die Summanden im Bild ein.
Kinder erfinden Rechengeschichten und malen diese auf Karteikarten. Passende Additionsaufgaben notieren sie auf der Rückseite. Diese Karten können in selbstständigen Arbeitsphasen genutzt und ständig ergänzt werden.

→ Arbeitsheft, Seiten 36, 37 → Förderheft, Seiten 30, 31

58 Plusaufgaben am Zwanzigerfeld

Einstieg Plusaufgaben im Zwanzigerfeld mit Plättchen legen.
Zahlen nebeneinander oder untereinander legen und auf Fünfer- oder Zehnerstrukturen der Felder achten.
Ggf. Fünfer- und Zehnerstreifen zum Legen verwenden.

1 Möglichkeiten des schnellen Erkennens von Zahlen besprechen: Die Zahlen können abgelesen, die Plättchen müssen nicht einzeln abgezählt werden.

2, 3 Schnelles Erkennen der Zahldarstellungen auf schnelles und geschicktes Legen (Fünferstreifen nutzen) übertragen.
Partnerarbeit koordinieren.
Potenzial zum selbstgesteuerten Üben nutzen.

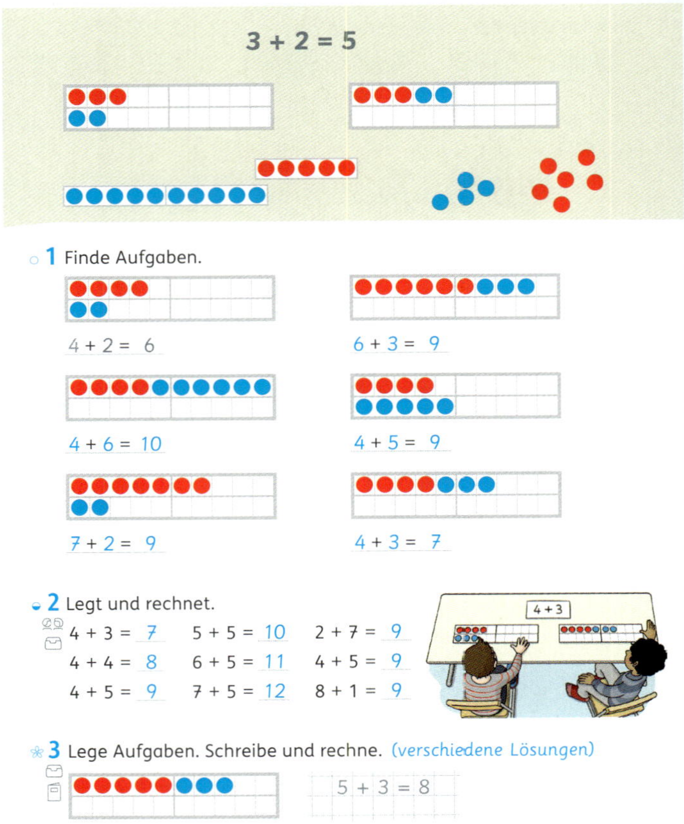
3 + 2 = 5

1 Finde Aufgaben.

4 + 2 = 6 | 6 + 3 = 9
4 + 6 = 10 | 4 + 5 = 9
7 + 2 = 9 | 4 + 3 = 7

2 Legt und rechnet.

4 + 3 = 7	5 + 5 = 10	2 + 7 = 9
4 + 4 = 8	6 + 5 = 11	4 + 5 = 9
4 + 5 = 9	7 + 5 = 12	8 + 1 = 9

3 Lege Aufgaben. Schreibe und rechne. (verschiedene Lösungen)

5 + 3 = 8

WAS WIRD BENÖTIGT?

Arbeits- und Demonstrationsmaterial: Zwanzigerfelder, Plättchen, Fünferstreifen, ggf. Zehnerstreifen (Aufgabe 3)

WORUM GEHT ES?

Die aus der konkreten Umwelt entwickelten Grundvorstellungen zur Addition sollen auf die strukturierte Zahldarstellung am Zwanzigerfeld bezogen werden.
Diese Darstellungen unterscheiden sich stark von denen auf der vorigen Doppelseite:
1. Die Übersichtlichkeit der Darstellung nimmt zu (durch die Struktur des Feldes, aber auch der Fünfer- und Zehnerstreifen können Aufgaben und Ergebnisse schnell erkannt werden).
2. Die konkrete Bedeutung der Addition im Sinne einer dynamischen oder statischen Situation nimmt ab: Es ist nicht klar, ob eine der beiden Farben zuerst gelegt wurde. Insbesondere auf der rechten Schulbuchseite wird deutlich, dass die Reihenfolge des Legens für das Ergebnis der Aufgabe nicht wichtig ist.
Aufgrund der Mehrdeutigkeit der Darstellung am Zwanzigerfeld ergibt sich zum Beispiel das Kommutativgesetz der Addition: 5+3=3+5. Die zunehmende Strukturierung bei gleichzeitiger Reduktion der konkreten Bedeutung ist wichtig, damit die Kinder ein flexibles und tragfähiges Operationsverständnis der Addition aufbauen können.

WIE KANN MAN VORGEHEN?

Einstieg *Einführung: Aufgaben legen*
Zu den Darstellungen im Zwanzigerfeld überlegen die Kinder: Warum passt die Aufgabe 3+2 zu beiden Bildern? An welchem Bild kann man schneller das Ergebnis, an welchem schneller die beiden Summanden sehen? Da dies unterschiedlich gesehen wird, muss es ihnen freigestellt sein, ob sie die Summanden nebeneinander oder lieber untereinander legen.

1 *Üben: Aufgaben notieren*
Die Darstellungen der Plättchen im Zwanzigerfeld neben- und untereinander wechseln sich ab, die Aufgaben werden dazu notiert. Das Ergebnis soll möglichst geschickt bestimmt werden, anstatt die Plättchen einzeln abzuzählen. Im Unterrichtsgespräch wird besprochen, wie man die Fünfer- und Zehnerstruktur nutzen kann, z. B. zum Zwanzigerfeld mit 6 roten und 3 blauen Plättchen: „Ich sehe einen Fünferstreifen und 4 einzelne, das sind zusammen 9.“ oder „In der obersten Reihe fehlt ein Plättchen, also sind es zusammen 9.“

2 *Üben: Aufgaben legen*
Die Kinder legen die Aufgaben und bestimmen die Summen. Dabei legen sie die Aufgaben möglichst auf verschiedene Weise und vergleichen, wo man das Ergebnis am besten erkennen kann.

3 *Vertiefung: Aufgaben erfinden*
Die Erfahrungen aus der Partnerarbeit werden nun individuell vertieft: Die Kinder notieren zunächst eine selbst erdachte Aufgabe und legen dann die Summanden so, wie es für sie am einfachsten (zu legen und abzulesen) ist. Dabei können außer Plättchen wieder Zehner- und Fünferstreifen verwendet werden. Der Zwanzigerraum kann überschritten werden, dafür legen die Kinder Zwanzigerfelder untereinander.
Zur Ergebnispräsentation bringt jedes Kind eine Aufgabe mit ins Plenum. Zu einzelnen Aufgaben werden unterschiedliche Lö-

59 Tauschaufgaben

4 Finde Aufgabe und Tauschaufgabe.

7 + 1 = 8   1 + 7 = 8   3 + 4 = 7   4 + 3 = 7

7 + 2 = 9   2 + 7 = 9   3 + 5 = 8   5 + 3 = 8

7 + 3 = 10   3 + 7 = 10   + =   6 + 3 = 9

5 5 + 1 = 6   6 + 2 = 8   7 + 0 = 7   10 + 5 = 15   10 + 2 = 12
1 + 5 = 6   2 + 6 = 8   0 + 7 = 7   5 + 10 = 15   2 + 10 = 12

6 Welche Aufgabe findest du einfacher? Kreuze an.

X 10 + 3 = 13   2 + 8 = 10   X 6 + 4 = 10   1 + 8 = 9
3 + 10 = 13   X 8 + 2 = 10   4 + 6 = 10   X 8 + 1 = 9
(Kreuze sind Beispiele)

7 Schreibe Aufgaben und Tauschaufgaben.
(verschiedene Lösungen)

Einstieg Beschreiben, wie die Kinder im Bild die Aufgaben zur Darstellung im Zwanzigerfeld finden und warum sich deren Aufgaben gerade in der Reihenfolge der Summanden unterscheiden.

4, 5 Jeweils Aufgabe und Tauschaufgabe zur Darstellung im Zwanzigerfeld notieren und die Ergebnisse bestimmen. Erste Erkenntnisse gewinnen, welche Aufgabe leichter zu rechnen ist.

6 Die Kinder können nach unterschiedlichen Kriterien entscheiden, ob eine Aufgabe oder ihre Tauschaufgabe einfacher zu lösen ist.

7 Der Zwanzigerraum kann hier (ggf. deutlich) überschritten werden.
Potenzial zum selbstgesteuerten Üben nutzen.

Wichtige Wörter
Tauschaufgabe

sungswege und Darstellungsformen präsentiert und diskutiert. Mögliche Impulse: Wie hast du die Aufgabe geschickt gelegt? Kann ein anderes Kind die Aufgabe noch anders legen? Was ist gleich, was ist unterschiedlich? Wie kann man das Ergebnis geschickt bestimmen?

Einstieg *Tauschaufgaben einführen*
Die Kinder beschreiben, wie die Kinder im Bild die Aufgabe sehen, lernen Aufgabe und Tauschaufgabe kennen und erkennen, dass die Summe beim Vertauschen der Summanden gleich bleibt.

4 *Vernetzung: Tauschaufgaben finden*
Aufgaben und Tauschaufgaben werden unter dem Bild notiert.

5 – 7 *Vertiefung: Tauschaufgaben nutzen und erfinden*
Auch wenn die Reihenfolge der Summanden für die Summe unwichtig ist, kann sie für die Bestimmung der Summe durchaus eine Rolle spielen. Die Kinder können aber unterschiedliche Kriterien entwickeln, die sie untereinander vergleichen und diskutieren.
Um die Ergebnisse zu präsentieren werden verschiedene Aufgaben und Tauschaufgaben der Kinder an der Tafel (ggf. auf Karten) gesammelt und bezüglich des Rechenaufwandes miteinander verglichen. Mögliche Impulse: Welche Aufgabe findest du einfacher? Warum findest du diese Aufgabe einfacher? Wie kannst du das Ergebnis geschickt bestimmen?

DIAGNOSTISCHES POTENZIAL
Wie nutzen die Kinder die Fünferstreifen bzw. die Struktur des Zwanzigerfeldes zum Legen und zur Ergebnisbestimmung? Zählen sie die Plättchen ab oder benutzen sie ihre Finger? Nach welchen Kriterien entscheiden die Kinder, ob eine Aufgabe oder ihre Tauschaufgabe einfacher zu lösen ist? Wie stabil sind die Kriterien? Nutzen die Kinder Ergebnisse von schon berechneten Aufgaben für die nächsten? In welchem Zahlenraum denken sie sich selbst Aufgaben aus?

MÖGLICHKEITEN ZUR UNTERSTÜTZUNG
1 Summanden können eingekreist werden.

2 Das Zahlenmaterial wird variiert.
Ggf. nur zu gelegten Darstellungen Aufgaben notieren oder die Aufgaben nur mündlich nennen.

3 Der erste Summand kann vorgegeben werden (die Kinder legen z. B. immer zu einem Fünferstreifen dazu).

4 – 7 Durchgängig mit Material arbeiten. Zum Finden von Tauschaufgaben das Feld drehen oder sich selbst um den Tisch bewegen.

FORTSETZUNG
Blanko-Karteikarten und leere Zwanzigerfelder: Kinder notieren auf der Vorderseite der Karte eine Plusaufgabe und kleben auf die Rückseite ein Zwanzigerfeld mit farbig eingezeichneten Plättchen. Diese Kartei kann zum selbstständigen Arbeiten genutzt und ergänzt werden.

60/61 Verdoppeln

1 Das Gemeinsame an den Bildern ist, dass stets eine Anzahl von Objekten zweimal vorkommt.
Gibt es noch weitere Verdopplungs-Situationen mit Würfeln, Blättern, Eierkartons oder ganz anderen Objekten?

2 Verdopplungsaufgabe als Typus einfacher Aufgaben kennen lernen.
Verdopplungen sind im Zwanzigerfeld am besten erkennbar, wenn sie untereinander gelegt werden.

Wichtige Wörter
verdoppeln, das Doppelte, Verdopplungsaufgabe

○ **1** Erzähle. Finde Aufgaben.

6 + 6 = 12 | 7 + 7 = 14 | 5 + 5 = 10

4 + 4 = 8 | 9 + 9 = 18 | 3 + 3 = 6

Immer das Doppelte. Erkläre.

◐ **2** Lege, male und rechne. doppelt

1 + 1 = 2

4 + 4 = 8

2 + 2 = 4

5 + 5 = 10

3 + 3 = 6

6 + 6 = 12

WAS WIRD BENÖTIGT?

Arbeits- und Demonstrationsmaterial: Zwanzigerfelder, Plättchen und Fünferstreifen
Demonstrationsmaterial: Bilder oder Objekte zum Thema Verdoppeln, etwa Würfel, Eierschachteln ...

WORUM GEHT ES?

Ein wichtiger Typus von einfachen Aufgaben (der später im Schuljahr zu dem Konstrukt der „geraden Zahlen" führt) ist die Verdopplungsaufgabe. Sie liefert schnell interpretierbare Zahlbilder, so dass deren Ergebnisse einfach zu bestimmen und schnell zu automatisieren sind. Dies gilt aber nur dann, wenn die Summanden (wie in den Abbildungen auf dieser Seite) im Feld untereinander gelegt werden – ansonsten lässt sich die Verdopplung nicht sehen, sondern die Fünfer- und Zehnerstrukturen des Zwanzigerfeldes treten in den Vordergrund.
Anhand der Verdopplungsaufgaben werden erste Ableitungen zu Nachbaraufgaben thematisiert: Die Kinder generieren aus ihnen sogenannte „Fast-Verdopplungsaufgaben", indem einer der Summanden um 1 vergrößert oder verkleinert wird. Die Ergebnisse dieser Aufgaben werden später im Schuljahr als ungerade Zahlen thematisiert.
Insgesamt erhält man also aus den Verdopplungs- und den Fast-Verdopplungsaufgaben alle natürlichen Zahlen als Ergebnis, oder anders formuliert: Zu jeder natürlichen Zahl gibt es entweder genau eine Verdopplungs- oder (bis auf die Tauschaufgabe) genau eine Fast-Verdopplungsaufgabe.

WIE KANN MAN VORGEHEN?

1 *Verdoppeln einführen*
Bilder oder Objekte liegen in der Mitte des Sitzkreises. Die Kinder klären den Begriff das Doppelte, indem sie die Gemeinsamkeit der Bilder bzw. Objekte beschreiben: Eine Anzahl an Objekten ist zweimal vorhanden. Möglich sind hier natürlich verschiedene Formulierungen. Die Kinder können nach weiteren Sachverhalten aus ihrer Umwelt suchen, in denen eine Anzahl von Objekten doppelt vorkommt: z. B. die Punkte auf den Flügeln von Marienkäfern, die Düsen bei großen Passagierflugzeugen, die Räder bei Autos oder natürlich die Finger an der Hand.
Die Kinder erzählen auch zu den Bildern von Aufgabe 1, dabei verwenden sie den Ausdruck das Doppelte und notieren die passende Aufgabe. Sodann wird übergeleitet zu Verdopplungen am Zwanzigerfeld. Dazu werden die Summanden untereinander ins Feld gelegt. Ggf. kann die Lehrkraft thematisieren, warum die Zahlen beim Verdoppeln unter- und nicht nebeneinander ins Feld gelegt werden sollen.

2 *Verdopplungsaufgaben strukturiert sehen*
Die Kinder legen die Verdopplungsaufgaben im Zwanzigerfeld mit Plättchen und Fünferstreifen und vervollständigen die Zahlbilder zu den Verdopplungsaufgaben, indem sie den zweiten Summanden unter den ersten legen bzw. zeichnen. Sie erkennen, dass jede zweite natürliche Zahl Ergebnis einer Verdopplungsaufgabe ist.
Abschließend sammeln die Kinder an der Tafel unter der Strategiekarte doppelt ihre Erklärungen zu „Immer das Doppelte" (als Bild, als Rechnung, als Satzfragment ...). Dazu werden Verdopplungsaufgaben notiert. Die Kinder besprechen die Lösungswege

• **3** Legt und rechnet immer beide Aufgaben. Was fällt euch auf? Erklärt.

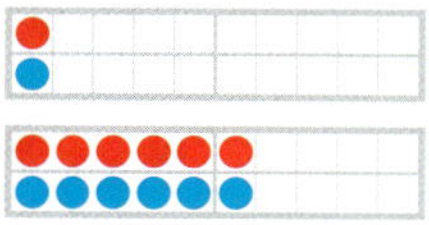

1 + 1 = 2

6 + 6 = 12

2 + 2 = 4	3 + 3 = 6	4 + 4 = 8	5 + 5 = 10
7 + 7 = 14	8 + 8 = 16	9 + 9 = 18	10 + 10 = 20

4 Schreibe Aufgaben. doppelt
(verschiedene Lösungen)

• **5** Fast Verdoppeln. Was fällt dir auf? Erkläre.

1 + 0 = 1	2 + 1 = 3	3 + 2 = 5	4 + 3 = 7	5 + 4 = 9
1 + 1 = 2	2 + 2 = 4	3 + 3 = 6	4 + 4 = 8	5 + 5 = 10
1 + 2 = 3	2 + 3 = 5	3 + 4 = 7	4 + 5 = 9	5 + 6 = 11
6 + 5 = 11	7 + 6 = 13	8 + 7 = 15	9 + 8 = 17	10 + 9 = 19
6 + 6 = 12	7 + 7 = 14	8 + 8 = 16	9 + 9 = 18	10 + 10 = 20
6 + 7 = 13	7 + 8 = 15	8 + 9 = 17	9 + 10 = 19	10 + 11 = 21

○ **6** Verdoppeln

3 Der Unterschied zwischen den Summen der Aufgabenpaare ist immer 10, da der Unterschied der einzelnen Summanden immer 5 ist.
Partnerarbeit koordinieren.

4 Bekannte Verdopplungen wiederholen oder Zwanzigerraum (evtl. deutlich) überschreiten.
Potenzial zum selbstgesteuerten Üben nutzen.

5 Erste Übung zum Ableiten: zu jeder Verdopplungsaufgabe gibt es Fast-Verdopplungsaufgaben, deren Ergebnis sich genau um 1 unterscheidet. Entdeckungen formulieren oder mit farbigen Stiften und Pfeilen markieren.

6 Blitzrechnen
Plättchen abdecken, rote Zahl nennen, verschiedene Aufgaben dazu nennen.
Zahlbilder und Ergebnisse von Verdopplungsaufgaben automatisieren. Sie haben einen hohen Wert für das Ableiten.

Wichtige Wörter
Nachbaraufgaben, größer als, kleiner als

und Darstellungen am Zwanzigerfeld. Möglicher Impuls: Wie kannst du das Ergebnis geschickt bestimmen, ohne einzeln zu zählen? Die Kinder beschreiben ihre Handlungen: z. B. Ich lege einen Fünfer in die obere Reihe …

3 *Strukturen vertiefen*
Da sich spaltenweise die beiden Summanden immer um 5 unterscheiden, unterscheidet sich die Summe immer um das Doppelte von 5 – also um 10. In Partnerarbeit können die zusammengehörigen Aufgaben an zwei Zwanzigerfeldern dargestellt werden, z. B. legt ein Kind die kleinere Verdopplungsaufgabe, das andere Kind die größere.

4 *Aufgaben erfinden*
Erfinden die Kinder eigene Aufgaben, kann der Zahlenraum bis 20 überschritten werden. Eine Verdopplungsaufgabe im größeren Zahlenraum (z. B. 16 + 16) wird auf „einfache Verdopplungsaufgaben" zurückgeführt: 10 + 10 und 6 + 6 oder 10 + 10, 5 + 5 und 1 + 1.

5 *Aufgaben ableiten*
Nun wird erstmals explizit das Ableiten von Aufgaben angesprochen. Dazu werden die Nachbaraufgaben der Verdopplungsaufgaben als „Fast-Verdopplungsaufgaben" bezeichnet.

6 *Blitzrechnen: Verdoppeln*
Zahlbilder und Ergebnisse von Verdopplungsaufgaben können leicht automatisiert werden und haben einen hohen Wert für das Ableiten.

DIAGNOSTISCHES POTENZIAL

Welche weiteren Sachsituationen zum Kontext Verdoppeln finden die Kinder? Wie beschreiben sie die vorgegebenen Sachsituationen? Wie bestimmen sie das Ergebnis von Verdopplungen am Zwanzigerfeld? Welche Zusammenhänge beobachten die Kinder in den Aufgaben 3 und 5, welche Erklärungen finden sie dafür? In welchem Zahlenraum denken sich die Kinder selbst Verdopplungsaufgaben aus?

MÖGLICHKEITEN ZUR UNTERSTÜTZUNG

2 Zur Lösung von Aufgaben ist es sinnvoll, mentale Vorstellungen aufzubauen, indem die Kinder ihre Handlung am Zwanzigerfeld beschreiben. Z. B. bei der Aufgabe 6 + 6: „Ich lege einen Fünferstreifen in die obere Reihe und ein Plättchen daneben. Darunter lege ich wieder einen Fünferstreifen und ein Plättchen daneben. Zusammen sind es: ein Zehner und zwei einzelne Plättchen. Also 12."

5 Die Kinder legen die Aufgaben weiterhin mit Material und erzeugen enaktiv die Nachbaraufgaben aus den Verdopplungsaufgaben.
Die Kinder sortieren Aufgabenkarten nach „doppelt" und „fast doppelt". Dann ordnen sie alle Verdopplungsaufgaben, indem sie diese der Reihe nach (z. B. von 1 + 1 aufwärts oder von 10 + 10 abwärts) untereinander legen. Zuletzt werden die passenden Fast-Verdopplungsaufgaben danebengelegt und mithilfe der Verdopplungsaufgabe gelöst (ggf. mit Material).

→ Arbeitsheft, Seite 40 → Förderheft, Seite 33 → Verstehen und Trainieren, Seite 20 → Vernetzen und Automatisieren, Seiten 14, 15
→ Blitzrechnen

62/63 Einfache Plusaufgaben

Einstieg Warum wurden die Aufgaben im Bild als einfach oder schwierig eingruppiert?
Weitere Aufgaben besprechen: Welche von ihnen sind einfach oder schwierig – und warum?

1 Nur die einfachen Aufgaben schreiben und berechnen.
Dies können für einige Kinder sehr wenige, für andere (fast) alle sein.

2 Wenn die Aufgabe selbst nicht einfach ist, dann ist es ggf. ihre Tauschaufgabe.

3 Ggf. auch eine Liste mit schwierigen Aufgaben erstellen.
Potenzial zum selbstgesteuerten Üben nutzen.

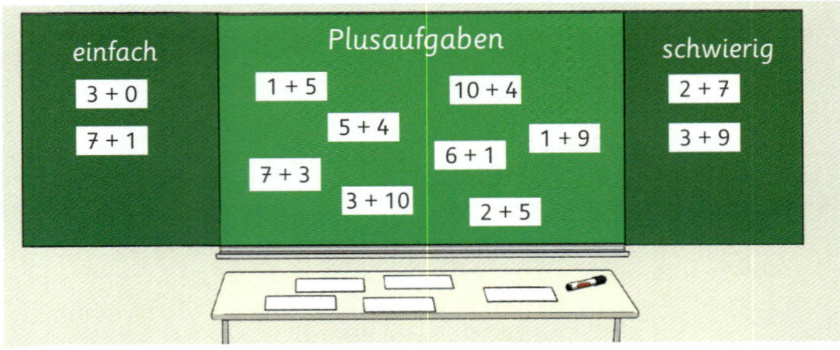

1 Welche Aufgaben findest du einfach? Schreibe und rechne.

~~1 + 4~~ = 5	8 + 2 = 10	1 + 6 = 7	10 + 5 = 15	2 + 5 = 7	1 + 19 = 20	3 + 6 = 9
7 + 11 = 18	10 + 4 = 14	2 + 3 = 5	1 + 1 = 2	0 + 8 = 8	12 + 2 = 14	7 + 5 = 12
3 + 5 = 8	18 + 0 = 18	5 + 5 = 10	6 + 4 = 10	6 + 6 = 12	6 + 7 = 13	0 + 0 = 0

1 + 4 = 5

(verschiedene Lösungen)

2

4 + 1 = 5	7 + 2 = 9	2 + 6 = 8	5 + 5 = 10	4 + 3 = 7
6 + 1 = 7	4 + 4 = 8	3 + 2 = 5	7 + 3 = 10	5 + 2 = 7
2 + 4 = 6	6 + 2 = 8	1 + 8 = 9	10 + 2 = 12	6 + 4 = 10

3 Schreibe einfache Aufgaben. (verschiedene Lösungen)

WAS WIRD BENÖTIGT?

Arbeitsmaterial: ggf. Zwanzigerfelder mit Plättchen und Fünferstreifen, LF 15 *Einspluseinsaufgaben bis 20*
Demonstrationsmaterial: Aufgabenkarten (mit Aufgaben und leere) zum gemeinsamen Sortieren

WORUM GEHT ES?

Im Zentrum der operativen Durcharbeitung des 1 + 1 steht die Entwicklung der Fähigkeit, schwierige Aufgaben aus einfachen bzw. bekannten Aufgaben abzuleiten. Auch wenn für unterschiedliche Kinder verschiedene Aufgaben schwierig bzw. einfach sind: Es gibt doch auch objektive Kriterien dafür, wann eine Aufgabe im Zwanzigerraum als einfach eingestuft werden kann – nämlich gerade dann, wenn die *Kraft der Fünf* oder die *Kraft der Zehn* einfließen.
Auf dieser Doppelseite wird ein Bewusstsein für die Merkmale dieser einfachen Aufgaben entwickelt, indem drei Kriterien aufgestellt werden. Eine Aufgabe ist im obigen Sinne dann einfach, wenn

- mit 5: ein Summand 5 ist und die Summe nicht größer ist als 10 oder
- mit 10: ein Summand 10 ist und die Summe nicht größer ist als 20 oder
- = 10: die Summe 10 ist, die Summanden entsprechen also den bereits bekannten 10er-Zerlegungen.

Auf der linken Seite entwickeln die Kinder zunächst eigene Kriterien dafür, was eine „einfache Aufgabe" ausmacht. Auf der rechten Seite wird verdeutlicht, warum bestimmte Aufgaben einfach sind: Sie können sehr schnell gelegt werden und passen optimal in die Fünfer- und Zehnerstruktur des Zwanzigerfelds. Entsprechend kann man aus ihrem Zahlbild das Ergebnis „auf einen Blick" ablesen.

WIE KANN MAN VORGEHEN?

Einstieg *Additionsaufgaben sortieren*

Anhand des Einstiegsbildes (oder an der Tafel) wird thematisiert, welche Aufgaben einfach oder schwierig sind und warum. Die Zuordnung kann bei den Kindern unterschiedlich sein, dann diskutieren die Kinder darüber. Gründe werden entwickelt, warum eine Aufgabe als einfach oder schwierig gelten kann: 3 + 0 und 7 + 1 sind einfache Aufgaben, denn der erste Summand verändert sich nicht bzw. kaum. Hingegen sind 2 + 7 und 3 + 9 womöglich schwierige Aufgaben, da der zweite Summand sehr groß ist. Anschließend erstellen die Kinder allein, in kleinen Gruppen oder gemeinsam an der Tafel eine Sammlung mit einfachen und ggf. auch mit schwierigen Aufgaben auf Karten. Diese Sammlung wird in den nächsten Wochen immer wieder erweitert und dient dazu, dass die Kinder eigenständig die Aufgaben immer wieder neu sortieren.

1 – 3 *Vertiefung: Aufgaben sortieren*

Anhand dieser Aufgaben werden Überlegungen angeregt, welche Aufgaben einfach sind. Die individuellen Kriterien der Kinder werden besprochen und verglichen.
Abschließend stellen die Kinder im Plenum einfache Aufgaben vor, ggf. notiert auf einer Karte, begründen die Zuteilung und diskutieren am Zwanzigerfeld Lösungs- und Darstellungsmöglichkeiten. Die Lehrkraft ergänzt ggf. weitere Aufgaben und fordert die Kinder zum Begründen auf.

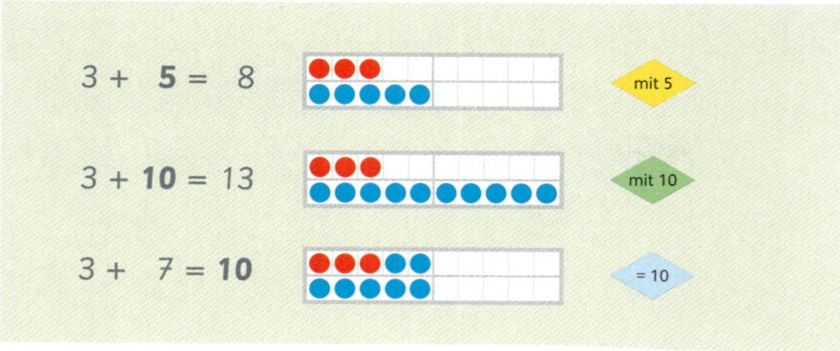

• **4** Lege und rechne. (mit 5)

5 + 2 = 7 4 + 5 = 9 5 + 1 = 6 5 + 3 = 8
2 + 5 = 7 5 + 4 = 9 1 + 5 = 6 3 + 5 = 8

• **5** Lege und rechne. (mit 10)

6 + 10 = 16 3 + 10 = 13 2 + 10 = 12 10 + 7 = 17
10 + 1 = 11 10 + 4 = 14 10 + 5 = 15 3 + 10 = 13
(Beispiele)

• **6** Lege und rechne. (= 10)

7 + 3 = 10 6 + 4 = 10 1 + 9 = 10 9 + 1 = 10
3 + 7 = 10 4 + 6 = 10 8 + 2 = 10 5 + 5 = 10
(Beispiele)

7 Schreibe Aufgaben. (mit 5) (mit 10) (= 10)

5 + 1 = 6 2 + 10 = 12 6 + 4 = 10
(verschiedene Lösungen)

Einstieg Strategien vorstellen: Welche Aufgabe passt zu welcher der drei Strategien? Weitere Aufgaben zuordnen.

4, 5 Zahlbilder einfacher Aufgaben immer wieder am Zwanzigerfeld darstellen. Fünfer- und Zehnerstreifen verwenden, da dadurch die Vereinfachung des Rechnens deutlich wird.

6 Zahlbilder einfacher Aufgaben am Zwanzigerfeld darstellen. Aufgaben (= 10) sollten automatisiert sein.

7 Die Kinder finden und notieren eigene einfache Aufgaben.
Potenzial zum selbstgesteuerten Üben nutzen.

Einstieg *Strategien zuordnen*
Anknüpfend an die einfachen Aufgaben der linken Seite stellt die Lehrkraft Aufgabenkarten mit 5, mit 10 und gleich 10 zur Verfügung. Die Kinder ordnen die passenden Aufgaben den drei Karten zu: (mit 5), (mit 10) und (= 10). Diese Zuordnung entspricht der Strukturierung an der Einspluseins-Tafel, die später durchgearbeitet wird. Anschließend stellen die Kinder die Zahlen mithilfe der Fünfer- und Zehnerstruktur am Zwanzigerfeld dar und beschreiben, wie sie die Anzahl bestimmt haben.
Falls Kinder Plättchen einzeln zählen und nicht die Fünfer- und Zehnerstruktur nutzen, wird gemeinsam über eine Alternative nachgedacht: „Wie kann man das anders legen bzw. anders herausfinden?"

4–7 *Vertiefung mit Material*
Die Kinder rechnen und legen einfache Aufgaben. Durch das Legen der Aufgaben prägen sie sich die Zahlbilder der einfachen Aufgaben ein und bauen tragfähige Grundlagen auf für das Ableiten von schwierigen aus einfachen Aufgaben.
Zur Ergebnispräsentation bringen die Kinder eigene Aufgaben mit in den Sitzkreis und ordnen diese den drei Strategien zu. Die übrigen Kinder überprüfen die Richtigkeit der Zuordnung und die Nutzung der Zehner- und Fünferstruktur des Zwanzigerfelds.

DIAGNOSTISCHES POTENZIAL

Welche eigenen Kriterien für einfache und schwierige Aufgaben verbalisieren die Kinder, welche (zusätzlichen oder ggf. dazu im Widerspruch stehenden) Kriterien kann man aus ihren Aufgabensammlungen erschließen? Wie sicher werden die als einfach aufgeführten Aufgaben berechnet?
Wie erkennen die Kinder die entstehenden Zahlbilder? Wie strukturieren sie das Zwanzigerfeld? Wie legen sie die Summanden? Inwiefern nutzen sie die Freiheit, die Summanden neben- oder untereinander zu legen? Wie nutzen sie Fünfer- und Zehnerstreifen?

MÖGLICHKEITEN ZUR UNTERSTÜTZUNG

1 Die Kinder können die Aufgaben auf Karten zur Verfügung bekommen, so dass der Schreibaufwand minimiert wird (LF 15 *Einspluseinsaufgaben bis 20*). Das Zahlenmaterial kann im Schwierigkeitsgrad angepasst werden (für den Fall, dass zu wenige oder zu viele der Aufgaben von den Kindern als einfach angesehen werden).

2, 3 Die Kinder nutzen Zwanzigerfeld und Plättchen, sowie Fünferstreifen zum Legen der Aufgaben.

4–7 Vor der Bearbeitung dieser Aufgaben können die Kinder selbst Aufgabenkarten den entsprechenden Strategien zuordnen und auf Karten mit oder ohne Ergebnis notieren. Für Kinder mit Unterstützungsbedarf kann es sinnvoll sein, die drei Aufgabentypen (mit 5), (mit 10) und (= 10) zeitlich getrennt zu erkunden. Das schnelle Erkennen von Zahlbildern im Zwanzigerfeld kann hier wiederholt werden. Je besser die Kinder Zahlen ganzheitlich im Zwanzigerfeld sehen können, desto eher werden sie die hier thematisierten Aufgaben auch subjektiv als einfach empfinden.

FORTSETZUNG

Kontinuierliches Zuordnen von Aufgabenkarten zu den einzelnen Strategien.

→ Arbeitsheft, Seite 41 → Förderheft, Seiten 34–36 → KV 55 *Einfache Plusaufgaben*

64/65 Schwierige Plusaufgaben

1 Im Plenum vier Typen einfacher Aufgaben wiederholen, Aufgabe in Einzelarbeit weiterführen. Vorgegebene Aufgaben können um eigene ergänzt werden.

2, 3 Ableitungsstrategien kennenlernen: Aus einfachen Aufgaben Nachbaraufgaben ableiten. Im letzten Päckchen sind verschiedene Aufgaben möglich.

4 Aufgaben zu den Strategien erfinden. Potenzial zum selbstgesteuerten Üben nutzen.

Wichtige Wörter
Nachbaraufgabe, Nachbarzahlen

1 Einfache Aufgaben. Ordne und rechne.

~~5 + 3~~	6 + 4	10 + 2	6 + 6	2 + 5	3 + 3	1 + 5
7 + 3	9 + 1	3 + 10	5 + 4	2 + 2	6 + 10	10 + 10

mit 5	mit 10	= 10	doppelt
5 + 3 = 8	10 + 2 = 12	6 + 4 = 10	6 + 6 = 12
2 + 5 = 7	3 + 10 = 13	7 + 3 = 10	3 + 3 = 6
1 + 5 = 6	6 + 10 = 16	9 + 1 = 10	2 + 2 = 4
5 + 4 = 9	(10 + 10 = 20)		10 + 10 = 20

2 Immer 2 Nachbaraufgaben. mit 5

4 + 2 = 6	4 + 4 = 8	3 + 4 = 7	7 + 4 = 11
5 + 2 = 7	5 + 4 = 9	3 + 5 = 8	7 + 5 = 12
6 + 2 = 8	6 + 4 = 10	3 + 6 = 9	7 + 6 = 13
			(Beispiel)

3 Immer 2 Nachbaraufgaben. mit 10

9 + 5 = 14	9 + 2 = 11	4 + 9 = 13	9 + 9 = 18
10 + 5 = 15	10 + 2 = 12	4 + 10 = 14	9 + 10 = 19
11 + 5 = 16	11 + 2 = 13	4 + 11 = 15	9 + 11 = 20
			(Beispiel)

4 Finde Nachbaraufgaben zu = 10 und doppelt.

4 + 6 = 10 3 + 6 = 9 4 + 7 = 11 5 + 5 = 10 6 + 5 = 11 5 + 4 = 9

(verschiedene Lösungen)

WAS WIRD BENÖTIGT?

Arbeits- und Demonstrationsmaterial: Ggf. Zwanzigerfeld, Plättchen, Fünfer- und Zehnerstreifen
Demonstrationsmaterial: LF 17 *Strategiekarten* (mit 5, mit 10, = 10 und doppelt)

WORUM GEHT ES?

Auf dieser Doppelseite werden Aufgaben angesprochen, die nicht zum bisher entwickelten Fundus der einfachen Aufgaben (mit 5, mit 10, = 10 und doppelt) gehören. Diese Aufgaben können aber mithilfe der einfachen Aufgaben gelöst werden, indem sie strategisch geschickt „abgeleitet" werden: Durch überlegte Variation eines der beiden Summanden erhält man eine einfache Aufgabe, deren bekanntes oder leicht zu bestimmendes Ergebnis in der Nähe der zu lösenden Aufgabe liegt. Macht man die Variation des Summanden am Ergebnis dieser einfachen Aufgabe wieder rückgängig, so hat man die ursprüngliche Aufgabe gelöst.
Im günstigen Fall kann man zu einer schwierigen Aufgabe eine Nachbaraufgabe finden, die aus dem entwickelten Fundus der einfachen Aufgaben stammt – dann muss das Ergebnis nur noch um 1 korrigiert werden. Solche Nachbaraufgaben der einfachen Aufgaben können auch als *„fast einfache Aufgaben"* bezeichnet werden (genauer: „fast mit 5", „fast mit 10", „fast = 10" und „fast doppelt"). Diese frühen Rechenstrategien bestehen also darin, in der schwierigen Aufgabe eine einfache Aufgabe zu erkennen, die bei der Lösung helfen kann. Komplexere Strategien, die eine Variation beider Summanden (etwa 9 + 11 = 10 + 10) oder die Zerlegung eines der Summanden wie beim klassischen Zehnerübergang (etwa 7 + 8 = 7 + 3 + 5) erfordern, werden später im Buch eigens und ausführlich thematisiert, dürfen aber von den Kindern hier selbstverständlich schon genutzt werden.
Natürlich ist nicht eindeutig festgelegt, welche einfache Aufgabe hilfreich zum Lösen einer schwierigen ist: Es muss den Kindern unbedingt erlaubt sein, hier ihre eigenen Wege zu gehen – wobei die verschiedenen Wege untereinander verglichen und diskutiert werden sollen.

WIE KANN MAN VORGEHEN?

1 *Strategien wiederholen*
Diese Aufgabe schließt direkt an die vorgehgehende Seite an: Zunächst werden alle Typen einfacher Aufgaben wiederholend thematisiert. Die vorgestellten Terme können um weitere, von den Kindern passend selbst gewählte, ergänzt werden.
Im Weiteren werden Nachbaraufgaben dazu genannt und mit den Kindern besprochen, wie diese mithilfe der einfachen Aufgaben gelöst werden können. Dies schafft den Übergang zu den weiteren Aufgaben der Seite.

2, 3 *Operative Beziehungen erkunden*
Hier werden durchweg aus den einfachen Aufgaben systematisch generierte Nachbaraufgaben ausgerechnet. Durch die Vorgabe der Ergebnisse aller einfachen Aufgaben wird intendiert, dass die gesuchten Ergebnisse aus den Ergebnissen der einfachen Aufgaben abgeleitet werden. Dadurch sollen die Aufgaben in Beziehung zueinander gesehen und nicht isoliert voneinander gelöst werden.

4 *Vertiefung: Aufgaben erfinden*
Nachdem die Kinder anhand vorgegebener Nachbaraufgaben

Einstieg Aufgabe zunächst in Partnerarbeit bearbeiten, dann Strategien untereinander vergleichen und zuletzt den Einstieg des Buchs heranziehen.
Klären, dass es stets verschiedene Möglichkeiten gibt, um eine Aufgabe zu lösen.

5 Dazu ermuntern, mehrere Aufgaben zur Lösungshilfe zu generieren.

6 Blitzrechnen
Neben der Nennung der Ergebnisse auch die Nennung der Rechenstrategie einfordern.
Plusaufgaben bis 10 automatisieren.

• **5** Lege und rechne geschickt. Achte auf mit 5, mit 10, = 10, doppelt.

9 + 8 = 17	4 + 7 = 11	6 + 9 = 15	13 + 7 = 20
9 + 6 = 15	4 + 8 = 12	6 + 7 = 13	12 + 8 = 20
8 + 3 = 11	7 + 6 = 13	8 + 6 = 14	16 + 4 = 20
4 + 9 = 13	3 + 8 = 11	8 + 9 = 17	3 + 13 = 16
7 + 9 = 16	6 + 8 = 14	7 + 8 = 15	4 + 14 = 18

○ **6** Plusaufgaben

Sicherheit gewonnen haben, sollen sie nun auf analoge Weise selbst solche „fast einfachen“ Aufgaben finden und im Heft notieren. Die Anzahl der Aufgaben wird von Kind zu Kind variieren. Abschließend sammeln und vergleichen die Kinder ihre Ideen. Wesentlich ist die Erkenntnis, dass man zu einer schwierigen Aufgabe immer einfache Aufgaben finden kann, deren Ergebnisse Nachbarzahlen sind.

Einstieg *Strategien vergleichen*
Die Kinder sollten in Partnerarbeit anfangs die Aufgabe 8 + 7 selbst lösen und ihren Rechenweg am Zwanzigerfeld begründet darstellen. Die Paare präsentieren ihre Ergebnisse anschließend im Sitzkreis. Gemeinsam wird eine passende Strategiekarte ausgesucht und zugeordnet. Sukzessive entsteht so ein Tafelbild, mit verschiedenen Rechenwegen. Es wird diskutiert, welche Wege geeignet waren.

5 *Operative Beziehungen geschickt herstellen*
Die Kinder sollten in Partner- oder Gruppenarbeit in jedem Fall darüber diskutieren, welche einfachen Aufgaben sie zur Lösung der schwierigen herangezogen haben. Hierzu kann man auch nach der individuellen Bearbeitung im Plenum die Lösungsvorschläge der Kinder sammeln und gemeinsam vergleichen.

6 *Blitzrechnen: Plusaufgaben*
Das Blitzrechnen lässt sich hier am besten in Partnerarbeit realisieren: Ein Kind nennt die Aufgabe, das Partnerkind nennt die Lösung und seine Rechenstrategie. Nach fünf Minuten wechseln die Kinder die Rollen. Diese Übungen müssen in den nächsten Wochen regelmäßig durchgeführt werden.

DIAGNOSTISCHES POTENZIAL

Welche einfachen Aufgaben kennen die Kinder? Wie bestimmen sie die Ergebnisse der Nachbaraufgaben einfacher Aufgaben? Welche einfachen Aufgaben ziehen die Kinder zur Bearbeitung der schwierigen heran?

MÖGLICHKEITEN ZUR UNTERSTÜTZUNG

1 Zur Vermeidung des Schreibaufwands können die Aufgaben auf Karten zur Verfügung gestellt werden (vgl. LF 15 *Einspluseinsaufgaben bis 20*).

2, 3 Zur Ableitung der schwierigen aus den einfachen Aufgaben kann durchgängig Material zum Legen der Aufgaben angeboten werden. Dabei muss darauf geachtet werden, dass die Kinder die mittlere Aufgabe legen und die obere bzw. die untere daraus gedanklich herstellen bzw. die Ableitung beschreiben. Es ist wichtig, dass die Kinder beschreiben, wie die Veränderungen um +1 bzw. −1 mithilfe der einfachen Aufgabe dargestellt werden können. Wenn die Kinder jede der drei Aufgaben immer wieder einzeln neu legen, bringt der Materialeinsatz keinen Erkenntnisgewinn. Da nicht immer der zweite Summand variiert wird, sollen die Kinder die Summanden untereinander legen.

4, 5 Die zugehörigen einfachen Aufgaben können in geordneten Listen zur Verfügung gestellt werden. Die Kinder können dann in Aufgabe 4 die „fast einfachen“ Aufgaben aus ihnen ableiten; in Aufgabe 5 müssen sie die helfenden Aufgaben nicht selbst konstruieren, sondern können sie heraussuchen.

→ Arbeitsheft, Seite 42 → Förderheft, Seite 37 → Verstehen und Trainieren, Seiten 21–24 → Vernetzen und Automatisieren, Seiten 24, 25 → Blitzrechnen

66/67 Plusaufgaben verändern

Einstieg 10er-Zerlegung wiederholen.
Den Zehnerübergang besprechen: Schwierige Aufgaben werden vereinfacht, indem sie in Aufgaben (= 10) verwandelt werden.

1 Zehnerübergang als *eine* Rechenstrategie kennenlernen: Zweiten Summanden zerlegen, damit Aufgaben (= 10) entstehen.
10er-Zerlegung in langen Aufgaben blau markieren.
Format „Aus ... mache ...“ wiederholen.

2 Zweiten Summanden so zerlegen, dass Verdopplungsaufgaben entstehen.
Summanden untereinander in Zwanzigerfeld legen.
Verdopplungsaufgabe in langen Aufgaben rot markieren.

3 Zahlen- und Aufgabenblick schulen: Welche Strategie ist sinnvoll? Mit Farben markieren, begründen.

Wichtige Wörter
lange und kurze Aufgabe

1 Verändere die Aufgaben (= 10).

Aus...	mache...	Aus...	mache...
7 + 5 = 12	7 + 3 + 2 = 12	7 + 4 = 11	(7 + 3) + 1 = 11
9 + 6 = 15	(9 + 1) + 5 = 15	8 + 6 = 14	(8 + 2) + 4 = 14
Aus...	**mache...**	**Aus...**	**mache...**
8 + 4 = 12	(8 + 2) + 2 = 12	6 + 8 = 14	(6 + 4) + 4 = 14
6 + 7 = 13	(6 + 4) + 3 = 13	9 + 7 = 16	(9 + 1) + 6 = 16

2 Verändere die Aufgaben (doppelt).

Aus...	mache...	Aus...	mache...
5 + 6 = 11	5 + 5 + 1 = 11	4 + 5 = 9	(4 + 4) + 1 = 9
6 + 8 = 14	(6 + 6) + 2 = 14	6 + 7 = 13	(6 + 6) + 1 = 13
Aus...	**mache...**	**Aus...**	**mache...**
7 + 9 = 16	7 + 7 + 2 = 16	5 + 7 = 12	5 + 5 + 2 = 12
8 + 9 = 17	8 + 8 + 1 = 17	6 + 9 = 15	6 + 6 + 3 = 15

3 Rechne geschickt mit (= 10) oder (doppelt).

4 + (7 + 3) = 14	(9 + 1) + 6 = 16	(5) + 2 + (5) = 12	(7) + 2 + (7) = 16
3 + (2 + 8) = 13	(8) + 5 + (2) = 15	3 + (5 + 5) = 13	3 + (6 + 6) = 15

WAS WIRD BENÖTIGT?

Arbeits- und Demonstrationsmaterial: Zwanzigerfeld, Plättchen, Fünfer- und Zehnerstreifen
Demonstrationsmaterial: LF 17 *Strategiekarten* (mit 5, = 10 und doppelt)

WORUM GEHT ES?

Die bisherigen Rechenstrategien werden gezielt thematisiert, um sie langfristig bewusster und flexibel zu nutzen. Dazu werden schwierige Aufgaben so dargestellt, dass ihre Beziehungen zu einfachen Aufgabe deutlich werden. Ausdruck findet dies in der Zerlegung der schwierigen Aufgabe (etwa 7 + 5) in eine lange Aufgabe („Dreier-Aufgabe“: 7 + 3 + 2) für den Zehnerübergang.
Wichtig für diese Strategie ist, dass die Kinder über die Zerlegungen der 10 verfügen; ansonsten werden sie ohne Material Schwierigkeiten haben, diese Strategie anzuwenden.
Der Zehnerübergang ist gewiss nicht die Strategie, auf die alle Kinder „von allein“ zugreifen würden oder müssen. Gleichwohl handelt es sich um eine mächtige Strategie. Ihre Effektivität basiert auf dem Stellenwertsystem, das durch das Zwanzigerfeld besonders gut deutlich wird – für diese Strategie sollte man deswegen die Summanden nebeneinander legen.
Legt man hingegen die Summanden untereinander, dann liegt auch eine andere Strategie nahe. Der kleinere der beiden Summanden ermöglicht es, in der schwierigen Aufgabe eine Verdopplungsaufgabe zu sehen:

7 + 9 = 7 + (7 + 2) =
7 + 7 + 2 = (7 + 7) + 2 = 14 + 2

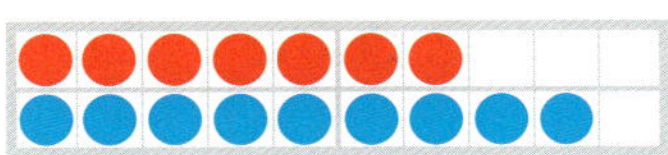

Hier werden Aufgaben also wie beim „Fast-Verdoppeln“ gedeutet – wobei die Umdeutung dafür sorgt, dass die schwierige Aufgabe zu einer einfachen Aufgabe mit demselben Ergebnis wird: Die Rechenstrategie wird ausgefeilter.
Auf der Seite rechts werden Aufgaben, die sich nur um einen Zehner unterscheiden, als „verwandte Aufgaben“ eingeführt. Am Zwanzigerfeld wird deutlich: Aufgaben im „ersten Zehner“ lassen sich in Aufgaben im „zweiten Zehner“ wiedererkennen.

WIE KANN MAN VORGEHEN?

Einstieg *Strategie Zehnerübergang einführen*
Anhand eines Tafelbildes wird thematisiert, dass es weitere Rechenstrategien gibt, um schwierige Aufgaben wie 7 + 5 zu lösen. Die Kinder erklären, wie man die lange und die beiden kurzen Aufgaben am Zwanzigerfeld erkennen kann und warum es sich hierbei nun um eine (= 10)-Aufgabe handelt. Dabei wird die nun zu erkennende 10 blau markiert. Mit weiteren Aufgaben dieser Form wird die Strategie gefestigt.

1 *Strategie Zehnerübergang verstehen*
Die Kinder berechnen die langen Aufgaben und markieren immer die (= 10)-Aufgaben blau. Die Aufgaben können auch im Zwanzigerfeld gelegt werden.

2 *Strategie ‚Verdoppeln' vertiefen*
Die langen Aufgaben werden mithilfe von Verdopplungsaufgaben berechnet und rot markiert. Das Legen im Zwanzigerfeld unterstützt das Verständnis.

4 Lege und rechne: Einfach 10 mehr.

2 + 3 = 5	10 + 2 + 3 = 15	7 + 2 = 9	7 + 2 + 10 = 19
5 + 2 = 7	10 + 5 + 2 = 17	5 + 3 = 8	5 + 3 + 10 = 18
4 + 2 = 6	10 + 4 + 2 = 16	1 + 6 = 7	1 + 6 + 10 = 17

5 Verwandte Aufgaben.

4 + 5 = 9	7 + 1 = 8	8 + 2 = 10	6 + 0 = 6
14 + 5 = 11	17 + 1 = 18	18 + 2 = 20	16 + 0 = 16
4 + 6 = 10	5 + 2 = 7	0 + 2 = 2	3 + 2 = 5
4 + 16 = 20	5 + 12 = 17	0 + 12 = 12	3 + 12 = 15

6 Finde verwandte Aufgaben.

3 + 5 = 8	8 + 1 = 9	2 + 6 = 8	4 + 3 = 7
13 + 5 = 18	18 + 1 = 18	12 + 6 = 18	14 + 3 = 17
3 + 15 = 18	8 + 11 = 18	2 + 16 = 18	4 + 13 = 18
	(Beispiele)		

7 Schreibe Aufgaben und verwandte Aufgaben. (verschiedene Lösungen)

6 + 3 = 9
16 + 3 = 19
6 + 13 = 19

9 + 2 = 11
19 + 2 = 21

Einstieg Aufgaben vergleichen: Was ist gleich, was ist anders?
Begriff „Verwandte Aufgaben“ besprechen.

4, 5 Verwandte Aufgaben (2 + 3 und 12 + 3) unterscheiden sich im Zwanzigerfeld nur durch einen zusätzlichen Zehnerstreifen.
Potenzial zur Sprachförderung nutzen.

6, 7 Den Begriff „verwandte Aufgaben“ vertiefen.
Eine oder mehrere verwandte Aufgaben zu einer kleinen Aufgabe finden.
Begründen: Warum sind die Ergebnisse der beiden größeren Aufgaben gleich (etwa 13 + 5 und 3 + 15)?
Der Zahlenraum bis 20 kann überschritten werden.
Potenzial zum selbstgesteuerten Üben nutzen.

Wichtige Wörter
Verwandte Aufgabe

3 *Strategien anwenden*
Nun entscheiden die Kinder selbst, welche der Strategien sie anwenden wollen. Zur Ergebnispräsentation stellen die Kinder eine lange oder kurze Aufgabe vor, andere Kinder nennen eine entsprechende kurze Aufgabe und erläutern diese mit dem Zwanzigerfeld. Diskutiert wird, warum auch beide Strategien sinnvoll sein können (z. B. bei 7 + 8 = 7 + 2 + 6 oder 7 + 8 = 7 + 7 + 1).

Einstieg *Verwandte Aufgaben einführen*
Analog zum Einstieg auf der linken Seite werden hier die Aufgaben verglichen. Aufgabenpaare, die sich nur durch einen glatten Zehner (später auch mehrere glatte Zehner) voneinander unterscheiden, werden als „verwandte Aufgaben“ bezeichnet. Um die Analogie zu veranschaulichen, schiebt man einen Zehnerstreifen in die obere Zeile des Zwanzigerfeldes. Dabei können sowohl der erste als auch der zweite Summand verändert werden: 3 + 5, also 13 + 5 oder 3 + 15. Mithilfe des Zwanzigerfeldes erklären die Kinder den Zusammenhang.

4, 5 *Verwandte Aufgaben lösen*
Verwandte Aufgaben werden geschickt gelöst: zunächst mithilfe der langen Aufgabe, dann werden die Beziehungen zur verwandten kurzen Aufgaben genutzt.

6, 7 *Vertiefung: Verwandte Aufgaben finden*
Hier kann der Zahlenraum überschritten werden. Die von den Kindern gefundenen Aufgaben werden in der Ergebnispräsentation vorgestellt und fortgeführt. Diskutiert wird, warum die Ergebnisse zweier verwandter Aufgaben zu einer kleinen Ausgangsaufgabe gleich sind: 13 + 5 = 3 + 15. Zudem wird hier das Verständnis angebahnt, dass die dekadischen Beziehungen tragfähig für zahlreiche Aufgaben im größeren Zahlenraum sind: 3 + 5 ist nicht allein verwandt mit 13 + 5 und 3 + 15, sondern z. B. auch mit 23 + 5 oder 53 + 5.

DIAGNOSTISCHES POTENZIAL

Wie erklären die Kinder, dass man verschiedene Aufgaben in einer Darstellung im Zwanzigerfeld sehen kann? Welche Erklärungen finden sie dafür, dass in den weiterführenden Aufgaben die langen Aufgaben und die kurzen dieselben Ergebnisse haben? Wie begründen sie ihre Strategiewahlen in Aufgabe 3?
Wie beschreiben sie den Begriff „verwandte Aufgaben“? Welche verwandten Aufgaben finden sie selbst (Zahlenraum!)? Inwiefern erkennen sie beide Aufgaben 13 + 5 und 3 + 15 als verwandte Aufgaben zur Aufgabe 3 + 5?

MÖGLICHKEITEN ZUR UNTERSTÜTZUNG

Durchgängig kann hier der Einsatz von Material und vor allem der farbigen Markierungen unterstützen.

1, 2 Deutlich hervorheben, wann die Summanden nebeneinander und wann untereinander gelegt werden. Vor dem Rechnen zusammengehörige Summanden markieren.

3 Die Lehrkraft ordnet die gesuchte Rechenstrategie zu, die Kinder müssen die lange Aufgabe passend legen.

4 – 7 Zehnerstreifen nutzen. Klären, wie sich ein Summand durch den Zehner verändert (an verwandte Zahlen erinnern: Immer 10, immer 20).

→ Arbeitsheft, Seite 43 → KV 56 *Geschickt rechnen (Addition)*

68 Rückblick

1 Plusaufgaben zum Bild finden, vgl. S. 56/57

2 Einfache Plusaufgaben lösen, vgl. S. 60 – 63

3 Schwierige Plusaufgaben aus einfachen ableiten, vgl. S. 61 und 64 – 67

4 Tauschaufgaben finden, vgl. S. 59

5 Verwandte Aufgaben finden, vgl. S. 67/68

6 Blitzrechnen
Verdoppeln, vgl. S. 61; Plusaufgaben, vgl. S. 65

Ich kann Plusaufgaben finden, legen, vergleichen und rechnen.

1 Finde Aufgaben zum Bild.

(Beispiele)
2 + 3 = 5
5 + 4 = 9
2 + 3 + 4 = 9
3 + 1 = 4
5 + 3 + 1 = 9

2

5 + 3 = 8	2 + 10 = 12	3 + 7 = 10	4 + 4 = 8
4 + 5 = 9	10 + 8 = 18	6 + 4 = 10	9 + 9 = 18

3 Rechne geschickt. Achte auf mit 5, mit 10, = 10, doppelt.

6 + 3 = 9	6 + 7 = 13	8 + 6 = 14	9 + 5 = 14
8 + 3 = 11	4 + 7 = 11	8 + 9 = 17	9 + 7 = 16

4 + 8 = 12
8 + 4 = 12
Tauschaufgaben haben das gleiche Ergebnis.

5 + 4 = 9
15 + 4 = 19
Verwandte Aufgaben: Einfach 10 mehr.

4 Finde die Tauschaufgabe.

1 + 5 = 6	3 + 9 = 12
5 + 1 = 6	9 + 3 = 12

5 Finde verwandte Aufgaben.

5 + 2 = 7	4 + 6 = 10
15 + 2 = 17	4 + 16 = 20

(Beispiele)

6 Übt immer wieder.
Verdoppeln (Seite 61) Plusaufgaben (Seite 65)

Rückblick: Einführung der Addition

Die inhaltsbezogenen Kompetenzen des Kapitels *Einführung der Addition* werden auf dieser Seite wiederholend rückblickend angesprochen. Im Kern geht es darum, dass die Kinder

- für die Addition sach- bzw. materialbezogene Grundvorstellungen aufgebaut haben, also Additionsaufgaben kontextbezogen statisch und dynamisch deuten,
- einfache Aufgaben kennen und zum Lösen schwierigerer Aufgaben heranziehen,
- Analogien von Aufgaben im Zehnerraum zu Aufgaben mit größeren Summen im Sinne von Verwandtschaftsbeziehungen herstellen.

Die dabei geförderten prozessbezogenen Kompetenzen treten in Form des Modellierens, Darstellens, Kommunizierens und Argumentierens auf. Diese werden stets eingebettet in die Entwicklung der inhaltsbezogenen Kompetenzen, indem die Kinder insbesondere

- für die Interpretation von Additionsaufgaben verschiedene Darstellungsebenen aus der sachlichen Umwelt und der symbolischen Mathematik zueinander in Beziehung setzen (Modellieren und Darstellen),
- die Rechengesetze der Addition (Kommutativ- und Assoziativgesetz) beispielbezogen anhand der Darstellungen im Material zur Begründung von elementaren Rechenstrategien nutzen (Argumentieren),
- strategische Überlegungen zur Bearbeitung von Rechenaufgaben erläutern und miteinander vergleichen (Kommunizieren),
- Lösungsstrategien wie systematisches Probieren anwenden (Problemlösen).

Die zentralen Merksätze zu Tauschaufgaben und verwandten Aufgaben werden anhand von Beispielen verdeutlicht und automatisiert.

Forschen und Finden: Schöne Päckchen

WAS WIRD BENÖTIGT?

Arbeits- und Demonstrationsmaterial: Zwanzigerfelder mit Plättchen und Fünferstreifen

WORUM GEHT ES?

„Schöne Päckchen" sind Päckchen, bei denen die Aufgaben nach einer durchgehenden Regel verändert werden. Die strukturellen Zusammenhänge zwischen den Päckchen und deren Auswirkungen auf die Ergebnisse können von den Kindern entdeckt und beschrieben werden.
Hier bietet es sich an, mit den Kindern über Beschreibungsmöglichkeiten zu sprechen. Auch können nichtsprachliche Mittel zur Beschreibung und Betonung von Auffälligkeiten genutzt werden (z. B. Pfeile, Farben).
Damit sich die Kinder nicht blind auf die Struktur verlassen und nur oberflächlich arbeiten, werden Begründungen verlangt. Außerdem wird das Format „Schöne Päckchen" immer wieder abgewandelt zum Format „Schöne Päckchen?" bei dem die zugrundeliegende Regel gestört ist und die vorliegende Störung beseitigt werden muss.

 → Arbeitsheft, Seite 44 → Förderheft, Seite 38 → Blitzrechnen

69 Forschen und finden: Schöne Päckchen

1 Schöne Päckchen.
Lege, rechne und erkläre.

5 + 1 = 6
6 + 2 = 8
7 + 3 = 10
8 + 4 = 12
9 + 5 = 14 Wie geht es weiter?

2 Wie geht es weiter? — Wie kann es weitergehen?

7 + 5 = 12	5 + 4 = 9	4 + 5 = 9	2 + 8 = 10	6 + 3 = 9
7 + 4 = 11	4 + 4 = 8	5 + 6 = 11	3 + 7 = 10	6 + 4 = 10
7 + 3 = 10	3 + 4 = 7	6 + 7 = 13	4 + 6 = 10	6 + 5 = 11
7 + 2 = 9	2 + 4 = 6	7 + 8 = 15	5 + 5 = 10	6 + 6 = 12
7 + 1 = 8	1 + 4 = 5	8 + 9 = 17	6 + 4 = 10	6 + 7 = 13
7 + 0 = 7	0 + 4 = 4	9 + 10 = 19	7 + 3 = 10	6 + 8 = 14

(Beispiele)

3 Schöne Päckchen?

5 + 2 = 7	1 + 3 = 4	5 + 9 = 14
6 + 3 = 9	3 + 4 = 7	6 + 7 = 13
~~7 + 3~~ = 7 + 4 = 11	5 + 5 = 10	7 + 5 = 12
8 + 5 = 13	~~7 + 7~~ = 7 + 6 = 13	~~8 + 2~~ = 8 + 3 = 11
9 + 6 = 15	9 + 7 = 16	9 + 1 = 10

4 Till hat ein schönes Päckchen erfunden. Welches?
Erfinde schöne Päckchen.
Beschreibe wie Till.
(verschiedene Lösungen)

1 Änderung der Summanden von Aufgabe zu Aufgabe beschreiben: Wie ändert sich dadurch das Ergebnis? Potenzial zur Sprachförderung nutzen.

2 Hier sind verschiedene Möglichkeiten denkbar.
Wichtig ist, dass das erfundene Päckchen einem Muster unterliegt.
Potenzial zum selbstgesteuerten Üben nutzen.

3 Die Regel als Begründung für die Störaufgabe nutzen.

4 Zahlenrätsel lösen, selbst Zahlenrätsel stellen.
Evtl. als Partnerarbeit.
Potenzial zum selbstgesteuerten Üben und zur Sprachförderung nutzen.

Wichtige Wörter
schöne Päckchen, erste Zahl, zweite Zahl, Ergebnis, ... ist größer als, ist kleiner als ..., ist genauso groß wie ...

WIE KANN MAN VORGEHEN?

1 *Aufgabenformat einführen*
Die Lehrkraft schreibt die ersten drei Aufgaben des Päckchens an die Tafel und fordert die Kinder auf, die erste Aufgabe im Zwanzigerfeld zu legen. Dann werden die Kinder gefragt, wie man aus dieser Darstellung die zweite Aufgabe, darauf aufbauend die dritte legen kann und schließlich, wie man das Päckchen passend dazu weiterführen kann. Mögliche Impulsfragen: Was passiert als nächstes mit den Plättchen? Wie lautet die nächste (übernächste...) Aufgabe?
Die erkannte Regel wird dann beschrieben: Die erste Zahl wird immer um 1 größer, die zweite ebenfalls. Zur Visualisierung der Entdeckung werden der erste und zweite Summand jeweils farbig und ggf. mit Pfeilen markiert.
Anschließend werden die Ergebnisse berechnet und aufgeschrieben: 6, 8, 10, 12, 14. Im Zwanzigerfeld kann man den Zuwachs um 2 sehen. Die Begründung ergibt sich aus dem Legen am Zwanzigerfeld und wird mündlich formuliert: Zur ersten Zahl wird immer 1 Plättchen, zur zweiten wird ebenfalls immer 1 Plättchen dazugelegt. Daher wird das Ergebnis um 2 größer.
Abschließend wird erklärt, dass solche Päckchen, bei denen von Aufgabe zu Aufgabe immer gleiche Änderungen durchgeführt werden, „schöne Päckchen" heißen.

2 *Schöne Päckchen fortsetzen*
Die letzten beiden Päckchen sind offen formuliert, denkbar sind also unterschiedliche Fortsetzungen. Wichtig ist, dass die Kinder zu ihrer Fortsetzung eine Regel formulieren können. Zur Ergebnispräsentation kann ein Kind seine Regel (mit oder ohne die erste Aufgabe) vorstellen und die anderen entwickeln ein dazu passendes Päckchen. Alternativ stellt ein Kind sein Päckchen vor und die anderen nennen eine passende Regel.

3 *Störungen aufdecken*
Die Regel wird formuliert, Auffälligkeiten können farbig markiert werden und die nicht passende Aufgabe wird gestrichen.

4 *Schöne Päckchen erfinden*
Die Kinder können Eigenproduktionen auf Blanko-Karteikarten. dokumentieren: Auf der Vorderseite notieren sie das Päckchen (mit markierten Entdeckungen), auf der Rückseite die Regel. Andere Kinder versuchen mithilfe der Regel, das passende schöne Päckchen zu konstruieren. So entsteht eine Kartei, die sukzessiv ergänzt werden kann.
Der Zahlenraum ist fertigestellt.

DIAGNOSTISCHES POTENZIAL

Wie beschreiben die Kinder die zugrundeliegenden Regeln der schönen Päckchen? Welche Regeln überlegen sie sich selbst für schöne Päckchen? Welche Begründungen finden die Kinder für die Verletzung einer Regel? In welchem Zahlenraum bewegen sich ihre Päckchen?

MÖGLICHKEITEN ZUR UNTERSTÜTZUNG

Es kann durchgehend Material zum Legen der Aufgaben genutzt werden. Wichtig ist, dass das Zwanzigerfeld nicht nach jeder Aufgabe im Päckchen abgeräumt wird, sondern immer die nachfolgende Aufgabe aus der liegenden durch Umlegen von möglichst wenigen Plättchen erzeugen.

→ Arbeitsheft, Seite 45 → Förderheft, Seite 39

70/71 Figuren legen

Einstieg Mit Legematerial auf verschiedene Weisen ein
Quadrat (Rechteck, Dreieck) legen, Zerlegung zeichnen

1 – 3 Mit Legematerial auf verschiedene (alle möglichen) Weisen legen.
Überlegen, welche Formen durch welche anderen Formen ersetzt werden können.
Potenzial zum selbstgesteuerten Üben und zur Sprachförderung nutzen.

4 Form mit genau einem Dreieck, Quadrat und Rechteck auslegen.
Begründen, warum es nur zwei Lösungen gibt.

Wichtige Wörter
Viereck, Dreieck, Quadrat
ersetzen, drehen, verschieben, zerlegen, austauschen
oben, unten, rechts, links

1 Lege und zeichne. (Beispiele)

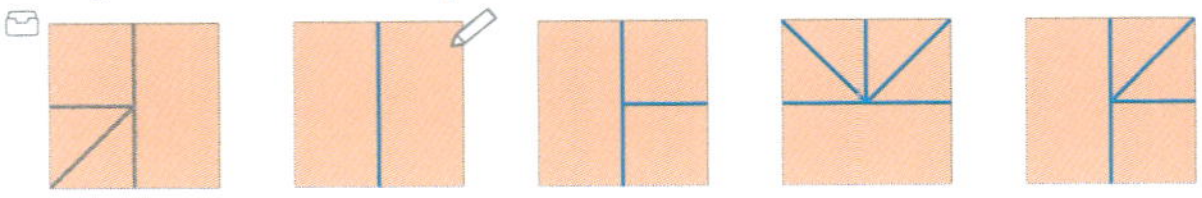

2 Lege und zeichne. (Beispiele)

3 Lege und zeichne. (Beispiele)

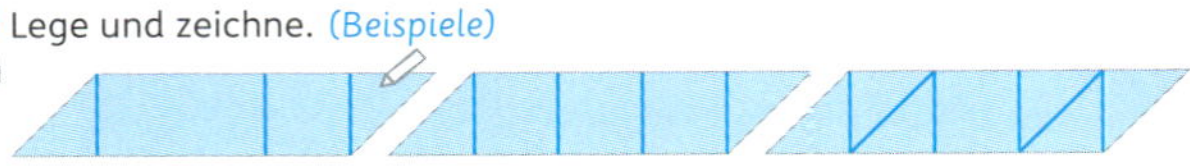

4 Lege und zeichne.
Nimm 1 Dreieck, 1 Quadrat und 1 Rechteck.

WAS WIRD BENÖTIGT?

Arbeits- und Demonstrationsmaterial: Legematerial (zur Demonstration 200% vergrößert), KV 57 *Mit Formen legen*

WORUM GEHT ES?

Die bisher gemachten Erfahrungen mit geometrischen Formen werden aufgegriffen und im Kontext „Legen und Umlegen" weiter ausgebaut. Die Kinder sollen anhand der Aktivitäten hier erfahren, dass und wie sich geometrische Formen in andere Grundformen zerlegen lassen. Die Legematerialien sind so aufgebaut, dass sich zwei Dreiecke zu einem Quadrat und zwei Quadrate zu einem Rechteck zusammenlegen lassen. Somit gibt es eine Vielzahl an Möglichkeiten des Legens und Umlegens innerhalb einer auszulegenden Figur. Dabei gelten stets die Regeln:

- Die auszulegenden Figuren dürfen nur mit den geometrischen Formen des Legematerials ausgelegt werden.
- Die Formen dürfen sich nicht überlappen, sondern nur berühren.
- Die auszulegende Figur muss vollständig mit den Formen des Legematerials ausgelegt werden.

Eine neue Auslegemöglichkeit für eine vorgegebene Figur entsteht, wenn Formen durch andere Formen ersetzt oder wenn einzelne Formen oder die gesamte Figur gedreht werden.
So lässt sich das Quadrat aus Aufgabe 1 z. B. mit …

- vier Quadraten auf eine,
- zwei Rechtecken auf zwei,
- drei Quadraten und zwei Dreiecken aber schon auf acht Arten auslegen:

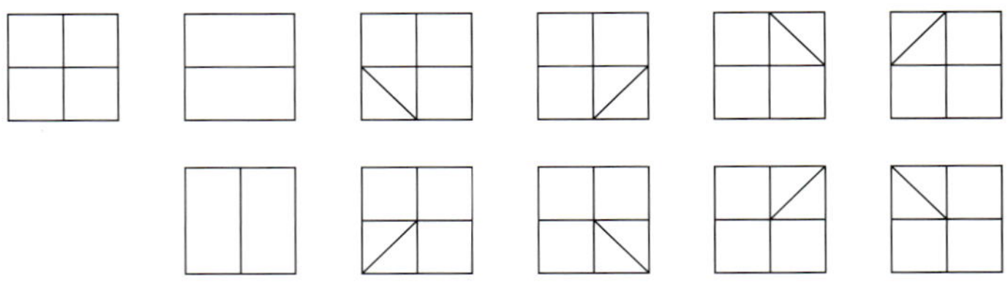

Möglicherweise erkennen manche Kinder bereits, dass einige Lösungen durch eine Drehung um 90° entstehen – und deswegen eigentlich nicht neu gelegt werden müssen.

WIE KANN MAN VORGEHEN?

Einstieg *Mit Formen Figuren legen*
Der Umriss des Quadrates wird mehrfach an die Tafel gezeichnet. Die Kinder versuchen mit entsprechend großem Legematerial, die Quadrate auszulegen. Dabei sollen sie sowohl die benutzten Formen als auch deren Raumlage mit Fachausdrücken benennen, etwa: „Oben links ist ein Quadrat, unten links zwei Dreiecke, rechts ein Rechteck." Dazu können schon vorhandene Wortspeicher erneut eingesetzt und ergänzt werden. Gemeinsam werden unterschiedliche Möglichkeiten, ein Quadrat auszulegen, gefunden und eingezeichnet.

1, 2 *Quadrat und Rechteck auslegen*
Die Kinder legen das Quadrat und das Rechteck mithilfe des Legematerials aus. Dabei können sie viele verschiedene Lösungen finden.
Zur Größenorientierung der jeweiligen Formen kann die KV 57 *Mit Formen legen* genutzt werden, in der die auszulegenden Formen in passender Größe abgebildet sind. Die Kinder können ihre

5 Lege und zeichne. (Beispiele)

Nimm 2 Dreiecke, 2 Quadrate und 1 Rechteck.

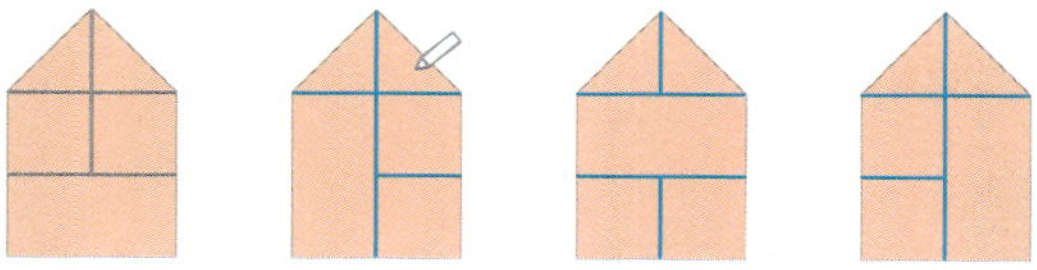

6 Lege und zeichne. (Beispiele)

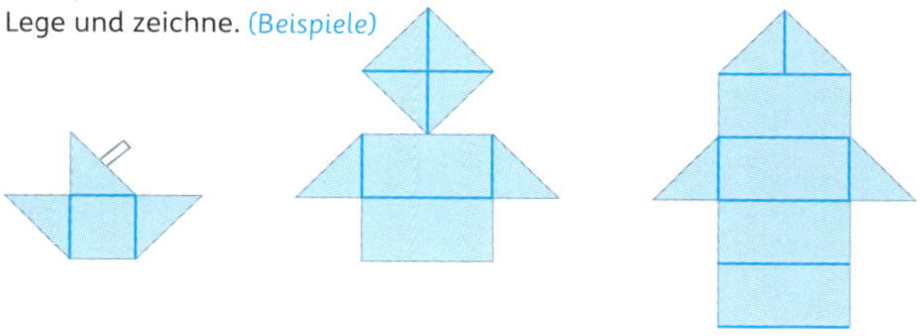

7 Lege und zeichne. Benutze möglichst wenige Formen. (Beispiele)

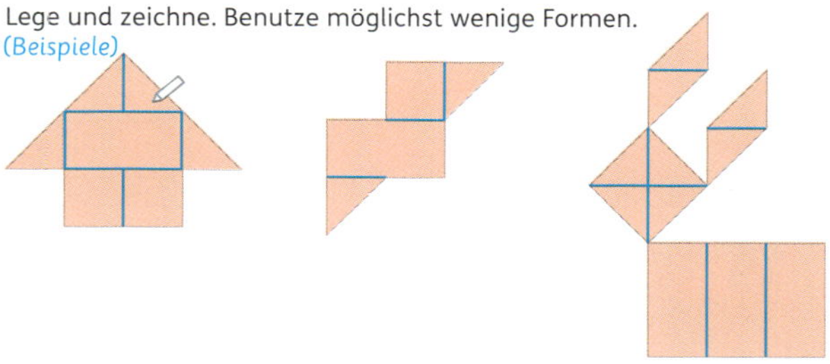

8 Lege und zeichne Figuren. (verschiedene Lösungen)

Nimm 2 Dreiecke, 2 Rechtecke und 2 Quadrate.

5 Vier Möglichkeiten finden, das Haus mit zwei Dreiecken, zwei Quadraten und einem Rechteck auszulegen. Begründen, warum das alle sind.
Potenzial zur Sprachförderung nutzen: drehen, austauschen, verschieben.

6 Vorgegebene Form mit den Legeformen auslegen.

7 Vorgegebene Form mit möglichst wenig Formen auslegen.

8 Eigene Auslegeformen finden. Ins Heft zeichnen. Potenzial zum selbstgesteuerten Üben nutzen.

Legeformen dort direkt hineinlegen und anschließend die Lösung dort skizzieren.
Die Kinder sollen in der Auseinandersetzung mit dieser Aufgabe entdecken, dass
- ein Quadrat durch zwei Dreiecke,
- ein Rechteck durch zwei Quadrate,
- ein Rechteck durch ein Quadrat und zwei Dreiecke

ersetzt werden kann. Verschiedene Aus- und Umlegemöglichkeiten können erkundet werden. Nach der Einzelarbeit vergleichen die Kinder ihre gefundenen Lösungen mit einem Partner (z. B. mit einem Lerntempoduett). Zur Dokumentation wählen sie zwei verschiedene Ergebnisse, kleben sie auf ein Blatt und markieren Gemeinsamkeiten und Unterschiede mit zwei verschiedenen Farben. (Ist diese Methode des Vergleichens und Markierens der Lerngruppe unbekannt, kann dies in der Reflexion im Plenum gemeinsam durchgeführt werden.)
Abschließend werden verschiedene Möglichkeiten eine Form durch andere zu ersetzen im Sitzkreis an verschiedenen Beispielen aus Aufgabe 1 und 2 besprochen, auf einem Lernplakat visualisiert und durch zentrale Begriffe ergänzt: ersetzen, verschieben, drehen. Diese Entdeckungen sind zentral für die zunehmend systematische Bearbeitung der kommenden Aufgaben.

3 – 5 *Formen auslegen*
In Aufgabe 3 sollen die Kinder systematischer alle Lösungen zur Auslegung des Parallelogramms finden.
In Aufgabe 4 können die Kinder begründen, dass es nur genau zwei Auslegemöglichkeiten gibt: Das Dreieck muss unten rechts platziert werden. Entsprechend gibt es für das Quadrat und das Rechteck nur zwei verschiedene Möglichkeiten, diese zu platzieren. Analog hat das Haus in Aufgabe 5 nur vier Auslegemöglichkeiten.
Gemeinsam werden an der Tafel alle Lösungen angeheftet und begründet, warum das alle Lösungen sind.

6 *Mit Formen auslegen*
Figuren auslegen, KV 57 *Mit Formen legen*

7 *Mit wenigen Formen auslegen*
Auslegen mit möglichst wenig Formen. Die Erkenntnisse aus den Aufgaben 1 bis 6 sollten genutzt werden.

8 *Frei legen*
Die Kinder erfinden eigene Formen. Es kann eine Klassenkartei daraus erstellt werden.

DIAGNOSTISCHES POTENZIAL

Können die Kinder die benutzten Legeformen richtig benennen? Erkennen sie, dass sich die Formen mit den Legeformen unterschiedlich auslegen lassen? Wie finden sie neue Möglichkeiten, gehen sie systematisch vor? Wie zeichnen sie ihre Lösungen in die Vorlagen ein? Wie begründen sie, dass sie alle Auslegemöglichkeiten gefunden haben? Können sie mit möglichst wenig Formen legen? Finden sie eigene Formen und zeichnen diese?

MÖGLICHKEITEN ZUR UNTERSTÜTZUNG

Kopiervorlagen in Originalgröße der Auslegefiguren nutzen.

→ Arbeitsheft, Seite 46

72/73 Ornamente

Einstieg Kopfschmuck der Indianer beschreiben, auf Kopfbänder fokussieren.

1, 2 Vorgegebene Bänder als Freihandzeichnung fortsetzen.
Formen der Bänder und ihre Raumlage beschreiben.
Potenzial zur Sprachförderung nutzen.

3 Eigenes Ornament ins Heft zeichnen.

Wichtige Wörter
Ornament, Startfigur, Muster
Viereck, Dreieck, Rechteck, Quadrat
oben, unten, rechts von, links von

Indianer tragen schöne Bänder.

1 Zeichne weiter.

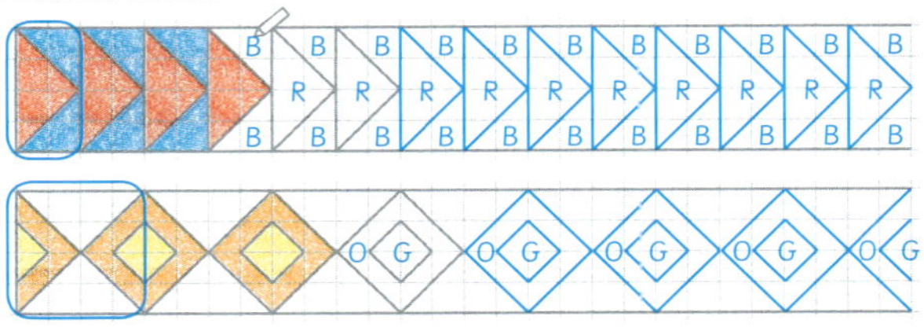

2 Zeichne weiter.

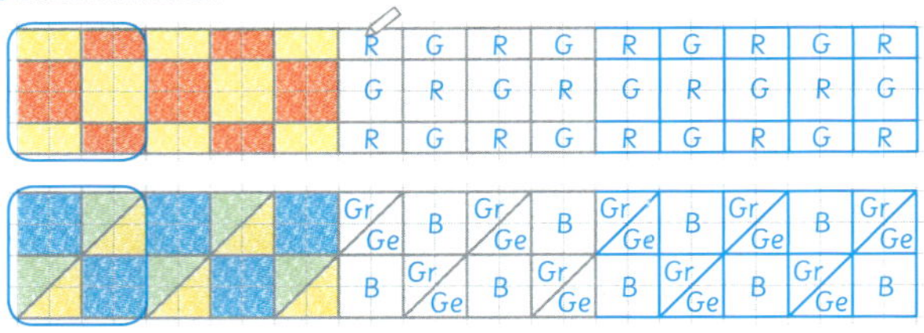

3 Zeichne Bänder.

WAS WIRD BENÖTIGT?

Arbeitsmaterial: Legematerial
Demonstrationsmaterial: vergrößertes Legematerial oder transparentes Legematerial für den Tageslichtprojektor

WORUM GEHT ES?

Ornamente (auch Streifenornamente genannt) sind geometrische Muster, die sich in einem jeweils gleichen Abstand nach rechts und links wiederholen, so dass sich Streifen ergeben. Sie sind den Kindern als Verzierungen von Alltagsgegenständen wie Mützen, Pullovern, Tellern, Tapeten etc. sowie von Gebäuden bekannt. Zudem wissen manche Kinder, dass Ornamente auch in anderen Kulturen und Völker eine große Rolle spielen. Exemplarisch werden hier Stirnbänder von Indianern dargestellt, die bei manchen Indianerstämmen traditionell als Zeichen der Tapferkeit eines Kriegers getragen wurden. Eine Federhaube z. B. steht für ruhmreichen Einsatz für das eigene Volk und wurde in der Regel vom Häuptling des Stammes getragen.
Mit Ornamenten werden die Inhalte der Doppelseiten 12/13 sowie 50/51 aufgegriffen. Die Komplexität der fortzusetzenden Muster wird auf dieser Doppelseite im Vergleich zu den vorherigen Seiten nochmals gesteigert. Zudem werden die zeichnerischen Kompetenzen weiter entwickelt und es wird erneut geübt, Formen und ihre Raumlage mithilfe von Fachausdrücken zu beschreiben.

WIE KANN MAN VORGEHEN?

Einstieg *Ornamente in der Umwelt erkennen*
Gemeinsam wird über die Einstiegsbilder gesprochen. Sicherlich werden die Kinder nicht nur auf die Bänder eingehen, sondern darüber berichten, was sie bisher über Indianer wissen. Somit bietet der Einstieg Freiraum, um fächerübergreifendes Lernen zu ermöglichen.
Die Kinder sollen schließlich versuchen, die Bänder der Indianer mit Worten zu beschreiben. Dabei nutzen sie Fachausdrücke für die geometrischen Formen und deren Raumlage. Ein bereits erstellter Wortspeicher kann erneut zum Einsatz kommen. Bei der Beschreibung sollen die Kinder auf das sich wiederholende Muster eingehen: Wann wiederholt sich die Startfigur? Wie sieht die Startfigur aus?

1, 2 *Ornamente nachzeichnen*
Aufgabe 1 nimmt direkten Bezug zu den Einstiegsfotos. Die dort dargestellten Ornamente sollen im Schulbuch nachgezeichnet bzw. fortgesetzt werden. Für noch unsichere Kinder ist das Muster in seiner Fortsetzung angedeutet. Kinder, die hiermit keinerlei Probleme haben, versuchen, das Ornament als Freihandzeichnung fortzuführen.
In Aufgabe 2 sollen die Kinder weitere Ornamente als Freihandzeichnung fortsetzen.

3 *Eigene Ornamente erfinden*
Die Kinder erfinden eigene Ornamente in ihren Heften.
Zur Ergebnispräsentation werden die verschiedenen Ornamente der Kinder gesammelt.
Zunächst wird kontrolliert, ob alle Ornamente eine sich wiederholende Startfigur haben oder ob einzelne Ornamente noch korrigiert werden müssen. Exemplarisch beschreibt zuerst die Lehrkraft und anschließend die Kinder ein Ornament (nicht zwingend das eigene). Die anderen Kinder erraten, um welches Ornament es sich handelt. Gemeinsam wird darüber nachgedacht,

4 Lege und zeichne weiter.

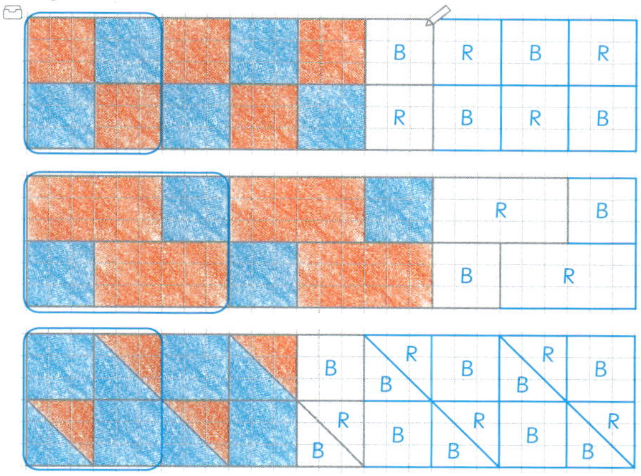

5 Lege Muster mit Quadraten, Rechtecken und Dreiecken. Zeichne.
(verschiedene Lösungen)

Einstieg Startfigur beschreiben.
Ornament legen und fortsetzen.
Potenzial zur Sprachförderung nutzen.

4 Ornamente mit Legematerial nachlegen, fortsetzen und verkleinert ins Schulbuch einzeichnen.

5 Eigenes Ornament mit Legematerial legen und in Originalgröße oder verkleinert abzeichnen.
Potenzial zum selbstgesteuerten Üben nutzen.

Wichtige Wörter
lange Seite, kurze Seite

was genau beschrieben wurde und an welchen Stellen es Probleme gab.

Einstieg *Ornamente legen*

Die Lehrkraft heftet ein Ornament mit Legematerial an die Tafel. Ein Kind beschreibt das Muster, ein anderes setzt das Ornament fort.

4 *Ornamente legen und zeichnen*

Bei dieser Aufgabe sollen die Ornamente zunächst mit Legematerial erzeugt werden. Eine Schwierigkeit besteht evtl. darin, dass die Zeichnung im Schulbuch im Vergleich zum gelegten Ornament verkleinert ist. Um das Abzeichnen zu erleichtern, ist der Anfang der Musterfortsetzung vorgegeben. Die weitere Fortsetzung soll als Freihandzeichnung erfolgen.

5 *Eigene Ornamente legen und zeichnen*

Die Kinder legen eigene Ornamente. Sie können diese entweder in der Originalgröße des Legematerials oder auch wie im Schulbuch verkleinert abzeichnen.

Die Ergebnispräsentation kann analog zur Ergebnispräsentation der Indianerornamente erfolgen.
Alternativ kann aber auch folgendes Vorgehen gewählt werden: Die Lehrkraft und anschließend auch ein Kind beschreibt ein Ornament, z.B. ein in Aufgabe 4 gelegtes. Die anderen Kinder versuchen dieses Ornament mit Legematerial an ihren Plätzen nachzulegen. Folgende Beschreibung ist hier möglich: Mein Ornament hat zwei Reihen. Die obere Reihe beginnt mit einem roten Rechteck. Eine lange Seite zeigt nach unten. Rechts daneben liegt ein blaues Quadrat. Die zweite Reihe beginnt mit einem blauen Quadrat, rechts daneben liegt ein rotes Rechteck. Eine lange Seite zeigt nach unten. Dann immer so weiter.

DIAGNOSTISCHES POTENZIAL

Erkennen die Kinder die Startfigur in den Ornamenten? Wie setzen sie das Muster fort? Wie zeichnen sie Muster und wie beschreiben sie Muster? Welche eigenen Ornamente entwickeln sie und welches Material nutzen sie dafür?

MÖGLICHKEITEN ZUR UNTERSTÜTZUNG

KV 58 *Ornamente* nutzen.
Kinder mit Problemen beim Nachzeichnen können Ornamente ausschließlich mit Legematerial legen. Beim Nachzeichnen können sie das Legematerial umfahren.

→ Arbeitsheft, Seite 47

74/75 Spiegeln

Einstieg, 1 Mit dem Spiegel experimentieren und in den Gegenständen Spiegelachsen finden.
Begriff Spiegelachse einführen, Besonderheit einer spiegelsymmetrischen Figur klären.

○ **1** Finde und zeichne die Spiegelachse.

Wichtige Wörter
Spiegelachse, spiegeln, Hälfte

WAS WIRD BENÖTIGT?

Arbeitsmaterial: Legematerial, kleine Spiegel – möglichst ohne Rahmen (Hinweis: Rahmenlose, unzerbrechliche Handspiegel, 10 cm x 15 cm, mit leicht abgerundeten Ecken werden als Begleitmaterial zum ZAHLENBUCH angeboten.)
Demonstrationsmaterial: großer Spiegel zum gemeinsamen Handeln vor der Tafel (Tipp: im Baumarkt erhältlich)

WORUM GEHT ES?

Erste Erfahrungen zur Achsensymmetrie wurden bereits auf den Schulbuchseiten 52/53 gemacht, auf denen achsensymmetrische Figuren durch Falten und Schneiden erzeugt wurden. Hier wird ein erster Zugang zur Achsensymmetrie mithilfe des Spiegels angebahnt. Dieser Zugang ist für viele Kinder anspruchsvoller. Beim Falten und Schneiden können die symmetrischen Hälften immer wieder aufeinander geklappt und somit Symmetrien handelnd nachvollzogen werden: Achsensymmetrische Figuren lassen sich an einer Faltkante immer auseinander und an dieser auch zusammenfalten, so dass sich beide Hälften decken. Doch mit einem Spiegel können die Kinder die Eigenschaften einer achsensymmetrischen Figur nicht durch Klappen oder Aufeinanderlegen der beiden Hälften nachvollziehen. Der Spiegel erzeugt eine Hälfte der achsensymmetrischen Figur als Projektion im Spiegel – also nur als Bild. Die Kinder müssen damit eine real existierende Hälfte mit einer im Spiegel als Bild projizierten Hälfte zu einer symmetrischen Figur verknüpfen.
Mit einem Spiegel können Symmetrieachsen einer Figur gefunden oder überprüft werden, d. h. die Symmetrieachse liegt in der Figur (vgl. Aufgaben auf der linken Seite) oder es wird eine Figur neu erzeugt, etwa verdoppelt (vgl. Aufgaben auf der rechten Seite).

WIE KANN MAN VORGEHEN?

Einstieg, 1 *Spiegelachsen finden*
Bevor das Thema „Achsensymmetrie mit dem Spiegel" systematisch erarbeitet wird, müssen die Erfahrungen der Kinder mit Spiegeln aufgegriffen und durch eine Phase freien Experimentierens aktiviert werden.
Im Sitzkreis werden zunächst Erfahrungen der Kinder mit Spiegeln gesammelt, etwa zur Frage: Was ist das Besondere wenn ihr euch oder etwas anderes im Spiegel betrachtet? Die Kinder können etwa antworten: Ich sehe mein Spiegelbild. Ich sehe alles doppelt. Ich kann damit nach hinten sehen. Was die Kinder damit genau meinen, können sie an einem Demonstrationsspiegel vor der Tafel zeigen.
Anschließend bekommt jedes Kind einen Handspiegel und darf mit diesem im Klassenzimmer forschen. Der Spiegel wird vor oder auf Gegenstände (Stifte, Radiergummi, Plättchen, Legematerial) gelegt und verschoben. Zur Dokumentation können die Kinder aufgefordert werden, den Gegenstand vor dem Spiegel und das Bild im Spiegel aufzuzeichnen. Möglicherweise entdecken und beschreiben manche Kinder, dass der Spiegel die Gegenstände verdoppelt. Aber auch die Entdeckung, dass manche Gegenstände gleiche Hälften haben (wie z. B. die Formen des Legematerials), ist hier möglich.
Die spontanen Äußerungen der Kinder werden in einer anschließenden gemeinsamen Phase gebündelt: Was ist euch aufgefallen, als ihr mit dem Spiegel gearbeitet habt?
Nach diesem Einstieg wird gemeinsam über die in der Einstiegsillustration dargestellte Situation gesprochen. Es wird geklärt, was die Kinder mit ihren Äußerungen meinen und wie sie mit dem Spiegel arbeiten. Es ist hilfreich, ein vergrößertes Indianerzelt (Bild oder Skizze) in die Mitte zu legen und mit einem großen

2 Zeichne die Spiegelachse.

Aus ... mache ...

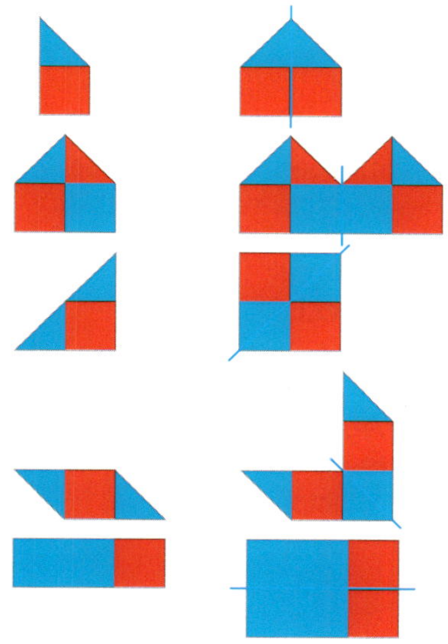

3 Finde Figuren mit dem Spiegel. Zeichne wie Esra.

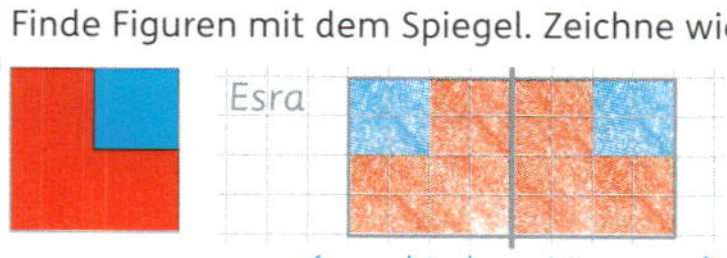

(verschiedene Lösungen)

4 Wähle eine Figur. Spiegle und zeichne.

(verschiedene Lösungen)

2 Startfigur mit Legematerial legen, überlegen, wo der Spiegel platziert werden muss, damit die Zielfigur entsteht. Spiegelachse im Schulbuch einzeichnen.

3 Spiegel an die Startfigur halten, möglichst viele Zielfiguren erzeugen und im Heft dokumentieren.

4 Eigene Startfiguren legen, mit dem Spiegel achsensymmetrische Zielfiguren erzeugen und ins Heft zeichnen.
Potenzial zum selbstgesteuerten Üben nutzen.

Wichtige Wörter
Startfigur, Zielfigur

Spiel anlegen zu lassen wie im Bild. Dazu wird der Fachausdruck Spiegelachse eingeführt.
So vorbereitet können die Kinder selbstständig mit einem Spiegel die Aufgabe im Schulbuch bearbeiten und die Spiegelachse als Freihandzeichnung einzeichnen.
Im Plenum präsentieren die Kinder ihre Ergebnisse (falls möglich an vergrößerten Bildern der Schulbuchseite) und erklären, wie sie die Spiegelachse gefunden haben.

Einstieg, 2 *Achsensymmetrische Figuren erzeugen*

Im Sitzkreis werden die ersten beiden Figuren in die Mitte gelegt. Die Kinder sollen vermuten, wo sie im linken Bild den Spiegel platzieren müssen, damit das rechte Bild entsteht. Der Begriff der Spiegelachse wird erneut thematisiert. Zudem wird das Aufgabenformat „Aus ... mache ...“ wiederholt und die Bezeichnungen Start- und Zielfigur eingeführt.

Die Kinder legen die Startfiguren links mit Legematerial nach. Sie probieren mit dem Spiegel zunehmend systematisch, wo sie ihn platzieren müssen, damit die rechtsstehende Zielfigur entsteht. In der Zielfigur zeichnen sie die Spiegelachse ein.

3 *Verschiedene Figuren erzeugen*

Bei dieser Aufgabe sollen die Kinder den Spiegel an alle vier verschiedenen Seiten der aus dem Legematerial gelegten Startfigur setzen. Die entstehende achsensymmetrische Figur wird als Skizze in verkleinerter Form (analog zu Schulbuchseite 73) in das Heft übertragen.

4 *Eigene Figuren spiegeln*

Die Kinder legen mit Legematerial eigene Startfiguren und platzieren den Spiegel. Die entstehenden achsensymmetrischen Zielfiguren zeichnen sie in Originalgröße oder in verkleinerter Form in ihr Heft.
Abschließend hängen einige Kinder, ohne dass die anderen dies sehen, eine eigene Startfigur mit Legematerial an die linke Tafelhälfte sowie eine dazu passende Zielfigur an die rechte Tafelhälfte. Die übrigen Kinder sollen gemeinsam überlegen, welche Figuren zusammengehören, und dies begründen. Die Lage des Spiegels bzw. der Spiegelachse wird eingezeichnet bzw. gezeigt.

DIAGNOSTISCHES POTENZIAL

Wie beschreiben die Kinder, was die Besonderheit einer achsensymmetrischen Figur ausmacht? Finden sie Symmetrieachsen? Können sie symmetrische Figuren mit Legematerial und Spiegel erzeugen? Wie zeichnen sie diese?

MÖGLICHKEITEN ZUR UNTERSTÜTZUNG

Kinder mit Problemen beim Zeichnen der symmetrischen Figuren legen die symmetrischen Gesamtfiguren mit dem Legematerial nach. Sie müssen somit nicht zeichnen. Alternativ können sie diese in Originalgröße nachzeichnen, indem sie die Legeformen umfahren.

→ Arbeitsheft, Seite 48 → KV 59 *Spiegeln* → Spiegeln mit dem Spiegel

Themenblock Einführung der Subtraktion

Die Subtraktion ist die Umkehroperation der Addition. Daher können die Ergebnisse von Subtraktionsaufgaben aus den Ergebnissen von Additionsaufgaben abgeleitet werden. Aus diesem Grund wird die Subtraktion in der Regel im Anschluss an die Addition behandelt. Das ZAHLENBUCH folgt dieser Tradition, allerdings nicht uneingeschränkt. Die Autoren sind sich bewusst, dass die Addition und die Subtraktion in der operativen Rechendidaktik von Arnold Fricke von Anfang an im Zusammenhang behandelt wurden. Auch ist ihnen bekannt, dass es in der japanischen Rechendidaktik einzelne Stimmen gibt, die sogar für eine Behandlung der Subtraktion vor der Addition plädieren, weil die Subtraktion schwieriger als die Addition ist.
Um diesen Argumenten Rechnung zu tragen, werden im ZAHLENBUCH operative Beziehungen zwischen Addition und Subtraktion schon vor den Themenblöcken zur Addition und Subtraktion hergestellt: Zum Beispiel stellen die Schülerbuchseiten und Blitzrechenübungen zu „Immer 10/Immer 20“ (S. 24/25) sowie zum „Zerlegen“ (S. 26/27) schon einen engen Bezug zwischen beiden Operationen her, wie sich auf den folgenden Seiten noch deutlicher zeigen wird. Weiter ist anzumerken, dass nach dem Themenblock „Einführung in die Subtraktion“ noch zwei Themenblöcke („Addieren und Subtrahieren“, sowie „Aufgaben vergleichen“) folgen, in denen die Operationen explizit verzahnt werden, was sich auf die weiteren Durchgänge durch diese Themen günstig auswirkt. Insbesondere sei hier auf die Übungsformate „Rechendreiecke“ und „Zahlenmauern“ hingewiesen, in denen sich die Beziehungen zwischen den Rechenoperationen besonders gut herstellen lassen.

Besonderheiten der Subtraktion

Die Subtraktion unterscheidet sich von der Addition formal dadurch, dass die beiden Zahlen auf der einen Seite des Gleichheitszeichens einen unterschiedlichen Status haben, was sich schon daran zeigt, dass für die Subtraktion nicht das Vertauschungsgesetz gilt. Daher ist es besonders wichtig, dass die Handlungen, die der Subtraktion zugrunde liegen, sorgfältig geklärt werden.
Ein Rechensatz wie 8 – 2 muss strikt von links nach rechts gelesen und mit Handlungen verbunden werden: Die Zahl 8 ist durch eine Menge (z. B. von Plättchen) gegeben. Das Minuszeichen zeigt an, dass etwas weggenommen oder abgedeckt wird. Die hinter dem Minuszeichen stehende Zahl zeigt an, wie viel weggenommen oder abgedeckt wird. Die Anzahl der verbleibenden Plättchen steht als Ergebnis auf der anderen Seite des Gleichheitszeichens.
Genauso wenig wie man bei der Addition das Pluszeichen nur als „hinzufügen“ und das Gleichheitszeichen nur als „ergibt“ verstehen darf, darf man bei der Subtraktion das Minuszeichen nicht nur als „wegnehmen“ (insbesondere des vorher Hinzugefügten) und das Gleichheitszeichen nur als „ergibt“ interpretieren. Das Minuszeichen kann auch „abdecken“ bedeuten. Weiter muss das Wegnehmen oder Abdecken von Plättchen auch nicht immer „von rechts“ erfolgen. Von Anfang an muss also im Auge behalten werden, dass die Subtraktion als Umkehrung der Addition in zwei Varianten vorkommt: als *Abziehen* und als *Ergänzen*.
Dass die Division als Umkehrung der Multiplikation zwei Aspekte hat, das Aufteilen und das Verteilen, ist allgemein bekannt und wird in den Schulbüchern berücksichtigt. Die Erkenntnis, dass der Fall bei der Subtraktion genauso liegt, ist noch nicht so weit verbreitet.

Eins nach dem anderen

Angesichts dieser Komplexität der Subtraktion verbietet es sich, alle ihre Besonderheiten auf einen Schlag zu behandeln. Der richtige Weg besteht daran, bei den verschiedenen Durchgängen durch die Subtraktion eine Besonderheit nach der anderen einzubeziehen und das Verständnis zu erweitern.
Auf später aufgeschoben wird insbesondere der Aspekt „Ergänzen“, für den eine eigene Seite vorgesehen ist (Seite 100).

DIE BEZIEHUNG „TEIL-GANZES“

Um die operativen Beziehungen zwischen Addition und Subtraktion deutlich zu machen, ist es sinnvoll, das Abdecken einer Teilmenge gegenüber dem Wegnehmen zu betonen. In der angelsächsischen Didaktik spricht man hier von der Notwendigkeit die Beziehung „Teil-Ganzes“ zu betonen.
Was bedeutet das für den Unterricht?
Wenn man 8 Plättchen legt

und dann 2 Plättchen wegnimmt, sind diese 2 Plättchen verschwunden.

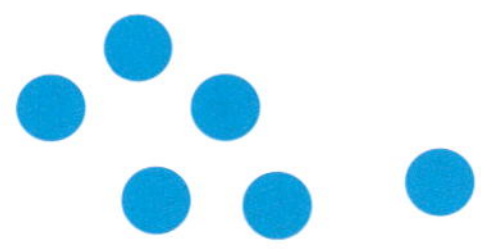

Man sieht nur noch das Ergebnis: 6 Plättchen.

Wenn dagegen 8 Plättchen gelegt

und 2 davon nur abgedeckt werden,

sieht man zwar auch nur noch das Ergebnis 6. Die 2 abgedeckten Plättchen sind aber trotzdem immer noch präsent. Man braucht die Abdeckung nur zur Seite schieben, um wieder die ursprüngliche Anzahl 8 herzustellen.
Bei dieser Interpretation der Subtraktion ist eine enge Beziehung zum Zerlegen gegeben: Eine Zahl wird in zwei Zahlen zerlegt. Dazu kann man jeden Teil der Zahl abdecken, so dass zwei Subtraktionsaufgaben entstehen. Diese operativen Beziehungen werden bereits auf Seite 79 explizit angesprochen.

Dass man prinzipiell in der Darstellung einer Subtraktionsaufgabe auch eine Additionsaufgabe sehen kann (die „Umkehraufgabe"), wird schon auf Seite 80/81 thematisiert.
Wenn sich die Kinder diese Beziehungen klar gemacht haben, können sie aus einer Plusaufgabe zwei Minusaufgaben **ohne weitere Rechnung** ableiten. Weil dies so ist, erscheint es uns sinnvoll, der Addition im ZAHLENBUCH doch Priorität einzuräumen.

Nutzung des Zwanzigerfelds

Um reale Situationen modellieren zu können, ist es notwendig, Anzahlen auch durch bloße Plättchenmengen zu „modellieren", wie das heute in der Sprache der Bildungsstandards heißt. Für die rechnerische Behandlung der Subtraktion ist es aber sinnvoll, das Zwanzigergeld zu benutzen, weil dadurch Zahlbeziehungen viel besser zur Geltung gebracht werden können.
Beispiel:
Wenn die Aufgabe 8 - 2 am Zwanzigerfeld gelegt wird,

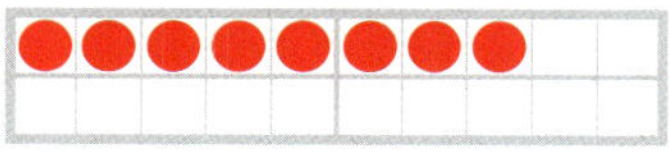

erscheint die 8 sofort in der Gestalt 5 + 3 (*Kraft der Fünf*) und das Ergebnis ist über 5 + 1 sofort als 6 erkennbar (nochmals *Kraft der Fünf*).

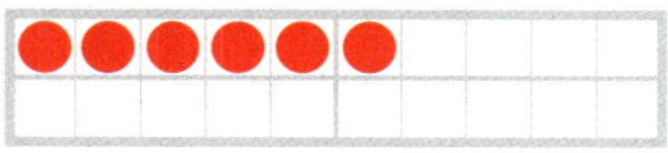

Am Zwanzigerfeld kann man die Subtraktion auch so darstellen, dass die wegzunehmenden Plättchen über den Rand geschoben werden und noch sichtbar sind.

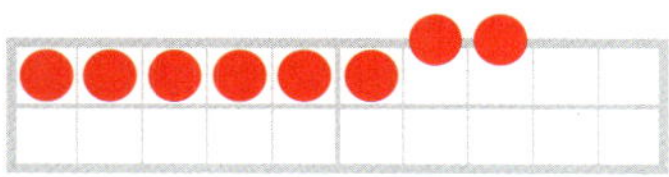

Das ist eine zum Abdecken gleichwertige Darstellung.
Auf der folgenden Seite wird so vorgegangen.

Struktur des Themenblocks

Die von der Addition her schon gewohnte Abfolge wird hier noch einmal durchlaufen:
Nach der Thematisierung von umweltbezogenen Grundvorstellungen einerseits und mathematischer Notation der Subtraktion andererseits werden statische und dynamische Operationsvorstellungen am Zwanzigerfeld vertieft.

Schülerbuch 1, S. 78

Bevor die Kinder sich mit Rechenstrategien beschäftigen, wird hier der Bezug zur Addition hergestellt, die neben Aufgaben mit einfachen Subtrahenden oder Minuenden eine wichtige Unterstützung im Aufbau von Rechenkompetenzen darstellen.

Schülerbuch 1, S. 80

Davon abgesehen sind die Seiten wie bei der Einführung der Addition aufgebaut und münden ebenfalls in Überlegungen dazu, wie man schwierige Aufgaben aus einfachen ableiten kann.

Schülerbuch 1, S. 85

Nach der vertiefenden Thematisierung von Rechenstrategien und verwandten Aufgaben erfolgt wiederum der Rückblick und abschließend die Behandlung schöner Päckchen der Subtraktion.

Schülerbuch 1, S. 89

76/77 Minusaufgaben in der Umwelt

Einstieg Zwei-Bild-Sachsituation beschreiben und Rechengeschichten dazu erzählen.
Wichtig: Auch Geschichten zulassen, die von der vorgegebenen Aufgabe abweichen (insbesondere Deutungen als Addition), auf Passung zum Bild überprüfen und als Zahlensatz notieren.

1 Geschichten zu Bildern erzählen, als Minusaufgaben festhalten. Klären, dass es verschiedene Geschichten und damit verschiedene passende Aufgaben gibt. Potenzial zur Sprachförderung nutzen.

○ 1

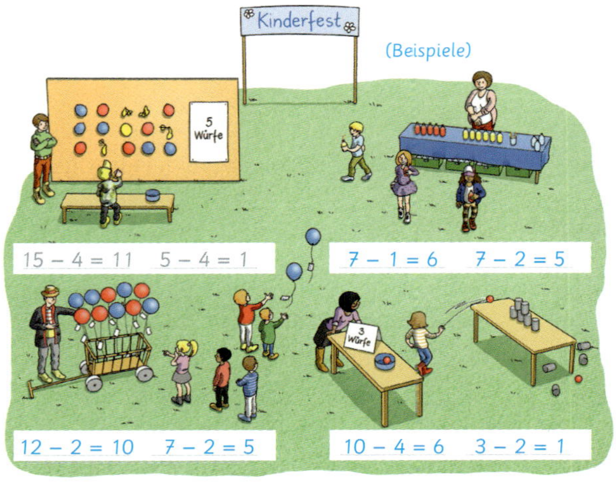

Wichtige Wörter
erste Zahl, Minuszeichen, zweite Zahl, Gleichheitszeichen, Ergebnis

WORUM GEHT ES?

Auf dieser Doppelseite werden zwei zentrale Grundvorstellungen zur Subtraktion entwickelt:
(1) Die zahlenmäßige Verkleinerung einer Menge durch Wegnehmen einer Teilmenge (*dynamische* Deutung).
(2) Die zahlenmäßige Zerlegung einer Menge in zwei Teilmengen (*statische* Deutung).
Bei der dynamischen Deutung steht der Minuend für etwas (noch) Vorhandenes, der Subtrahend gibt die Anzahl der Objekte an, die weggehen (wegfliegen, weggegeben werden, verschwinden ...). Somit muss hier die Situation in einen Zustand vor der Handlung und einen Zustand nach der Handlung eingeteilt werden.
Da diese Vorstellung für einige Kinder schwierig ist, findet sich im Einstiegsbild für beide Zustände ein Bild: der Ballonverkäufer hält im ersten Bild 8 Ballons in seiner Hand. Im zweiten Bild geht der Junge mit 3 Ballons weg, dem Ballonverkäufer bleiben noch 5 Ballons.
Bei der statischen Deutung wird eine Menge von zunächst als gleichartig betrachteten Objekte, aufgrund der Fokussierung auf ein Merkmal in zwei Mengen unterteilt. Es verschwindet also nichts, sondern es wird eine Teil-Ganze Beziehung in einer Menge konstruiert. Beispielsweise kann man die Gesamtanzahl der Ballons des Verkäufers im linken Bild zählen und sehen, dass zwei davon rot sind: Wie viele sind blau?
Beide Deutungen sollen auf dieser Doppelseite entwickelt werden, indem zu den Bildern möglichst verschiedene Geschichten erzählt werden. Der Getränkestand auf dem Kinderfest etwa kann dynamisch verstanden werden (Getränke werden von den Kindern weggenommen) oder statisch (Getränke können eingeteilt werden in rote und gelbe Farben) usw.

Es werden natürlich auch Geschichten zugelassen und gewürdigt, die zur Addition gehören. Aufgabe der Lehrkraft ist es dann, den Bezug zur Subtraktion anhand derselben Geschichte herzustellen. Es ist günstig, wenn die Kinder schon frühzeitig die Subtraktion als Umkehroperation der Addition verstehen.

WIE KANN MAN VORGEHEN?

Einstieg *Subtraktionsaufgaben einführen*
Das Einstiegsbild dient als Anlass, um „Rechengeschichten“ zu erzählen. Die Kinder werden daran erinnert, dass nur Geschichten erzählt werden sollen, in denen Zahlen vorkommen. Diese Rechengeschichten werden durch Zahlensätze (Aufgabe, Gleichheitszeichen und Ergebnis) verkürzt aufgeschrieben.
Die Rechengeschichten der Kinder werden als Subtraktionsaufgaben festgehalten, dabei ist bewusst auf die Verbindung von Handlung und Zahlsymbolen zu achten; ggf. bietet es sich an, Zahlenkarten, Minus- und Gleichheitszeichenkarten zu verwenden, diese den Objekten zuzuordnen und sprachlich zu unterstützen.
Beispiele sind
- Dynamisch: Der Ballonverkäufer hat zunächst noch 8 Ballons, von denen er dem Kind 3 gibt. Hinterher hat der Verkäufer nur noch 5 Ballons (8 – 3 = 5).
- Statisch: Der Verkäufer hat 8 Ballons, von denen 2 rot sind. Also gibt es 8 – 2 = 6 blaue Ballons.
- Dynamisch: Der Ballonverkäufer hat von seinen 2 roten Ballons einen abgegeben. Es verbleibt ein roter Ballon beim Verkäufer, denn 2 – 1 = 1.
- Statisch: Der Junge hat 3 Ballons gekauft, von denen 1 Ballon rot ist, also 3 – 1 = 2 Ballons blau sind.

2 Welche Aufgaben passen zum Bild?

5 − 3 | 3 − 3 | 11 − 3 | 7 − 3 | 15 − 3 | 10 − 4

11 − 3 = 8
7 − 3 = 4

10 − 4 = 6
3 − 3 = 0

15 − 3 = 12
5 − 3 = 2

3

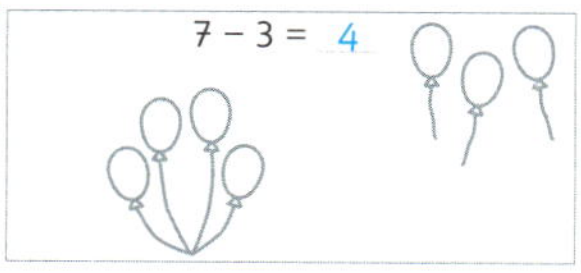

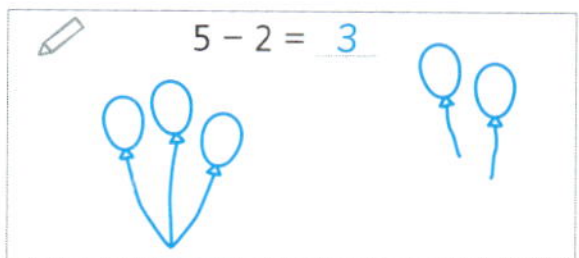

9 − 4 = 5 3 − 1 = 2 4 − 3 = 1 7 − 5 = 2 9 − 3 = 6

4 Schreibe Aufgaben und male Bilder dazu.
(verschiedene Lösungen)

2 Verschiedene Geschichten zu den Bildern erzählen, als Zahlensatz notieren. Welche der vorgegebenen Aufgaben passen zu welchem Bild? Welche weiteren Geschichten und Zahlensätze passen?

3, 4 Eigene Bilder zu den Aufgaben malen. Dabei können konkrete Situationen mit Gegenständen, Tieren, Menschen o. Ä. gemalt (oder gestempelt) werden, aber auch Plättchendarstellungen mit abstrakteren Operationsdarstellungen sind erlaubt.
Abschließend im Plenum präsentieren.
Potenzial zum selbstgesteuerten Üben nutzen.

Anschließend können noch gemeinsam Rechengeschichten zur ersten Situation in Aufgabe 1 gesucht und notiert werden. So vorbereitet können die Kinder in die Arbeitsphase entlassen werden. Die Kinder können die von ihnen gefundenen Aufgaben mit Buntstiften in den Bildern markieren.

1, 2 *Erkunden: Zu Bildern erzählen*
Die Kinder überlegen, welche (Subtraktions)-Aufgaben zu den Bildern passen und schreiben diese in die Felder.

3, 4 *Vertiefung: Geschichten und Aufgaben erfinden*
Die Kinder malen Bilder zu den vorgegebenen oder selbst konstruierten Aufgaben. In Aufgabe 4 ist der Zahlenraum freigegeben.
Zur Ergebnispräsentation der Aufgaben 3 und 4 kann man Zeichnungen der Kinder an der Tafel sammeln und gemeinsam überlegen, welche Geschichte dargestellt ist und welche Aufgabe dazu passt. Oder aber ein Kind erzählt eine Rechengeschichte und die anderen Kinder wählen das passende Bild begründet aus.

DIAGNOSTISCHES POTENZIAL

Wie schlüssig sind die zu den Bildern erzählten Geschichten? Werden dynamische und statische Deutungen gleichermaßen konstruiert? Welche Handlungen, welche statischen Situationen werden als Subtraktionen interpretiert? Wie werden sie bezeichnet? Inwiefern sind die von den Kindern erstellten Zeichnungen verständlich?

MÖGLICHKEITEN ZUR UNTERSTÜTZUNG

1, 2 Den Kindern können Bestandteile zu den einzelnen Bildern vorgegeben werden: Die Lehrkraft gibt etwa zu einem Bild eine Aufgabe vor und die Kinder erzählen eine Geschichte dazu. Oder die Lehrkraft erzählt eine Geschichte und die Kinder finden eine Aufgabe dazu.
Kinder, die nur Plusaufgaben finden, können mit Kindern zusammenarbeiten, die bereits Grundvorstellungen zur Subtraktion besitzen: In Partnerarbeit wird immer zur Additionsaufgabe eine Subtraktionsaufgabe gesucht.

3, 4 Anstatt eigene Zeichnungen anzufertigen können die Kinder mit Stickern, Bildern aus Prospekten o. Ä. Situationen darstellen, die zu den Aufgaben passen. Möglich ist auch, die Aufgaben durch reale Gegenstände (Spielzeugautos o. Ä.) und nicht zeichnerisch vorzustellen. Außerdem kann der Zahlenraum erweitert oder eingeschränkt werden.

FORTSETZUNG

Bildmaterial aus dem Alltag (Fotos, Kopien aus Bilderbüchern, ausgeschnitten aus Zeitschriften) in großer Auswahl bereitstellen: Die Kinder wählen ein Bild, malen oder kleben es auf, erzählen passende Geschichten dazu und notieren entsprechende Subtraktionsaufgaben.
Kinder erfinden eigene Rechengeschichten und malen diese auf Karteikarten. Passende Subtraktionsaufgaben notieren sie auf der Rückseite der Karten. Diese Karten können in selbstständigen Arbeitsphasen genutzt und ständig ergänzt werden.

78/79 Minusaufgaben am Zwanzigerfeld

Einstieg Minusaufgaben am Zwanzigerfeld: Statische Deutung (Plättchen abdecken) und dynamische Deutung (Plättchen wegnehmen) auf das Zwanzigerfeld übertragen.
Potenzial zu Sprachförderung nutzen.

1 Dynamische Deutung: Wegnehmen wird durch Verschieben der Plättchen an den oberen (später auch unteren) Rand des Feldes dargestellt.

2 Statische Deutung: Verbindung zur Addition im Sinne der Zahlzerlegung.

3 Entscheiden, welche Deutung der Subtraktion naheliegender erscheint.
Alternativ Partnerarbeit: Ein Kind nimmt weg, das andere deckt ab.

4 Der Zahlenraum ist freigestellt.
Potenzial zum selbstgesteuerten Üben nutzen.

1 Lege 8, nimm weg.

8 – 2 = 6 8 – 7 = 1
8 – 3 = 5 8 – 1 = 7
8 – 5 = 3 8 – 8 = 0

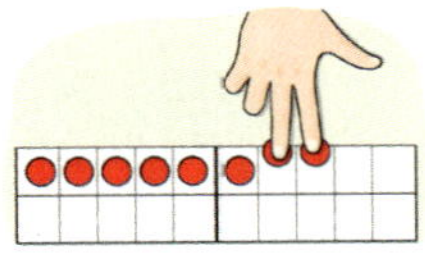

2 Lege 9, decke ab.

9 – 4 = 5 9 – 1 = 8
9 – 3 = 6 9 – 8 = 1
9 – 6 = 3 9 – 2 = 7
9 – 5 = 4 9 – 9 = 0

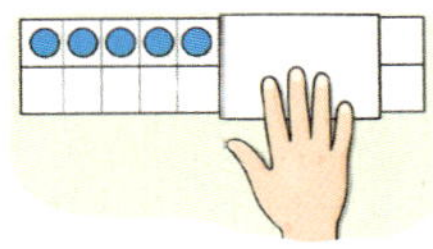

3 Lege und rechne. Abdecken oder wegnehmen?

5 – 3 = 2	7 – 2 = 5	9 – 3 = 6	10 – 2 = 8	12 – 1 = 11
5 – 1 = 4	7 – 4 = 3	9 – 6 = 3	10 – 4 = 6	12 – 3 = 9
5 – 2 = 3	7 – 1 = 6	9 – 7 = 2	10 – 8 = 2	12 – 6 = 6

4 Lege Aufgaben. Schreibe und rechne.

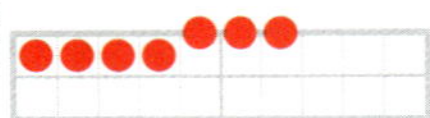

7 – 3 = 4
(verschiedene Lösungen)

WAS WIRD BENÖTIGT?

Arbeits- und Demonstrationsmaterial: Zwanzigerfeld, Plättchen, Abdeckstreifen (gut geeignet sind farbige, transparente Abdeckstreifen, z. B. aus laminiertem Transparentpapier), Subtraktionsaufgaben auf Karten (LF 16 *Einminuseinsaufgaben bis 20*)

WORUM GEHT ES?

Die aus der konkreten Umwelt entwickelten Grundvorstellungen sollen auf die strukturierte Zahldarstellung im Zwanzigerfeld bezogen werden: Plättchen wegzunehmen entspricht der dynamischen Vorstellung, Plättchen mit einem Abdeckstreifen abzudecken entspricht der statischen Vorstellung. Dabei ist wichtig, dass die Kinder bereits bekannte Punktedarstellungen im Zwanzigerfeld (insbesondere deren additive Struktur), weiter zur Bestimmung von Differenzen nutzen und nicht immer alle Plättchen einzeln zählen.

WIE KANN MAN VORGEHEN?

Einstieg *Einführung: Aufgaben legen*

Gemeinsam werden beide Darstellungen der Aufgabe 8 – 2 am Zwanzigerfeld beschrieben und dazu mögliche Rechengeschichten erfunden. Dabei muss darauf geachtet werden, dass Subtraktionsaufgaben nicht nur als Aufgaben zum Wegnehmen (wegfliegen, verschwinden ...) gedeutet werden können, sondern auch als Zerlegen einer Menge. Dann werden weitere Rechengeschichten erfunden, Zahlensätze dazu notiert und durch Abdecken bzw. Wegnehmen gelöst.
Es bietet sich an, an der Tafel beide Vorgehensweisen nebeneinander darzustellen. Die Kinder können aus vorbereiteten Aufgabenkarten jeweils eine auswählen, am Zwanzigerfeld durch Abdecken oder Wegnehmen geschickt lösen und zur entsprechenden Vorgehensweise hängen.

abdecken

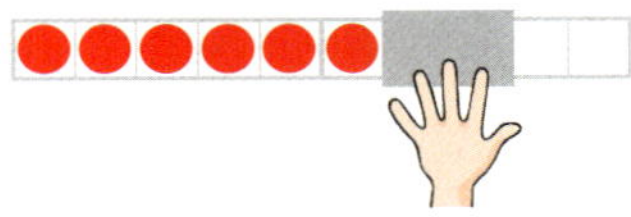

wegnehmen

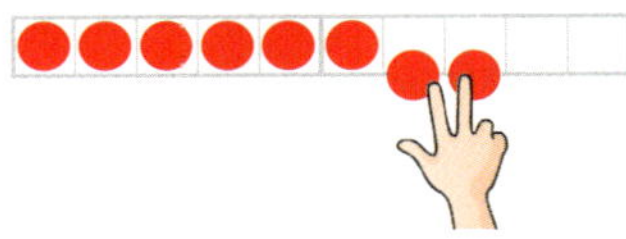

Wichtig ist, dass beim Wegnehmen sowie beim Abdecken ein geschicktes Vorgehen angebahnt wird: So ist es etwa bei der Aufgabe 8 – 5 sinnvoll, den links liegenden Fünfer abzudecken bzw. wegzunehmen, bei der Aufgabe 8 – 3 dagegen die drei rechts liegenden einzelnen Plättchen.

8 – 5

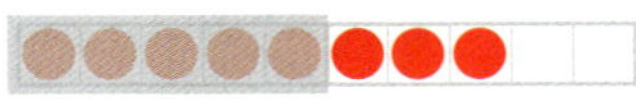

8 – 3

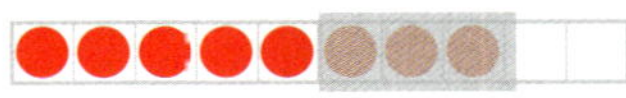

1, 2 *Aufgaben legen*

Die Kinder legen die Aufgaben am Zwanzigerfeld, wobei sie den Subtrahenden je nach Aufgabe wegnehmen (an den Rand schieben) oder abdecken. Wichtig ist, dass die Kinder ihre Kenntnisse zur Zahldarstellung am Zwanzigerfeld aktivieren, damit sie nicht alle Subtraktionsaufgaben zählend lösen.
Jedes Kind erhält für die Aufgabenbearbeitung ein Zwanzigerfeld und Plättchen. Zum Abdecken ist es sinnvoll, den Kindern farbige transparente Abdeckstreifen zur Verfügung zu stellen, da dann der Subtrahend auch nach dem Abdecken noch sichtbar ist.
Der Einsatz des Fünferstreifens ist hier nicht für alle Kinder hilfreich: Zumindest bei dynamischen Aufgaben, bei denen die Kin-

5 Rechne. Was fällt dir auf?

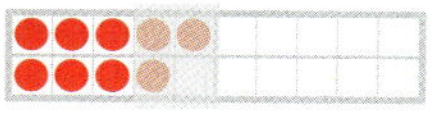

9 – 3 = 6

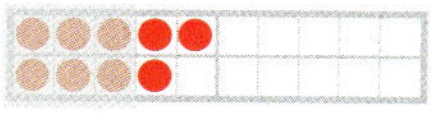

9 – 6 = 3

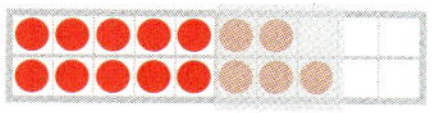

15 – 5 = 10

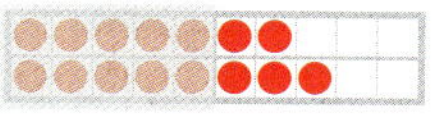

15 – 10 = 5

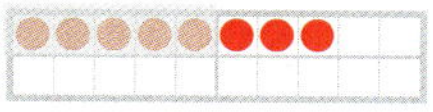

8 – 5 = 3

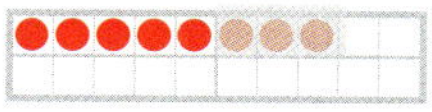

8 – 3 = 5

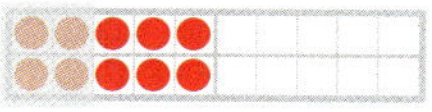

10 – 4 = 6

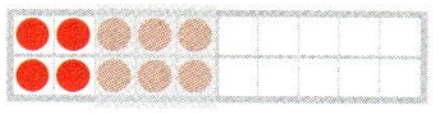

10 – 6 = 4

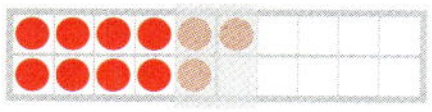

11 – 3 = 8

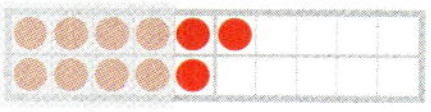

11 – 8 = 3

6

12 – 11 = 1	18 – 8 = 10	9 – 8 = 1	20 – 9 = 11
12 – 1 = 11	18 – 10 = 8	9 – 9 = 0	20 – 20 = 0
12 – 12 = 0	18 – 18 = 0	9 – 1 = 8	20 – 11 = 9

7

10 – 9 = 1	14 – 4 = 10	11 – 10 = 1	12 – 10 = 2
10 – 5 = 5	14 – 3 = 11	11 – 9 = 2	12 – 5 = 7
10 – 1 = 9	14 – 13 = 1	11 – 2 = 9	12 – 2 = 10

5 Beziehungen zwischen den Aufgaben besprechen, deutlich den Zusammenhang zu den Tauschaufgaben der Addition hervorheben.

6 Erste Erfahrungen im Rechnen von Minusaufgaben sammeln, Zusammenhänge erkunden.

7 Diese unstrukturierte Übung dient dazu, dass die Kinder erste Erfahrungen mit Minusaufgaben sammeln können.

der Plättchen wegnehmen müssen, kann der Fünferstreifen zu unnötigen Problemen führen, (d. h. in dem Fall, dass der Streifen geteilt werden muss). Für interessierte Kinder kann aber auch gerade im sinnvollen Einsatz des Fünferstreifens eine besondere Herausforderung liegen.

3 *Vernetzung: Legestrategie wählen*
Die Kinder sollen hier selbst entscheiden, ob sie die Aufgaben durch Wegnehmen oder Abdecken legen wollen. Prinzipiell ist immer beides möglich.

4 *Vertiefung: Aufgaben erfinden*
Die vorhandenen Erfahrungen werden nun individuell erprobt und weitergeführt. Der Zahlenraum kann hier ggf. deutlich überschritten werden. Es lassen sich ergänzend fruchtbare Arbeitsaufträge als Vorgriff auf die folgende Doppelseite stellen, etwa: Finde schwierige und einfache Aufgaben. Finde einfache Aufgaben mit großen Zahlen.

5 *Zusammenhang Subtrahend und Differenz*
Vertauscht man Subtrahend und Differenz erhält man wieder einen gültigen Zahlensatz: So wird etwa aus 9 – 3 = 6 der Zahlensatz 9 – 6 = 3 gebildet. Mit dem Material wird dies so dargestellt: In der Aufgabe rechts werden genau diejenigen Plättchen (von links) abgedeckt, die in der Aufgabe links unverdeckt waren.
Dieser Zusammenhang entspricht der Beziehung zweier Tauschaufgaben in der Addition und wird an späterer Stelle intensiv besprochen („Immer 4 Aufgaben“).

6, 7 *Vertiefendes Üben*
Die Kinder sammeln erste Erfahrungen im Rechnen von Subtraktionsaufgaben. Insb. in Aufgabe 6 lassen sich Zusammenhänge zwischen den Aufgaben erkunden: Der Minuend bleibt pro Päckchen gleich, der Subtrahend verändert sich.

DIAGNOSTISCHES POTENZIAL

Wie bestimmen die Kinder die Anzahl der Plättchen (Minuend, Subtrahend, Differenz)? In welchem Zahlenraum denken sich die Kinder die eigenen Aufgaben aus? Welche Aufgaben empfinden die Kinder als einfach/schwierig? Wird die statische oder die dynamische Vorstellung der Subtraktion bevorzugt?

MÖGLICHKEITEN ZUR UNTERSTÜTZUNG

1 – 3 Anstelle der symbolisch formulierten Aufgaben können die Kinder auch ikonische Darstellungen der Aufgaben erhalten, zu denen sie dann jeweils die Subtraktionsaufgabe aufschreiben müssen (KV 60, 61 *Minusaufgaben am Zwanzigerfeld*).

6, 7 Das Zahlenmaterial kann variiert werden.

FORTSETZUNG

Blanko-Karteikarten und leere Zwanzigerfelder: Kinder notieren auf der Vorderseite der Karte eine Plusaufgabe und kleben auf die Rückseite ein Zwanzigerfeld, in das sie die Aufgabe zeichnen: Dynamisch (Subtrahend leicht zum Rand verschoben zeichnen) oder statisch (Subtrahend mit Bleistift schraffieren) darstellen. Diese Kartei kann zum selbstständigen Arbeiten genutzt und ergänzt werden.

→ Arbeitsheft, Seite 51 → Förderheft, Seite 42 → KV 62 *Minusaufgaben üben*

Einstieg Sachsituation und Plättchen im Zwanzigerfeld
besprechen: Wird etwas weggenommen oder hinzugefügt?
Begriff Umkehraufgabe einführen.
Potenzial zur Sprachförderung nutzen.

1 – 4 Offenheit der Sachsituationen nutzen, um eine Aufgabe und ihre Umkehraufgabe zu bilden.

Wichtige Wörter
Umkehraufgabe

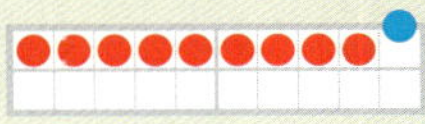

9 + 1 = 10   10 – 1 = 9

○ 1

2 + 1 = 3   3 – 1 = 2

○ 2

4 + 2 = 6   6 – 2 = 4

○ 3

3 + 3 = 6   6 – 3 = 3

○ 4

8 + 2 = 10   10 – 2 = 8

WAS WIRD BENÖTIGT?

Arbeits- und Demonstrationsmaterial: ggf. Zwanzigerfelder und Plättchen

WORUM GEHT ES?

Schon bei der Einführung der Subtraktion wurde darauf hingewiesen, dass zu Subtraktionsaufgaben stets auch Additionsaufgaben gehören – insbesondere bei statischen Deutungen der Subtraktion ist die Subtraktionsaufgabe nur symbolisch von der zugehörigen additiven Zahlzerlegung unterscheidbar. Diese starke Beziehung zwischen Addition und Subtraktion ist aber nicht allein für den Aufbau einer soliden und flexiblen Operationsvorstellung wichtig, sondern ebenso für den Aufbau von geeigneten Rechenstrategien für die Subtraktion: Damit Kinder Ergebnisse von Subtraktionssaufgaben nicht nur durch Abzählen bestimmen, sondern strategisch vorzugehen lernen, müssen sie (insbesondere in den Darstellungen am Zwanzigerfeld) ihnen schon bekannte additive Strukturen wiedererkennen. Hierzu werden auf dieser Seite dynamische Deutungen der Addition und Subtraktion miteinander verknüpft: In jeder Darstellung sind beide Rechenoperationen verkörpert. Den Kindern wird hierzu ein Fachwort an die Hand gegeben: Die zu einer Additionsaufgabe gehörende Subtraktionsaufgabe ist ihre *Umkehraufgabe*.

WIE KANN MAN VORGEHEN?

Einstieg *Umkehraufgaben einführen, Darstellungen verknüpfen*
Die Kinder betrachten das Einstiegsbild und beschreiben zuerst die dargestellte Situation: Mit dem Kranaufsatz eines Traktors wurde ein Strohballen gepackt. Es bleibt offen, ob der Fahrer ihn oben auf den Stapel setzen wird oder ob er ihn von dort schon weggenommen hat. Beide Aufgaben finden sich neben dem Bild und sind dort auch ikonisch dargestellt: Einerseits gibt es 9 rote und 1 blaues Plättchen (9 + 1 = 10), andererseits ist ein Plättchen nach oben verschoben und deutet damit auf das Wegnehmen (10 – 1 = 9). Die Lehrkraft führt den Fachausdruck der Umkehraufgabe ein: Die Plusaufgabe ist die Umkehraufgabe der Minusaufgabe (bzw. anders herum). Anschließend werden auf dieselbe Weise noch weitere Bilder der Seite besprochen und mit Plättchen dargestellt, bis den Kindern das Prinzip klar ist.

1 – 4 *Je zwei Aufgaben finden*
Aufgabe 1: Das Pferd wird von der Weide geholt: 3 – 1 = 2.
Das Pferd wird gebracht: 2 + 1 = 3.
Aufgabe 2: Der Mann lädt Getränkekiste ein: 6 – 2 = 4.
Er bringt 2 Kisten zu den anderen 4 Kisten: 4 + 2 = 6.
Aufgabe 3: Einräumen der Tassen: 3 + 3 = 6.
Ausräumen der Tassen: 6 – 3 = 3.
Aufgabe 4: Laternen aufhängen: 8 + 2 = 10.
Laternen abhängen: 10 – 2 = 8.

Einstieg *Umkehraufgaben darstellen*
Auf der rechten Schulbuchseite sind Aufgaben und Umkehraufgaben nur noch am Zwanzigerfeld dargestellt. Hier ist darauf zu achten, dass die Kinder als Umkehraufgabe zur Summe der blauen und roten Plättchen (etwa 4 + 5 = 9) nicht die Differenz zwischen der Anzahl der roten und der blauen Plättchen heranziehen (5 – 4 = 1). Sollte dies eintreten, muss bei den Kindern dringend die dynamische Struktur der Aufgaben ins Bewusstsein gebracht werden: Die Subtraktion soll hier als Wegnehmen interpretiert werden. Da man von 5 blauen Plättchen sicher nicht

5 Immer Plus und Minus.

$4 + 5 = 9$ $9 - 5 = 4$ | $6 + 4 = 10$ $10 - 4 = 6$

$3 + 4 = 7$ $7 - 4 = 3$ | $5 + 3 = 8$ $8 - 3 = 5$

$9 + 3 = 12$ $12 - 3 = 9$ | $4 + 7 = 11$ $11 - 7 = 4$

+ = − = | + = − =

(verschiedene Lösungen)

6

$7 + 2 = 9$	$3 + 7 = 10$	$10 + 4 = 3$	$8 + 5 = 13$
$9 - 2 = 7$	$10 - 7 = 3$	$14 - 4 = 10$	$13 - 5 = 8$
$9 + 4 = 13$	$6 + 6 = 12$	$2 + 7 = 9$	$9 + 6 = 15$
$13 - 4 = 9$	$12 - 6 = 6$	$9 - 7 = 2$	$15 - 6 = 9$

Einstieg Darstellung von Plusaufgabe und ihrer Umkehrauf-gabe am Zwanzigerfeld.

5 Zu jeder Darstellung die Plusaufgabe und ihre Umkehraufgabe finden.

6 Zu einer Aufgabe die Umkehraufgabe finden. Muster erkennen: Was ist gleich? Was ist verschieden?

4 rote wegnehmen kann, ist diese Subtraktionsaufgabe hier nicht passend. Die zugehörige Grundvorstellung des Vergleichens oder Ergänzens ist zwar wichtig – wird aber erst an späterer Stelle thematisiert und stellt hier eine unnötige Schwierigkeit dar.

5 *Umkehraufgaben finden mit Material*
Zu jeder Darstellung schreiben die Kinder die Additionsaufgabe und die zugehörige Umkehraufgabe auf. Die Lehrkraft muss darauf achten, dass jeweils die Grundvorstellung des Wegnehmens herangezogen und entsprechend passende Aufgabenpaare gebildet werden.

6 *Übung: Umkehraufgaben finden*
In dieser Aufgabe gehen die Kinder nur symbolisch vor. Sie sollen dabei die Struktur zwischen Aufgabe und Umkehraufgabe verinnerlichen, um auf den nachfolgenden Seiten schwierige Subtraktionsaufgaben ggf. durch ihre einfachere Umkehraufgabe zu lösen.
Die Kinder können auch im Austausch mit einem Partner Aufgaben und ihre Umkehraufgaben genauer in den Blick nehmen und Muster und Strukturen innerhalb der beiden Aufgaben aufdecken. Weiterführend können die Kinder eigene Aufgabenpaare finden und diese in ihrem Heft notieren.

DIAGNOSTISCHES POTENZIAL

Welche Geschichten erzählen die Kinder zu den Bildern? Können sie andere Deutungen nachvollziehen? Welche Aufgaben sehen sie in den Darstellungen am Zwanzigerfeld? Welche Grundvorstellungen der Addition und vor allem der Subtraktion stehen bei den Kindern im Vordergrund?

MÖGLICHKEITEN ZUR UNTERSTÜTZUNG

Einstieg Es lassen sich verschiedene Situationen spielen, die Aufgaben dazu legen und notieren; anschließend die Handlung umkehren und wieder entsprechende Aufgaben dazu legen und notieren.

1 – 4 Kindern mit großen Schwierigkeiten kann ein Teil der Aufgabe abgenommen werden. Zu jedem Bild lassen sich vier Teilaufgaben stellen:

1. Eine Geschichte zum Bild erzählen.
2. Eine Aufgabe zur Geschichte schreiben.
3. Die Umkehraufgabe schreiben.
4. Eine Geschichte zur Umkehraufgabe erzählen.

In welcher Reihenfolge diese vier Teilaufgaben bearbeitet werden und wer welche Teilaufgabe löst, kann je nach Förderbedarf variiert werden. Die Geschichten und die Aufgaben sollten jeweils mit Plättchen dargestellt werden.

5 Aufgaben mit Material legen und versprachlichen.

6 Das Zahlenmaterial kann variiert werden.

→ Arbeitsheft, Seite 52 → Förderheft, Seite 43

82/83 Einfache Minusaufgaben

Einstieg Wie bei der Addition: Warum wurden die Aufgaben als einfach oder als schwierig eingruppiert? Weitere Aufgaben besprechen: Welche sind einfach oder schwierig – und warum?

1 Nur einfache Aufgaben schreiben und berechnen. Dies können für einige der Kinder nur sehr wenige, für andere viele Aufgaben sein.

2 Aufgaben, die für die Kinder entweder schon jetzt einfach sind oder es bald sein sollten.

3 Ggf. auch eine Liste mit schwierigen Aufgaben erstellen. Potenzial zum selbstgesteuerten Üben nutzen.

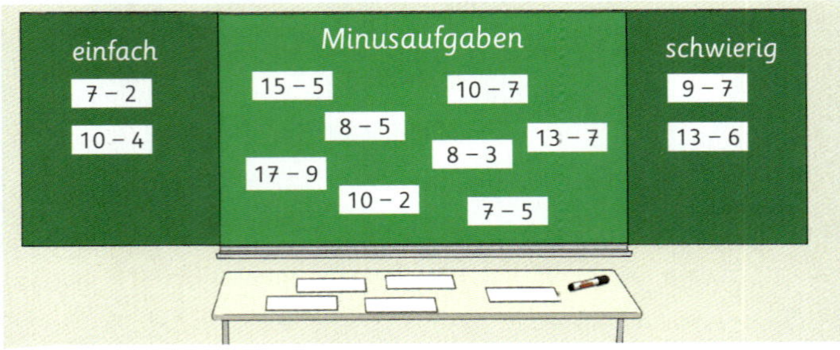

1 Welche Aufgaben findest du einfach? Schreibe und rechne.

~~12 − 2~~ = 10	18 − 3 = 15	9 − 5 = 4	10 − 3 = 7	15 − 7 = 8	15 − 6 = 9	10 − 9 = 1
5 − 3 = 2	11 − 8 = 3	19 − 4 = 15	18 − 6 = 12	8 − 2 = 6	20 − 10 = 10	12 − 6 = 6
14 − 4 = 10	7 − 2 = 5	7 − 7 = 0	6 − 5 = 1	10 − 5 = 5	12 − 8 = 4	17 − 7 = 10

12 − 2 = 10

(verschiedene Lösungen)

2

5 − 3 = 2	10 − 4 = 6	11 − 1 = 10	9 − 5 = 4	10 − 6 = 4
4 − 2 = 2	9 − 2 = 7	6 − 2 = 4	10 − 3 = 7	8 − 0 = 8
7 − 1 = 6	8 − 5 = 3	3 − 1 = 2	12 − 2 = 10	16 − 6 = 10

3 Schreibe einfache Aufgaben. (verschiedene Lösungen)

WAS WIRD BENÖTIGT?

Arbeits- und Demonstrationsmaterial: Zwanzigerfeld und Plättchen, LF 16 *Einsminuseinsaufgaben bis 20*

WORUM GEHT ES?

Wie bei der Addition steht im Zentrum der operativen Erarbeitung des Einsminuseins die Entwicklung der Fähigkeit, schwierige Aufgaben aus einfachen bzw. bekannten Aufgaben abzuleiten. Auch hier gibt es objektive Kriterien dafür, wann eine Aufgabe im Zwanzigerraum als einfach eingestuft werden kann – nämlich gerade dann, wenn die *Kraft der Fünf* oder die *Kraft der Zehn* einfließen.
Hier wird ein Bewusstsein für die Merkmale dieser einfachen Aufgaben entwickelt, indem drei Kriterien aufgestellt werden. Eine Aufgabe ist im obigen Sinne einfach, wenn

- der Minuend 10 ist, wenn also 10 zerlegt (statisch) oder von 10 etwas weggenommen (dynamisch) wird,
- 5 als Minuend, Subtrahend oder Differenz auftritt, wenn also die Zerlegung nach der *Kraft der 5* in den Vordergrund tritt,
- der Subtrahend oder die Differenz 10 ist, wenn also eine Zahlzerlegung gemäß der *Kraft der 10* im Fokus steht.
- Hinweis: Natürlich sind auch Subtraktionsaufgaben einfach, deren Subtrahend sehr klein ist. Da dies den Kindern in der Regel klar ist, wird darauf hier nicht weiter eingegangen.

Auf der linken Seite entwickeln die Kinder zunächst eigene Kriterien dafür, was eine „einfache Aufgabe" ausmacht. Auf der rechten Seite wird verdeutlicht, warum bestimmte Aufgaben einfach sind: Ihre Darstellungen am Zwanzigerfeld führen zu bekannten und übersichtlichen Bildern, weil sie gut zu der Fünfer- und Zehnerstruktur des Zwanzigerfelds passen. Entsprechend kann man aus ihrem Punktebild das Ergebnis „auf einen Blick" ablesen.

WIE KANN MAN VORGEHEN?

Einstieg *Subtraktionsaufgaben sortieren*

Anhand des Einstiegsbildes (oder an der Tafel) wird thematisiert, welche Aufgaben einfach oder schwierig sind und warum. Die Zuordnung kann bei den Kindern unterschiedlich sein. Dann diskutieren die Kinder darüber.
Die Gründe, aus denen eine Aufgabe als einfach oder schwierig gilt, können variieren: 7 – 2 kann für einige Kinder einfach sein, weil das Wegnehmen von 2 Plättchen zu einer überschaubaren Änderung führt. Für andere Kinder kann die Aufgabe einfach sein, weil sie aufgrund der Übungen zur *Kraft der 5* sofort die Zerlegung 5 + 2 in der 7 erkennen und damit die 5 als Ergebnis „sehen" können. Hingegen ist die Aufgabe 9 – 7 womöglich schwierig, weil das Wegnehmen von 7 Plättchen unübersichtlich ist und die Zerlegungen der 9 nicht automatisiert zur Verfügung stehen.
Wichtig ist zu klären, dass die Begriffe einfach und schwierig nicht so zu verstehen sind, dass eine schwierige Aufgabe nicht berechenbar ist. Vielmehr sollen die Kinder die Aufgaben dahingehend unterscheiden, ob eine Aufgabenlösung direkt erfasst wird (und z. B. mithilfe des Zwanzigerfeldes offensichtlich ist) oder ob mehrere Rechenschritte nötig sind.
Anschließend erstellen die Kinder an der Tafel eine Sammlung mit einfachen und ggf. auch mit schwierigen Aufgaben auf Karten. Diese Sammlung wird in den nächsten Wochen immer wieder erweitert und dient dazu, dass die Kinder eigenständig die Aufgaben immer wieder neu sortieren.
Für die Arbeitsphase erhalten die Kinder Zwanzigerfelder und Plättchen. Fünfer- und Zehnerstreifen sind hier zum Legen (und Wegnehmen) nicht immer förderlich, da sie ggf. umgetauscht werden müssen. Daher sollte hier darauf verzichtet werden.

4 Lege und rechne.

10 – 3 = 7 10 – 1 = 9 10 – 2 = 8 10 – 5 = 5 10 – 0 = 8
10 – 4 = 6 10 – 6 = 4 10 – 7 = 3 10 – 9 = 1 10 – 2 = 10

5 Lege und rechne.

6 – 5 = 1 9 – 4 = 5 7 – 5 = 2
9 – 5 = 4 6 – 1 = 5 7 – 2 = 5
10 – 5 = 5 5 – 0 = 5 8 – 5 = 3
5 – 5 = 0 5 – 3 = 2 8 – 3 = 5
(Beispiel)

6 Lege und rechne.

13 – 10 = 3 12 – 2 = 10 11 – 1 = 10
14 – 10 = 4 15 – 5 = 10 11 – 10 = 1
20 – 10 = 10 18 – 8 = 10 16 – 6 = 10
12 – 10 = 2 20 – 10 = 10 16 – 10 = 6
17 – 10 = 7 17 – 7 = 10 10 – 10 = 0
(Beispiel) (Beispiel)

Einstieg Eine Minusaufgabe wird im Zwanzigerfeld gelegt, ebenso die Umkehraufgabe.

4 Beim Legen auf die Zehnerstruktur achten: Die Aufgaben sind einfach, weil sie den Zerlegungen der 10 entsprechen.

5 Beim Legen auf die Fünferstruktur achten: Die Aufgaben sind einfach, weil sie auf der Struktur der „Zahlen mit 5“ basieren.

6 Beim Legen auf die Zehnerstruktur achten: Die Aufgaben sind einfach, weil sie auf der Struktur der „Zahlen mit 10“ basieren.

1 – 3 *Vertiefung: Aufgaben sortieren*
Anhand dieser Aufgaben werden Überlegungen angeregt, welche Aufgaben einfach sind. Die individuellen Kriterien der Kinder werden besprochen und verglichen. Dazu stellen die Kinder einfache Aufgaben vor, begründen die Zuteilung und diskutieren am Zwanzigerfeld Lösungs- und Darstellungsmöglichkeiten. Die Lehrkraft ergänzt ggf. weitere Aufgaben und fordert die Kinder zum Begründen auf.

Einstieg, 4 – 6 *Lösungsstrategien entwickeln*
Die Lehrkraft schreibt an die Tafel für die verschiedenen Typen einfacher Subtraktionsaufgaben jeweils ein Beispiel (etwa 10 – 3 = 7, 7 – 2 = 5 und 14 – 4 = 10). Die Kinder notieren die Umkehraufgaben und lösen die Aufgaben. Mit den Kindern wird besprochen, dass Subtraktionsaufgaben immer dann einfach sind, wenn das Bild der 5 oder der 10 darin auftritt.
Eine genauere begriffliche Unterscheidung der Aufgaben in drei Aufgabentypen wie bei der Addition erscheint bei der Subtraktion (insb. beim Zehnerübergang) nicht sinnvoll. Es wird deswegen dazu geraten, an dieser Stelle nur noch zu unterscheiden zwischen Aufgaben mit 5 und Aufgaben mit 10.
Nach den einführenden Beispielen können die Kinder die Aufgaben selbstständig legen und anhand der entstehenden Zahlbilder verinnerlichen, dass die Aufgaben aufgrund der *Kraft der 5* und der *Kraft der 10* einfach zu lösen sind.

DIAGNOSTISCHES POTENZIAL

Welche eigenen Kriterien für einfache und schwierige Aufgaben verbalisieren die Kinder, welche (zusätzlichen oder ggf. dazu im Widerspruch stehenden) Kriterien kann man aus den Aufgabensammlungen erschließen? Wie sicher werden die als einfach aufgeführten Aufgaben berechnet?
Wie erkennen die Kinder die entstehenden Zahlbilder? Wie strukturieren sie das Zwanzigerfeld? Wie nutzen sie die Fünfer- und Zehnerstrukturen der Felder?

MÖGLICHKEITEN ZUR UNTERSTÜTZUNG

1 Zur Vermeidung des Schreibaufwands können die Aufgaben auf Karten zur Verfügung gestellt werden. Das Zahlenmaterial kann im Schwierigkeitsgrad angepasst werden.

2, 3 Aufgaben mit Material legen.

4 – 7 Vorbereitend Aufgabenkarten nach geeigneten Strategien sortieren und auf Karten mit oder ohne Ergebnis notieren lassen. Für Kinder mit Unterstützungsbedarf kann es sinnvoll sein, die verschiedenen Aufgabentypen zeitlich getrennt zu erkunden. Übungen zu den Zehnerzerlegungen (Aufgabe 4), Übungen zu den Zahlen mit 5 (Aufgabe 5) und Übungen zu den Zahlen mit 10 (Aufgabe 6) können wiederholt und vertieft werden.

FORTSETZUNG

Kontinuierliches Zuordnen von Aufgabenkarten und den Aufgaben mit 5 bzw. mit 10.

→ Arbeitsheft, Seite 53 → Förderheft, Seiten 44 – 46 → KV 63 *Einfache Minusaufgaben*

84/85 Schwierige Minusaufgaben

1 – 3 Nachbaraufgaben von einfachen Aufgaben berechnen und vergleichen.

4 Eigenständig Nachbaraufgaben zu einfachen Aufgaben finden.
Der Zahlenraum ist freigestellt.
Potenzial zum selbstgesteuerten Üben nutzen.

1 Immer 2 Nachbaraufgaben.

9 − 2 = 7	9 − 4 = 5	9 − 7 = 2	9 − 6 = 3
10 − 2 = 8	**10 − 4 = 6**	**10 − 7 = 3**	**10 − 6 = 4**
11 − 2 = 9	11 − 4 = 7	11 − 7 = 4	11 − 6 = 5

2 Immer 2 Nachbaraufgaben.

6 − 4 = 2	7 − 4 = 3	8 − 4 = 4	9 − 4 = 5
6 − 5 = 1	**7 − 5 = 2**	**8 − 5 = 3**	**9 − 5 = 4**
6 − 6 = 0	7 − 6 = 1	8 − 6 = 2	9 − 6 = 3
6 − 0 = 6	7 − 1 = 6	8 − 2 = 6	9 − 3 = 6
6 − 1 = 5	**7 − 2 = 5**	**8 − 3 = 5**	**9 − 4 = 5**
6 − 2 = 4	7 − 3 = 4	8 − 4 = 4	9 − 5 = 4

3 Immer 2 Nachbaraufgaben.

12 − 9 = 3	14 − 9 = 5	16 − 9 = 7	18 − 9 = 9
12 − 10 = 2	**14 − 10 = 4**	**16 − 10 = 6**	**18 − 10 = 8**
12 − 11 = 1	14 − 11 = 3	16 − 11 = 5	18 − 11 = 7
16 − 5 = 11	12 − 1 = 11	18 − 7 = 11	18 − 9 = 9
16 − 6 = 10	**12 − 2 = 10**	**18 − 8 = 10**	**20 − 10 = 10**
16 − 7 = 9	12 − 3 = 9	18 − 9 = 9	10 − 11 = 7

4 Finde Nachbaraufgaben zu einfachen Aufgaben.

10 − 3 = 7   11 − 3 = 8
9 − 3 = 6

(verschiedene Lösungen)

10 − 3 ist einfach. Ich denke an die Plusaufgabe 7 + 3 = 10

Wichtige Wörter
Nachbaraufgabe, Nachbarzahl

WAS WIRD BENÖTIGT?

Demonstrationsmaterial: Aufgabenkarten der Subtraktionsaufgaben von Aufgabe 1, drei Zwanzigerfelder, Plättchen, transparente Abdeckstreifen

WORUM GEHT ES?

Auf dieser Doppelseite werden Subtraktionsaufgaben angesprochen, die auf den ersten Blick nichts mit der *Kraft der 5* oder der *Kraft der 10* zu tun haben. Diese Aufgaben können aber analog zur Vorgehensweise bei der Addition mithilfe der einfachen Aufgaben gelöst werden, indem man sie strategisch geschickt von ihnen „ableitet“: Durch überlegte Variation von Minuend oder Subtrahend erhält man eine einfache Aufgabe, deren bekanntes oder leichter zu bestimmendes Ergebnis in der Nähe der zu lösenden Aufgabe liegt. Macht man die Variation der Zahl am Ergebnis der einfachen Aufgabe wieder rückgängig, so hat man die ursprüngliche Aufgabe gelöst.

Im günstigen Fall kann man zu einer schwierigen Aufgabe eine Nachbaraufgabe finden, die aus dem entwickelten Fundus der einfachen Aufgaben stammt – dann muss das Ergebnis nur noch um 1 korrigiert werden. Solche Nachbaraufgaben der einfachen Aufgaben werden hier thematisiert.

Wesentlich ist die Erkenntnis, dass man zu einer schwierigen Subtraktionsaufgabe immer verschiedene einfache Aufgaben finden kann, deren Ergebnisse in der Nähe liegen. Genau dieser Aspekt wird im Einstiegsbild der rechten Seite thematisiert. Anders als bei der Addition werden nicht nur unmittelbare Nachbaraufgaben vorgeschlagen, sondern auch schon komplexere Überlegungen angeboten. Diese Vorgehensweise ist aus zwei Gründen notwendig: Zum einen weist die Subtraktion gegenüber der Addition eine höhere Komplexität der Aufgabenbeziehungen auf. Zum anderen haben die Kinder schon im vorangegangenen Abschnitt Erfahrungen mit dem Ableiten von Aufgaben gemacht. So kann und muss hier auch schon die Übertragung der Subtraktion auf eine bekannte Additionsaufgabe (11 = 6 + 5) angeboten werden (vorbereitet durch die vorangegangene Doppelseite). Außerdem wird der Zehnerübergang (11 − 6 = 11 − 1 − 5) und die Konstanz der Differenz (11 − 6 = 10 − 5) angeboten – beide Vorgehensweisen werden an späterer Stelle genauer durchgearbeitet und müssen von den Kindern hier noch nicht vollständig durchdrungen werden.

WIE KANN MAN VORGEHEN?

1 – 3 *Operative Beziehungen erkunden*

Im Sitzhalbkreis werden Aufgaben wiederholt, die mit Rückgriff auf „Zahlen mit 10“ gelöst werden können. Anschließend wird eine Aufgabe und eine Nachbaraufgabe (etwa 10 − 2 und 9 − 2) am Zwanzigerfeld gelegt. Die Kinder werden aufgefordert, am Zwanzigerfeld zu erklären, wie man die Aufgabe 10 − 2 nutzen kann, um 9 − 2 auszurechnen. Anschließend wird auch die Nachbaraufgabe 11 − 2 mit 10 − 2 verglichen.

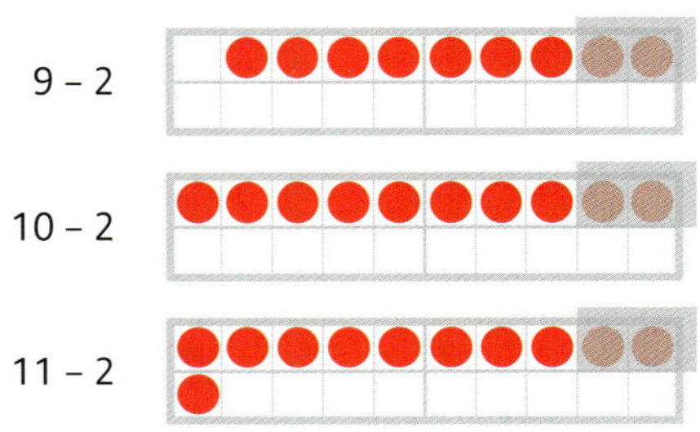

Einstieg Aufgabe zunächst in Partnerarbeit bearbeiten, dann Strategien untereinander vergleichen und zuletzt den Einstieg des Buchs heranziehen.
Klären, dass es stets verschiedene Möglichkeiten gibt, um eine Aufgabe zu lösen.

5 Dazu ermuntern, mehrere Aufgaben zur Lösungshilfe zu generieren.

6 Blitzrechnen
Neben den Ergebnissen auch die Nennung der Rechenstrategie einfordern.
Minusaufgaben bis 10 automatisieren.

• **5** Lege und rechne geschickt.

14 – 9 = 5	17 – 8 = 9	19 – 3 = 16	16 – 7 = 9
12 – 9 = 3	15 – 6 = 9	17 – 3 = 14	13 – 4 = 9
12 – 4 = 8	19 – 9 = 10	14 – 8 = 6	12 – 3 = 9
11 – 4 = 7	19 – 8 = 11	15 – 9 = 6	16 – 11 = 5
11 – 7 = 4	17 – 6 = 11	18 – 9 = 9	18 – 13 = 5

○ **6** ⚡ **Minusaufgaben**

Die Nachbaraufgabe 9 – 2 hat ein Plättchen weniger im Minuenden, somit wird das Ergebnis um 1 kleiner. Die Nachbaraufgabe 11 – 2 hat ein Plättchen im Minuenden mehr, somit wird das Ergebnis um 1 größer. Analog werden weitere schwierige Aufgaben mithilfe von einfacheren Nachbaraufgaben operativ bestimmt.
Nach dem gemeinsamen Einstieg werden in den Aufgaben 1 bis 3 aus einfachen Aufgaben systematisch generierte Nachbaraufgaben berechnet. Durch die Vorgabe der Ergebnisse aller einfachen Aufgaben wird intendiert, dass die gesuchten Ergebnisse aus den Ergebnissen der einfachen Aufgaben abgeleitet werden. Dadurch sollen die Aufgaben in Beziehung zueinander gesehen und nicht isoliert voneinander gelöst werden.

4 *Vertiefung: Operative Beziehungen herstellen*
Nachdem die Kinder Sicherheit gewonnen haben, sollen sie selbst Nachbarn zu schwierigen Aufgaben finden und im Heft notieren. Die Anzahl der Aufgaben wird von Kind zu Kind variieren.

Abschließend sammeln die Kinder Lösungsvorschläge, die zu den offenen Aufgaben in den Aufgaben 1 bis 4 passen. Darüber hinaus bietet sich an, dass ein Kind eine „schwierige Aufgabe“ nennt und die anderen Kinder die Aufgabe mit Verweis auf eine hilfreiche einfache Aufgabe berechnen.

Einstieg *Strategien vergleichen*
In Partnerarbeit werden einfache Aufgaben zur Lösung von 11 – 6 gesucht. Die Paare präsentieren ihre Ergebnisse, gemeinsam werden die Lösungswege geordnet und abschließend mit den im Buch vorgeschlagenen Ansätzen verglichen.

5 *Operative Beziehungen geschickt herstellen*
Die Kinder sollten in Partner- oder Gruppenarbeit in jedem Fall darüber diskutieren, welche einfachen Aufgaben sie zur Lösung der schwierigen herangezogen haben. Abschließend kann man im Plenum die Lösungsvorschläge sammeln und vergleichen.

6 *Blitzrechnen: Minusaufgaben*
Das Blitzrechnen lässt sich hier am besten in Partnerarbeit realisieren: Ein Kind nennt die Aufgabe, das Partnerkind nennt die Lösung und seine Rechenstrategie. Nach fünf Minuten wechseln die Kinder die Rollen. Diese Übungen müssen in den nächsten Wochen regelmäßig durchgeführt werden.

DIAGNOSTISCHES POTENZIAL

Wie bestimmen die Kinder die Ergebnisse von Nachbaraufgaben der einfachen Aufgaben? In welchem Zahlenraum bewegen sich ihre Eigenproduktionen? Welche Rechenstrategien ziehen die Kinder von sich aus heran? Welche Rolle spielt das Abzählen noch beim Bestimmen der Ergebnisse?

MÖGLICHKEITEN ZUR UNTERSTÜTZUNG

1 – 5 Es kann durchgängig Material zum Legen der Aufgaben angeboten werden. Dabei muss darauf geachtet werden, dass die Kinder die mittlere Aufgabe legen und die obere bzw. die untere daraus gedanklich herstellen bzw. beschreiben, wie die die Veränderungen um +1 bzw. – 1 mithilfe der einfachen Aufgabe dargestellt werden können. Wenn die Kinder jede der drei Aufgaben immer wieder einzeln neu legen würden, bringt der Materialeinsatz keinen Erkenntnisgewinn.

→ Arbeitsheft, Seite 54 → Förderheft, Seite 47 → Verstehen und Trainieren, Seiten 25 – 28 → Vernetzen und Automatisieren, Seiten 32 – 34 → Blitzrechnen

86/87 Minusaufgaben verändern

Einstieg 10er-Zerlegung wiederholen.
Zehnerübergang besprechen: Schwierige Aufgaben werden vereinfacht, indem sie in Aufgaben mit 10 verwandelt werden.

1 Zehnerübergang als *eine* Rechenstrategie kennenlernen: Subtrahenden zerlegen, damit Aufgaben mit 10 entstehen.
Beim Legen immer so viele Plättchen nebeneinander, bis der Zehner voll ist.

2 Subtrahenden in 10 und Einer zerlegen, damit Aufgaben im Zehnerraum entstehen.

3 Aufgaben gemäß der bislang erlernten Strategien verändern. Alternativen zum Zehnerübergang sind erlaubt und ausdrücklich erwünscht (s. vorangehende Seite)!

4 Einfache Aufgaben finden, dadurch Stützaufgaben zum Ableiten entwickeln.
Der Zahlenraum bis 20 kann überschritten werden.
Potenzial zum selbstgesteuerten Üben nutzen.

Wichtige Wörter
Lange und kurze Aufgabe

1 Verändere die Aufgaben.

Aus ...	mache ...	Aus ...	mache ...
14 − 6 = 8	14 − 4 − 2 = 8	16 − 7 = 9	16 − 6 − 1 = 9
15 − 8 = 7	15 − 5 − 3 = 7	14 − 6 = 8	14 − 4 − 2 = 8

Aus ...	mache ...	Aus ...	mache ...
11 − 4 = 7	11 − 1 − 3 = 7	12 − 7 = 5	12 − 2 − 5 = 5
12 − 3 = 9	12 − 2 − 1 = 9	13 − 7 = 6	13 − 3 − 4 = 6

2 Verändere die Aufgaben.

Aus ...	mache ...	Aus ...	mache ...
15 − 13 = 2	15 − 10 − 3 = 2	13 − 11 = 2	13 − 10 − 1 = 2
18 − 14 = 4	18 − 10 − 4 = 4	16 − 13 = 3	16 − 10 − 3 = 3

3 Verändere die Aufgaben.

15 − 7 = 8	17 − 9 = 5	16 − 8 = 8	12 − 8 = 4
13 − 8 = 7	14 − 7 = 7	14 − 12 = 2	16 − 14 = 2

4 Finde Minusaufgaben mit dem Ergebnis 5 (10, 15).
(verschiedene Lösungen)

WAS WIRD BENÖTIGT?

Arbeits- und Demonstrationsmaterial: Zwanzigerfeld und Plättchen

WORUM GEHT ES?

Auf dieser Doppelseite werden zwei zentrale Beziehungen der Subtraktion angesprochen, die tragfähig für die später vorzunehmenden Zahlenraumerweiterungen sind und deswegen frühzeitig thematisiert werden sollen: Der Zehnerübergang und die Analogien im dezimalen Stellenwertsystem.
Obgleich der Zehnerübergang nicht die einzige sinnvolle Strategie zur Bestimmung von Subtraktionsergebnissen im ersten Schuljahr ist, handelt es sich um eine mächtige Strategie (vgl. auch Hinweise zur Addition). Um die Strategie auch ohne Material anzuwenden, müssen die Kinder die Zerlegungen der 10 beherrschen.
Die Strategien der Subtraktion beruht auf dem Assoziativgesetz der Addition:
$13 - 5 = 13 - (3 + 2) = 13 - 3 - 2 = (13 - 3) - 2 = 10 - 2$.
Analog dazu wird die Subtraktion von zweistelligen Zahlen zurück geführt auf die Subtraktion im Zehnerraum:
$15 - 13 = 15 - (10 + 3) = 15 - 10 - 3 = (15 - 10) - 3 = 5 - 3$.
Wichtig ist, dass die Kinder nicht dazu verpflichtet werden, genau diese Strategien von nun an anzuwenden. Vielmehr sollen sie nur schon einmal vorgestellt werden, damit sich die Kinder nach und nach die dezimalen Strukturen auch bei der Subtraktion zu eigen machen und in den nachfolgenden Schuljahren auf dieser Grundlage flexible Strategien der Subtraktion aufbauen können.
Auf der rechten Seite werden die Subtraktionen mit zweistelligen Subtrahenden vertieft, indem ihnen verwandte Aufgaben zugeschrieben werden: Den Kindern soll hier noch bewusster werden, dass sich die Subtraktionen im höheren Zahlenraum prinzipiell nicht unterscheiden von denen im Zahlenraum bis 10.
Im Aufgabenmaterial dieser Seite wurde darauf geachtet, dass der Einer des Minuenden stets größer ist als der des Subtrahenden. Gleichwohl können aber die Kinder in den Eigenproduktionen auch Aufgaben wie 34 – 25 finden. In diesem Fall muss man mit ihnen besprechen, dass die verwandte Aufgabe 14 – 5 ebenfalls einfacher berechnet werden kann als die Ursprungsaufgabe.

WIE KANN MAN VORGEHEN?

Einstieg *Strategie Zehnerübergang einführen*
Zunächst werden die Zerlegungen der Zahlen bis 10 wiederholt. Es wird dann besprochen, dass es hier um Strategien zur Subtraktion geht, die sich auf die Zehnerstruktur (*Kraft der 10*) der Zahlen konzentrieren. Dabei wird geklärt, dass diese Strategien später noch sehr wichtig werden, hier aber nur eine Möglichkeit zur Bestimmung von Subtraktionsergebnissen darstellen.
Anhand des Einstiegsbildes oder (besser) anhand eines Tafelbildes wird thematisiert, dass es weitere Rechenstrategien gibt, um schwierige Aufgaben wie 14 – 6 zu lösen. Die Kinder erklären, wie man die lange und die beiden kurzen Aufgaben am Zwanzigerfeld erkennen kann und warum es sich hierbei nun um eine Aufgabe mit 10 handelt. Mit weiteren Aufgaben dieser Form wird die Strategie gefestigt und das Aufgabenformat „Aus ... mache ...“ wiederholend geklärt.

1 *Strategie Zehnerübergang verstehen*
Beim Legen der Aufgaben entsteht der Zehnerübergang gewissermaßen „automatisch“, wenn die Zahlen linear gelegt wer-

○ **5** Verwandte Aufgaben.

9 − 5 = 4	7 − 2 = 5	8 − 3 = 5	6 − 3 = 3
19 − 5 = 14	17 − 2 = 15	18 − 3 = 15	16 − 3 = 13
5 − 3 = 2	9 − 2 = 7	3 − 1 = 2	8 − 6 = 2
15 − 3 = 12	19 − 2 = 17	13 − 1 = 12	18 − 6 = 12

• **6** Verwandte Aufgaben? Beschreibe und erkläre.

8 − 4 = 4	5 − 2 = 3	7 − 5 = 2	4 − 1 = 3
18 − 14 = 4	15 − 12 = 3	17 − 15 = 2	14 − 11 = 3
9 − 7 = 2	8 − 5 = 3	6 − 4 = 2	9 − 3 = 6
19 − 17 = 2	18 − 15 = 3	16 − 14 = 2	19 − 13 = 6

• **7** Finde verwandte Aufgaben.

7 − 4 = 3	6 − 2 = 4	9 − 4 = 5	8 − 2 = 6
17 − 4 = 13	16 − 2 = 14	19 − 4 = 15	18 − 2 = 16
17 − 14 = 3	16 − 12 = 4	19 − 14 = 5	18 − 12 = 6

(Beispiele)

✻ **8** Schreibe Aufgaben und verwandte Aufgaben.
(verschiedene Lösungen)

Einstieg, 5 Das Rechnen im Zwanzigerraum zurückführen auf das Rechnen im Zehnerraum.
Begriff „Verwandte Aufgaben“ besprechen.

6 Konstanz der Differenz erkennen und erklären: Die Differenz der Aufgaben (8 − 4 und 18 − 14) bleibt gleich.
Potenzial zur Sprachförderung nutzen.

7, 8 Analogien der Subtraktion im erweiterten Zahlenraum nutzen.
Der Zahlenraum bis 20 kann überschritten werden.
Potenzial zum selbstgesteuerten Üben nutzen.

Wichtige Wörter
Verwandte Aufgaben

den – dann liefert der entstehende Zeilenumbruch genau die gewünschte Zerlegung des Subtrahenden.

2 *Strategie zur Subtraktion zweistelliger Zahlen*
Hierbei sind die Terme so aufgebaut, dass zunächst der glatte Zehner abgezogen wird und dann die kleinen Zahlen miteinander verrechnet werden. Auch hier orientiert sich der Term am Bild der dargestellten Aufgabe.
Es ist also wichtig, dass die Kinder die zugehörigen Punktebilder vor Augen haben und idealerweise immer auch selbst legen – ggf. muss hier besprochen werden, dass die Zerlegung nicht der des Zehnerübergangs entspricht.

3 *Strategien anwenden*
Die Kinder entscheiden selbst, welche Strategie sie nutzen.

Einstieg, 5 *Verwandte Aufgaben kennen lernen*
Die Kinder beschreiben den Unterschied der Aufgaben. Dabei wird der Begriff „verwandte Aufgaben“ in Analogie zu Additionsaufgaben eingeführt.

6 *Weitere verwandte Aufgaben kennen lernen*
Hier werden die Zehneranalogien bei der Subtraktion zweistelliger Zahlen vertieft. Es ist wichtig, dass die Kinder sich an diesen Strukturen orientieren und Vertrauen in die Systematik des Stellenwertsystems aufbauen.

7, 8 *Vertiefung: Verwandte Aufgaben finden*
Die Kinder können eine oder mehrere verwandte Aufgaben finden. Der Zahlenraum kann überschritten werden.
Die von den Kindern gefundenen Aufgaben werden der Lerngruppe vorgestellt und fortgeführt. Diskutiert wird zum einen, warum die Ergebnisse zweier verwandter Aufgaben zu einer kleinen Ausgangsaufgabe entweder gleich sind: z. B. 7 − 4 = 17 − 14 oder sich lediglich um einen (oder mehrere Zehner) unterscheiden, z. B. bei 7 − 4, 17 − 4 und 47 − 4. Zum anderen wird hier das Verständnis angebahnt, dass die dekadischen Beziehungen tragfähig für zahlreiche Aufgaben im größeren Zahlenraum sind.

DIAGNOSTISCHES POTENZIAL

Wie zerlegen die Kinder einstellige Zahlen? Wie legen sie Subtraktionsaufgaben und wie nutzen sie die Plättchen zur Bestimmung der Ergebnisse? Welche Strategien nutzen die Kinder zur Vereinfachung der schwierigen Aufgaben? In welchem Zahlenraum suchen sie nach verwandten Aufgaben?

MÖGLICHKEITEN ZUR UNTERSTÜTZUNG

Durchgängig kann hier der Einsatz von Material unterstützen.

1, 2 Deutlich hervorheben, dass immer so viele Plättchen nebeneinander gelegt werden, bis der Zehner voll ist.

3 Die Lehrkraft ordnet die gesuchte Rechenstrategie zu, die Kinder müssen die lange Aufgabe passend legen.

5 – 7 Zehnerstreifen nutzen. Klären, wie sich ein Minuend sowie Subtrahend durch den Zehner verändert (an verwandte Zahlen erinnern: Immer 10, immer 20).

→ Arbeitsheft, Seite 55 → KV 64 *Geschickt rechnen (Subtraktion)*

88 Rückblick

Einstieg Minusaufgaben zum Bild finden, vgl. S. 76/77

2 Einfache Minusaufgaben lösen, vgl. S. 82/83

3 Schwierige Aufgaben aus einfachen ableiten, vgl. S. 84 – 87

4 Umkehraufgaben finden, vgl. S. 80/81

5 Verwandte Aufgaben finden, vgl. S. 87

6 Blitzrechnen
Minusaufgaben, vgl. S. 85

Ich kann Minusaufgaben finden, legen, vergleichen und rechnen.

1 Finde Aufgaben zum Bild.

(Beispiele)
7 – 3 = 4
12 – 4 = 8
5 – 2 = 3
7 – 2 = 5

2

10 – 4 = 6	8 – 3 = 5	14 – 10 = 4	13 – 3 = 3
10 – 7 = 3	7 – 5 = 2	18 – 10 = 8	17 – 7 = 10

3 Rechne geschickt.

13 – 4 = 9	12 – 7 = 5	16 – 9 = 7	17 – 6 = 11
17 – 8 = 9	11 – 6 = 5	13 – 9 = 4	16 – 4 = 12

8 – 3 = 5
5 + 3 = 8
Umkehraufgaben

5 – 3 = 2
15 – 3 = 12
Verwandte Aufgaben: Einfach 10 mehr.

4 Finde die Umkehraufgabe.

8 – 3 = 5	11 – 4 = 7
5 + 3 = 11	7 + 4 = 11

5 Finde verwandte Aufgaben.

5 – 2 = 3	8 – 4 = 4
15 – 2 = 13	18 – 14 = 4

(Beispiele)

6 Übt immer wieder.
Minusaufgaben (Seite 85)

Rückblick: Einführung in die Subtraktion

Hier werden die zentralen inhaltsbezogenen Kompetenzen *Einführung in die Subtraktion* angesprochen. Im Kern geht es darum, dass die Kinder

- für die Subtraktion sach- und materialbezogene Grundvorstellungen aufgebaut haben, also Subtraktionsaufgaben kontextbezogen statisch und dynamisch deuten,
- einfache Aufgaben kennen und zum Lösen schwierigerer Aufgaben heranziehen,
- Analogien von Aufgaben im Zehnerraum zu Aufgaben mit größeren Minuenden im Sinne von Verwandtschaftsbeziehungen herstellen.

Die dabei geförderten prozessbezogenen Kompetenzen treten in Form des Modellierens, Darstellens, Kommunizierens, Argumentierens und Problemlösens auf, indem die Kinder insbesondere

- für die Interpretation von Subtraktionsaufgaben verschiedene Darstellungsebenen aus der sachlichen Umwelt und der symbolischen Mathematik zueinander in Beziehung setzen (Modellieren und Darstellen),
- das Assoziativgesetz der Addition im Kontext der Subtraktion beispielbezogen anhand der Darstellungen im Material zur Begründung von elementaren Rechenstrategien nutzen (Argumentieren),
- strategische Überlegungen zur Bearbeitung von Rechenaufgaben erläutern und vergleichen (Kommunizieren),
- Lösungsstrategien wie systematisches Probieren anwenden (Problemlösen).

Die zentralen Merksätze zu Umkehraufgaben und verwandten Aufgaben werden mit Beispielen verdeutlicht und automatisiert.

Forschen und Finden: Schöne Päckchen

WAS WIRD BENÖTIGT?

Arbeits- und Demonstrationsmaterial: Zwanzigerfelder mit Plättchen

WORUM GEHT ES?

Auch die Einführung der Subtraktion schließt mit strukturierten Übungen in Form der „schönen Päckchen" ab. Es geht also um Päckchen, bei denen die Aufgaben nach einer durchgehenden Regel verändert werden. Die strukturellen Zusammenhänge und deren Auswirkungen auf die Ergebnisse können von den Kindern entdeckt und beschrieben werden.
Um die „schönen Zusammenhänge" zu beschreiben, bietet es sich an, entsprechende Satzbausteine zu etablieren und zu nutzen. Auch können mit nichtsprachlichen Mitteln Auffälligkeiten markiert werden (z. B. Pfeilen, Farben).
Damit sich die Kinder nicht blind auf die Struktur verlassen und nur oberflächlich arbeiten, werden Begründungen verlangt.

WIE KANN MAN VORGEHEN?

Einstieg *Aufgabenformat übertragen*
Die Lehrkraft schreibt die ersten drei Aufgaben des Päckchens an die Tafel und fordert die Kinder auf, die erste Aufgabe im Zwanzigerfeld zu legen. Dann wird gefragt, wie man aus dieser Darstellung die zweite Aufgabe, darauf aufbauend die dritte legen kann, und schließlich, wie man das Päckchen passend weiterführen kann: Was passiert als nächstes mit den Plättchen? Wie lautet die nächste (übernächste …) Aufgabe?

89 Forschen und Finden: Schöne Päckchen

• **1** Schöne Päckchen.
Lege, rechne und erkläre.

9 – 4 = 5
10 – 5 = 5
11 – 6 = 5
12 – 7 = 5

• **2** Schöne Päckchen. Lege, rechne und erkläre.

10 – 10 = 0	18 – 10 = 8	14 – 2 = 12	16 – 2 = 14
10 – 9 = 1	18 – 8 = 10	13 – 2 = 11	18 – 4 = 14
10 – 8 = 2	18 – 6 = 12	12 – 2 = 10	20 – 6 = 14
10 – 7 = 3	18 – 4 = 14	11 – 2 = 9	22 – 8 = 14

3 Finde schöne Päckchen. (verschiedene Lösungen)

• **4** Immer zwei Aufgaben. Was fällt dir auf? Erkläre.

12 – 7 = 5	17 – 3 = 14	13 – 7 = 6	15 – 8 = 7
12 – 5 = 7	17 – 14 = 3	13 – 6 = 7	15 – 7 = 8
14 – 6 = 8	16 – 5 = 11	12 – 4 = 8	18 – 9 = 9
14 – 8 = 6	16 – 11 = 5	12 – 8 = 4	18 – 9 = 9

• **5** Emma hat eine Minusaufgabe gerechnet.
Das Ergebnis ist 10.
Sie erhöht die erste Zahl um 2.
Sie erhöht die zweite Zahl auch um 2.
Wie lautet das neue Ergebnis? 10

1 Änderung von Minuend und Subtrahend von Aufgabe zu Aufgabe beschreiben: Wie ändert sich dadurch das Ergebnis? Die Konstanz der Differenz erkennen, beschreiben und begründen.
Potenzial zur Sprachförderung nutzen.

2 Muster erkennen und beschreiben.
Auswirkungen auf Ergebnisse beschreiben und begründen.

3 Selbst schöne Päckchen finden. Der Zahlenraum ist freigestellt.

4 Muster in Aufgabenpaaren in Anlehnung an die Tauschaufgaben der Addition beschreiben und begründen.

5 Zahlenrätsel lösen und selbst Zahlenrätsel stellen.
Potenzial zum selbstgesteuerten Üben nutzen.

Wichtige Wörter
Schöne Päckchen, erste Zahl, zweite Zahl, Ergebnis, ... ist größer als, ist kleiner als ..., ist genauso groß wie ...

Die Fortführung der Aufgaben in der ikonischen Darstellung ist dabei durchaus anspruchsvoll: Obwohl man mit dem Minuenden und dem Subtrahenden von Aufgabe zu Aufgabe zwei Zahlen ändert, braucht man zur Herstellung einer Aufgabe aus der vorangehenden nur ein Plättchen: Durch Ergänzen eines Plättchens beim Subtrahenden erhöht man auch den Minuenden um 1; in der Abbildung sieht man, wie aus der Aufgabe 9 – 4 durch Hinzulegen nur eines Plättchens die Aufgabe 10 – 5 hergestellt wird.

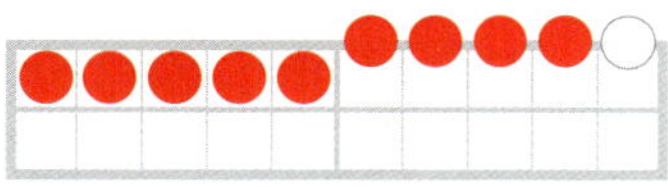

Zur Erforschung des Musters kann es sinnvoll sein, die Zahlen auch jenseits der 10 linear weiter zu legen. Dann lässt sich das Muster nach rechts fortführen und man kann beliebig viele Plättchen anfügen. So sieht man, dass es (anders als bei der Addition) unendlich viele Subtraktionsaufgaben (aus natürlichen Zahlen) zu einem vorgegebenen Ergebnis gibt.

2, 3 *Schöne Päckchen lösen und erfinden*
Nun sollten die Kinder die Aufgaben 2 und 3 selbstständig bearbeiten können. Zur Ergebnispräsentation werden die Erklärungen zu Aufgabe 2 gesammelt und diskutiert. Dann stellen sich die Kinder gegenseitig ihre selbst gefundenen schönen Päckchen vor: Ein Kind schreibt die ersten drei Aufgaben an, andere Kinder müssen die nächsten Aufgaben finden. Gemeinsam werden die Regelmäßigkeiten der Aufgaben beschrieben und deren Auswirkungen auf die Ergebnisse begründet.

4 *Regeln erkennen und beschreiben*
Hier geht es um Regelmäßigkeiten in einem Aufgabenpaar: Der Minuend bleibt gleich, in der zweiten Aufgabe wird die Differenz der ersten Aufgabe zum Subtrahenden. Es tauschen hier also die Zahlen ihre Plätze. Das entstehende Muster kann durch das Abdecken am Zwanzigerfeld gut begründet werden.

5 *Schöne Päckchen verbal erkennen*
Die Kinder finden schöne Päckchen zur Beschreibung in der Illustration. Es sind verschiedene Lösungen möglich.

DIAGNOSTISCHES POTENZIAL

Wie beschreiben die Kinder die zugrunde liegenden Regeln der schönen Päckchen? Welche Regeln überlegen sie sich selbst für schöne Päckchen? Welche Begründungen finden die Kinder für die Verletzung einer Regel? In welchem Zahlenraum bewegen sich ihre Päckchen?

MÖGLICHKEITEN ZUR UNTERSTÜTZUNG

1–5 Es kann durchgehend Material zum Legen der Aufgaben genutzt werden. Wichtig ist, das Zwanzigerfeld nicht nach jeder Aufgabe im Päckchen abzuräumen, sondern die nachfolgende Aufgabe immer durch Hinzulegen oder Umlegen von möglichst wenigen Plättchen zu erzeugen.

FORTSETZUNG

Die Kinder können Rätsel wie in Aufgabe 5 finden auf Blanko-Karten dokumentieren (Vorderseite: Rätsel, Rückseite: Päckchen mit markierten Entdeckungen). So entsteht eine Kartei, die sukzessive ergänzt werden kann.

→ Arbeitsheft, Seite 57 → Förderheft, Seite 49

90/91 Meter und Zentimeter

Einstieg Im Klassenzimmer oder außerhalb Gegenstände, Körperteile etc. suchen, die kürzer als ein Meter, genauso lang wie ein Meter oder zwischen ein und zwei Meter lang sind.
Gemeinsam Beispiele zuordnen.

Vorstellung zu einem Meter aufbauen.
Repräsentanten für einen Meter anschauen.
Bezeichnung und Schreibweise einführen.

Wichtige Wörter
Meter, Meterstab, Maßband, Lineal, länger als, kürzer als, genauso lang wie

WAS WIRD BENÖTIGT?

Arbeits- und Demonstrationsmaterial: KV 65 *Längen messen – Protokoll*, KV 66 *Metermaß*, verschiedene Messgeräte (Zollstock, Lineal, Tafellineal, Maßband (z. B. aus Möbelhäusern) ...), selbst erstellte Meterseile und Meterstäbe (etwa aus Haselrute), Papier für Notizen (ca. DIN A6)

WORUM GEHT ES?

Die Kinder sollen Einsichten in die Verwendung der Zahlen als Maßzahlen von Längen gewinnen. Die Grundidee ist dabei die Einheit Meter (1 Meter = 1 m) vorzugeben und mit dieser zunächst zu arbeiten, bevor mit der kleineren Einheit Zentimeter gearbeitet wird.
Häufig wird empfohlen, dass Kinder zunächst mit nicht normierten Längen (z. B. Fuß, Elle, Schritt) messen sollen. Hieraus wird die Notwendigkeit einer Normierung abgeleitet. Dieses Vorgehen kostet nicht nur relativ viel Unterrichtszeit, es führt manchmal sogar zu falschen Vorstellungen. Deshalb wird im ZAHLENBUCH von der heutigen Messpraxis ausgegangen, zu der viele Kinder bereits zahlreiche Erfahrungen aus ihrem Alltag oder aus dem Kindergarten mitbringen. Diese Erfahrungen werden bewusst aufgegriffen und systematisch ausgebaut.
Längen von Körperteilen und anderen Gegenständen werden in Bezug zu den Maßen 1 Meter und 1 Zentimeter gesetzt, damit sie als Stützpunktvorstellungen zum Abschätzen von Längen genutzt werden können, etwa: Die Tür ist ungefähr ein Meter breit. Der Tisch muss länger als ein Meter sein. Er passt quer niemals durch die Tür.
Da der Zahlenraum bis 100 nicht Thema des ersten Schuljahres ist, wird an dieser Stelle noch auf die Unterteilung des Meters in 100 Zentimeter verzichtet. Der Aufbau des Meters aus 100 Zentimeter erfolgt im zweiten Schuljahr.

WIE KANN MAN VORGEHEN?

Einstieg *Vergleichen mit dem Meterstab*
Die Lehrkraft legt als Impuls verschiedene Messinstrumente in die Mitte: mehrere Lineale, Zollstöcke, Maßbänder, Tafellineal ... Die Kinder sollen sich äußern, inwiefern sie solche Geräte schon kennen und nutzen können. Einige werden berichten, dass man damit die Körpergröße bestimmen kann und kennen ihre Größe. Andere können davon berichten, dass sie bereits selbst mit einem Lineal gemessen oder andere beim Messen beobachtet haben. Ein Kind oder auch mehrere können dann vormachen, wie man mit den Messwerkzeugen misst.
Im Gespräch wird sicherlich das Wort „Meter“ fallen. An Meterstäben, Metermaßbändern oder Meterschnüren wird diese Länge veranschaulicht. Ein Repräsentant für einen Meter, z. B. ein Maßband dieser Länge oder das Tafellineal, wird gut sichtbar an die Tafel gehängt. Daneben wird notiert: Das ist 1 Meter. Dazu wird die Kurzschreibweise erklärt und ebenfalls notiert: 1 Meter = 1 m. An die Tafel werden anschließend drei Plakate gehängt mit den Überschriften „kürzer als 1 m“, „genauso lang wie 1 m“ und „zwischen 1 m und 2 m“. Die Kinder sollen nun Gegenstände finden, die sie diesen Plakaten zuordnen können (KV *Längen messen – Protokoll*). Dafür erhält jedes Kind ein Meterband oder bastelt eins aus der KV 66 *Metermaß*. Die ersten Beispiele werden gemeinsam gesammelt. Die Kinder vermuten zunächst, auf welches Plakat ein Gegenstand gehören könnte und legen zur Kontrolle den Meterstab an. Anschließend suchen die Kinder im Klassenraum bzw. im Schulgebäude weitere Beispiele für die drei Plakate.

1 Erzähle.

2 Miss die Gegenstände.

4 cm | 5 cm | 5 cm

3 cm | 3 cm | 8 cm

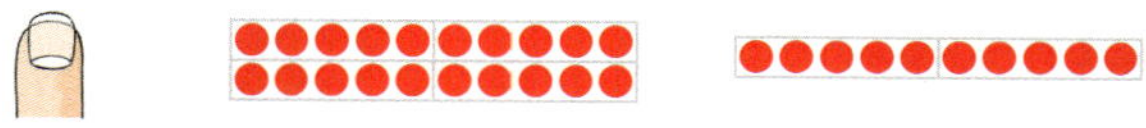

1 cm | 6 cm | 6 cm

3 Miss mit dem Lineal: Was ist kürzer als 10 cm?
(verschiedene Lösungen)

4 Miss mit dem Lineal: Was ist länger als 10 cm?
(verschiedene Lösungen)

1 Erfahrungen zum Messen besprechen.
Messen mit Lineal einführen.
Selbst gewählte Gegenstände mit Lineal messen.

2 Mit Lineal die horizontale Länge der Gegenstände messen.
Darauf achten, dass das Lineal richtig angelegt und die Länge richtig abgelesen wird.

3, 4 Gegenstände finden, die kürzer oder länger als 10 cm sind. Auf Zettel notieren und sammeln.
Potenzial zum selbstgesteuerten Üben nutzen.

Wichtige Wörter
Zentimeter

Sie skizzieren jedes Beispiel auf einem Blatt Papier (ca. DIN A6), beschreiben es ggf. kurz (z. B. „der Tisch") und markieren in der Skizze durch einen Strich, was sie genau gemessen haben (z. B. die Höhe des Tisches). Diese Blätter hängen die Kinder fortlaufend an das entsprechende Plakat an der Tafel.
Abschließend werden die drei Plakate gemeinsam betrachtet. Zunächst wird geprüft, ob alle Zettel richtig hängen oder ob ggf. etwas nachgemessen werden muss.

1 *Mit Lineal messen*
Für diesen Einstieg versammelt die Lehrkraft die Kinder an einem Gruppentisch, auf dem verschiedene Gegenstände liegen. Ein Kind soll einen Gegenstand messen und beschreiben, wie es dabei das Lineal benutzt und die Länge bestimmt. Dabei greifen die Kinder auf ihre Erfahrungen zum Messen mit dem Meterstab zurück und übertragen diese auf das Lineal. Das Anlegen im Nullpunkt muss hierbei besonders angesprochen werden. Neu ist die Einheit Zentimeter, die aber sicherlich in den Gesprächen zur linken Schulbuchseite schon gefallen ist. Am Lineal kann die Einheit 1 Zentimeter betrachtet und in Bezug zur Skala gesetzt werden: Welche Striche sind Zentimeterstriche? An der Tafel wird zum Metermaß ein Zentimeterstück angeheftet und mit dem Satz versehen: Das ist 1 Zentimeter. 1 Zentimeter = 1 cm.
Analog zur Aufgabe 1 im Schulbuch können die Kinder anschließend noch weitere Gegenstände auf ihren Tischen messen. Diese notieren sie z. B. in ihr Heft ebenso wie die Kinder dies in der Illustration in Aufgabe 1 gemacht haben. Wichtig ist, die gemessene Strecke zu kennzeichnen, um zu kennzeichnen, welche Strecke gemessen wurde: Länge, Breite, Höhe …?

2 *Üben: Genau messen*
Die Kinder messen die abgebildeten Gegenstände mit einem Lineal (horizontales Maß). Beim Finger können sie den abgebildeten oder den eigenen Finger wählen.

3, 4 *Länger oder kürzer als 10 Zentimeter?*
Wie bei den Meterplakaten werden hier 10 Zentimeter-Plakate erstellt: Die Kinder suchen Gegenstände, die länger oder kürzer als 10 cm sind, skizzieren diese auf Zetteln, markieren die gemessene Länge und heften diese Zettel auf das Plakat an der Tafel. Wer mag, kann auch die genaue Länge (z. B. 8 cm) dazuschreiben.

DIAGNOSTISCHES POTENZIAL

Welche Vorerfahrungen zum Messen bringen die Kinder mit? Kennen sie Meter und Zentimeter? Kennen sie verschiedene Messinstrumente und wissen sie, wie man diese benutzt? Können sie abschätzen, was ungefähr 1 cm, 10 cm und 1 m groß ist?

MÖGLICHKEITEN ZUR UNTERSTÜTZUNG

3, 4 Die Kinder messen nicht mit einem Lineal sondern mit einem 10 cm Streifen (KV *Metermaß*).

FORTSETZUNG

Die Plakate können in den kommenden Schultagen noch ergänzt werden.

→ Arbeitsheft, Seite 58

Themenblock Addieren und Subtrahieren

Wie bereits bei der Einleitung zum vorhergehenden Themenblock angemerkt sind operative Beziehungen zwischen der Addition und der Subtraktion an verschiedenen Stellen schon angelegt worden. Jetzt geht es darum, sie eigens zu thematisieren und noch stärker bewusst zu machen.

Operative Beziehungen zwischen Plus- und Minusaufgaben

Den Schlüssel für eine operative Sicht des Einspluseins bilden die gegenläufigen Operationen „Zusammenfassen und Zerlegen" sowie „Hinzufügen und Wegnehmen", die so eng verbunden sind, dass man bei bildlichen Darstellungen oft nicht unterscheiden kann, worum es sich gerade handelt.

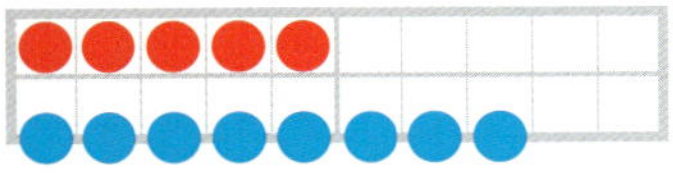

Diese Plättchendarstellung kann nicht nur als Wegnehmen, sondern auch als Hinzuschieben von Plättchen gedeutet werden, d. h. jede der beiden Umkehraufgaben 13 − 8 = 5 und 5 + 8 = 13 ist in derselben Darstellung sichtbar, jede folgt also zwingend aus der anderen.

Da zusätzlich bei der Additionsaufgabe nicht notwendigerweise klar ist, welche Plättchenmenge zuerst gelegt wurde (oder wenn eine statische Sichtweise auf die Addition eingenommen wird), kann zusätzlich noch die Tauschaufgabe 8 + 5 = 13, sowie natürlich deren Umkehraufgabe 13 − 5 = 8 gesehen werden.

Es ergibt sich also ein operatives Gefüge von vier Plus- und Minusaufgaben, die man mit zwei Zahlen a, b bilden kann:

$a + b = c$ $\quad c - b = a$

$b + a = c$ $\quad c - a = b$

Die Einsicht in diesen allgemeinen und fundamentalen operativen Zusammenhang zwischen Addition und Subtraktion erleichtert das flexible Rechnen ganz entscheidend und ist ein Musterbeispiel dafür, wie die im Fach liegenden Muster und Strukturen für ökonomisches Lernen genutzt werden können. Alle Mühe muss darauf verwandt werden, dass besonders auch die schwächeren Kinder operative Beziehungen erkennen und anwenden können.

Rechendreiecke

Zur integrativen Übung der Addition und Subtraktion eignet sich in besonderer Weise das Aufgabenformat „Rechendreiecke", das im weiteren Unterricht bis in die Mittel- und Oberstufe hinein immer wieder benutzt werden kann.

Die Rechenregel bei Rechendreiecken ist einfach:

In die drei inneren Felder werden Zahlen geschrieben oder Plättchen als Anzahlen gelegt. Je zwei benachbarte innere Zahlen werden addiert, und die Summe wird außen an die gemeinsame Seite geschrieben.

Beispiel:

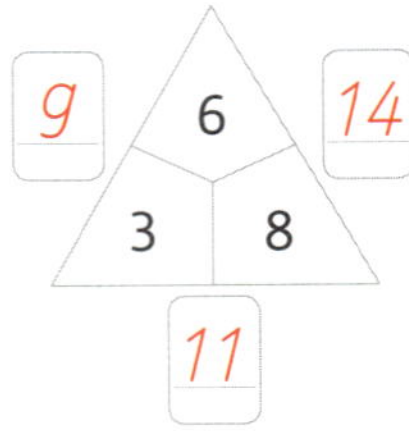

Wenn alle drei inneren Zahlen vorgegeben sind, muss man nur addieren um die äußeren Zahlen zu erhalten. Wenn aber zwei äußere und eine innere Zahl oder zwei innere und eine äußere Zahl vorgegeben sind, muss man auch subtrahieren. Insgesamt kann man an einem richtig ausgefüllten Rechendreieck sechs Additions- und sechs Subtraktionsaufgaben ablesen:

3 + 6 = 9	3 + 8 = 11	8 + 6 = 14
6 + 3 = 9	8 + 3 = 11	6 + 8 = 14
9 − 6 = 3	11 − 8 = 3	14 − 6 = 8
9 − 3 = 6	11 − 3 = 8	14 − 8 = 6

Struktur des Themenblocks

Der Themenblock startet mit einer Anwendung der bereits bekannten Rechenoperationen in Sachsituationen, so dass die Grundvorstellungen noch einmal aufgefrischt werden können.

Schülerbuch 1, S. 92

Es wird dann ein weiteres Mal der Kontext *Räuber* und *Goldschatz* genutzt, um die operativen Strukturen der Addition und Subtraktion in der Zwanzigerreihe zu vertiefen, wobei insbesondere die Umkehrbarkeit von Operationen bewusst gemacht wird: Eine Operation lässt sich durch ihre Umkehroperation rückgängig machen.

Schülerbuch 1, S. 95

Daraufhin werden die operativen Beziehungen zwischen Addition und Subtraktion thematisiert, indem sich die Kinder die Mehrdeutigkeit einer Darstellung am Zwanzigerfeld bewusst machen.

Schülerbuch 1, S. 96

Diese Zahlbeziehungen werden dann anhand von einigen Problemaufgaben weiter vertieft.

Schülerbuch 1, S. 98

Auf den letzten beiden Doppelseiten wird den Kindern dann noch vertiefend nahegelegt, dass die Differenz zwischen zwei Zahlen auch durch eine Addition, das Ergänzen berechnet werden kann. Das Ergänzen wird von vielen Rechnern besonders dann als einfacher empfunden als das Abziehen, wenn Minuend und Subtrahend dicht beieinander liegen.

Schülerbuch 1, S. 101

Zusätzlich gibt es aber auch inner- und außermathematische Situationen, die das *Ergänzen* nahelegen. Solche Situationen werden insbesondere durch die problemhaltigen Aufgaben im Kontext des Rechendreiecks auf den Seiten 102/103 angeboten.

7 Finde Rechendreiecke mit Mustern.

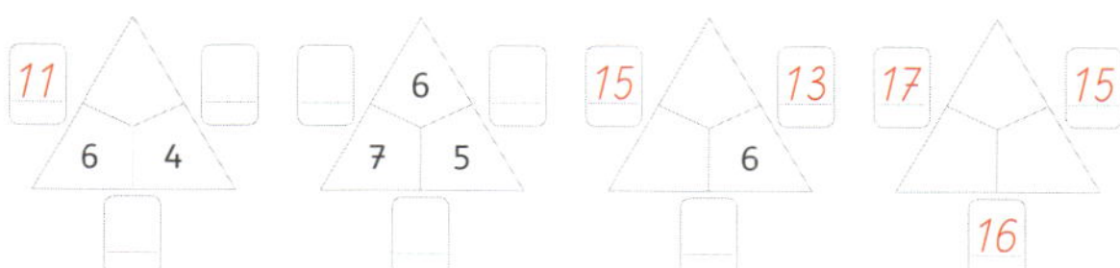

Schülerbuch 1, S. 103

Nach dem obligatorischen Rückblick erforschen die Kinder *Zahlenraupen* – ein Aufgabenformat, dass sowohl die Addition, als auch die Subtraktion vertieft, wobei auch bereits erste Strukturen multiplikativer Zusammenhänge entdeckt werden können.

Schülerbuch 1, S. 105

92/93 Erzählen und Rechnen

Einstieg Informationen zu Erdmännchen besprechen. Die Sachsituation kann unterschiedlich gedeutet werden: Zu Geschichten Plus- und Minusaufgaben finden. Ggf. Begriff Umkehraufgabe wiederholen. Potenzial zur Sprachförderung nutzen.

1 Rechengeschichten zu Bilderausschnitten erzählen. Passende Aufgaben notieren, lösen und anschließend vergleichen.

Wichtige Wörter
Umkehraufgabe

1 Erzählt. Was passiert? Findet Plus- und Minusaufgaben.

(Beispiele)

WAS WIRD BENÖTIGT?

Arbeits- und Demonstrationsmaterial: Authentisches Bildmaterial zu Erdmännchen

WORUM GEHT ES?

Nachdem die Addition und die Subtraktion operativ durchgearbeitet wurden, werden in diesem Abschnitt noch einmal die Deutungen von Sachsituationen in den Vordergrund gestellt und Rechengeschichten dazu erzählt. Dabei lässt sich auch der Begriff der Umkehraufgabe wiederholen. Auf dieser Doppelseite werden Sachkontexte angeboten, über die Rechengeschichten erzählt werden sollen. Diese sollen, wie im Einstiegsbild angedeutet, ganz bewusst die Offenheit der Situationen ausnutzen.
Für die Sachsituationen wurden Darstellungen gewählt, in denen eine aktuell besonders beliebte Tierart die Hauptrolle spielt: die Erdmännchen. Erdmännchen leben in den trockenen Gebieten des südlichen Afrikas und gehören zur Gattung der Mangusten. Es sind sehr soziale Tiere, die mit ihrem Nachwuchs gemeinsam in kleinen Gruppen (etwa 8 Tiere) leben, die wiederum in Kolonien von bis zu 30 Tieren gemeinsam einen Bau unterhalten. Sie sind etwa 24 – 30 cm groß und ernähren sich hauptsächlich von Insekten, verschmähen aber auch kleine Säugetiere, Reptilien oder tote Vögel nicht. Mit ihrem eher kleinen Körperwuchs sind sie stets gefährdet, selbst Opfer von Raubtieren zu werden. Sie sind deshalb sehr wachsam und halten sich vorzugsweise in der Nähe ihres Baus auf, in den sie bei Gefahr schnell verschwinden können.

WIE KANN MAN VORGEHEN?

Einstieg *Rechengeschichten finden*
Einführend werden Informationen über Erdmännchen besprochen (ggf. auch mit zusätzlichem Bildmaterial).
Anschließend betrachten die Kinder das Einstiegsbild und erzählen eine Geschichte darüber, was sie sehen und was dort passiert. Dabei wird geklärt, dass das Bild keine eindeutige Situation darstellt: Es ist unklar, ob ein Erdmännchen wegläuft oder dazukommt. Zu beiden Deutungen wird jeweils eine Aufgabe notiert. Der Begriff der Umkehraufgabe wird wiederholt.
Zu vielen Bilden lassen sich mehrere Geschichten erzählen, zu denen auch unterschiedliche Aufgaben passen. Den Kindern wird verdeutlicht, dass im Vordergrund steht, zu Situationen passende Geschichten und Aufgaben zu finden und umgekehrt.

1 *Übung: Rechengeschichten finden*
Die Kinder betrachten in Partnerarbeit die Darstellung und mutmaßen, was wohl passieren wird. Ein Kind erzählt dazu eine Rechengeschichte und das Partnerkind notiert den zugehörigen Zahlensatz. Zusätzlich können die Kinder jeweils eine passende Umkehraufgabe mit der entsprechenden Rechengeschichte finden. Ob hierbei zuerst der Zahlensatz oder zuerst die Rechengeschichte gefunden wird, kann den Kindern überlassen werden.
Abschließend stellen die Kinder im Plenum eine Aufgabe vor und die Klasse muss herausfinden, zu welchem Ausschnitt des Bildes diese Aufgabe gehört. Sie bilden dann ggf. die Umkehraufgabe und erzählen die passende Rechengeschichte.

2 *Aufgaben zu Bildern ordnen*
Den Bildern werden passende Aufgaben zugeordnet. Dazu wird immer die vermittelnde Rechengeschichte erzählt. Sofern den

2 Welche Aufgaben passen zum Bild?

6 + 2	5 − 2	4 + 2 + 2	2 + 3	2 + 2 + 1	3 + 2	8 − 2

5 − 2 = 3
3 + 2 = 5
2 + 2 + 1 = 5
2 + 3 = 5

4 + 2 + 2 = 8
8 − 2 = 6
6 + 2 = 8

3 3 + 4 = 7

7 − 4 = 3

12 − 5 = 7   5 + 7 = 12   6 + 6 = 2   12 − 6 = 6   3 + 3 + 2 = 8

4 In der Sonne stehen
5 Erdmännchen.
3 kommen dazu.
Wie viele sind es zusammen?
Es sind zusammen 8 Erdmännchen.

In der Sonne stehen
8 Erdmännchen.
3 gehen in den Bau.
Wie viele bleiben in der Sonne?
5 Erdmännchen bleiben in der Sonne.

5 Mein Lieblingstier: Male und schreibe Aufgaben. Erzähle.
(verschiedene Lösungen)

2 Aufgaben zu Bildern ordnen und passende Geschichten erzählen.

3 Zu den Aufgaben Geschichten erfinden und bildlich darstellen.

4 Textaufgaben gemeinsam lesen.
Bild ins Heftmalen, Aufgabe notieren und rechnen.

5 Rechengeschichten zum eigenen Lieblingstier erfinden, zeichnerisch darstellen.
Plus- und Minusaufgaben dazu finden.
Der Zahlenraum ist geöffnet.
Potenzial zum selbstgesteuerten Üben nutzen.

Kindern weitere Aufgaben zu den Bildern einfallen, können und sollen diese ebenfalls notiert werden – wichtig ist, dass zu einer Aufgabe immer eine Rechengeschichte über das Bild erzählt werden kann. Nur dann wird die Aufgabe als sinnvoll akzeptiert.

3 *Zu Aufgaben Rechengeschichten finden*
Die Kinder erfinden Geschichten zu den Aufgaben und stellen diese bildlich dar. Für einen anschließenden Austausch bietet es sich an, die Bilder nicht ins Heft, sondern auf einzelne Blätter zu zeichnen. So können die Kinder ihre Zeichnungen vergleichen und überlegen, welche Aufgabe dargestellt wurde. Möglicher Impuls: Kann man in dem Bild auch die Umkehraufgabe erkennen?

4 *Textaufgaben mit Bild und Aufgabe erfassen*
Die Textaufgaben werden ggf. gemeinsam gelesen. Zur Aufgabe wird ein passendes Bild ins Heft gemalt und eine Aufgabe notiert. Schließlich werden die Aufgaben und die Geschichten verglichen: Zu beiden Textaufgaben kann man dasselbe Bild zeichnen, da die Aufgaben Umkehraufgaben sind.

5 *Rechengeschichten erfinden*
Viele Kinder haben (mindestens) ein Lieblingstier. In dieser Aufgabe erfinden sie zu ihrem Lieblingstier Aufgaben, die sie in bildlicher und symbolischer Form festhalten. Auch Umkehraufgaben können gestellt werden.
Der Zahlenraum ist hier freigestellt.

DIAGNOSTISCHES POTENZIAL

Finden die Kinder Rechengeschichten zu den Bildern? Finden sie auch mehrere? Wie sprechen die Kinder über die Bilder? Erkennen sie Umkehraufgaben? Welche Rechengeschichten finden sie zu den Bildausschnitten? Wie bestimmen sie die Ergebnisse der eigenen Rechengeschichten? Passen die Bilder zu den Aufgaben? In welchem Zahlenraum bewegen sich ihre Eigenproduktionen?

MÖGLICHKEITEN ZUR UNTERSTÜTZUNG

1, 2 Den Kindern können Teilaufgaben zu den einzelnen Bildern gestellt werden: Die Lehrkraft gibt etwa zu einem Bild eine Aufgabe vor und die Kinder erzählen eine Geschichte dazu (oder anders herum). Da hier durchgängig Partnerarbeit vorgesehen ist, können die Kinder sich in dieser Weise auch gegenseitig unterstützen.

3 – 5 Anstatt selbst zu zeichnen, können die Kinder mithilfe von Erdmännchenbildern Situationen darstellen, die zu den Aufgaben passen. Möglich ist es auch, die Aufgaben durch reale Gegenstände (Spielzeugfiguren o. Ä.) und nicht zeichnerisch vorgestellt werden.
Der Zahlenraum kann erweitert oder eingeschränkt werden.

→ Arbeitsheft, Seiten 59, 60 → Förderheft, Seiten 50, 51 → KV 67 *Sachaufgaben finden und üben*

94/95 Plus und Minus

1 Spielregeln wiederholen (vgl. S. 5 im Schulbuch). „Räuber und Goldschatz" spielen.

2 Protokoll über einen Spielverlauf mithilfe der passenden Serie von Rechenaufgaben anfertigen.

○ **1** Spielt Räuber und Goldschatz. Schreibt die Aufgaben auf.
(verschiedene Lösungen)

○ **2** Wer gewinnt den Schatz?

10 + 4 = 14	10 − 4 = 6	12 + 6 = 18
14 − 6 = 8	6 + 5 = 11	18 − 2 = 16
8 + 2 = 10	11 − 1 = 10	16 + 1 = 17
10 − 3 = 7	10 + 4 = 14	17 − 2 = 15
7 + 3 = 10	14 − 2 = 12	15 + 5 = 20

WAS WIRD BENÖTIGT?

Arbeits- und Demonstrationsmaterial: Für das Spiel „Räuber und Goldschatz": ggf. Spielplan als Plakat, Spielwürfel, Plättchen o. Ä. (für den Schatz), KV 68 *Räuber und Goldschatz* zur Notation der Spielzüge (alternativ: ins Heft schreiben)

WORUM GEHT ES?

Für einen bewussten Umgang mit den Rechenarten ist es wichtig, sich zu verdeutlichen, dass eine Operation durch ihre Umkehroperation rückgängig gemacht werden kann. Diese Einsicht kann genutzt werden, um geschickt zu rechnen, insbesondere um schwierige Subtraktionsaufgaben vereinfachen. So kann man etwa von der Aufgabe 17 − 9 die Zahl 1 subtrahieren und anschließend sofort wieder addieren. Das Ergebnis ändert sich nicht. Durch geschicktes Zusammenfassen gelangt man zur deutlich einfacheren Aufgabe 17 − 10 + 1. Diese Strategie wird im größeren Zahlenraum des zweiten bzw. dritten Schuljahres immer wichtiger, so dass hier schon die Grundlagen dafür geschaffen werden sollen.

Auf der vorliegenden Doppelseite wird dieser Zusammenhang im Kontext des bekannten Spiels „Räuber und Goldschatz" thematisiert: Wenn der Plusräuber eine Zahl würfelt und anschließend der Minusräuber dieselbe Zahl würfelt, dann hätte man die Figur gar nicht bewegen müssen – es sei denn, im ersten Wurf erreicht man die Höhle des Plusräubers. Hierzu ist es notwendig, die Spielhandlungen genau zu dokumentieren: Die Kinder übersetzen jeden Spielzug in die passende Rechenaufgabe. Insbesondere ist es wichtig, dass die Spielzüge des Plusräubers als Addition, die des Minusräubers als Subtraktionsaufgabe verstanden und notiert werden.

WIE KANN MAN VORGEHEN?

Einstieg, 1 *Spielzüge dokumentieren*

Im Sitzkreis werden die Regeln des Spiels wiederholt, indem die Lerngruppe in zwei Gruppen eingeteilt wird: den Plusräuber (Vorwärtsziehen des Schatzes auf der Zahlenreihe) und den Minusräuber (Rückwärtsziehen auf der Zahlenreihe). Abwechselnd würfeln jeweils einzelne Kinder aus den Gruppen, versetzen den Schatz startend bei 10 auf der Zwanzigerreihe und notieren die anfallenden Spielzüge als Würfelbild und Plusaufgabe beziehungsweise als Würfelbild und Minusaufgabe (KV 68 *Räuber und Goldschatz*).

Nach dem Aktivieren der Vorerfahrungen und dem Probehandeln bezüglich der Dokumentation der Spielzüge spielen die Kinder in Partnerarbeit einige Runden Räuber und Goldschatz und notieren die dabei anfallenden Spielzüge als Rechenaufgaben im Heft oder auf der Kopiervorlage. Die Lehrkraft muss darauf achten, dass die Aufgaben des Plusräubers auch als Addition und die Aufgaben des Minusräubers als Subtraktion notiert werden – die bewusste Nutzung der Zwanzigerreihe als Spielplan ist zentral für die Umsetzung dieser Doppelseite.

Nachdem das Spiel einmal durchgespielt wurde, können verschiedene Partnergruppen ihre dokumentierten Spielzüge austauschen. Die Schüler überprüfen, ob die Spielzüge der anderen Gruppe korrekt sind, indem sie den Schatz auf ihrem Spielplan der Reihe nach gemäß der notierten Aufgaben bewegen und ob es ggf. Spielzüge gibt, die rückgängig gemacht wurden, da der Minusräuber dieselbe Zahl gewürfelt hat wie im vorherigen Spielzug der Plusräuber (z. B. 8 + 5 und 13 − 5). Diese werden farbig markiert und als Aufgabenpaar anschließend an der Tafel gesammelt.

3 Umkehraufgaben: Wo liegt der Schatz?

10 + 3 = 13	10 + 2 = 12	12 + 4 = 16
13 − 3 = 10	12 − 2 = 10	16 − 4 = 10
10 + 1 = 11	10 + 4 = 14	9 + 3 = 12
11 − 1 = 10	14 − 4 = 10	12 − 3 = 9 (Beispiel)

4 Aufgabe und Umkehraufgabe.

9 + 7 = 16	6 + 5 = 11	11 + 7 = 18	9 + 5 = 14	6 + 7 = 13
16 − 7 = 9	11 − 5 = 6	18 − 7 = 11	14 − 5 = 9	13 − 7 = 6
8 − 6 = 2	15 − 8 = 7	12 − 8 = 4	13 − 7 = 6	12 − 5 = 7
2 + 6 = 8	7 + 8 = 15	4 + 8 = 12	6 + 7 = 13	7 + 5 = 12

5 Schreibe Aufgaben und Umkehraufgaben. (verschiedene Lösungen)

6 Rechnen ohne zu rechnen.

8 + 5 − 5 = 8	9 + 3 − 3 = 9	9 + 4 − 3 = 10	9 − 4 + 3 = 8	11 − 5 + 6 = 12
8 − 5 + 5 = 8	9 − 3 + 3 = 9	9 − 3 + 4 = 10	9 + 3 − 4 = 8	11 + 6 − 5 = 12

Einstieg Besprechen anhand eines konkreten Spielzugs: Die Wirkung einer Aufgabe wird durch ihre Umkehraufgabe aufgehoben.

3 – 5 Aufhebung einer Rechenoperation durch ihre Umkehroperation verinnerlichen.
Kontext des Würfelspiels verlassen.
Der Zahlenraum in Aufgabe 5 ist freigestellt.
Potenzial zum selbstgesteuerten Üben nutzen.

6 Struktur der Umkehraufgaben nutzen, um Rechenaufgaben zu vereinfachen.

Wichtige Wörter
Umkehraufgabe

2 *Spielverlauf nachvollziehen*
In dieser Aufgabe wird ein vollständiges Spielprotokoll vorgestellt. Die Kinder lösen die Aufgaben und verschieben ggf. dabei den Schatz auf dem Spielplan – die Serie ist aber auch ohne den Spielplan lösbar. Einigen Kindern wird eventuell auffallen, dass manche Spielzüge spät im Spielverlauf rückgängig gemacht werden. Man kann dann besprechen, dass solche Situationen besonders dann auffallen, wenn im Spielablauf Umkehraufgaben entstehen, wenn also eine Operation direkt im nachfolgenden Zug rückgängig gemacht wird.

Einstieg, 3 *Umkehraufgaben situativ deuten*
Die Kinder werden hier mit Spielzügen konfrontiert, in denen Umkehraufgaben zum Tragen kommen: Der Minusräuber würfelt dieselbe Zahl, die im vorherigen Spielzug der Plusräuber gewürfelt hat. Es wird besprochen, dass der Schatz in diesem Fall wieder zurück zur Ausgangsposition kommt – unter der Voraussetzung, dass er nicht schon vom Plusräuber in die eigene Höhle gebracht wurde.

4, 5 *Vertiefung: Umkehraufgaben finden*
Die Idee der Umkehraufgaben wird vom Kontext des Würfelspiels gelöst und vertieft: Unabhängig vom Subtrahenden wird eine Aufgabe durch ihre Umkehraufgabe aufgehoben.
Bei Aufgabe 5 ist der Zahlenraum freigestellt.
Zum Abschluss können Kinder, die bereits mit großen Zahlen operieren können, eine Additionsaufgabe jenseits des Zwanzigerraums an die Tafel schreiben. Die anderen Kinder schreiben die Umkehraufgabe. Es wird besprochen, dass man alle Informationen für die Umkehraufgabe aus der Plusaufgabe ablesen kann und somit zu ihrer Lösung nicht rechnen muss.

6 *Anwendung von Umkehraufgaben*
Die Struktur der Umkehraufgaben wird genutzt, um Rechenaufgaben zu vereinfachen.

DIAGNOSTISCHES POTENZIAL
Welche Rechenaufgaben notieren die Kinder zu ihren Spielzügen? Wie nutzen sie dazu die Zahlen der Zwanzigerreihe? Wie vollständig werden die Protokolle zu den Spielzügen notiert? Wie wichtig für die Vorstellung von den Umkehraufgaben ist das konkrete Würfelspiel? In welchem Zahlenraum bewegen sich die Eigenproduktionen?

MÖGLICHKEITEN ZUR UNTERSTÜTZUNG
2, 3 Es kann den Kindern durchgängig das Spielfeld mit einem Spielstein als Schatz zur Verfügung gestellt werden. Bei großen Schwierigkeiten sollte dabei das Startfeld bei der Plusaufgabe markiert werden – nur so wird deutlich, dass man nach der Minusaufgabe auch wirklich auf das Ausgangsfeld zurückkehrt.
Bei allen Aufgaben kann der Zahlenraum variiert werden.

→ Arbeitsheft, Seite 61 → Förderheft, Seiten 52, 53 → Vernetzen und Automatisieren, Seiten 36, 37

96/97 Umkehr- und Tauschaufgaben

Einstieg Rechengeschichten zur Darstellung am Zwanzigerfeld erzählen: Welche Plättchen könnten dazugelegt worden sein? Welche können gleich ausgesondert werden?
Begriffe Tauschaufgabe und Umkehraufgabe verknüpfen.

1 Je vier Aufgaben finden: Es gibt immer zwei Tauschaufgaben und deren Umkehraufgaben.

1 Immer vier Aufgaben.

5 + 8 = 13 13 − 8 = 5
8 + 5 = 13 13 − 5 = 8

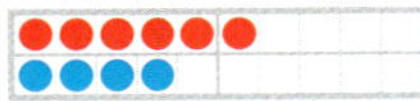

6 + 4 = 10 10 − 4 = 6
4 + 6 = 10 10 − 6 = 4

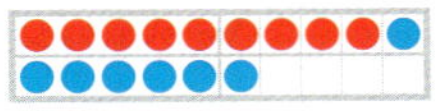

9 + 8 = 16 16 − 7 = 9
7 + 9 = 16 16 − 9 = 7

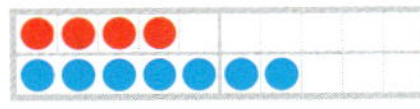

4 + 7 = 11 11 − 7 = 4
7 + 4 = 11 11 − 4 = 7

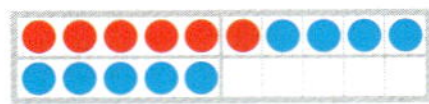

6 + 9 = 15 15 − 9 = 6
9 + 6 = 15 15 − 6 = 9

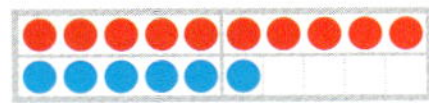

10 + 6 = 16 16 − 6 = 10
6 + 10 = 16 16 − 10 = 6

Wichtige Wörter
Tauschaufgabe, Umkehraufgabe

WAS WIRD BENÖTIGT?

Arbeits- und Demonstrationsmaterial: Zahlenkarten, Zwanzigerfeld, Plättchen, Fünfer- und Zehnerstreifen, transparente Abdeckstreifen, ggf. Karten mit Plus-, Minus- und Gleichheitszeichen

WORUM GEHT ES?

Die Kinder haben bisher zwei Begriffe kennengelernt, durch die sie verschiedene Aufgaben zueinander in Beziehung setzen können:

1. Zu einer Plusaufgabe gehört immer eine Tauschaufgabe, die dasselbe Ergebnis hat und
2. zu einer Aufgabe gehört immer eine Umkehraufgabe, durch die man die durchgeführte Operation rückgängig machen kann.

Für ein flexibles Verständnis von den Rechenoperationen ist es wichtig, aus solchen Beziehungen ein Begriffsnetz zu bilden, durch das sogenannte Aufgabenfamilien entstehen können: Zu einer Aufgabe gehört immer eine Tauschaufgabe und zu diesen beiden Aufgaben gibt es jeweils eine Umkehraufgabe. Zum Beispiel kann man die Zahlbeziehung zwischen den drei Zahlen 3, 4 und 7 auf vier verschiedene Weisen ausdrücken: durch die Plusaufgabe 4 + 3 = 7, durch ihre Tauschaufgabe 3 + 4 = 7, sowie durch deren Umkehraufgaben 7 − 3 = 4 und 7 − 4 = 3. Ein solches Verständnis von Aufgabenstrukturen stellt eine Erleichterung für die Orientierung in der großen Anzahl von verschiedenen Rechenaufgaben dar und erhöht damit deutlich die Lösungssicherheit der Kinder.

WIE KANN MAN VORGEHEN?

Einstieg, 1 *Vernetzung Umkehr- und Tauschaufgaben*

Die Lehrkraft gibt ein Zwanzigerfeld mit zehn roten und drei blauen Plättchen vor. Die Kinder erzählen dazu verschiedene Rechengeschichten und notieren die entsprechenden Aufgaben. Hierbei werden die Begriffe Tauschaufgabe und Umkehraufgabe wiederholt. Gemeinsam wird geklärt, dass jeweils zwei Tauschaufgaben und die dazugehörigen beiden Umkehraufgaben zu der einen Plättchendarstellung passen. Entsprechend illustriert findet sich die Vorgehensweise im Einstiegsbild dieser Doppelseite.
Diejenigen Kinder, die das Aufgabenformat verstanden haben, können selbstständig die Aufgaben 1 und 2 bearbeiten. Mit den anderen Kindern können noch gemeinsam einige Beispiele im Sitzkreis bearbeitet werden. Folgende Impulse unterstützen den Arbeitsprozess sinnvoll: Wurden die blauen oder die roten Plättchen dazugelegt? Werden die blauen oder die roten Plättchen weggenommen?

2 *Übung: Immer vier Aufgaben finden*

Hier werden die vier Aufgaben zu einer symbolisch dargestellten Aufgabe notiert. Die Kinder können auch mit Zwanzigerfeld und Plättchen arbeiten: Sie können die vorgegebene Aufgabe nachlegen und die anderen drei daraus herleiten.

3 *Vertiefung des Zusammenhangs*

Hier werden keine Aufgaben, sondern drei Zahlen vorgegeben. Die Kinder müssen die zugehörigen Aufgaben selbst finden. Besondere Aufmerksamkeit sollte der letzten Teilaufgabe gewidmet werden: Zu zwei Zahlen kann man immer eine Zahl finden, mit deren Hilfe man zwei Tausch- und zwei Umkehraufgaben angeben kann. Die Lösung ist dabei nicht eindeutig: So führt die Zahl 9

2 Finde die Tauschaufgabe und die Umkehraufgaben.

9 + 4 = 13	13 − 4 = 9	9 + 5 = 14	14 − 5 = 9
4 + 9 = 13	13 − 9 = 4	5 + 9 = 14	14 − 9 = 5
5 + 8 = 13	13 − 8 = 5	8 + 7 = 15	15 − 7 = 8
8 + 5 = 13	13 − 5 = 8	7 + 8 = 15	15 − 8 = 7
2 + 9 = 11	11 − 9 = 2	5 + 10 = 15	15 − 10 = 15
9 + 2 = 11	11 − 2 = 9	10 + 5 = 15	10 − 5 = 15

3 Finde die Tauschaufgaben und die Umkehraufgaben.

6 10 4

6 + 4 = 10 10 − 4 = 6
4 + 6 = 10 10 − 6 = 4

5 8 13

5 + 8 = 13 13 − 8 = 5
8 + 5 = 13 13 − 5 = 8

7 1 6

6 + 1 = 7 7 − 1 = 6
1 + 6 = 7 7 − 6 = 1

1 10 9

1 + 9 = 10 10 − 9 = 1
9 + 1 = 10 10 − 1 = 9

auch möglich:

11

1 + 10 = 11 11 − 10 = 1
10 + 1 = 11 11 − 1 = 10

4 Nimm 3 Karten.
Findest du immer vier Aufgaben?
(verschiedene Lösungen)

2 Tauschaufgaben und deren Umkehraufgaben zur symbolischen Darstellung finden und lösen.

3 Immer vier Aufgaben zu drei Zahlen finden.

4 Zu zwei Karten kann man jeweils zwei verschiedene Karten als dritte Karte wählen.
Der Zahlenraum ist freigestellt.
Potenzial zum selbstgesteuerten Üben nutzen.

als dritte Zahl zu den Aufgaben 9 + 1 = 10, 1 + 9 = 10, 10 − 1 = 9 und 10 − 9 = 1. Die Zahl 11 ist aber ebenso möglich und führt zu den vier Aufgaben 10 + 1 = 11, 1 + 10 = 11, 11 − 1 = 10 und 11 − 10 = 1.

4 *Selbst Aufgaben finden*
Die Lehrkraft wählt aus den Zahlenkarten von 1 bis 20 drei Karten (etwa 4, 6 und 10) aus, die Kinder sollen dazu vier Aufgaben nennen oder mit Karten legen.
In der anschließenden Arbeitsphase suchen die Kinder selbst drei Karten und versuchen wieder vier Aufgaben zu nennen. Sie werden feststellen, dass nicht zu jeder Auswahl vier Aufgaben gebildet werden können. Nur wenn man zwei Zahlen wählt und sicherstellt, dass die dritte Zahl entweder deren Summe oder deren Differenz darstellt, kann man die vier geforderten Aufgaben finden. Der Zahlenraum in dieser Aufgabe ist freigestellt.
Die Beobachtungen der Kinder werden abschließend im Sitzkreis besprochen: Zu zwei Zahlen beschreiben die Kinder, wie man eine dritte Zahl finden kann, so dass sich eine Aufgabenfamilie ergibt. Es wird herausgearbeitet, dass es immer zwei Möglichkeiten dafür gibt: Die Differenz und die Summe der ersten beiden Zahlen.

DIAGNOSTISCHES POTENZIAL

Wie erklären die Kinder die Begriffe Tauschaufgabe und Umkehraufgabe? Welche Rechengeschichten erzählen sie zu den Darstellungen am Zwanzigerfeld? Wie bestimmen sie die Ergebnisse der gefundenen Aufgaben – insbesondere in dem Fall, dass eine der Aufgaben bereits gelöst wurde? In welchem Zahlenraum arbeiten die Kinder bei den Eigenproduktionen?

MÖGLICHKEITEN ZUR UNTERSTÜTZUNG

Den Kindern kann durchgehend das Zwanzigerfeld mit Plättchen und Abdeckstreifen zur Verfügung gestellt werden. Der Zahlenraum kann beliebig variiert werden.

→ Arbeitsheft, Seiten 62, 63 → Förderheft, Seiten 54, 55 → KV 69 *Umkehr- und Tauschaufgaben* → Verstehen und Trainieren, Seite 29

98/99 Legen und Überlegen

Einstieg Im Sitzkreis gemeinsam Lösungswege überlegen.
Lösungsweg mit Skizze wie im Einstiegsbild entwickeln.
Potenzial für Sprachförderung nutzen.

1 Passende Skizzen zu den Sachaufgaben zeichnen, dabei an der Darstellung der Einstiegsillustration orientieren.

2 Eigene Rechengeschichten erfinden, Lösung anfertigen, gegenseitig vorstellen. Dabei an den vorherigen Aufgabenstrukturen orientieren.
Potenzial zum selbstdifferenzierten Lernen nutzen.

Wichtige Wörter
Skizze, mehr als, weniger als, halb so viele wie, doppelt so viele wie

1 Murat hat 6 Murmeln.

Finn hat 3 Murmeln mehr.
Wie viele Murmeln hat Finn?
Male.
Murat: ○○○○○○
Finn: ○○○○○○○○○
6 + 3 = 9 Finn hat 9 Murmeln.

Till hat halb so viele Murmeln.
Wie viele Murmeln hat Till?
Male.
Murat: ○○○○○○
Till: ○○○
3 + 3 = 6 Till hat 3 Murmeln.

Lena hat 2 Murmeln weniger.
Wie viele Murmeln hat Lena?
Male.
Murat: ○○○○○○
Lena: ○○○○
6 − 2 = 4 Lena hat 4 Murmeln.

Eva hat doppelt so viele Murmeln.
Wie viele Murmeln hat Eva?
Male.
Murat: ○○○○○○
Eva: ○○○○○○ ○○○○○○
6 + 6 = 12 Eva hat 12 Murmeln

2 Sophie hat 10 Murmeln. Erfinde Geschichten. Schreibe und male.
(verschiedene Lösungen)

WAS WIRD BENÖTIGT?

Arbeits- und Demonstrationsmaterial: Wendeplättchen

WORUM GEHT ES?

Diese Doppelseite ist für die sachrechnerischen Kompetenzen der Kinder von großer Bedeutung, denn hier werden erstmals Skizzen als grafische Bearbeitungshilfe von Sachaufgaben erarbeitet. Im Vordergrund steht die prozessbezogene Kompetenz des Modellierens: Die Kinder müssen die dargestellten Sachsituationen erfassen und überlegen, wie sie diese mithilfe einer Skizze oder durch Handeln mit Plättchen lösen können. Das „Erfinden" eigener Skizzen stellt für die Kinder eine hohe Anforderung dar. Daher werden hier unterschiedliche Lösungsskizzen angeboten, an denen sie sich orientieren können und auch sollen. Während auf der linken Seite der Fokus auf dem Anfertigen von Skizzen liegt, werden auf der rechten Seite unterschiedliche Lösungswege angeboten: Eine bildhafte Darstellung, eine abstrakte Skizze und verschiedene rechnerische Darstellungen.

WIE KANN MAN VORGEHEN?

Einstieg *linke Seite: Lösungsskizzen nutzen*

An der Tafel steht die Aufgabe: Laura hat 8 Murmeln. Max hat 2 Murmeln mehr.
Zunächst soll dieser Sachverhalt mit einer Skizze dargestellt werden. Dazu muss der Begriff der Skizze als eine grafische Lösungshilfe eingeführt werden, bei der es nicht um eine genaue, fotografische Darstellung der Situation geht, sondern um eine Darstellung der wichtigen Informationen. Gemeinsam wird überlegt, welche Informationen wichtig sind und wie man diese darstellen kann. So wird zunächst im ersten Satz der Text „8 Murmeln" unterstrichen und daneben werden 8 Kreise gezeichnet. Im nächsten Satz wird „2 Murmeln" und „mehr" unterstrichen. Die Kinder überlegen, wie sie dies grafisch darstellen können. Schlagen die Kinder vor, zwei Murmeln zu malen, müssen die acht Murmeln von Laura zu den zwei Murmeln hinzugenommen werden, um zur richtigen Lösung zu kommen. Deshalb wird im Buch vorgeschlagen, die acht Murmeln von Laura zu zeichnen und diese um zwei weitere zu ergänzen.

Auch hier muss geklärt werden, warum diese Darstellung zur Sachaufgabe passt.
Analog wird die Aufgabe „Leo hat halb so viele Murmeln." erarbeitet. Eine mögliche Lösungsskizze kann die folgende sein:

Es bietet sich an, zu den Lösungsskizzen die passenden Rechensätze 8 + 2 = 10 bzw. 4 + 4 = 8 zu notieren und auch hier zu klären, warum diese zur Skizze und zur Sachaufgabe passen.
Kommen die Kinder nicht selbst auf tragfähige Lösungsideen, kann die Lehrkraft entsprechende Lösungen einbringen mit dem Impuls: Passt diese Skizze zur Aufgabe?

1 *Lösungsskizzen fertig stellen*

Hier soll geübt werden, Skizzen zur Lösungsfindung anzufertigen und zu nutzen, dazu können die bereits angefangenen Skizzen ergänzt werden. Wenn die Kinder den entsprechenden Rechensatz formulieren können, notieren sie diesen ebenso dazu.

Wie viele Beine?

Kim

Marta
2 + 2 + 2 + 2 + 2 + 2 = 1 2

Eric
2, 4, 6, 8, 1 0, 1 2

Till

1 2

Anna 6 mal 2 gleich 1 2

3 Wie viele Beine sind es?

(Beispiel)
4 + 2 + 2 + 4 = 1 2
Es sind 12 Beine.

4 Wie viele Tiere sind es?

(Beispiel)

1 Kuh 3 Gänse
1 + 3 = 4
Es sind 4 Tiere.

5 Es sind 14 Beine. Wie viele Kühe? Wie viele Gänse?

Kühe	Gänse
0	7
1	5
2	3
3	1

Einstieg Aufgabe von Kindern lösen lassen (Murmelphase).
Lösungsideen von Kindern und aus Buch an der Tafel notieren und besprechen.

3 Zaunrätsel lösen. Dabei ähnliche Lösungswege wie in der Einstiegsillustration wählen.

4 Eine eigene Skizze für das abgewandelte Zaunrätsel finden und zur Bearbeitung nutzen.

5 Zaunrätsel lösen. Es gibt vier verschiedene Lösungen.

2 *Eigene Aufgaben erfinden*
Die Kinder erfinden eigene Rätsel. Dabei können sie sich an den Rätseln von Aufgabe 1 orientieren, z. B. können sie Satzbausteine und Lösungsskizzen übernehmen.
Zur Ergebnispräsentation werden abschließend zehn Kreise als Skizze von Sophies Murmeln an die Tafel gezeichnet. Ein Kind liest nun seine eigene Aufgabe vor. Die anderen Kinder entwickeln gemeinsam eine Lösungsskizze.

Einstieg *Lösungswege vergleichen*
Die in der Einstiegsillustration dargestellte Situation der Gänse hinter dem Zaun wird an der Tafel skizziert oder mit Spielfiguren nachgestellt. Die Kinder überlegen zunächst gemeinsam, wie viele Beine diese Tiere zusammen haben (Murmelphase). Einige Lösungsideen werden anschließend an der Tafel notiert. Zudem ergänzt die Lehrkraft die Schülerlösungen der Einstiegsillustration. Zu jeder Lösung sollen die Kinder erklären, warum sie zur Zaunaufgabe passt und wo in der Darstellung die Lösung der Aufgabe zu finden ist.

3 *Lösungsskizzen entwickeln*
Um die Gesamtanzahl der Beine zu bestimmen, sollen die Kinder sich an einem der Lösungsansätze an der Tafel orientieren.

4 *Vertiefung: Lösungsskizzen entwickeln*
Es wird nach der Anzahl der Köpfe der Tiere gefragt, daher müssen die bisherigen Skizzen oder Rechnungen passend zur neuen Fragestellung abgewandelt werden. Es sind ähnliche Notationen wie in der vorherigen Aufgabe möglich. Darüber hinaus können die Kinder 4 + 2 + 2 + 2 oder 1 + 1 + 1 + 1 oder auch 1 + 3 notieren und die Füße der Tiere direkt zu einem Tier zusammenfassen.

5 *Vertiefung: Problemaufgabe lösen*
Hier bietet sich der Einsatz von Plättchen zur Lösungsfindung an. Die Kinder legen 14 Plättchen und gruppieren sie in Zweier- und Vierer-Gruppen.
Die gefundenen Lösungen werden an der Tafel präsentiert. Die Kinder erklären, warum es keine weiteren Lösungen geben kann, etwa: Kommt eine weitere Kuh hinzu, müssen es zwei Gänse weniger werden. Bei vier Kühen wären es schon 16 Beine.

DIAGNOSTISCHES POTENZIAL
Wie erschließen die Kinder Sachaufgaben? Wie deuten sie Skizzen zu Sachaufgaben? Wie detailliert gestalten sie eigene Skizzen zur Lösungsfindung? Gehen sie bei der Lösungssuche systematisch vor und finden alle Lösungen?

MÖGLICHKEITEN ZUR UNTERSTÜTZUNG
3 – 5 Ein Bild von einer Gans und einer Kuh kann helfen, den Kindern ein Gesamtbild dieses Tieres zu illustrieren und damit die Fragestellung zu durchdringen.
Bevor Skizzen angefertigt werden oder begleitend dazu, können die Aufgaben auch mit Plättchen gelegt werden. Für Kinder mit großen Abstraktionsschwierigkeiten können die Situationen auch mit Murmeln bzw. Spielfiguren nachgestellt werden und erst dann in Plättchenhandlungen und Skizzen übertragen werden. Alternativ können die Kinder zu vorgefertigte Skizzen erklären, warum sie zur Aufgabe passen.

→ Arbeitsheft, Seite 64 → Förderheft, Seite 56 → KV 70 *Legen und überlegen*

Ergänzen und Wegnehmen

Einstieg Puzzle als Kontext für zwei Grundvorstellungen
der Subtraktion: Wie viele Teile sind noch übrig (Wegnehmen)? Wie viele Teile müssen noch gelegt werden (Ergänzen)?

1 Anzahl der fehlenden Plättchen herausfinden. Aufgabe als Ergänzung schreiben.

2 Ergänzungsaufgaben in operativen Aufgabenserien rechnen, Gesetz von der Konstanz der Summe beschreiben und begründen.

Wichtige Wörter
Ergänzen

1 Ergänze.

13 + 2 = 15   12 + 3 = 15

6 + 4 = 10   4 + 6 = 10

13 + 5 = 18   15 + 3 = 18

2

7 + 3 = 10	7 + 5 = 12	9 + 6 = 15	19 + 1 = 20
6 + 4 = 10	6 + 6 = 12	7 + 8 = 15	9 + 11 = 20
5 + 5 = 10	5 + 7 = 12	5 + 10 = 15	11 + 9 = 20
3 + 7 = 10	3 + 9 = 12	6 + 9 = 15	3 + 17 = 20
2 + 8 = 10	2 + 10 = 12	4 + 11 = 15	13 + 7 = 20
1 + 9 = 10	1 + 11 = 12	2 + 13 = 15	7 + 13 = 20

WAS WIRD BENÖTIGT?

Arbeits- und Demonstrationsmaterial: ggf. ein Puzzle mit 20 Teilen oder weniger, Zwanzigerfeld und Plättchen, Abdeckstreifen

WORUM GEHT ES?

Auf dieser Seite wird eine weitere Grundvorstellung für die Subtraktion aufgebaut: Während Subtraktionen bisher als Wegnehmen (7 − 3 = __) interpretiert wurden, wird den Kindern hier die Sichtweise des Ergänzens nahegelegt (3 + __ = 7).
Für die Kinder ist diese Einführung aus drei verschiedenen Gründen an dieser Stelle wichtig:
Erstens ist das Ergänzen notwendig dafür, dass den Kindern die engen Beziehungen zwischen der Addition und der Subtraktion vertiefter bewusst werden.
Zweitens ist das Ergänzen eine strategische Bereicherung für die Bestimmung von Differenzen: Aufgaben, bei denen Minuend und Subtrahend dicht bei einander liegen, lassen sich durch Ergänzen leichter und weniger fehlerbelastet lösen. Drittens wird hierdurch schon früh einem starren Verständnis des Gleichheitszeichens entgegen gewirkt, bei denen die Kinder auf der linken Seite eine feststehende Aufgabe und auf der rechten Seite eine zu errechnende Ergebniszahl erwarten. Dies ist wichtig, weil eine zu starre Verwendung des Gleichheitszeichens als sog. „Aufgabe-Ergebnis-Trennung" einen algebraischen Blick auf arithmetische Zusammenhänge blockieren kann. Aus diesem Grunde ist die Schreibweise des Ergänzens, bei dem auf der linken Seite der Gleichung bereits ein Platzhalter auftritt, für den Aufbau eines tragfähigen arithmetischen Verständnisses fruchtbar.

WIE KANN MAN VORGEHEN?

Einstieg *Vorstellung des Ergänzens anbahnen*

Im Klassengespräch wird das Legen eines Puzzles als Ergänzungsaufgabe gedeutet: 11 Teile eines 15er-Puzzles sind schon gelegt – wie viele Teile müssen noch gelegt werden? Die Lehrkraft führt die mathematische Notation 11 + __ = 15 für diese Aufgabe ein. Anschließend werden weitere Situationen gesammelt, in denen jeweils danach gefragt werden soll, wie viele noch fehlen. Beispiel:

- Von 20 Kindern einer Klasse sind bereits 17 Kinder angekommen.
- Von 11 Fußballspielern stehen schon 9 auf dem Platz.
- Von 8 Rechenaufgaben wurden schon 6 gelöst.
- Von 5 Schulstunden sind schon 3 vorbei.

Die Kinder können diskutieren, ob die Sachsituationen besser zum Wegnehmen (wie viele sind übrig) oder zum Ergänzen (wie viele kommen noch) passen. Bei einigen Situationen kann man zwar eine der beiden Grundvorstellungen als naheliegender ansehen, falsch ist aber keine von beiden. Wichtig ist, dass zu den Situationen stets die Zahlensätze geschrieben werden und dabei die additive Form der Subtraktionsgleichung 17 + __ = 20 ausreichend thematisiert wird.

1 *Ergänzen am Zwanzigerfeld*

Bei dieser Aufgabe können die Kinder das einzusetzende Ergebnis im Zwanzigerfeld sehen. Dadurch soll sichergestellt werden, dass sie den Sinn des Platzhalters verstehen und die Grundvorstellung des Ergänzens stabil aufbauen.

2 *Ergänzen in operativen Aufgabenserien*

Die operativen Serien von Ergänzungsaufgaben folgen dem Mus-

3 Rechne immer beide Aufgaben.

17 + 3 = 20	13 + 4 = 17	9 + 3 = 12	1 + 10 = 11
20 − 17 = 3	17 − 13 = 4	12 − 9 = 3	11 − 1 = 10
14 + 6 = 20	11 + 5 = 16	7 + 6 = 13	15 + 4 = 19
20 − 14 = 6	16 − 11 = 5	13 − 7 = 6	19 − 15 = 4

4 Welche Aufgabe findest du einfacher? Kreuze an. Erkläre.

13 − 11 = 2	11 − 9 = 2	16 − 2 = 14
X 11 + 2 = 13	9 + 2 = 11	2 + 14 = 16
10 − 3 = 7	15 − 7 = 8	20 − 11 = 9
3 + 7 = 10	7 + 8 = 15	11 + 9 = 20

5 Löse geschickt durch Ergänzen oder Wegnehmen.

14 − 11 = 3	12 − 8 = 4	15 − 10 = 5	20 − 17 = 3	16 − 1 = 15	11 − 7 = 4
18 − 16 = 2	13 − 11 = 2	17 − 12 = 5	19 − 15 = 4	16 − 9 = 7	14 − 8 = 6
11 − 6 = 5	17 − 13 = 4	18 − 13 = 5	20 − 13 = 7	17 − 3 = 14	13 − 5 = 8
16 − 13 = 3	20 − 19 = 1	14 − 9 = 5	15 − 11 = 4	19 − 1 = 18	14 − 12 = 2

Einstieg, 3 Ergänzen als Strategie zur Lösung von Subtrak-tionsaufgaben kennenlernen.

4 Ergänzen bietet einen Rechenvorteil, wenn Minuend und Subtrahend dicht beieinander liegen.

5 Selbst entscheiden, ob das Ergänzen oder Wegnehmen vorteilhafter ist.

ter, das durch die Konstanz der Summe entsteht: Die Regelmäßigkeiten können genauso begründet werden, wie es die Kinder bei der Thematisierung der schönen Päckchen im Abschnitt zu Einführung der Addition kennen gelernt haben.

Einstieg, 3, 4 *Ergänzen und Wegnehmen gegenüberstellen*
Am Beispiel der Einstiegsaufgabe werden die beiden unterschiedlichen Rechenwege zur Aufgabe 16 − 13 am Zwanzigerfeld gelegt und besprochen. Dabei werden beide Grundvorstellungen zur Subtraktion (ergänzen und wegnehmen) aktiviert und dabei die entsprechen Begriffe verwendet.
In Aufgabe 3 werden die Aufgaben mit beiden Rechenwegen gelöst. So üben die Kinder, zwischen beiden Grundvorstellungen zu wechseln. In Aufgabe 4 wird der Fokus auf geschicktes Rechnen gelegt. Die Kinder sollen entscheiden, welche Aufgabe sie einfacher zu lösen finden.
Abschließend notieren die Kinder in Partnerarbeit auf einer Karte eine Minusaufgabe, die sie einfacher mit dem Ergänzen und eine, die sie einfacher mit dem Wegnehmen gelöst haben. Diese werden sortiert nach den Operationsstrategien an der Tafel aufgehängt, gemeinsam betrachtet und die Zuordnung von den Kindern begründet.
Abgesehen von ganz einfachen Aufgaben (etwa 11 − 10) bietet sich das Ergänzen immer dann als geschickter Rechenweg an, wenn Minuend und Subtrahend einer Aufgabe dicht beieinander liegen. Das kann mit den Kindern an dieser Stelle thematisiert werden. Nichtsdestotrotz werden einige Kinder stabil die bekanntere Darstellung der Aufgabe bevorzugen (das Wegnehmen), weil sie sich darin sicherer fühlen. Dies sollte auch zugelassen werden. Häufig ändert sich diese Vorgehensweise noch, wenn die Kinder viele Übungsgelegenheiten erhalten.

5 *Strategie wählen: Ergänzen oder Wegnehmen?*
Die Kinder entscheiden hier selbst, wie sie die Aufgaben lösen wollen und begründen ihr Vorgehen. Wichtig ist, dass sie zuerst entscheiden, mit welcher Strategie sie die Aufgabe rechnen und erst danach rechnen. Beim Dokumentieren ist es wichtig, dass die Kinder die Aufgaben, die sie durch Ergänzen lösen, auch passend dazu notieren. Nur dann kann im Nachhinein noch gesehen (und erklärt) werden, welche Aufgaben ergänzend gelöst wurden.

DIAGNOSTISCHES POTENZIAL

Welche Rechengeschichten fallen den Kindern zum Ergänzen ein? Wie ermitteln die Kinder die Differenzen beim Ergänzen? Bei welchen Aufgaben bevorzugen die Kinder welche Grundvorstellung? Ist das Lösen der Aufgaben in einer Grundvorstellung fehleranfälliger als in der anderen?

MÖGLICHKEITEN ZUR UNTERSTÜTZUNG

Man kann den Kindern durchgängig Plättchen, Zwanzigerfelder und Abdeckstreifen zur Verfügung stellen und den Zahlenraum variabel an das Leistungsniveau anpassen.

→ Arbeitsheft, Seite 65 → Förderheft, Seite 57 → KV 71 *Ergänzen*

102/103 Rechendreiecke

Einstieg Aufgabenformat Rechendreiecke einführen: Die Summe zweier benachbarter Innenzahlen ergibt die zugehörige Außenzahl.
Potenzial zur Sprachförderung nutzen.

1, 2 Änderungen der Innen- und Außenzahlen beschreiben und Zusammenhang erklären.

3 Die Summe der Innenzahlen ist 10: Wie kann man die Rechendreiecke ordnen?

Wichtige Wörter
Rechendreiecke, Innenzahl, Außenzahl

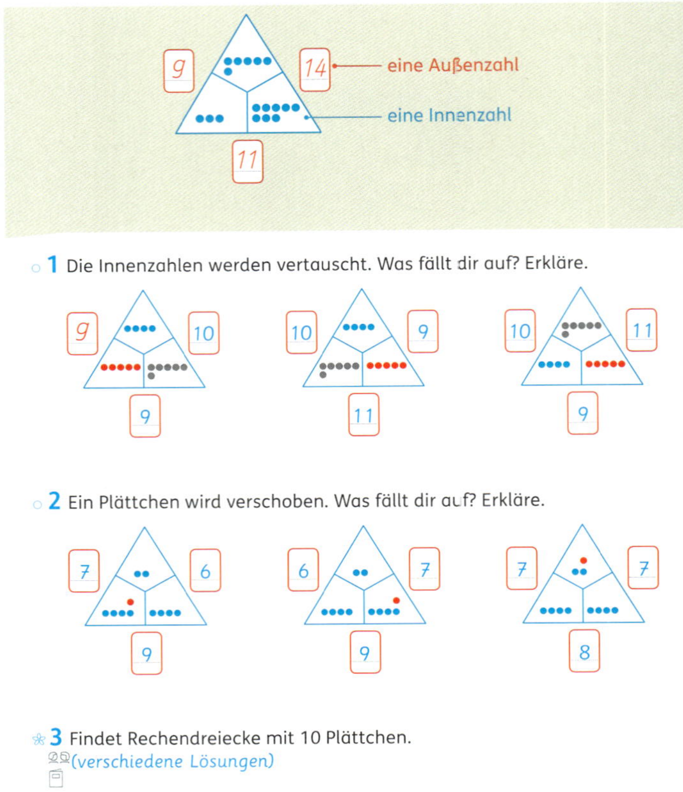

WAS WIRD BENÖTIGT?

Arbeits- und Demonstrationsmaterial: LF 2 und LF 9 *Rechendreiecke* (Operationsfeld und Arbeitsblatt), Wendeplättchen, Zahlenkarten.

WORUM GEHT ES?

Die grundlegende Regel des substantiellen Aufgabenformats „Rechendreiecke“ ist einfach: Die Summe zweier benachbarter Innenzahlen ergibt die zugehörige Außenzahl. Vier Aufgabentypen lassen unterscheiden:

Typ 1:
Alle drei Innenzahlen sind vorgegeben.

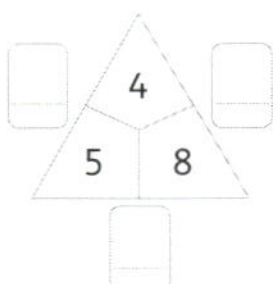

Typ 2:
Zwei Innenzahlen und eine Außenzahl an einer nicht gemeinsamen Seite des Dreiecks sind vorgegeben.

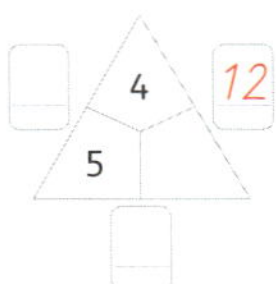

Typ 3:
Eine innere Zahl und zwei Außenzahlen sind vorgegeben.

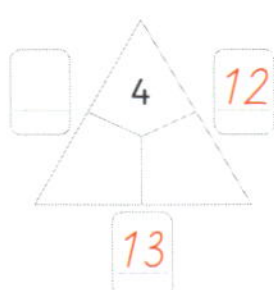

Typ 4:
Es sind nur die äußeren Zahlen vorgegeben.

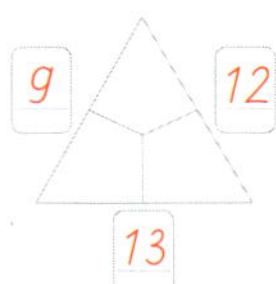

Im Typ 1 wird nur addiert, in den Typen 2 und 3 wird wechselweise eine Differenz bestimmt und addiert. Der Lösungsweg für Typ 4 wird deutlich komplexer: Eine direkte Lösungsstrategie dafür wird im zweiten Schuljahr thematisiert, hier werden die Grundlagen zu deren Erarbeitung geschaffen.
Wie in jedem substantiellen Aufgabenformat geht es nicht allein um das Rechnen, sondern besonders um das Entdecken von Mustern und Strukturen. Diese basieren bei Rechendreiecken auf der Beziehung zwischen den Innen- und Außenzahlen: Jede Innenzahl geht in zwei Außenzahlen ein.

WIE KANN MAN VORGEHEN?

Einstieg *Aufgabenformat einführen*
Im Sitzkreis können die Kinder zu einem fertig ausgefüllten Rechendreieck die Regel finden. Begleitend werden die Bezeichnungen Innenzahl und Außenzahl eingeführt. Gemeinsam werden einige Aufgaben des Typs 1, dann auch des Typs 2 gelöst. Sobald den Kindern klar ist, wie hier addiert und ergänzt wird, können sie eigenständig an den Aufgaben arbeiten.
Es ist hilfreich, wenn sie zum Legen und Ausprobieren (insb. bei Aufgabe 3) ein großes Rechendreieck (Operationsfeld) nutzen, in das sie in die Innenfelder die entsprechenden Plättchen sowie zur Darstellung der Außenzahl die Zahlenkarten legen können.
Ab Aufgabe 5 werden Zahlsymbole anstelle von Plättchen für die Innenzahlen genutzt. Gleichwohl behalten die Plättchen eine zentrale Rolle: Sie dienen als Erkenntnismittel, wie sich Änderungen der Innenzahlen auf die Außenzahlen auswirken. Man erhöht eine Zahl durch Hinzulegen eines Plättchens und verringert sie durch Wegnehmen eines Plättchens. Zusätzlich können benachbarte Zahlen gegensinnig verändert werden, indem ein Plättchen

4 Ein Plättchen kommt dazu. Was fällt dir auf? Erkläre.

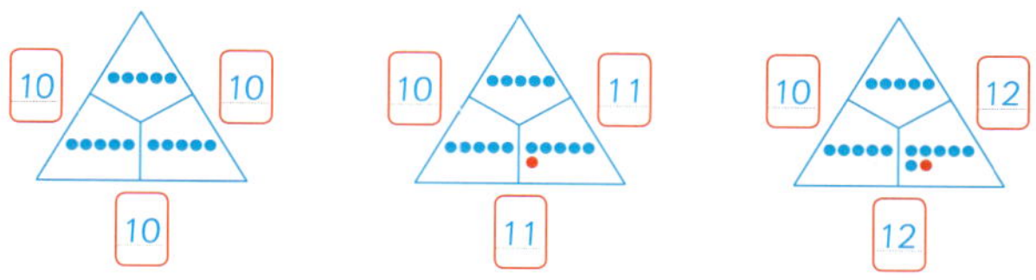

5 Einige Innenzahlen fehlen. Wie rechnest du? Beschreibe.

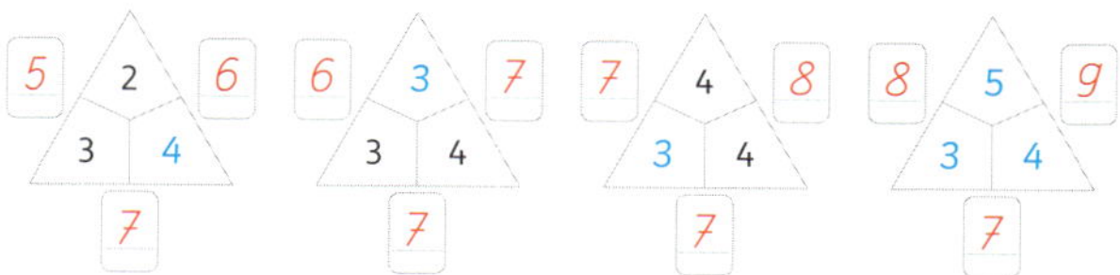

6 Rechendreiecke mit Mustern. Was fällt dir auf? Erkläre.

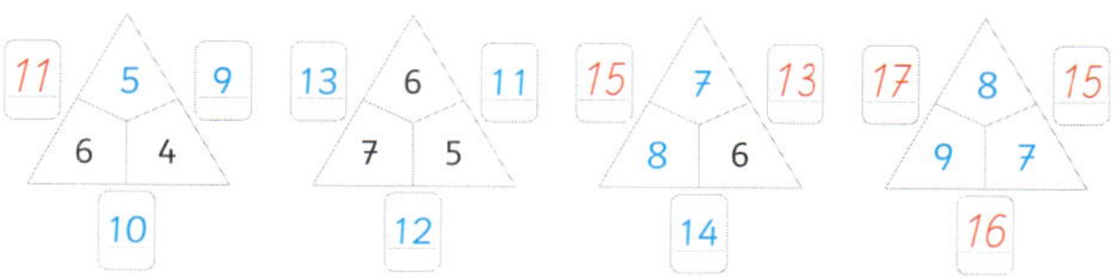

7 Finde Rechendreiecke mit Mustern. (Beispiele)

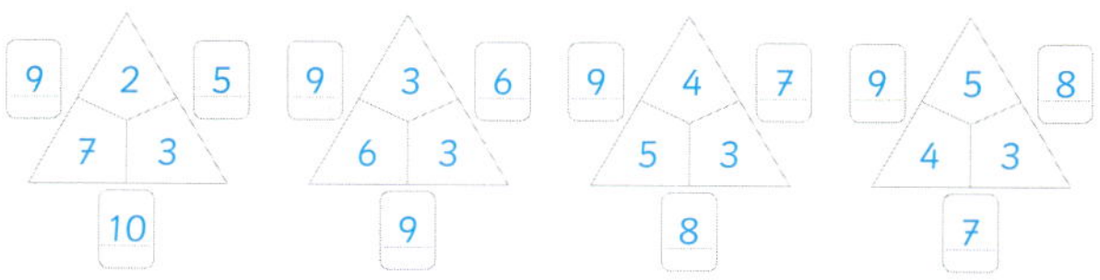

4 Eine Innenzahl wird verändert: Wie wirkt sich das auf die Außenzahlen aus?

5, 6 Die Rechendreiecke bilden eine operative Serie. Fehlende Zahlen der ersten drei Rechendreiecke durch Addieren oder Ergänzen bestimmen. Die Innenzahlen des vierten Rechendreiecks lassen sich finden, indem Muster der Innen- und Außenzahlen der Serie aufgedeckt und fortgesetzt werden.

Hinweis zu Aufgabe 5: Die untere Außenzahl bleibt gleich, während die oberen beiden Außenzahlen um 1 wachsen. Also bleiben die unteren Innenzahlen des vierten Dreiecks gleich, aber gegenüber dem dritten muss die obere Innenzahl um 1 größer werden.

7 Serien von Rechendreiecken mit Mustern erfinden. Potenzial zum selbstgesteuerten Üben nutzen.

von einem Innenfeld in ein anderes verschoben wird. Die Wirkungen lassen sich in der Korrektur der Außenzahlen beobachten: Welche Zahlenkarten müssen ausgetauscht werden, welche können liegen bleiben? So dienen die Plättchen auch zur Visualisierung der Änderung von Zahlen, und ermöglichen damit schon einen arithmetischen Blick auf algebraische Zusammenhänge.

1 *Rechendreiecke: Innenzahlen vertauschen*
Die Kinder beobachten, dass die Außenzahl zu den vertauschten Innenzahlen gleich bleibt, die beiden anderen Außenzahlen getauscht werden, und dass aufeinander folgende Innenzahlen zu aufeinander folgenden Außenzahlen (in derselben Orientierung) führen.

2 *Rechendreiecke: Innenzahlen verändern*
Das Verschieben eines Plättchens bedeutet die gegensinnige Veränderung zweier Innenzahlen um 1. Die Außenzahl, die an beide betroffenen Felder grenzt, bleibt gleich, die anderen beiden Außenzahlen verändern sich gegensinnig um 1.

3 *Rechendreiecke: Innensumme 10*
Die Kinder verteilen zehn Plättchen auf die Innenfelder des Rechendreiecks, berechnen die Außenfelder und dokumentieren die Rechendreiecke auf entsprechenden Leerformaten (LF 9 *Rechendreiecke*). Um Beobachtungen im Hinblick auf die Veränderungen von Innen- und Außenzahlen anstellen zu können, sollten die Kinder die Plättchen systematisch verschieben und nicht nach jedem gefundenen Rechendreieck alle Plättchen neu verteilen. In Partnerarbeit können die Kinder ihre Rechendreiecke vergleichen und sortieren. So können sie die Wirkungen von gegensinnigen Veränderungen selbstständig vertiefen.

4 *Rechendreiecke: Innenzahlen vergrößern*
Durch die Erhöhung einer Innenzahl erhöhen sich genau die beiden angrenzenden Außenzahlen.

5, 6 *Operative Serien fortsetzen*
In dieser Aufgabe können die bislang gewonnenen Erkenntnisse angewendet werden: Die ersten Rechendreiecke kann man durch Ergänzen berechnen, nicht aber das vierte, bei dem sämtliche Innenzahlen fehlen. Betrachtet man jedoch die vier Rechendreiecke als operative Serie, fallen Regelmäßigkeiten auf, die genutzt werden können, um das Problem zu lösen.

7 *Operative Serien erfinden*
Die Kinder erfinden nun eigene operative Serien von Rechendreiecken. Zur Ergebnispräsentation kann eine angefangene Serie vorgestellt und von den anderen Kindern weitergeführt werden. Der Zahlenraum ist hier freigestellt.

DIAGNOSTISCHES POTENZIAL

Wie nutzen die Kinder die Plättchen? Wie beschreiben sie die beobachteten Muster, wie begründen sie die Zusammenhänge? Gehen die Kinder systematisch erprobend vor?

MÖGLICHKEITEN ZUR UNTERSTÜTZUNG

Kinder mit Schwierigkeiten im Umgang mit der Bildungsregel können ihr Rechendreieck farbig markieren: Sie kennzeichnen jeweils die Dreiecksseite mit den zwei anliegenden Innenzahlen und der zugehörigen Außenzahl mit der gleichen Farbe.

→ Arbeitsheft, Seite 66 → Förderheft, Seiten 58, 59 → Probieren und Kombinieren, Seiten 6–11 → Vernetzen und Automatisieren, Seiten 20–23, 29–31

104 Rückblick

1 Rechengeschichten finden, die zu Plus- und Minusaufgaben führen, vgl. S. 92/93

2 Bilder zu vorgegebenen Aufgaben malen, vgl. S. 93

3 Tauschaufgaben und die jeweiligen Umkehraufgaben finden, vgl. S. 96/97

4 Rechendreiecke durch Addieren und Ergänzen lösen, vgl. S. 102/103

Ich kann in Bildern Plus- und Minusaufgaben erkennen, Tauschaufgaben und Umkehraufgaben bilden. Ich kann Minusaufgaben durch Ergänzen lösen.

1 Finde Aufgaben zum Bild.

(Beispiele)

5 − 2 = 3
2 + 2 + 1 = 5
3 − 1 = 2
2 − 1 = 1
2 + 1 = 3

2

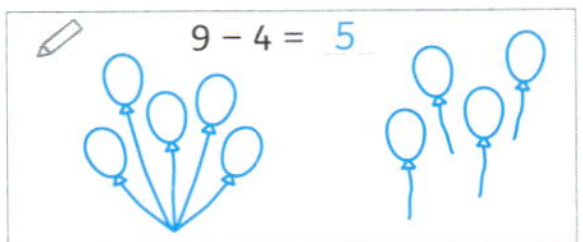

(Beispiele)

3 Immer vier Aufgaben.

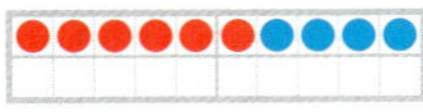

6 + 4 = 10 10 − 4 = 6
4 + 6 = 10 10 − 6 = 4

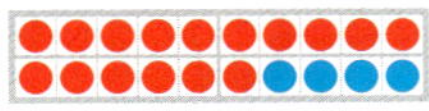

16 + 4 = 20 20 − 4 = 16
4 + 16 = 20 20 − 16 = 4

4

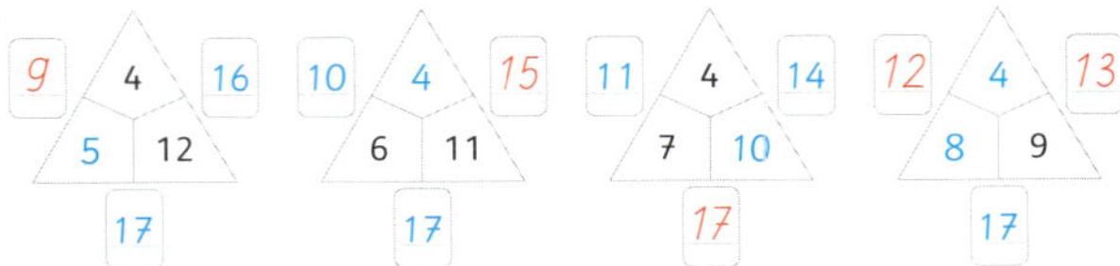

Rückblick: Addieren und Subtrahieren

Die inhaltsbezogenen Kompetenzen des Kapitels *Addieren und Subtrahieren* werden auf dieser Seite wiederholend angesprochen. Im Kern geht es darum, dass die Kinder

- in Sachsituationen und strukturierten Darstellungen Additions- und Subtraktionsaufgaben erkennen und aufeinander beziehen,
- Differenzen in den unterschiedlichen Grundvorstellungen Wegnehmen und Ergänzen bestimmen,
- das System von Tausch- und Umkehraufgaben durchdringen.

Die dabei geförderten prozessbezogenen Kompetenzen treten in Form des Modellierens, Darstellens, Kommunizierens, Argumentierens und Problemlösens auf, indem die Kinder insbesondere

- für die Interpretation von Additions- und Subtraktionsaufgaben (Wegnehmen und Ergänzen) verschiedene Darstellungsebenen aus der sachlichen Umwelt und der symbolischen Mathematik zueinander in Beziehung setzen (Modellieren und Darstellen),
- die Beziehungen zwischen Additions- und Subtraktionsaufgaben beispielbezogen anhand der Darstellungen mit Material zur Begründung von elementaren arithmetischen Zusammenhängen nutzen (Argumentieren),
- strategische Überlegungen zur Bearbeitung von Rechenaufgaben nutzen, erläutern und miteinander vergleichen (Problemlösen und Kommunizieren).

Forschen und Finden: Zahlenraupen

WAS WIRD BENÖTIGT?

Arbeitsmaterial: Quadratische Zettel (Zettelblock)

WORUM GEHT ES?

Im Aufgabenformat „Zahlenraupen“ werden arithmetische Folgen grundschulgemäß dargestellt. Zwei Zahlen sind vorgegeben: Eine Startzahl und eine Pluszahl, die von Zahl zu Zahl fortlaufend dazu addiert wird. Hier treten zwei verschiedenen Typen auf:

Typ 1: Die Start- und die Pluszahl sind vorgegeben. Alle weiteren Folgenglieder werden durch Addition gebildet.

Typ 2: Die Pluszahl ist zusammen mit weiteren, nicht am Anfang stehenden Zahlen gegeben. Die Zahlen in den Vorgänger-Gliedern der Raupen werden durch Subtraktion gefunden.

WIE KANN MAN VORGEHEN?

1 *Aufgabenformat einführen*

Die Lehrkraft malt (oder klebt) ein Raupenglied nach dem anderen an die Tafel (z. B. 1, 4, 7) und lässt die Kinder ab dem dritten Raupenglied vermuten, was die nächste Zahl sein wird. Wer die Regel erkannt hat, muss sie zunächst für sich behalten, bis sie auch andere Kinder erkannt haben. Die Lehrkraft nennt die Folge Zahlenraupe und führt die Bezeichnungen Startzahl und Pluszahl ein. Nach der Einführung finden die Kinder selbst Zahlenraupen, hierbei ist der Zahlenraum freigestellt. Es bietet sich an, den Kindern Zettel zur Verfügung stellen, auf denen sie die Zahlen der Raupenglieder notieren. Auf diese Weise können die Zahlenraupen (insbesondere in Aufgabe 1) beliebig lang werden.

105 Forschen und Finden: Zahlenraupen

○ **1** Finde Zahlenraupen.
Rechne und erkläre.

◒ **2** Vergleiche. Was fällt dir auf?

Immer + 2 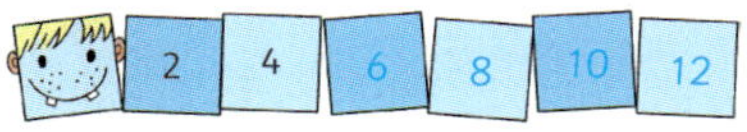

Immer + 4 

◒ **3** Vergleiche. Was fällt dir auf?

Immer + 5 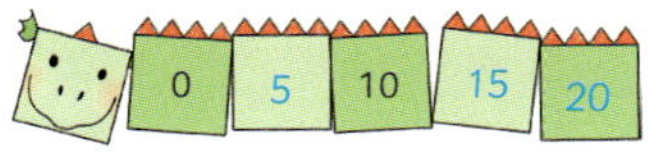

Immer + 5 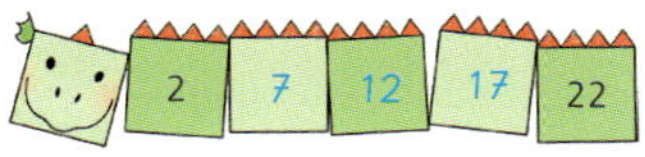

❀ **4** Finde Zahlenraupen. Die letzte Zahl ist immer 20. (Beispiel)

Immer + 3 

1 Aufgabenformat „Zahlenraupen" einführen, Zahlenraupen finden.
Der Zahlenraum ist freigestellt.
Potenzial zum selbstgesteuerten Üben nutzen.

2 Zahlenraupen vergleichen: Wegen der doppelten Pluszahl und doppelten Startzahl ergeben sich überall Verdopplungen.

3 Zahlenraupen vergleichen: Wegen derselben Pluszahl setzt sich der Unterschied zwischen den Startzahlen fort.

4 Zielzahl durch Variation von Start- und Pluszahl treffen.

Wichtige Wörter
Zahlenraupe

Zur Ergebnispräsentation heften die Kinder ihre Zahlenraupen an die Tafel. Gemeinsam wird überprüft, ob die Bildungsregel eingehalten und die Ergebnisse richtig berechnet wurden.
Die Lehrkraft kann zwei (oder mehr) ähnliche Zahlenraupen (z. B. mit der gleichen Pluszahl, der gleichen Startzahl oder dergleichen Zielzahl) untereinander hängen und die Kinder auffordern, Gemeinsamkeiten und Unterschiede einzelner Raupenglieder zu beschreiben und farbig oder mit Pfeilen zu markieren. Den Kindern sollte verdeutlicht werden, dass ihnen eine Markierung mit Farben und Pfeilen hilft, Muster und Strukturen der Mathematik zu entdecken und diese anderen Kindern aufzuzeigen.

2 *Muster von Zahlenraupen vergleichen*
In Partnerarbeit können die Kinder die gelösten Zahlenraupen vergleichen, indem sie die direkt übereinanderliegenden Raupenglieder fokussieren und Besonderheiten mit Farben oder Pfeilen markieren. Durch den Vergleich der Zahlenraupen fällt auf, dass die Zahlen der unteren Raupe allesamt Verdopplungen der oberen Zahlen darstellen. Dieser Spezialfall gelingt, weil die Pluszahl der unteren Raupe das Doppelte der Pluszahl der oberen ist und sich die Startzahlen ebenso verhalten. Den Kindern wird dieser Zusammenhang besonders deutlich, wenn sie selbst solche Zahlenraupen-Paare herzustellen versuchen.

3 *Muster von Zahlenraupen vergleichen*
Bei dieser Aufgabe wird die Pluszahl konstant gehalten, während die Startzahlen wieder unterschiedlich gewählt wurden. Alle Folgenglieder der unteren Raupe sind um 2 größer als die zugehörigen Folgenglieder der oberen Raupe – der Unterschied aus der Startzahl setzt sich also fort.

4 *Zielzahl treffen*
Die Kinder sollen selbst Startzahlen und Pluszahlen finden, so dass eine 6-gliedrige Zahlenraupe mit Zielzahl 20 entsteht. Mit natürlichen Zahlen gibt es dafür genau vier Möglichkeiten:
+1 15, 16, 17, 18, 19, 20
+2 10, 12, 14, 16, 18, 20
+3 5, 8, 11, 14, 17, 20
+4 0, 4, 8, 12, 16, 20
Es fällt auf, dass die Verringerung der Pluszahl um 1 zu einer Verringerung der Startzahl um 5 führt – dies liegt daran, dass vor der Zielzahl genau 5 Zahlen auftreten.

DIAGNOSTISCHES POTENZIAL

Wie finden die Kinder Zahlenfolgen bei Pluszahlen? Wie flexibel sind sie beim Rückwärtszählen? In welchem Zahlenraum bewegen sie sich? Welche Muster erkennen sie bei Zahlenraupen-Vergleichen und wie begründen sie diese?

MÖGLICHKEITEN ZUR UNTERSTÜTZUNG

Die Länge der Zahlenraupen (und damit zugleich der Zahlenraum) kann variiert werden. Durch den Einsatz von Schablonen, die zwei übereinanderliegender Raupenglieder fokussieren, können beim Vergleich von zwei Zahlenraupen, die Auffälligkeiten zwischen den Zahlen deutlicher werden.

FORTSETZUNG

Die Kinder können beliebig lange Zahlenraupen herstellen. Sie können versuchen, andere Zielzahlen zu treffen.

→ Arbeitsheft, Seite 68 → Förderheft, Seite 61 → Probieren und Kombinieren, Seiten 18, 19 → KV 73 *Zahlenraupen bis 20*

106/107 Mit Geld rechnen

Einstieg Sachsituation „Flohmarkt“ klären, Gegenstände und Preise benennen.
Rollenspiel: Sachen kaufen und bezahlen.
Potenzial zum selbstgesteuerten Üben nutzen.

1 – 5 Preise der abgebildeten Gegenstände mit Rechengeld nachlegen und zeichnen, bzw. vorgegebene Beträge bestimmen und passende Gegenstände vom Bild auswählen und zeichnen.

6 Gegenstände auswählen, dazu den berechneten Preis legen und zeichnen.
Potenzial zum selbstgesteuerten Üben nutzen.

WAS WIRD BENÖTIGT?

Arbeitsmaterial: Rechengeld (Euro-Münzen und Scheine bis 20 Euro)
Demonstrationsmaterial: Rechengeld, Gegenstände als Verkaufsattrappen, Kasse, Preisschilder

WORUM GEHT ES?

Die Kinder sollen die Grundstruktur eines Kaufes (Preis, Bezahlung) erfassen. Bei allen Aufgaben der Seite links werden die Gegenstände mit Scheinen und Münzen passend bezahlt. Dabei spielen zwei im täglichen Leben häufig vorkommende Situationen eine Rolle. Zum einen wird der Preis von Gegenständen berechnet und bezahlt. Zum anderen wird geschaut, wie viel Geld zur Verfügung steht und was davon gekauft werden kann.
Auf der Seite rechts wird das Berechnen des Rückgeldes erweiternd thematisiert. Entsprechend der Struktur von Kassenbons (gekauft, gegeben, zurück) wird zwischen der Rechnungssumme (ich kaufe), dem gegebenen Geld (ich gebe) und dem Rückgeld (ich bekomme zurück) unterschieden. Den Kindern sollte dabei deutlich werden, dass Einkaufen und Bezahlen ein (hoffentlich fairer) Tauschhandel ist.
Die Einstiegssituation ist lebensnah und vielen Kindern bekannt. Der Schwerpunkt liegt zunächst auf dem Erfassen der Sachsituation und dem Herausfinden des Lösungsweges, daher sind die rechnerischen Anforderungen anfangs bewusst einfach gehalten.

WIE KANN MAN VORGEHEN?

Einstieg *Einkaufen spielen*

Anhand des Einstiegsbildes wird zunächst die Sachsituation Flohmarkt geklärt. Für die folgenden Aufgaben leitende Fragen sind: Was verkaufen die Kinder? Was kosten die einzelnen Sachen? Wie kann man die Beträge bezahlen? Gemeinsam werden verschiedene Möglichkeiten der Bezahlungen von den Kindern gelegt, beschrieben und auf Karten notiert. Euro-Münzen werden mit zwei äußeren Ringen dargestellt, um sie später von Centmünzen (ein Ring) unterscheiden zu können, Euroscheine werden als Rechtecke gezeichnet.
Besonders schön ist es, wenn die Kinder vor der Behandlung der Schulbuchseite selbst einen eigenen Flohmarkt simulieren. Dafür sollten vorbereitend entweder die Kinder oder die Lehrkraft Gegenstände mitbringen, die mit entsprechenden Preisen versehen werden. Kinder können dann im Rollenspiel (erst Plenum, dann in Partnerarbeit) Sachen kaufen, mit Rechengeld bezahlen und diese Einkäufe dokumentieren (analog zu Aufgabe 1). Zur Ergebnispräsentation hängt jede Partnergruppe eine Einkaufssituation (Gegenstand, Preis und Bezahlung) an die Tafel. Diese werden gemeinsam besprochen und verschiedene Legemöglichkeiten für gleiche Beträge in den Blick genommen.

1 – 6 *Preise bestimmen und bezahlen*

In Aufgabe 1 werden die Preise der beiden Gegenstände addiert. Anschließend legt jedes Kind mit Rechengeld 9 Euro. An der Tafel können verschiedene Lösungen mit Rechengeld gezeigt werden. Die Kinder malen ihre Lösung und können anschließend die Aufgaben 2 bis 6 selbstständig lösen. Während es bei Aufgabe 4 möglich ist, den gesamten Betrag für einen einzigen Gegenstand auszugeben, müssen die Kinder bei Aufgabe 5 mindestens zwei

7 Ich kaufe: Ich gebe:

Ich bekomme 1 Euro zurück.

8 Ich kaufe: Ich gebe:

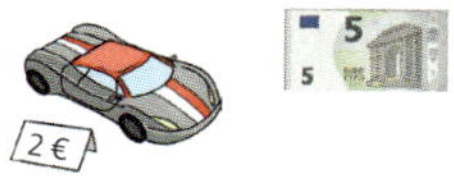

Ich bekomme 3 Euro zurück.

9 Ich kaufe: Ich gebe:

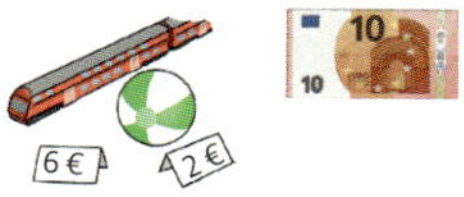

Ich bekomme 2 Euro zurück.

10 Ich kaufe: Ich gebe:

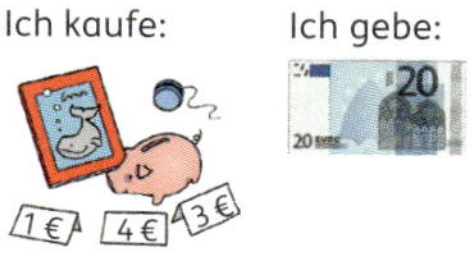

Ich bekomme 12 Euro zurück.

11 Ich kaufe: Ich gebe:

20

Ich bekomme 10 Euro zurück.

12 Ich kaufe: Ich gebe:

10

5

Ich bekomme 3 Euro zurück.

13 Ich kaufe: Ich gebe:

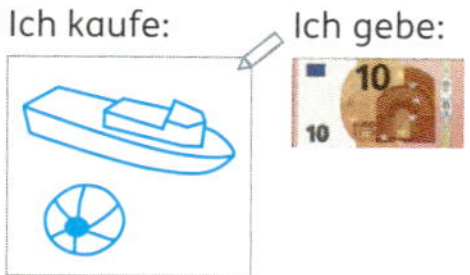

Ich bekomme 3 Euro zurück.
(Beispiel)

14 Ich kaufe: Ich gebe:

Ich bekomme 11 Euro zurück.
(Beispiel)

15 6 € + 6 € = 12 €
8 € + 6 € = 14 €

16 18 € − 10 € = 8 €
16 € − 8 € = 8 €

Einstieg, 7–14 Besprechen und Nachspielen der Situationen: Der Verkäufer gibt passendes Rückgeld heraus.

15, 16 Aufgaben mit Rechengeld nachlegen und lösen, fehlende Zahlen eintragen. Rechengeschichte zur Aufgabe erfinden.

Wichtige Wörter
Rückgeld, Wechselgeld

Gegenstände kombinieren. Auch hier können abschließend die gefundenen Lösungen mit einem Partner verglichen werden.
Nach der Bearbeitung der Seite nennen die Kinder ihre Ergebnisse. Dabei liegt der Schwerpunkt bei den Aufgaben 1 bis 3 darauf, dass man den gleichen Betrag unterschiedlich legen kann. Bei den Aufgaben 5 und 6 wird herausgestellt, dass es möglich ist, unterschiedlich viele Gegenstände für denselben Betrag zu kaufen.

7–14 *Rückgeld berechnen*
Nun kommt die Berechnung des Rückgeldes hinzu. Es bietet sich an, erneut einen Flohmarkt zu simulieren. Die Kinder erhalten zum Bezahlen vorerst nur Euroscheine, so dass die Notwendigkeit besteht, sich mit Rückgeld auseinanderzusetzen. Anschließend werden die Aufgaben 7 und 8 gemeinsam besprochen und nachgespielt. Bei Aufgabe 8 kostet das Spielzeugauto 2 Euro. Wenn man einen 5-Euro-Schein gibt, ist das zuviel. Die Kinder sollten gemeinsam überlegen, wie das Problem zu lösen ist, etwa:
Weg 1: Das Kind wechselt den 5-Euro-Schein in Münzen.
Weg 2: Das Kind gibt dem Verkäufer 5 Euro, der Verkäufer gibt 3 Euro zurück.
Es sollte besprochen werden, dass das Rückgeld durch Ergänzen ermittelt werden kann.
Die Kinder bearbeiten anschließend die Aufgaben 9 bis 14 selbstständig mit Rechengeld. Bei den Aufgaben 11 und 12 muss bestimmt werden, welcher Betrag abgegeben worden ist, bei den Aufgaben 13 und 14, welche Gegenstände gekauft worden sind. So werden die Einkaufssituationen vertieft und flexibilisiert.

15, 16 *Symbolisch notierte Aufgaben lösen*
Die Aufgaben können mit Rechengeld gelöst werden. Die Kinder können dazu Rechengeschichten erfinden. Verschiedene Deutungen sind möglich, etwa zu Aufgabe 15:

a) Ich habe 6 Euro gespart. Wie viel brauche ich noch um die Rollschuhe für 12 Euro kaufen zu können?
b) Ich kaufe die Uhr für 6 Euro. Was kann ich noch kaufen, wenn ich 12 Euro insgesamt habe?

Beispiele zu Aufgabe 16:

a) Ich habe 18 Euro mitgenommen, nun habe ich nur noch 8 Euro übrig. Wie viel habe ich ausgegeben?
b) Ich habe ein Spiel gekauft. Von meinen 18 Euro sind nun noch 8 übrig. Wie viel hat das Speil gekostet?

DIAGNOSTISCHES POTENZIAL

Können die Kinder Geldbeträge addieren und den Gesamtpreis ermitteln? Wie legen sie die Geldbeträge? Finden sie zu einem Geldbetrag Gegenstände, die damit gekauft werden können? Sind sie in der Lage, Geldbeträge zu wechseln und das Rückgeld zu ermitteln? Wie lösen sie Ergänzungs- und Subtraktionsaufgaben mit Euro-Beträgen?

MÖGLICHKEITEN ZUR UNTERSTÜTZUNG

1–6 Anzahl der Gegenstände bzw. der Beträge verringern.

7–10 Beträge gemeinsam mit dem Kind in Münzen wechseln, danach Betrag passend bezahlen lassen.

11–14 Kleinere Geldbeträge wählen.

→ Arbeitsheft, Seite 69 → KV 74 *Mit Geld rechnen*

108/109 Mit Geld rechnen

Einstieg Zum Bild erzählen. Von eigenen Erfahrungen berichten, Preisschilder kommentieren.
Preise für die abgebildeten Familien berechnen. Kinder kosten die Hälfte.

1 Symbole für Erwachsene und Kinder klären, Preise berechnen.

2 Aufbau der Tabelle besprechen und ausfüllen.

3, 4 Ergebnisse von Aufgabe 2 nutzen, Gesamtpreis berechnen.

○ **1** Achterbahn: Wie viel Euro müssen die Familien bezahlen?

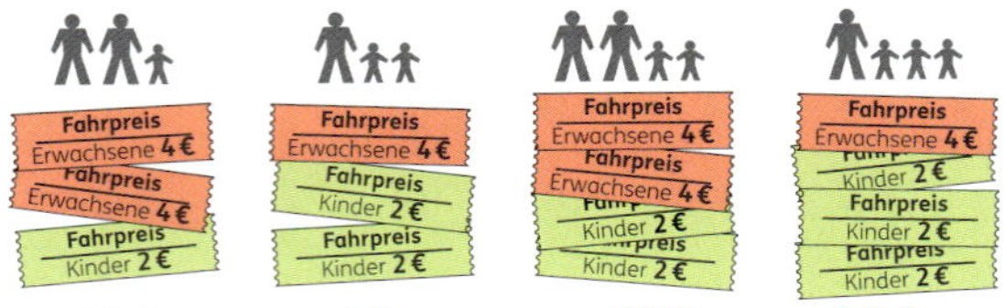

10 € | 6 € | 12 € | 10 €

○ **2** Achterbahn

Kinder	1	2	3	4	5	6
Preis	2 €	4 €	6 €	8 €	10 €	12 €

Erwachsene	1	2	3	4	5	6
Preis	4 €	8 €	12 €	16 €	20 €	24 €

3 Familie Berg bezahlt für:

3 Kinder	6 €
2 Erwachsene	8 €
zusammen	14 €

4 Familie Gode bezahlt für:

2 Kinder	4 €
1 Erwachsener	4 €
zusammen	8 €

WAS WIRD BENÖTIGT?

Arbeitsmaterial: Rechengeld
Demonstrationsmaterial: Rechengeld, evtl. Zettel als „Fahrkarten" mit Preisangaben.

WORUM GEHT ES?

Der Umgang mit Geld wird im Rahmen einer vielen Kindern bekannten Sachsituation fortgesetzt: Eine Familie geht auf einen Jahrmarkt. Dabei muss sie für verschiedene Wünsche, die sie sich erfüllt, Preise bezahlen.
Die Kinder lernen bei diesem Thema die Möglichkeit kennen, dass die Preise für Kinder reduziert sind und entdecken, dass eine einzelne Fahrkarte preiswerter wird, wenn sofort eine größere Anzahl gekauft wird. Darüber hinaus müssen die Lernenden wiederum genau überlegen, was sie sich von einem bestimmten Betrag kaufen wollen.

WIE KANN MAN VORGEHEN?

Einstieg *Jahrmarktbesuch*
Das Einstiegsbild regt zur Diskussion über den Kauf von Fahrkarten, Snacks, Getränken und Andenken an. Gemeinsam wird überlegt, was die Familien auf dem Bild bezahlen müssen, wenn sie mit der Achterbahn fahren wollen. Im Rollenspiel können an einer Kasse Fahrkarten für die eigene Familie oder Kindergruppen angefordert und bezahlt werden. Die Aufgaben und Rechnungen sollten so notiert werden wie in Aufgabe 1 und Aufgabe 3.

1 *Gesamtpreis berechnen*
Vorab müssen die Piktogramme für Erwachsene und Kinder geklärt werden. Für diese und für die weiteren Aufgaben sollte den Kindern Rechengeld und evtl. „Fahrkarten" mit Preisangaben zur Verfügung gestellt werden.

2 *Preistabellen ausfüllen*
Die Tabellenstruktur wird den Kindern verdeutlicht, ein spaltenweises Lesen wird demonstriert, einige Ergebnisse werden gemeinsam besprochen und verschiedene Lösungsmöglichkeiten diskutiert. Dann rechnet jedes Kind alleine weiter.
Im Plenum werden die Ergebnisse überprüft und die beiden Tabellen miteinander verglichen. Dabei fällt auf, dass die Fahrkarten für Erwachsene stets doppelt so teuer sind wie die für Kinder. Die Kinder erkennen dadurch, dass sich die Beobachtung, die sie zu Beginn für die einzelne Fahrkarte bereits gemacht haben, auch bei größeren Stückzahlen fortsetzt.

3, 4 *Vertiefung: Preise berechnen*
Diese Aufgaben sollten die Kinder nun selbstständig bearbeiten können. Die Ergebnisse aus Aufgabe 2 können zur Lösung genutzt werden. Die Darstellung ist bei Preisberechnungen mit mehreren Posten üblich. Ggf. nutzen einige Kinder Rechengeld. Interessierte Kinder können zusätzlich die Preise für ihre eigene Familie oder ausgedachte Gruppen im Heft berechnen.

Einstieg *Erweiterung der Sachsituation*
Die Kinder beschreiben das Bild von Seite 109 mit besonderem Fokus auf die Preistafel des Karussells. Sie erkennen, dass eine einzelne Fahrkarte günstiger wird, wenn man gleich mehrere Fahrkarten (in diesem Fall drei) auf einmal kauft. Gemeinsam werden die Preise für die abgebildeten Familien berechnet. Anschließend können im Rollenspiel an einer Kasse unterschiedlich

5 Familie König bezahlt für:

4 Fahrten Achterbahn	12 €
2 Luftballons	6 €
zusammen	18 €

6 Familie Otte bezahlt für:

2 Kaffee	4 €
2 Eis	2 €
zusammen	6 €

7 Lena, Tom und Luis bezahlen:

3 Fahrten Karussell	5 €
1 Saft	2 €
1 Teddy	5 €
zusammen	12 €

8 Max und Ali bezahlen 15 Euro.

2	Fahrten Karussell	4 €
1	Eis	1 €
2	Teddy	10 €
zusammen		15 €

(Beispiel)

9 Noah geht mit 20 € zur Kirmes. Abends hat er noch 9 €.
Wie viel Geld hat er bezahlt? 11 € Wofür hat er bezahlt? (verschiedene Lösungen)

Einstieg Erkennen, dass eine einzelne Fahrkarte günstiger wird, wenn eine größere Anzahl gekauft wird. Berechnen der Fahrpreise für die abgebildeten Familien.

5 – 7 Gesamtpreise berechnen.

8 Mit Rechengeld 15 Euro auf die Posten „Karussell", „Eis" und „Teddy" verteilen und mögliche Lösungen ermitteln.

9 Berechnen, wie viel Geld Noah ausgegeben hat. Anschließend Betrag mit Rechengeld legen und auf individuelle Anzahl von Posten verteilen.

viele Fahrkarten auf einmal gekauft werden. Die Ergebnisse werden an der Tafel festgehalten. Es bietet sich an, eine Tabelle zu den Preisen an der Tafel zu entwickeln. Dabei wird deutlich, dass die Preise (anders als bei Aufgabe 2) aufgrund des Rabatts nicht gleichmäßig ansteigen.

5 – 7 *Textaufgaben lösen*

Bei diesen Aufgaben wird zusätzlich noch Bezug auf die Preistabellen des Imbisses und des Andenkenstandes genommen. Die Aufgabe 5 wird gemeinsam gerechnet. Danach können sich die Kinder mit den weiteren Aufgaben selbstständig beschäftigen. Ggf. nutzen sie dazu Rechengeld.

8 *Vertiefung: Offene Textaufgabe lösen*

Bei dieser Aufgabe sollen die Kinder herausfinden, wofür Max und Ali 15 Euro ausgegeben haben. Dazu werden ihnen die Posten „Karussell", „Eis" und „Teddy" vorgegeben. Es gibt verschiedene Lösungen und Vorgehensweisen. Z. B. Können die Kinder 15 Euro mit Rechengeld legen und auf die genannten Posten verteilen, um die Anzahlen zu bestimmen.
Im Plenum werden verschiedene Lösungswege beschrieben.

9 *Vertiefung: Offene Textaufgabe lösen*

Die Kinder berechnen zunächst, wie viel Geld Noah ausgegeben hat, anschließend, was er bezahlt haben kann. Da im Gegensatz zu Aufgabe 8 hier keine weiteren Informationen vorgegeben werden, können die Kinder die Anzahl der Posten individuell bestimmen. Interessierte Kinder können anschließend im Heft auch eigene Preisberechnungen unter Berücksichtigung der Preistafeln durchführen.

Auch hierzu werden unterschiedliche Lösungen im Plenum vorgestellt.

DIAGNOSTISCHES POTENZIAL

Wie addieren die Kinder mehrere Summanden? Können sie eine Tabelle interpretieren und fortsetzen? Nutzen sie Ergebnisse der Tabelle für weitere Aufgaben? Können die Kinder den Preistafeln Informationen entnehmen? Wie teilen sie einen vorgegebenen Geldbetrag unter Berücksichtigung der Preise auf?

MÖGLICHKEITEN ZUR UNTERSTÜTZUNG

Alle Preise können mit Rechengeld gelegt werden.

2 „Fahrkarten" mit Preisangaben legen.

3, 4 Preise in den Tabellen (Aufgabe 2) markieren.

5 – 7 Anzahl der Posten verringern.

8 Preise für Karussell, Eis und Teddy bereits vorgeben, sodass die Kinder nur die Anzahlen berechnen müssen.

→ Arbeitsheft, Seite 70

Themenblock Zahlen und Aufgaben vergleichen

In diesem Themenblock geht es darum, aus dem Vergleichen von Zahlen das Vergleichen von Rechentermen abzuleiten. Dabei erfolgt insbesondere ein neuer Durchgang durch das Einspluseins, der durch eine systematische Behandlung anhand der Einspluseins-Tafel eingeleitet wird.

Struktur der Einspluseins-Tafel

Auf dieser Tafel sind alle Einspluseinsaufgaben von 0 + 0 bis 10 + 10 ohne Ergebnisse systematisch dargestellt. Sie steht als Demonstrationsmittel (Poster) und als Arbeitsmittel (Umschlag Arbeitsheft) zur Verfügung. Die gesamte Tafel und die Felder haben eine Rautenform, was den Vorteil hat, dass für die Aufgaben genügend Platz vorhanden ist, bei Übungsblättern mit der Tafel in DIN-A4-Format sogar noch Platz zum Eintragen der Ergebnisse zur Verfügung steht (vgl. Kopiervorlagen im Materialband).

Durch die Färbung der Felder werden erneut die einfachen Plusaufgaben herausgestellt, die den Kindern schon vertraut sind:

Grün: Aufgaben mit den Summanden 0, 1 und 10
Gelb: Aufgaben mit einem Summanden 5
Rot: Verdopplungsaufgaben
Blau: Aufgaben mit dem Ergebnis 10 (Zehnerergänzung)

Auf die Färbung der Aufgaben 3 + 2 und 2 + 3 im Fünferraum wurde verzichtet.

Einige Aufgaben gehören zu mehreren dieser Gruppen, z. B. 5 + 5. Anstatt sie bunt zu färben, wurde jeweils eine dominante Farbe festgelegt: rot vor grün, gelb und blau; gelb vor grün und blau vor grün.

In den weißen Feldern stehen (bis auf 3 + 2 und 2 + 3) die schwierigeren Aufgaben.

An der Tafel sieht man:

1. *Schräge Streifen von links nach rechts oben aufsteigend*, bei denen der erste Summand immer um 1 zunimmt und der zweite konstant ist.
2. *Schräge Streifen von oben nach rechts unten absteigend*, bei denen der erste Summand konstant ist und der zweite immer um 1 zunimmt.
3. *Zeilen*, in denen beide Summanden von links nach rechts immer um 1 zunehmen.
4. *Spalten*, in denen von oben nach unten der erste Summand immer um 1 ab, der zweite um 1 zunimmt.

Jede „weiße" Aufgabe hat in einem der beiden Streifen, zu dem sie gehört, einen farbigen Nachbarn. Jede schwierige Aufgabe kann also von einer einfachen Aufgabe abgeleitet werden, indem man einen Summanden der einfachen Aufgabe um 1 vergrößert oder verkleinert, was zur Folge hat, dass sich auch das Ergebnis um 1 vergrößert oder verkleinert.

Arbeit mit der Einspluseins-Tafel

Die Tafel bietet die Möglichkeit, die Aufgaben des Einspluseins systematisch zu vernetzen und dabei die schwierigen Aufgaben noch fester an die einfachen Aufgaben anzubinden. Wenn die Kinder auf der Tafel von Feld zu Feld wandern, treten die operativen Veränderungen der Aufgaben und die Veränderung der dadurch bewirkten Ergebnisse treten markant in Er-scheinung. Die Tafel unterstützt so das Lernen des Einspluseins bis hin zur blitzartigen Beherrschung.

Die Einsminuseins-Tafel findet sich im ZAHLENBUCH 2 bei der Wiederholung des Einspluseins. Es ist aber nicht sinnvoll, sie besonders zu herauszustellen. Viel besser ist es, die Unterrichtszeit auf die Herausstellung der operativen Beziehungen zwischen Plus- und Minusaufgaben zu verwenden, wie es im vorangehenden Themenblock ja auch geschehen ist.

Wegen dieser systematischen Beziehung zwischen Addition und Subtraktion sind im Folgenden mit *Einspluseins* immer alle Plusaufgaben von 0 + 0 bis 10 + 10 und ihre Umkehrungen gemeint.

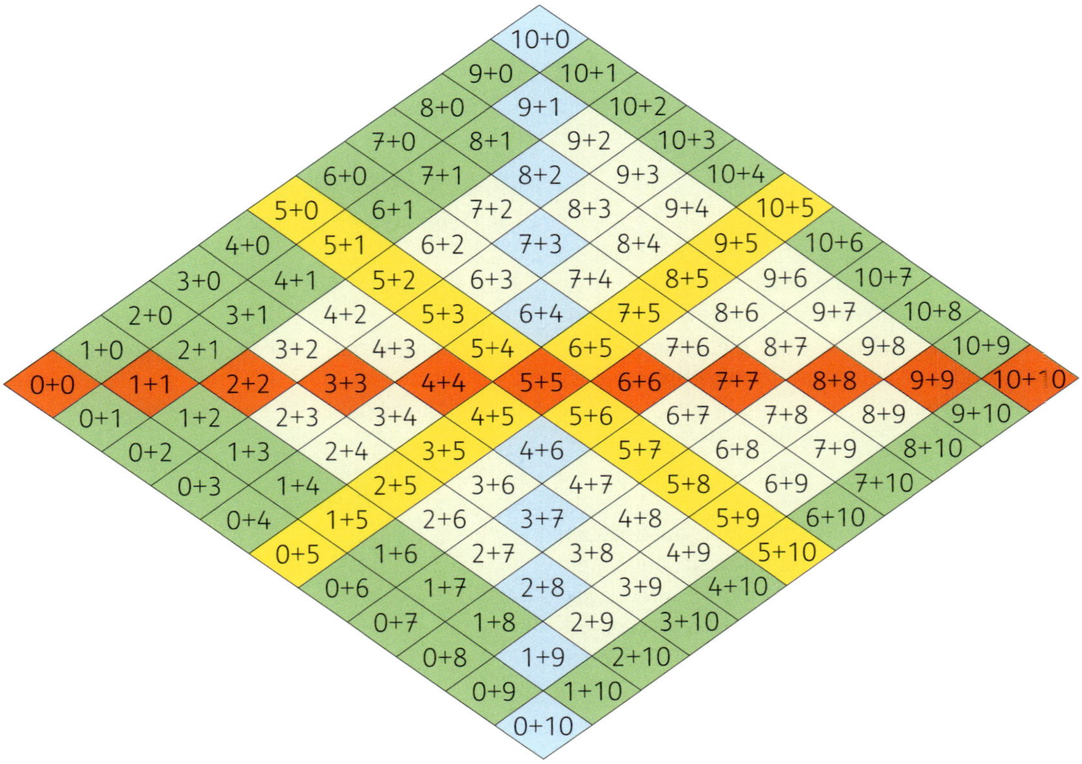

Struktur des Themenblocks

Der Themenblock startet mit einer Einführung der arithmetischen Vergleichssymbole < und >, die zunächst zum Vergleich von Zahlen untereinander, dann aber schnell zum Vergleich von Termen mit Zahlen herangezogen werden.

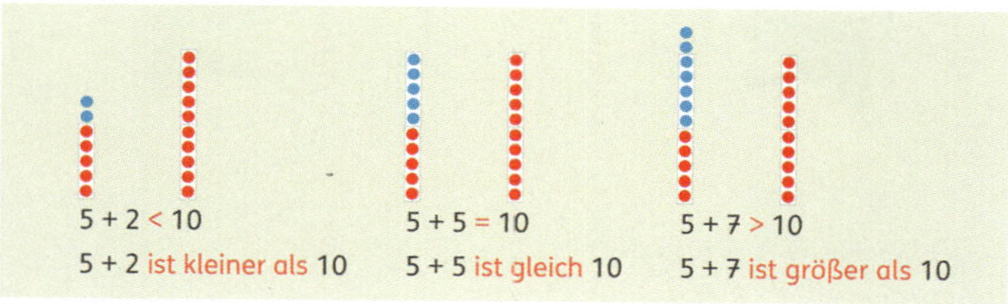

Schülerbuch 1, S. 112

Darauf aufbauend erfolgt der oben dargestellte operative Durchlauf der Addition an der Einspluseinstafel.

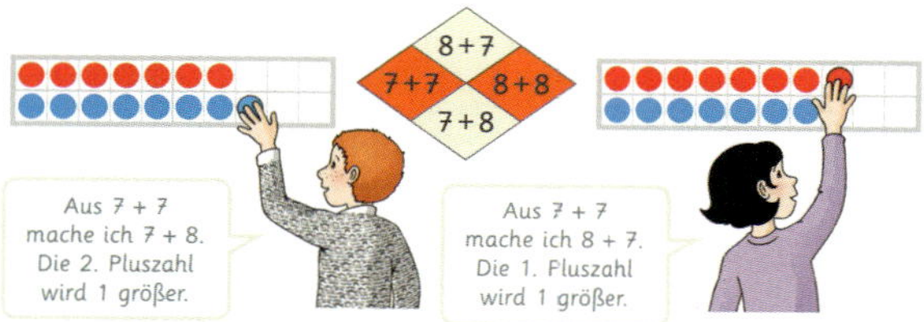

Schülerbuch 1, S. 114

Im Anschluss an diese Vertiefung des Einspluseins werden operative Strukturen in der Arithmetik beleuchtet, die bereits stark algebraischen Charakter tragen.
Zunächst geht es dabei um Zahlenmauern:
Zahlenmauern können aus beliebig vielen Schichten aufgebaut sein, wobei die (gleichgroßen) Steine der Grundschicht lückenlos aneinander gesetzt und jeder weitere Stein mittig über zwei andere gesetzt wird. Eine dreistöckige Mauer hat folgende Form:

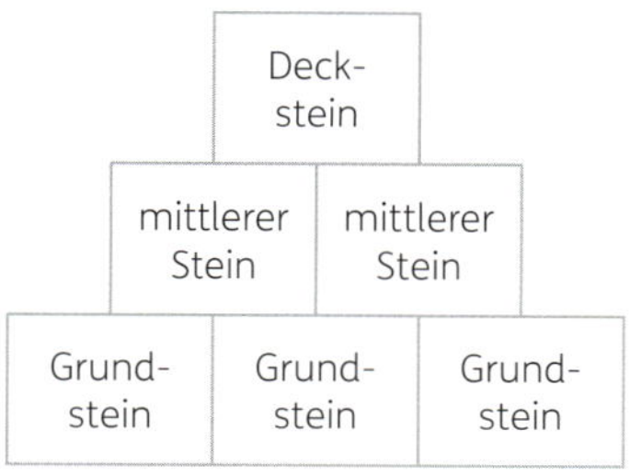

Die Steine werden mit Zahlen beschrieben, wobei folgende Regel gilt: Auf jedem Stein, der über zwei anderen Steinen liegt, muss die Summe der beiden Zahlen auf diesen beiden Steine liegen. Hieraus ergibt sich eine besondere Beziehung zwischen der Zahl im Deckstein und Zahlen in den Basissteinen: Der mittlere Basisstein geht doppelt in den Deckstein ein:

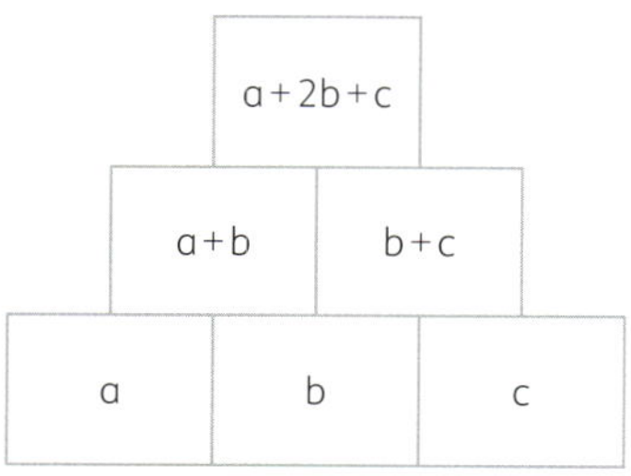

Diese Strukturen erschließen sich die Kinder anhand von operativen Serien natürlich ohne Variablen zu nutzen:

2 Rechne, vergleiche, beschreibe.

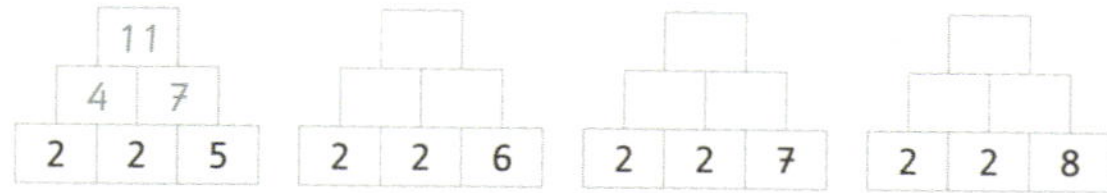

Schülerbuch 1, S. 118

Anschließend werden gerade und ungerade Zahlen sowie deren Verknüpfungen thematisiert

Schülerbuch 1, S. 121

und ein Ausblick auf die Multiplikation und Division der zweiten Klasse gegeben, indem Additionen mit gleichen Summanden angesprochen werden.

Schülerbuch 1, S. 122

Nach dem Rückblick werden im Bereich *Forschen und Finden* ein weiteres Mal Zahlenmauern unter die Lupe genommen, diesmal stärker mit problemorientierten Zugängen.

4 Findet Zahlenmauern mit Deckstein 6.

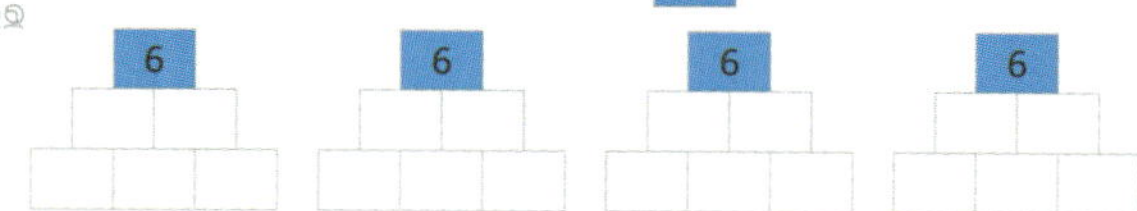

Schülerbuch 1, S. 125

110/111 Kleiner, größer, gleich

Einstieg Die zwei neuen Zeichen für die Größer-kleiner-Relation einführen: Das Krokodil wendet sich der größeren Anzahl zu.

1, 2 Relationszeichen kardinal interpretieren und üben.

3 Größenvergleiche spielerisch automatisieren. Potenzial zur Sprachförderung nutzen.

Wichtige Wörter
kleiner als, größer als, gleich

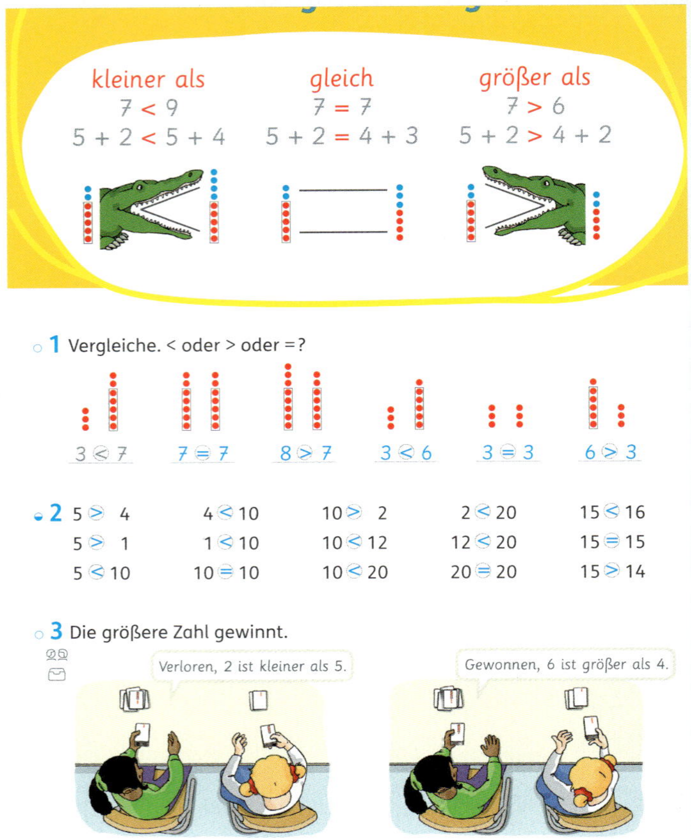

kleiner als
7 < 9
5 + 2 < 5 + 4

gleich
7 = 7
5 + 2 = 4 + 3

größer als
7 > 6
5 + 2 > 4 + 2

1 Vergleiche. < oder > oder = ?

3 < 7 | 7 = 7 | 8 > 7 | 3 < 6 | 3 = 3 | 6 > 3

2
5 > 4 | 4 < 10 | 10 > 2 | 2 < 20 | 15 < 16
5 > 1 | 1 < 10 | 10 < 12 | 12 < 20 | 15 = 15
5 < 10 | 10 = 10 | 10 < 20 | 20 = 20 | 15 > 14

3 Die größere Zahl gewinnt.

WAS WIRD BENÖTIGT?

Arbeits- und Demonstrationsmaterial: Wendeplättchen, Fünfer- und Zehnerstreifen, Wendekarten, evtl. Stäbe zur Demonstration, Karten mit den Relationszeichen (<, = und >)

WORUM GEHT ES?

Eine solide Orientierung im Zahlenraum kann nur dann entstehen, wenn der Zahlenraum mit einer stabilen Ordnung versehen wird. Auf dieser Doppelseite wird die eigentlich bereits bekannte Größer-kleiner-Relation als Ordnung im Zahlenraum vertieft und mit zugehörigen Relationszeichen versehen. Die Zeichen <, = und > wurden von Robert Recorde (1510–1558), dem englischen Adam Ries, eingeführt. Er ließ sich dabei von der folgenden geometrischen Situation leiten: Wenn zwei Strecken parallel sind, hat der senkrecht zur Mittellinie gemessene Abstand an jeder Stelle den gleichen Wert.

Bei zwei Strecken mit einem gemeinsamen Endpunkt haben, nimmt der senkrecht zur Mittellinie gemessene Abstand zu, wenn man sich vom gemeinsamen Endpunkt entfernt.

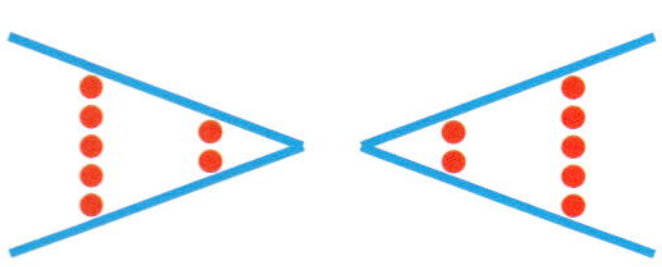

WIE KANN MAN VORGEHEN?

Einstieg, 1, 2 *Größer-kleiner-Relation einführen*

Im Sitzkreis liegen das Plättchenmaterial sowie die Wendekarten mit Sicht auf die Zahlen. Die Kinder wählen zwei verschiedene Wendekarten aus, legen mit Plättchenmaterial die entsprechenden Mengen in senkrechter Anordnung nebeneinander (analog Aufgabe 1) und geben an, welche Zahl größer bzw. kleiner ist. Die Lehrkraft legt das passende Relationszeichen zwischen die Zahlenkarten und verdeutlicht die Richtung des Zeichens entweder

a) mithilfe des Krokodilmauls (das Krokodil wendet sich immer der Mehrzahl an Plättchen zu, d. h. das Maul öffnet sich zur größeren Anzahl), oder
b) mit zwei Stäben (die kleinere Menge liegt in der Spitze der Stäbe).

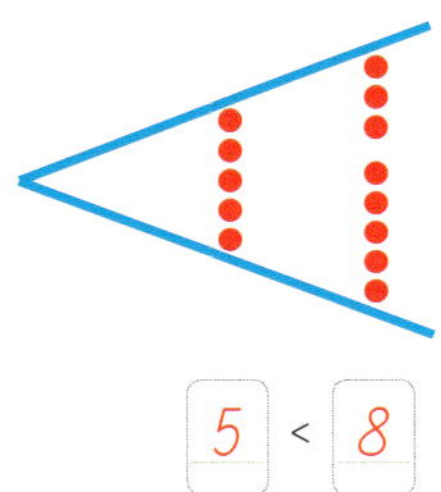

Eine kindgerechte Interpretation der Relationszeichen ist hilfreich, um eine sichere Grundlage zum Verständnis und Verwendung der Zeichen aufzubauen. Bei gleich großer Anzahl ist das Bild des Krokodils allerdings nicht hilfreich (aber durchaus das der Stäbe).

Gemeinsam werden weitere Zahlenvergleiche durchgeführt und dabei die Verwendung der Zeichen und die Sprechweise geübt. Es muss unbedingt deutlich gemacht werden, dass sich die Zeichen auf Anzahlen beziehen, also etwa 6 > 3 heißt, dass 6 eine größere Anzahl als 3 darstellt. Dass Ziffern größer oder kleiner geschrie-

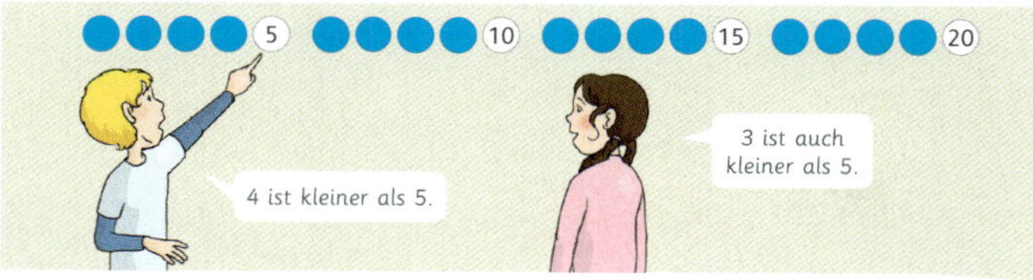

4 Finde passende Zahlen. (Beispiele)

4 < 5	5 < 6	20 > 10	9 < 10	7 < 8
3 < 5	5 < 11	18 > 10	5 < 10	3 < 13
2 < 5	5 < 19	13 > 10	1 < 10	9 < 14

5 Vergleicht immer zwei Zahlen.

2 5 9 15 20

2 < 5
9 > 5

(Beispiele)

2 > 9	5 > 20
2 > 15	9 > 15
2 > 20	9 > 20
5 > 15	15 > 20

6 Zahlen raten.

Einstieg, 4, 5 Größer-kleiner-Relation räumlich und ordinal interpretieren: Die größeren Zahlen stehen rechts, d. h. sie kommen später in der Reihe.

6 Zahlen durch geschicktes Einkesseln erraten. Der Zahlenraum ist freigestellt.

ben werden können, hat mit dieser Festlegung nichts zu tun. Anschließend können die Kinder die Aufgaben 1 und 2 selbstständig bearbeiten und in Partnerarbeit vergleichen. Zur Ergebnispräsentation ordnen die Kinder eigene Beispiele drei Spalten an der Tafel zu (kleiner als, gleich, größer als) und begründen die Verwendung mit Bezug auf die Merkhilfe.

3 *Spielend Zahlen vergleichen*
Dieses einfache Spiel wird in Partnerarbeit gespielt und dient dazu, die Begriffe „kleiner als", „größer als" und „gleich" zu vertiefen: Jedes Kind hält einen Satz Wendekarten gemischt in Form eines Stapels so in der Hand, dass die erste Karte für das Kind sichtbar ist. Zeitgleich zeigen beide Kinder ihre oberste Karte. Wer die größere Zahl zeigt, gewinnt das Pärchen. Bei Gleichstand wird das Paar zur Seite gelegt – wer den nächsten Zahlenvergleich gewinnt, erhält dieses Kartenpaar zusätzlich. Es gewinnt, wer die meisten Karten sammelt. Da dieses Spiel ein reines Glücksspiel ist (sofern die Karten gut gemischt sind), können die Paare hier ohne Chancenverzerrung ganz heterogen zusammengesetzt werden.

Einstieg *Zahlen der Zwanzigerreihe vergleichen*
Die Relation wird auf den ordinalen Zahlaspekt übertragen: Eine Zahl ist dann größer als eine andere, wenn sie in der Zahlwortreihe später, d. h. weiter rechts auftritt. Hierbei werden auch grundlegende Raumlagebegriffe wiederholt und gefestigt.

4, 5 *Zahlvergleiche notieren*
Die Kinder vergleichen zuerst vorgegebene, dann selbst gewählte Zahlen miteinander. Dabei finden sie jeweils beide Zahlen an der Zwanzigerreihe und übertragen die Größer-kleiner-Relation auf die analogen Raumlagebeziehungen.

6 *Spielend Zahlen einschachteln*
Dieses Partnerspiel festigt die Vorstellung der Kinder von der Ordnung im Zahlenraum. Ein Kind denkt sich eine Zahl und schreibt sie verdeckt auf. Das andere Kind versucht die Zahl zu erraten und wird nach jedem Versuch darauf hingewiesen, ob die gesuchte Zahl größer oder kleiner als die genannte ist. Nach jeder weiteren Frage wird der Suchraum also kleiner, so dass man die gesuchte Zahl durch geschicktes Vorgehen schnell herausbekommen kann. Der Zahlenraum in diesem Spiel ist freigestellt. Zur Ergebnispräsentation können die Kinder ihre Strategien austauschen, nach der man die gesuchte Zahl möglichst schnell bestimmen kann.

DIAGNOSTISCHES POTENZIAL

Welche räumlichen Vorstellungen verbinden die Kinder mit Größenvergleichen von Zahlen? Wie interpretieren sie die Raumlagebegriffe links und rechts? Welche Strategien entwickeln sie beim Zahlenraten? In welchem Zahlenraum bewegen sie ihre Eigenproduktionen?

MÖGLICHKEITEN ZUR UNTERSTÜTZUNG

6 Die Kinder können eine Zwanzigerreihe bekommen und die Rateversuche darauf protokollieren – etwa, indem nicht mehr in Frage kommende Zahlbereiche gestrichen werden. Dadurch wird auch visuell deutlich, wie man geschickte Ratestrategien entwickeln kann. Tipp: Zwanzigerreihe laminieren und Whiteboardmarker mit dünner Mine zum Dokumentieren sowie kleine Radierschwämmchen, Filzpads o. Ä. zum Säubern bereitstellen.

→ Arbeitsheft, Seite 71 → Förderheft, Seiten 62, 63

112/113 Gleichungen und Ungleichungen

Einstieg Ungleichungen werden aus Gleichungen abgeleitet.

1 Passende Relationszeichen durch Ableiten oder Ausrechnen bestimmen.

2 Lösungen von Ungleichungen aus Gleichungen ableiten.

3 Zahlen zwischen einer unteren und einer oberen Schranke bestimmen.
Zahlenrätsel erfinden, dabei genau formulieren und Fachausdrücke verwenden.
Potenzial zur Sprachförderung nutzen.

Wichtige Wörter
Gleichung, Ungleichung, Leerstelle
ist kleiner als, ist gleich, ist größer als

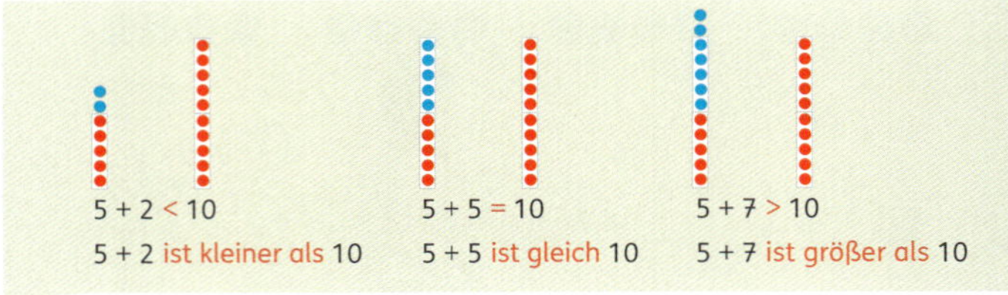

1 < oder > oder =?

5 + 3 < 10	12 + 3 = 15	13 − 2 > 10	16 − 3 < 15
5 + 8 > 10	14 + 2 > 15	13 − 3 = 10	20 − 5 = 15
5 + 15 = 20	17 + 3 > 19	13 − 5 < 10	18 − 9 < 10
5 + 13 < 20	11 + 5 > 14	13 − 7 < 9	15 − 2 < 14

2 Welche Zahlen passen? Probiert. 0 1 2 3 4 5 6 7 8 9

6 + ■ < 10	6 + ■ = 10	6 + ■ > 10
3, 2, 1, 0	4	5, 6, 7, 8, 9
14 + ■ < 20	14 + ■ = 20	14 + ■ > 20
0, 1, 2, 3, 4, 5	6	7, 8, 9
14 − ■ < 10	14 − ■ = 10	14 − ■ > 10
5, 6, 7, 8, 9	4	3, 2, 1, 0
15 − ■ < 12	15 − ■ = 12	15 − ■ > 12
4, 5, 6, 7, 8, 9	3	2, 1, 0

3 Ich denke mir eine Zahl. Sie ist kleiner als 10 und größer als 6. Welche Zahlen können es sein?

Findet weitere Zahlenrätsel.
(verschiedene Lösungen)

WAS WIRD BENÖTIGT?

Arbeits- und Demonstrationsmaterial: Wendekarten, Spielwürfel

WORUM GEHT ES?

Auf der linken Seite wird schwerpunktmäßig die Bedeutung der Zeichen < und > erweitert und vertieft: Wurden sie bislang zum Vergleich von Zahlen genutzt, so stellen sie nun Beziehungen zwischen Aufgaben und Zahlen her. Den Kindern soll bewusst gemacht werden, dass – ohne zu rechnen – von Beziehungen zwischen Zahlen auf Beziehungen zwischen Aufgaben geschlossen werden kann: Die Kinder wissen etwa, 5+5=10 und 3<5. Daraus folgt, dass 5+3<10 sein muss.

Dadurch werden die Grundlagen geschaffen, um erste Erfahrungen mit der Lösung von Gleichungen und Ungleichungen mit einer Variablen zu machen: Die Kinder suchen für Leerstellen passende Zahlen, um eine korrekte (Un-)gleichung zu erhalten – dabei sind die (Un-)gleichungen hier allesamt lösbar. Für die Gleichungen gibt es immer genau eine Lösung, für die Ungleichungen gibt es jeweils mehrere Lösungen. Beim probierenden Lösen soll wiederum die Bewusstheit über Eigenschaften von (Un-)gleichungen erweitert werden: Wenn man weiß, dass 6+__=10 durch 4 gelöst wird, kann man die Lösungen der zugehörigen Ungleichungen ableiten:

6+__<10 wird gelöst durch alle Zahlen kleiner 4,
6+__>10 wird gelöst durch alle Zahlen größer 4.

Den Kindern wird hierbei schnell klar werden, dass man für die zweite Ungleichung prinzipiell auch noch größere Zahlen einsetzen kann, dass es also unendlich viele Lösungen gibt. Einige Kinder werden auch schon wissen, dass es Zahlen gibt, die kleiner sind als Null. Wenn sie dies einbringen, kann man kurz thematisieren: Es gibt auch unendlich viele Zahlen, die kleiner sind als 4, diese werden aber in der Grundschule nicht behandelt.

Auf der rechten Seite werden dreigliedrige Summen mit ein bis drei Leerstellen thematisiert. Ist nur ein Summand unbekannt, lässt sich dieser durch Ergänzen bestimmen. Bei zwei oder drei unbekannten Summanden gibt es mehrere Lösungen, die durch geschicktes Ausnutzen der bekannten Zahlbeziehungen bestimmt werden können.

WIE KANN MAN VORGEHEN?

Einstieg *Ungleichungen von Gleichungen ableiten*

Das Einstiegsbild regt Diskussionen darüber an, wie man Ungleichungen aus einer Gleichung ableiten kann: Der Zahlensatz 5+5=10 wird zuerst an die Tafel geschrieben. Dann schreibt die Lehrkraft daneben 5+2 ◯ 10 und 5+7 ◯ 10. Es wird diskutiert, ob man die Aufgaben 5+2 und 5+7 zur Bestimmung des zugehörigen Relationszeichens berechnen muss, wenn die Aufgabe 5+5=10 schon dasteht. Anschließend schreibt die Lehrkraft unter die jeweiligen Terme die zugehörigen Platzhalter-Terme 5+__<10, 5+__=10 und 5+__>10 und fragt die Kinder, welche Zahlen sie für die Platzhalter einsetzen können, so dass die (Un-)gleichung richtig wird. Wichtig ist klarzumachen, dass man manchmal mehrere Zahlen einsetzen kann und dass man diese Zahlen durch Probieren herausfinden kann. Sobald dies klar ist, kann die Arbeitsphase beginnen.

1 *Relationszeichen einsetzen*

Die Kinder bestimmen die passenden Relationszeichen. Wichtig ist darauf hinzuweisen, dass man zur Lösungsfindung nicht alle Aufgaben ausrechnen *muss* (dass man dies aber machen *kann*).

4 Immer 10.

1 + 3 + 6 = 10
6 + 2 + 2 = 10
2 + 5 + 3 = 10
2 + 4 + 4 = 10
(Beispiele)

5 Immer 12.

1 + 5 + 6 = 12
4 + 4 + 4 = 12
2 + 5 + 5 = 12
3 + 6 + 3 = 12
(Beispiele)

6 Immer 14.

4 + 5 + 5 = 14
3 + 6 + 5 = 14
2 + 6 + 6 = 14
4 + 4 + 6 = 14

7 Würfelraten: 4 + 3 + 1 = 8

4–6 Im Plenum: Aufgabenstellung besprechen. Platzhalter durch Ergänzen herausfinden. Bei zwei Platzhaltern gibt es mehrere Lösungen.

7 Partnerspiel: Ein Kind würfelt mit drei Würfeln, bestimmt die Gesamtsumme. Das andere Kind muss die Summanden durch geschicktes Eingrenzen systematisch bestimmen.

2 *Lösungszahlen bestimmen*
In dieser Aufgabe ist das Relationszeichen vorgegeben und die Kinder suchen mithilfe von Wendekarten passende Zahlen, durch die eine richtige (Un-)gleichung entsteht. Pro Zeile können alle Wendekarten zugeordnet werden, d.h. jede der Zahlen passt in genau eine der drei (Un-)gleichungen.
Zur Ergebnispräsentation beschreiben die Kinder, wie man die Zahlen möglichst geschickt zuweisen kann. Einigen Kindern wird aufgefallen sein, dass man nur die passende Zahl der Gleichung finden muss und daraus bereits alle Zahlen für die Ungleichungen ableiten kann. Bei additiven Ungleichungen gehören alle kleineren Zahlen in die linke und alle größeren in die rechte Ungleichung. Bei den subtraktiven Ungleichungen ist es genau umgekehrt.

3 *Spielerisch Zahlen einschachteln*
Das Spiel „Zahlen raten“ von der vorherigen Seite wird modifiziert: Zu einer unteren und einer oberen Schranke sollen alle Zahlen angegeben werden, die dazwischen liegen.

4–6 *Zahlen ergänzen*
Das Aufgabenformat „Immer 10 (12, 14 ...)“ wird gemeinsam besprochen. Es stehen drei Würfel zur Verfügung, um damit eine dreigliedrige Additionsaufgabe zu generieren. Einige Beispiele werden gewürfelt oder gezielt gelegt und die Aufgaben notiert. Dann agiert die Lehrkraft hinter einem Sichtschutz, zeigt die Augenzahl eines Würfels und benennt die Summe der Augen insgesamt. Dazu notiert sie die entsprechenden Platzhalteraufgaben, z.B. 5 + __ + __ = 10 und fordert die Kinder auf, über Lösungsmöglichkeiten nachzudenken.

Aufgaben mit Leerstellen sind vom Prinzip her bereits vom Ergänzen bekannt, nur treten hier in einigen Aufgaben zwei Platzhalter auf, wodurch mehrere Lösungen möglich werden. Dies kann in der Ergebnispräsentation genauer besprochen werden: Für die beiden fehlenden Summanden kommen genau die Zerlegungen der Differenz zwischen dem gegebenen Summanden und der Summe in Frage.

7 *Spielerisch Summanden bestimmen*
Das Spiel Würfelraten wird mit zwei Spielparteien gespielt. Die eine Partei würfelt so mit drei Würfeln, dass die andere Partei das Ergebnis nicht sehen kann, und gibt nur die Summe der Würfe bekannt. Durch geschicktes Fragen muss herausgefunden werden, welche Augenzahlen gewürfelt wurden. Die Möglichkeiten reduzieren sich beträchtlich, wenn man den ersten Summanden erraten hat.

DIAGNOSTISCHES POTENZIAL

Wie finden die Kinder die Lösungen der (Un-)gleichungen? Inwiefern nutzen sie bekannte Relationen zwischen den Zahlen dafür? In welchem Zahlenraum finden sie Zahlenrätsel? Welche Strategie entwickeln sie beim Würfelraten?

MÖGLICHKEITEN ZUR UNTERSTÜTZUNG

2 Der Zahlenraum kann angepasst werden.

→ Arbeitsheft, Seite 72 → Förderheft, Seiten 64, 65 → KV 75 *Gleichungen und Ungleichungen*

114/115 Die Einspluseins-Tafel

1 Färbungen der Einspluseins-Tafel und Strukturen der Wege (etwa entlang der Streifen) besprechen.

2 Einfache Aufgaben thematisieren und ggf. noch einmal legen.

3 Nachbaraufgaben von Verdopplungsaufgaben auf der Tafel zeigen, Aufgaben legen und rechnen. Dazu Schablone nutzen (LF 14 *Ausschnitte aus der Einspluseins-Tafel*).
Eigenproduktionen anregen: mit Schablone Ausschnitte auf der Plustafel auswählen, Aufgaben notieren und Ergebnisse unter Nutzung der leichten Aufgaben bestimmen; Schablone erneut verschieben.
Potenzial zur Sprachförderung und Potenzial zum selbstgesteuerten Üben nutzen.

Wichtige Wörter
Nachbarzahlen, Nachbaraufgabe, Einspluseins-Tafel (oder Plus-Tafel), erste Pluszahl, zweite Pluszahl, wird um ... größer, wird um ... kleiner, oben, unten, rechts, links, schräg

1 Beschreibe.

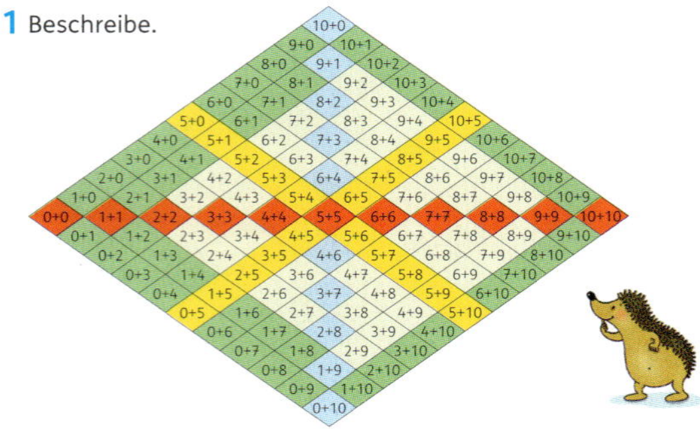

2 Rechne einfache Aufgaben. Ordne. mit 5 | mit 10 | = 10 | doppelt
(verschiedene Lösungen)

3 Nachbaraufgaben. Lege und rechne.

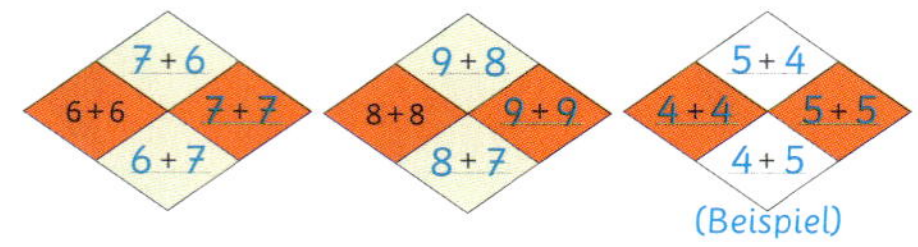

Was fällt dir auf? Finde weitere.

WAS WIRD BENÖTIGT?

Arbeits- und Demonstrationsmaterial: Einspluseins-Tafel als Poster und auf den Rückseiten der Arbeitshefte, Zwanzigerfeld mit Plättchen, Schablonen: LF 14 *Ausschnitte aus der Einspluseins-Tafel* (Aufgaben 3, 4 und 7)

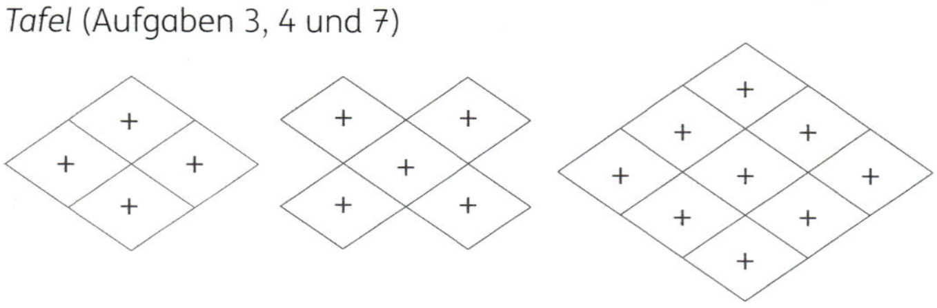

WORUM GEHT ES?

Auf dieser und der folgenden Doppelseite werden die operativen Zusammenhänge der Aufgaben des Einspluseins weiter vertieft. Im Mittelpunkt steht die Einspluseins-Tafel (kurz Plus-Tafel), in der alle 121 Aufgaben des kleinen Einspluseins in Beziehung zueinander dargestellt sind. Dabei sind die zur Einführung der Addition hervorgehobenen einfachen Aufgaben passend gefärbt:

- Rot: Verdopplungsaufgaben
- Gelb: Aufgaben mit 5
- Blau: 10er-Zerlegung
- Grün: Aufgaben mit 0, 1 und 10

Jede der restlichen, ungefärbten Aufgaben ist Nachbar mindestens einer gefärbten Aufgabe und kann durch operative Veränderung daraus gewonnen werden. Dazu müssen die Kinder wissen, wie sich die Veränderung eines Summanden auf das Ergebnis auswirkt.

Zunächst werden die gefärbten Aufgaben genauer betrachtet: Es wird festgestellt, dass es sich hierbei zum größten Teil um die schon vertrauten einfachen Aufgaben handelt und wiederholt, wie man aus ihnen die Ergebnisse der Nachbaraufgaben ableiten kann.

Entscheidend bei der Behandlung der Tafel ist nicht ihre statische Betrachtung, sondern das Wandern auf der Tafel unter ständiger Beobachtung, wie sich dabei das Ergebnis der Aufgaben verändert.

WIE KANN MAN VORGEHEN?

1 *Einspluseins-Tafel beschreiben*

Es ist sinnvoll, die Plus-Tafel bereits vor ihrer Benutzung in der Klasse aufzuhängen, damit sich die Kinder schon im Vorfeld zwanglos damit vertraut machen können. Bei der eigentlichen Vorstellung als Poster oder als Folie wird der Name „Einspluseins-Tafel", kurz „Plus-Tafel", genannt, und die Kinder werden aufgefordert, sich spontan über die Tafel und ihren Zweck zu äußern. Die „farbigen" Aufgaben kennen die Kinder bereits als einfache Aufgaben aus der Einführung der Addition. Sie werden hier noch einmal eingehend besprochen.

In einer ersten Phase wird die Struktur der Tafel betrachtet: Die Kinder beschreiben, wie sich die Aufgaben auf den schrägen Streifen, waagerechten Zeilen und senkrechten Spalten jeweils ändern. Die Ergebnisse spielen in dieser ersten Phase keine Rolle. Die schwierigen Raumlage-Begriffe müssen von der Lehrkraft unterstützend eingebracht werden:

- Schrägen von links unten nach rechts oben: Die erste Zahl vergrößert sich immer um 1, die zweite bleibt gleich.
- Schrägen von links nach rechts unten: Die erste Zahl bleibt gleich, die zweite vergrößert sich um 1.
- Von oben nach unten: Die erste Zahl wird um 1 kleiner, die zweite um 1 größer.

4 Nachbaraufgaben. Lege und rechne.

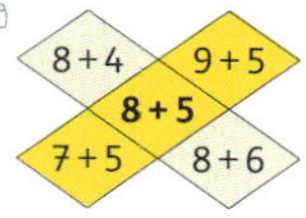

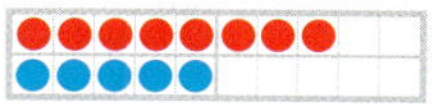

8 + 4 = 12	7 + 5 = 12
8 + 5 = 13	**8 + 5 = 13**
8 + 6 = 14	9 + 5 = 14

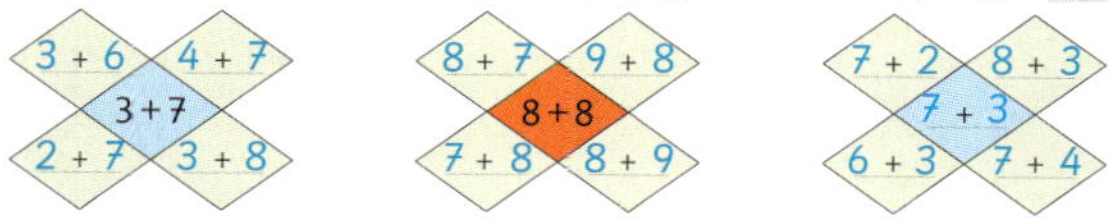

(Beispiel)

5 Lege, rechne und setze fort.

5 + 3 = 8	5 + 3 = 8	3 + 3 = 6	3 + 3 = 6
5 + 4 = 9	6 + 3 = 9	3 + 4 = 7	4 + 3 = 7
5 + 5 = 10	7 + 3 = 10	3 + 5 = 8	5 + 3 = 8
5 + 6 = 11	8 + 3 = 11	3 + 6 = 9	6 + 3 = 9

6 Finde Nachbaraufgaben. (Beispiele)

4 + 5 = 9	5 + 7 = 12	4 + 3 = 7	10 + 7 = 17
4 + 6 = 10	5 + 8 = 13	5 + 3 = 8	11 + 7 = 18
4 + 7 = 11	5 + 9 = 14	6 + 3 = 9	12 + 7 = 19

7 Lege und rechne die Nachbaraufgaben von 9 + 7.
Kreuze einfache Aufgaben an.

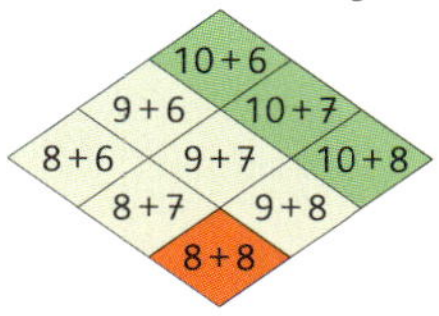

10 + 7 = 17	10 + 6 = 16
8 + 7 = 15	8 + 8 = 16
8 + 6 = 14	9 + 6 = 15
10 + 8 = 18	9 + 8 = 17

4 Nachbaraufgaben von einfachen Aufgaben auf der Tafel symbolisch und ikonisch herstellen, Schablone nutzen.

5 Aufgaben auf Wegen der Einspluseins-Tafel vergleichen.

6 Nachbaraufgaben auf der Tafel selbst finden.

7 Bewusst entscheiden, welche Aufgaben in einem Ausschnitt einfach sind, Schablone nutzen.
Eigenproduktionen anregen, mit Schablonen (LF 14 *Ausschnitte auf der Einspluseins-Tafel*) eigene Ausschnitte der Tafel wählen, Aufgaben notieren und Ergebnisse unter Nutzung der leichten Aufgaben bestimmen. Schablone erneut verschieben.
Potenzial zum selbstgesteuerten Üben nutzen.

– Von links nach rechts: Beide Zahlen werden um 1 größer.
Erst in der zweiten Phase rechnen die Kinder die Aufgaben von der Plus-Tafel aus. Jedes Kind kann dabei Aufgaben wählen, die seinem Leistungsstand entsprechen. Anschließend werden die Nachbaraufgaben angesehen und überprüft, welche von ihnen einfache Aufgaben sind und wie die Summanden und die Ergebnisse miteinander zusammenhängen.
Für die weitere Arbeit nutzen die Kinder die Einspluseins-Tafel auf der Rückseite ihres Arbeitsheftes. Für die Aufgaben 3, 4 und 7 können sie Schablonen nutzen (LF 14 *Ausschnitte aus der Einspluseins-Tafel*), um besser auf die Ausschnitte fokussieren zu können.

2 *Einfache (gefärbte) Aufgaben rechnen*
Die einfachen Aufgaben werden berechnet und sortiert. Da sie Grundlage für das Bearbeiten der schwierigen Aufgaben sind, muss darauf geachtet werden, dass sie von allen Kindern ohne Schwierigkeiten gelöst werden können.

3 *Verdopplungsaufgaben (rot) rechnen, Nachbaraufgaben ableiten*
Die Kinder suchen eine Verdopplungsaufgabe (rot) und ihre Nachbaraufgaben in der Einspluseins-Tafel. Zuerst wird die Verdopplungsaufgabe im Zwanzigerfeld gelegt und überlegt, wie man daraus die Nachbaraufgaben herstellen kann.
Bei den Rauten sind die übereinander stehenden Aufgaben Tauschaufgaben. Beide Aufgaben kann man durch Vergrößerung (Verkleinerung) genau eines Summanden aus derselben Verdopplungsaufgabe herstellen.

4–6 *Aufgaben durch Ableiten lösen*
Hier werden anhand von Ausschnitten aus der Tafel Nachbarschaftsbeziehungen vertieft. Während Aufgabe 4 noch die geometrische Anordnung der Aufgaben wiedergibt, findet man in Aufgabe 5 nur noch die Aufgabenserien und muss die zugehörigen Wege in der Tafel selbst finden. In Aufgabe 6 suchen die Kinder selbstständig Nachbaraufgaben heraus und verinnerlichen dadurch weiter die Struktur der Tafel. Da es zu einer Aufgabe je zwei Nachbaraufgaben gibt, deren Ergebnis um 1 größer ist und zwei deren Ergebnis um 1 kleiner ist, können die Kinder unterschiedliche Ausschnitte finden.

7 *Einfache Nachbaraufgaben finden*
Zum Abschluss der Seite wird noch einmal der Sinn der Tafel thematisiert: Sie hilft, schwierige Aufgaben aus einfachen abzuleiten. Die Kinder diskutieren, welche Aufgaben für sie einfach sind und wie schwierige Aufgaben auf sie zurück geführt werden können. Im Plenum stellen die Kinder ihre Vorgehensweise dar und begründen sie.

DIAGNOSTISCHES POTENZIAL

Wie beschreiben die Kinder Wege durch die Tafel? Wie beschreiben sie die Raumlage? Wie beschreiben sie die Aufgabenänderungen in der Tafel? Wie bestimmen sie die Ergebnisse einfacher Aufgaben?

MÖGLICHKEITEN ZUR UNTERSTÜTZUNG

Hinweise hierzu finden sich auf der nächsten Doppelseite.

116/117 Die Einspluseins-Tafel

1 Begriff der Nachbaraufgabe erweitern: Untereinander stehende Aufgaben haben dasselbe Ergebnis.

2 Bei nebeneinander stehenden Nachbaraufgaben unterscheiden sich die Ergebnisse um 2.

3 Aufgaben mit dem Ergebnis 12 in der Einspluseins-Tafel finden und systematisch notieren.

1 Nachbaraufgaben. Lege und rechne.

10+4	Aus	10 + 4 = 14
9+5	mache	9 + 5 = 14
8+6	mache	8 + 6 = 14
7+7	mache	7 + 7 = 14

9 + 3 = 12	6 + 2 = 8	10 + 7 = 17	7 + 0 = 7
8 + 4 = 12	5 + 3 = 8	9 + 8 = 17	6 + 1 = 7
7 + 5 = 12	4 + 4 = 8	8 + 9 = 17	5 + 2 = 7
6 + 6 = 12	3 + 5 = 8	7 + 10 = 17	4 + 3 = 7

Was fällt dir auf?

2 Nachbaraufgaben. Lege und rechne.

6+2 7+3 8+4 9+5

6 + 2 = 8	2 + 3 = 5	1 + 6 = 7	4 + 2 = 6
7 + 3 = 10	3 + 4 = 7	2 + 7 = 9	5 + 3 = 8
8 + 4 = 12	4 + 5 = 9	3 + 8 = 11	6 + 4 = 10
9 + 5 = 14	5 + 6 = 11	4 + 9 = 13	7 + 5 = 12

Was fällt dir auf?

3 Schreibe Aufgaben mit dem Ergebnis 12. (verschiedene Lösungen)

WAS WIRD BENÖTIGT?

Arbeits- und Demonstrationsmaterial: Einspluseins-Tafel auf der Rückseite des Arbeitsheftes und evtl. als Plakat, Schablonen: LF 14 *Ausschnitte aus der Einspluseins-Tafel* (Aufgaben 1 und 2), LF 12 *Einspluseins-Tafel* (Aufgabe 7)

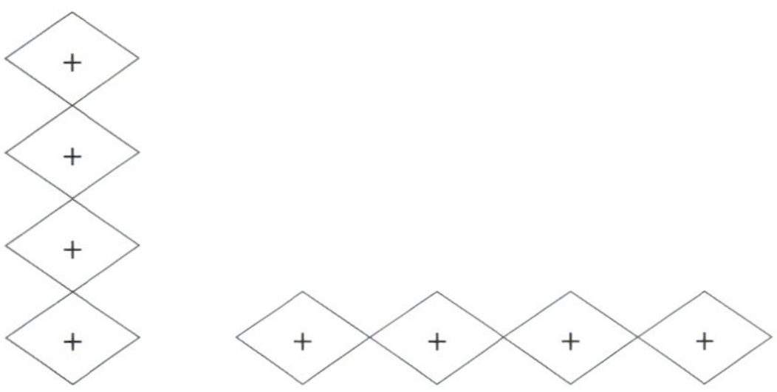

WORUM GEHT ES?

Diese Doppelseite schließt unmittelbar an die vorhergehende an. Während bisher die Strukturen schräger Wege thematisiert wurden, werden nun die Beziehungen von unter- und nebeneinander liegenden Aufgaben thematisiert:

- Geht man von einer Aufgabe zur darunter stehenden, dann wird die erste Zahl um 1 kleiner, die zweite um 1 größer und
- geht man von einer Aufgabe zur rechts daneben stehenden werden beide Zahlen um 1 größer.

Dabei wird der Begriff der Nachbaraufgabe erweitert. Während zuvor nur solche Aufgaben als Nachbarn betrachtet wurden, bei denen sich genau ein Summand um 1 ändert, fallen nun auch diejenigen Aufgabenpaare darunter, die sich in beiden Summanden um genau 1 unterscheiden – die also in der Einspluseins-Tafel unter- oder nebeneinander stehen.

WIE KANN MAN VORGEHEN?

1 *Weitere Nachbaraufgaben kennen lernen*

Zum Einstieg sollte wiederholt werden, wie man schwierige Aufgaben von einfachen ableiten kann und wie sich Aufgaben und ihre Ergebnisse entlang der schrägen Streifen verändern. Insbesondere dann, wenn die Strukturen einigen Kindern große Probleme bereiteten, sollte hier intensiv die Idee der Wege durch die Tafel und die systematischen Änderungen eines Summanden um 1 wiederholt. Erst dann ist es sinnvoll, die untereinander- und nebeneinanderstehenden Nachbaraufgaben anzuschauen, in denen sich jeder Summand um 1 verändert, und deren Beziehungen zu erkunden.

Dazu zeichnet die Lehrkraft einen Ausschnitt der Einspluseins-Tafel wie in Aufgabe 1 an dieTafel. Die Kinder beschreiben die Besonderheit dieser Aufgaben wie schöne Päckchen, in denen sich beide Summanden um genau 1 unterscheiden. Am Zwanzigerfeld wird im Rahmen des bekannten Aufgabenformates „Aus … mache …" die Veränderung von Aufgabe zur Nachbaraufgabe deutlich gemacht.

Nach dieser Einführung arbeiten die Kinder selbstständig an Aufgabe 1. Dafür nutzt jedes Kind die Einspluseins-Tafel auf der Rückseite des Arbeitshefts und ggf. eine Schablone zur Fokussierung des Ausschnittes auf der Tafel (LF 14 *Ausschnitte aus der Einspluseins-Tafel*).

Die Kinder stellen fest: Da sich der erste Summand um 1 verkleinert und der zweite Summand um 1 vergrößert, muss die Summe gleich bleiben.

2 *Weitere Nachbaraufgaben suchen*

Auch bei Serien von nebeneinander stehenden Aufgaben ergeben sich schöne Päckchen (von links nach rechts betrachtet):

4 Vergleiche mit den Nachbaraufgaben.

6 + 8 = 14
5 + 8 < 14
7 + 7 = 14

7 + 3 = 10	10 < 7 + 4
6 + 4 = 10	10 < 7 + 5
5 + 5 = 10	10 < 6 + 5
6 + 3 < 10	10 = 6 + 4
5 + 3 < 10	10 > 5 + 4
5 + 4 < 10	10 = 5 + 5

5 Vergleiche. < oder > oder =? Nutze die Einspluseins-Tafel.

3 + 1 < 5	8 + 1 < 15	10 > 3 + 3	8 + 6 > 5 + 5
3 + 2 = 5	8 + 3 < 15	10 > 4 + 4	7 + 5 > 5 + 5
3 + 3 > 5	8 + 5 < 15	10 = 5 + 5	6 + 4 = 5 + 5
2 + 3 = 5	8 + 7 = 15	10 < 6 + 6	5 + 3 < 5 + 5
4 + 2 < 5	8 + 9 > 15	10 < 7 + 7	4 + 2 < 5 + 5

(Beispiele)

6 Finde passende Zahlen. 0 1 2 3 4 5 6 7 8 9

(Beispiele)

1 + 3 < 5	10 > 4 + 4	4 + 2 > 5	10 < 7 + 4
1 + 4 = 5	10 = 5 + 5	4 + 1 = 5	10 = 7 + 3
1 + 5 > 5	10 < 6 + 6	4 + 0 < 5	10 > 7 + 2

7 Schreibe Plusaufgaben. Das Ergebnis ist immer (verschiedene Lösungen)

kleiner als 12.	gleich 12.	größer als 12.
1 + 4 < 12	5 + 7 = 12	10 + 3 > 12

4 Ungleichungen aus bekannten (Un-)gleichungen ableiten.

5 – 7 Orientierung auf der Einspluseins-Tafel nutzen und vertiefen: Wo stehen die Aufgaben mit kleinerem, gleichem, größerem Ergebnis?
Zu Aufgaben 6 und 7 gibt es jeweils mehrere Lösungen. Manche Kinder werden sie systematisch bestimmen. Potenzial zum selbstgesteuerten Üben nutzen.

Wichtige Wörter
Nachbarzahlen, Nachbaraufgabe, Einspluseins-Tafel (oder Plus-Tafel), erste Pluszahl, zweite Pluszahl, wird um ... größer, wird um ... kleiner, oben, unten, rechts, links, schräg

Beide Summanden vergrößern sich um 1, also muss sich das Ergebnis um 1 + 1 = 2 vergrößern.

3 *Aufgaben zu Ergebnis suchen*

Die Kinder können hierzu die Spalte in der Einspluseins-Tafel suchen, in der die Zerlegungen der 12 zu finden sind. Einige Kinder werden die Aufgaben sicher auch schon ohne Hilfsmittel systematisch aufschreiben können.

4 – 7 *Nachbaraufgaben in der Tafel verorten*

Es werden die Erkenntnisse aufgegriffen und auf die Einspluseins-Tafel bezogen, die bei der Thematisierung von Ungleichungen entwickelt wurden: Ausgehend von einer (Un-)gleichung werden benachbarte Ungleichungen abgeleitet. Die Einspluseins-Tafel kann dabei herangezogen werden:

- Aufgaben in einer Spalte haben alle das gleiche Ergebnis,
- Ergebnisse von Aufgaben, die weiter links stehen, sind stets kleiner,
- Aufgaben, die weiter rechts stehen, haben ein größeres Ergebnis.

Ergebnispräsentation zur Aufgabe 7: In Partnerarbeit vergleichen die Kinder ihre verschiedenen Aufgaben, in denen die Ergebnisse gleich 12, kleiner als 12 bzw. größer als 12 sind. Zur Dokumentation nutzen sie LF 12 *Einspluseins-Tafel*. Dort färben sie die gefundenen Aufgaben in drei verschiedenen Farben oder ergänzen die Aufgabenraute zur passenden (Un-)gleichung mit < 12, = 12 oder > 12. Am entstandenen Muster lassen sich interessante Entdeckungen ablesen:

- Aufgaben in der Spalte (10 + 2; 9 + 3; 8 + 4 ...) haben alle das Ergebnis 12,
- die Ergebnisse von Aufgaben, die weiter links stehen, sind kleiner als 12,
- die Ergebnisse von Aufgaben, die weiter rechts davon stehen, sind größer als 12.

Statt die Ergebnisse in Partnerarbeit zusammenzutragen kann auch eine Reflexion im Plenum erfolgen: Dazu klebt jedes Kinder nach der Arbeitsphase drei Haftnotizzettel, beschriftet mit < 12, = 12, > 12 auf die große Einspluseins-Tafel.

DIAGNOSTISCHES POTENZIAL

Wie bestimmen die Kinder Ergebnisse der einfachen Aufgaben? Wie beschreiben sie die Muster in den Aufgaben, wie begründen sie die Auswirkungen dieser Muster auf die Ergebnisse? Wie finden sie eine Aufgabe in der Einspluseins-Tafel?

MÖGLICHKEITEN ZUR UNTERSTÜTZUNG

Bei sämtlichen Aufgaben können die Kinder ein Zwanzigerfeld mit Plättchen nutzen, um den erweiterten Begriff der Nachbaraufgaben besser klären zu können. Bei großen Schwierigkeiten mit dem Ableiten von Aufgaben können noch einmal Nachbarzahlen am Zwanzigerfeld thematisiert werden: Nachbaraufgaben entstehen dadurch, dass ein oder beide Summanden durch Nachbarzahlen ersetzt werden.

→ Arbeitsheft, Seite 74

118/119 Zahlenmauern

Einstieg, 1 Aufgabenformat „Zahlenmauern“ einführen, Aufbauregel verinnerlichen.

2 Verschiedene operative Serien rechnen und beschreiben. Was passiert, wenn … Überlegungen zur Beziehung zwischen Grundsteinen und Deckstein anstellen. Potenzial zur Sprachförderung nutzen.

3 Finden eigener Zahlenmauern (LF 18 *Zahlenmauern*). Der Zahlenraum ist bei dieser Aufgabe freigestellt. Erfindungen mit Mustern würdigen und ausstellen. Potenzial zum selbstgesteuerten Üben nutzen.

Wichtige Wörter
Zahlenmauer, Deckstein, Grundstein
mittlerer Stein, links, rechts, Mitte

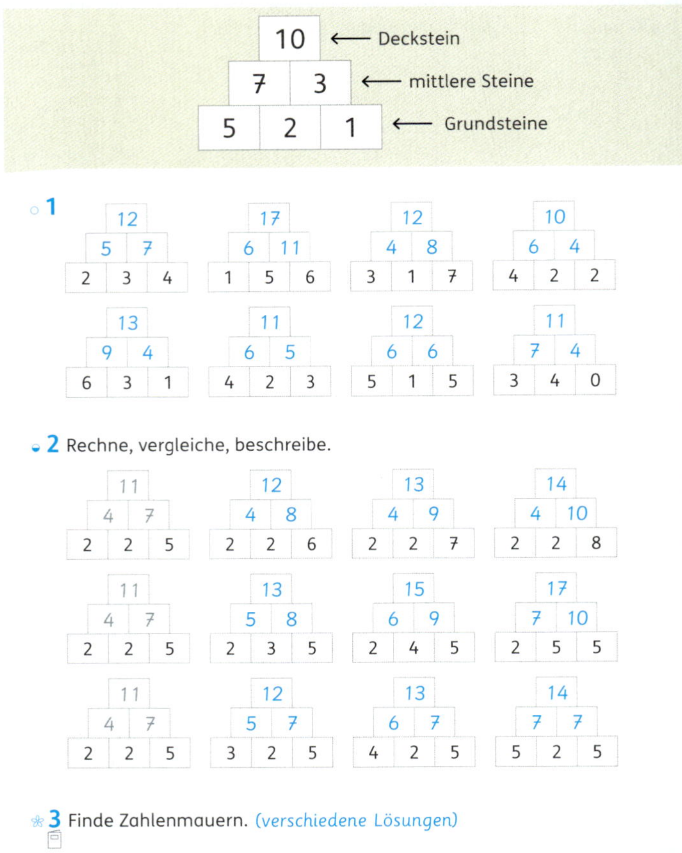

WAS WIRD BENÖTIGT?

Arbeitsmaterial: Blanko-Zahlenmauern (LF 18 *Zahlenmauern*)

WORUM GEHT ES?

Das Aufgabenformat „Zahlenmauern“ wird hier eingeführt. Es erlaubt eine Vielzahl von Aufgabenstellungen und kann die gesamte Grundschulzeit über benutzt werden. Die zugrunde liegende Regel ist einfach: Jeder Stein muss die Summe der beiden Steine tragen, auf denen er liegt. Man unterscheidet bei dreistöckigen Zahlenmauern zwischen den Grundsteinen, den mittleren Steinen und dem Deckstein. Je nachdem, welche der Zahlen vorgegeben sind, ergeben sich Additionsaufgaben (alle Grundsteine sind bekannt, vgl. linke Schulbuchseite) oder Ergänzungsaufgaben (einzelne Grundsteine fehlen, vgl. rechte Schulbuchseite). Die Zahlenmauern weisen eine schöne und für Kinder zugängliche Beziehung zwischen den Grundsteinen und dem Deckstein auf, die unmittelbar sichtbar wird, wenn man nicht die Ergebnisse, sondern die Aufgaben in die Steine schreibt:

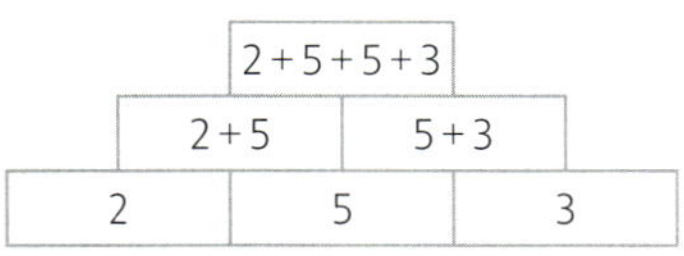

Es gilt: Vergrößert man einen der äußeren Grundsteine um 1, dann vergrößert sich der Deckstein auch um 1. Vergrößert man dagegen die Zahl im mittleren Grundstein um 1, so vergrößert sich der Deckstein um 2. Diese unterschiedlichen Wirkungen kann man dann gut (ein)sehen, wenn man sie in die Zahlenmauer dynamisch integriert:

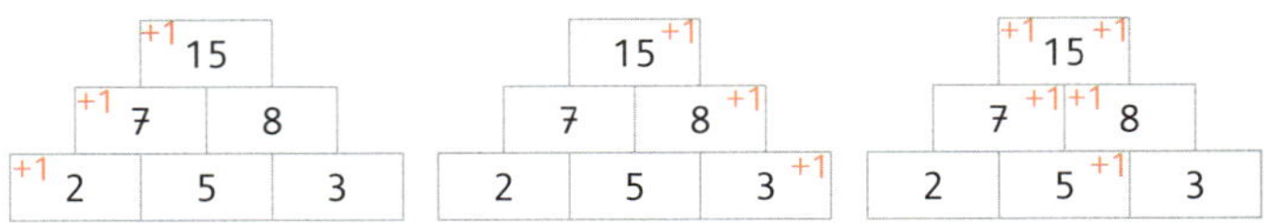

Aufgrund des besonderen Potenzials dieses Aufgabenformates ist es sinnvoll, für die Bearbeitung dieser Doppelseite mehrere Unterrichtseinheiten einzuplanen, etwa wie folgt:

1. Kennenlernen der Aufbauregel
2. Operative Veränderungen der Grundsteine
3. Geschicktes Lösen fehlender Grundsteine
4. Zahlenmauern zu vorgegebenen Decksteinen finden

WIE KANN MAN VORGEHEN?

Zwei Vorgehensweisen bieten sich an: Die Kinder bearbeiten erst die Aufgaben und erkunden dann weitere Zahlenmauern im Rahmen von Eigenproduktionen (Kopiervorlage *Blanko-Zahlenmauern* zur Verfügung stellen). Diese können sortiert, erkundet und abschließend aufgeklebt werden. Die Schulbuchseite kann auch nachbereitend eingesetzt werden.

Einstieg, 1 *Zahlenmauern einführen*

Im Sitzkreis wird an einer fertig ausgefüllten Zahlenmauer die Regel besprochen. Dazu werden die Bezeichnungen Deckstein, mittlere Steine und Grundsteine eingeführt. Gemeinsam werden einige unstrukturierte Beispiele (auch zum Ergänzen) gerechnet, anschließend berechnen die Kinder selbstständig einige Zahlenmauern von Aufgabe 1.

4 Rechnet geschickt.

16
5 11
1 4 7

16
9 7
6 3 4

15
8 7
5 3 4

17
8 9
4 4 5

5 Schöne Muster. Rechnet und setzt fort. Vergleicht. Was fällt euch auf?

9 / 5 4 / 4 1 3	10 / 5 5 / 3 2 3	11 / 5 6 / 2 3 3	12 / 5 7 / 1 4 3
9 / 3 6 / 2 1 5	10 / 4 6 / 2 2 4	11 / 5 6 / 2 3 3	12 / 6 6 / 2 4 2
10 / 6 4 / 5 1 3	12 / 7 5 / 5 2 3	14 / 8 6 / 5 3 3	16 / 9 7 / 5 4 3

6 Findet verschiedene Grundsteine.

15 / 7 8 / 1 6 2	15 / 7 8 / 2 5 3	15 / 7 8 / 6 1 7	15 / 7 8 / 3 4 4

Findet weitere. (verschiedene Lösungen)

4 Im Plenum: Fehlende Zahlen berechnen, dazu Ergänzen und Subtrahieren gegenüberstellen.

5 Regelmäßige Veränderungen der gegebenen Zahlen zum Berechnen der Mauern ausnutzen. Muster beschreiben.

6 Die Summe 7 + 8 systematisch zerlegen. Lösungen sortieren und vervollständigen.

2 *Operative Serien erkunden*
Immer von der gleichen Mauer startend wird die Zahl in den verschiedenen Grundsteinen erhöht. An der Tafel werden einige Beispiele notiert und die Kinder können das Muster im Plenum entdecken. Die Lehrkraft markiert das Muster farbig am jeweils veränderten Stein (umranden, schraffieren ...) und lässt von den Kindern erste Vermutungen anstellen, wie sich die verschiedenen Veränderungen auf den Deckstein auswirken. Die Kinder führen Erkundungen durch und beschreiben diese, ggf. markieren sie diese mit Farben und Pfeilen.
Abschließend erläutern die Kinder die unterschiedlichen Auswirkungen auf den Deckstein. Gemeinsam wird eine Begründung gesucht. Dies kann die Lehrkraft unterstützen, indem sie die Kinder entweder die Aufgaben oder die operativen Veränderungen in die Ausgangsmauer eintragen lässt.

3 *Zahlenmauern erfinden*
Die Kinder finden selbst Zahlenmauern (LF 18 *Zahlenmauern* nutzen). Für diese Eigenproduktionen ist der Zahlenraum geöffnet. Sofern sich die Kinder Zahlenmauern ausdenken, die in schönen Serien angeordnet sind oder interessante Zahlen aufweisen, kann hier eine Ausstellung erfolgen, so können weitere Entdeckungen gewürdigt und begründet werden.

4 *Zahlenmauern zur Subtraktion*
Auf dieser Seite werden Zahlenmauern auch zur Übung der Subtraktion genutzt. Die Kinder werden schnell feststellen, dass sich die Aufgaben gut durch Ergänzen lösen lassen.

5 *Vertiefung: Operative Serien erkunden*
Die operativen Serien vertiefen noch einmal das Ableiten von Aufgaben: Da die gegebenen Zahlen systematisch variiert werden, ändern sich die gesuchten Zahlen ebenfalls regelmäßig.

6 *Systematisch Grundsteine suchen*
Die Kinder müssen die Zahlen 7 und 8 so zerlegen, dass beide Zerlegungen in einem Summanden (der Zahl im mittleren Grundstein) übereinstimmen. Hierfür gibt es acht Lösungen: 7 + 0 + 8, 6 + 1 + 7, 5 + 2 + 6, 4 + 3 + 5, 3 + 4 + 4, 2 + 5 + 3, 1 + 6 + 2, 0 + 7 + 1.
Zur Ergebnispräsentation können die Kinder ihre Zahlenmauern zusammentragen. Wenn sie ihre Lösungen sortieren, werden sie die ggf. fehlenden Lösungen schnell ermitteln können.

DIAGNOSTISCHES POTENZIAL

Wie bestimmen die Kinder fehlende Zahlen in den Mauern? Wie beschreiben sie die systematischen Variationen in den Aufgaben? Welche Begründungen entwickeln die Kinder für die Auswirkungen auf den Deckstein? In welchem Zahlenraum bewegen sich die Eigenproduktionen?

MÖGLICHKEITEN ZUR UNTERSTÜTZUNG

2 Vielen Kindern fällt es schwer, kausale Beziehungen zu beschreiben. Hier kann die Lehrkraft Satzanfänge bzw. Satzfragmente bieten, z. B. „wenn ich die Zahl im mittleren Grundstein um 1 erhöhe, dann ...“ u. Ä.

FORTSETZUNG

Seite 125 gibt Anregungen zu weiteren Aktivitäten.

→ Arbeitsheft, Seite 75 → Förderheft, Seite 68 → KV 76 *Mit Zahlenmauern rechnen* → Probieren und Kombinieren, Seiten 12 – 17
→ Vernetzen und Automatisieren, Seiten 16 – 19, 26 – 28, 35

120/121 Halbieren: Gerade und ungerade Zahlen

Einstieg Halbieren als eine besondere Zerlegung herausstellen, die nicht bei jeder Zahl vorkommt. Sprech- und Schreibweisen einführen

1 Untersuchen, welche Zahlen sich halbieren lassen.

2 Feststellen, dass sich jede zweite Zahl halbieren lässt.

3 Zahlen am Zwanzigerfeld zeigen, halbieren. Aufgaben nennen, mit Fachausdrücken beschreiben. Halbieren regelmäßig üben und automatisieren. Potenzial zur Sprachförderung nutzen.

Wichtige Wörter
verdoppeln, halbieren, das Doppelte, die Hälfte

1 Welche Zahlen lassen sich halbieren? Kreuze an.

X 6 = 3 + 3   7 = 4 + 3

X 8 = 4 + 4   9 = 5 + 4

X 4 = 2 + 2   X 10 = 5 + 5   X 12 = 6 + 6   X 16 = 8 + 8

5 = 2 + 3   11 = 5 + 6   13 = 6 + 7   17 = 8 + 9

2 Finde Zahlen, die man halbieren kann. (verschiedene Lösungen)   12 = 6 + 6

3 Halbieren

WAS WIRD BENÖTIGT?

Arbeits- und Demonstrationsmaterial: Plättchen und Zwanzigerfelder, KV 77 *Punktefelder für gerade und ungerade Zahlen*, Scheren und Klebstifte

WORUM GEHT ES?

Wenn man Plättchen paarweise in zwei Reihen anordnet, dann gibt es zwei Fälle:
Fall 1: Es entsteht eine Doppelreihe, d. h. alle Kanten sind gerade.
Fall 2: Es entsteht nur fast eine Doppelreihe: An einer Seite erhält genau ein Plättchen keinen Partner, es entsteht also eine geknickte (ungerade) Kante.
Die Zahlen von Fall 1 heißen gerade, die Zahlen vom Fall 2 heißen ungerade. Legt man die Zahlen auf diese Weise in Doppelreihen, dann sieht man schnell, dass sich die geraden mit den ungeraden Zahlen in der Zahlenreihe abwechseln.

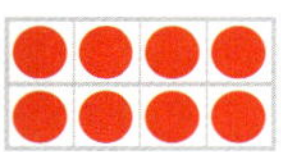

Fall 1

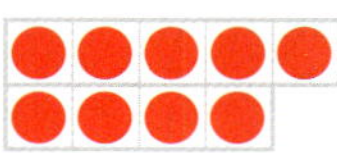

Fall 2

Die Eigenschaft der natürlichen Zahlen, dass sie entweder gerade oder ungerade sind, heißt Parität einer Zahl. Auf dieser Doppelseite nähern sich die Kinder der Idee der Parität unter der Perspektive der Teilbarkeit: Die Zahlen, die sich halbieren lassen, sind gerade Zahlen und die, die sich nur fast halbieren lassen (also die Nachbarzahlen von geraden Zahlen), sind ungerade.
Auf der rechten Seite werden dann gerade und ungerade Zahlen als eigenständige Objekte thematisiert. Entsprechend des operativen Prinzips untersuchen die Kinder, wie sich die Parität gegenüber der Addition und der Subtraktion verhält. Idealerweise werden dazu gerade und ungerade Zahlen aus Punktefeldern hergestellt, weil man die Wirkungen der Operationen dann am besten beobachten und verstehen kann:

- Addiert man zwei gerade Zahlen, so entsteht durch das Zusammenschieben zweier Doppelreihen wieder eine Doppelreihe.

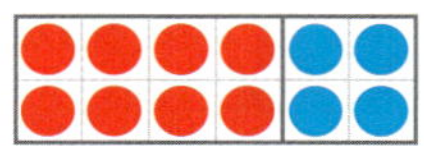

8 + 4 = 12

- Addiert man eine gerade zu einer ungeraden Zahl, so entsteht beim Zusammenschieben wieder eine ungerade Kante.

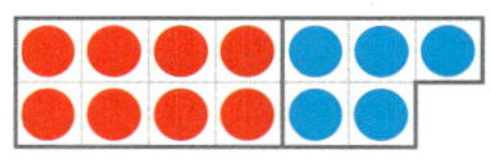

8 + 5 = 13

- Wenn man zwei ungerade Zahlen addiert, dann kann man sie so zusammenschieben, dass die beiden ungeraden Kanten zu einer (Abschluss-) Kante führen, also entsteht wieder eine gerade Zahl.

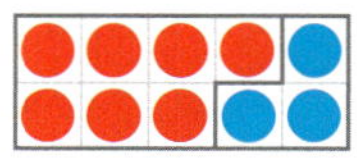

7 + 3 = 10

So geführte „operative Beweise" sind ein sehr mächtiges Instrument der Mathematik in der Grundschule: Da man hierbei nicht mit den konkreten Zahlen, sondern nur mit ihren Eigenschaften, eine gerade oder ungerade Kante zu haben, argumentiert, liegt in der Analyse weniger Beispiele die Beweiskraft für die gesamte algebraische Struktur.

WIE KANN MAN VORGEHEN?

Einstieg *Gerade und ungerade Zahlen einführen*
Die Lehrkraft schreibt eine gerade und eine ungerade Zahl an die Tafel und die Kinder versuchen, die Zahlen jeweils in zwei (mög-

Gerade Zahlen kann man halbieren.

4 Stellt gerade und ungerade Zahlen her.

gerade Zahlen		ungerade Zahlen	
2	4	1	3

5 Lege und rechne Plusaufgaben mit geraden und ungeraden Zahlen.

4 + 6 = 10	5 + 1 = 6
6 + 8 = 14	7 + 3 = 10
8 + 4 = 12	9 + 5 = 14
10 + 2 = 12	5 + 7 = 12
2 + 1 = 3	1 + 8 = 9
6 + 3 = 9	3 + 4 = 7
4 + 7 = 11	5 + 2 = 7
8 + 7 = 15	3 + 2 = 5

Wann ist das Ergebnis gerade? Wann ungerade? Erkläre.

6 Untersuche auch Minusaufgaben. (verschiedene Lösungen)
Ordne nach geraden und ungeraden Ergebnissen.

Einstieg Begriffe gerade Zahl und ungerade Zahl einführen.
Eine natürliche Zahl ist entweder gerade oder ungerade (Parität).

4 Punktebilder zu geraden und ungeraden Zahlen herstellen (KV 77 *Punktefelder für gerade und ungerade Zahlen*).

5 Auswirkungen der Addition auf die Paritäten der Zahlen untersuchen.

6 Auswirkungen der Subtraktion auf die Paritäten der Zahlen untersuchen.

Wichtige Wörter
gerade und ungerade Zahlen

lichst) gleich große Zahlen zu zerlegen – sowohl im Zwanzigerfeld als auch mit einem Term. Es wird herausgestellt, dass eine Zahl als Verdopplungsaufgabe dargestellt werden kann, die andere nicht. Die Lehrkraft erläutert, dass man diese Eigenschaft auch anders formulieren kann: Eine Zahl lässt sich halbieren, die andere kann man nicht halbieren. Die Kinder untersuchen diese Eigenschaften der Zahlen dann in der Arbeitsphase genauer.

1, 2 *Zahleigenschaft erkunden*
Die Kinder untersuchen, welche Zahlen sich halbieren lassen. Danach erhalten sie den Auftrag, die von ihnen untersuchten Zahlen entweder a) spaltenweise zu sortieren (lässt sich halbieren/lässt sich fast halbieren) oder b) die Zahlen mit Zerlegungen jeweils auf kleine Zettel zu schreiben, nach den Eigenschaften in zwei verschiedenen Farben zu markieren und der Zahlenreihe nach zu ordnen. Alle Lösungen werden im Plenum zusammengetragen. Dabei wird herausgearbeitet, dass sich gerade und ungerade Zahlen in der Zahlenreihe abwechseln. Diese Erkenntnis wird hervorgehoben und begründet: Der Nachfolger einer geraden Zahl entsteht aus ihr, indem genau ein Plättchen hinzugefügt wird. Dieses Plättchen kann keinen Partner haben, also entsteht eine ungerade Zahl. Analog dazu muss der Nachfolger einer ungeraden Zahl eine gerade Zahl sein: Das partnerlose Plättchen erhält einen Partner.

3 *Blitzrechnen: Halbieren*
Das Halbieren trägt zu einer Vertiefung der Zahlenraumvorstellung bei und lässt sich auch strategisch zum Subtrahieren einsetzen. Es sollte deswegen von nun an regelmäßig geübt und automatisiert werden.

Einstieg, 4 – 6 *Gerade und ungerade Zahlen einführen*
Mit Bezug auf die Plättchendarstellung werden die Bezeichnungen gerade und ungerade Zahlen eingeführt. Sodann erhalten die Kinder Punktefelder (KV *Punktefelder für gerade und ungerade Zahlen*).
In Aufgabe 4 stellen die Kinder dann die geraden und ungeraden Zahlen zur Bearbeitung der folgenden Aufgaben selbst her (mindestens von 1 bis 10) und dokumentieren ihre Ergebnisse im Heft.
In Aufgabe 5 legen die Kinder mit den Zahlbildern die Aufgaben nach. In der Ergebnispräsentation wird gemeinsam an der Tafel sichergestellt, dass die Eigenschaften der Summen an den Punktebildern deutlich werden.
Abschließend untersuchen die Kinder in Aufgabe 6 die Differenzen von geraden und ungeraden Zahlen. Hierfür können auch Punktefelder zerschnitten werden.

DIAGNOSTISCHES POTENZIAL

Wie stellen die Kinder fest, ob sich eine Zahl halbieren lässt? In welchem Zahlenraum bewegen sich ihre Eigenproduktionen? Welche Beobachtungen machen sie bei Addition und Subtraktion der Zahlen?

MÖGLICHKEITEN ZUR UNTERSTÜTZUNG

4 Einige Kinder werden Schwierigkeiten beim Ausschneiden der Punktebilder haben. Da nicht unbedingt jedes Kind alle Punktebilder haben muss, können mehrere Kinder gemeinsam ein Set ausschneiden.

→ Arbeitsheft, Seite 76 → Förderheft, Seite 69 → Blitzrechnen → Verstehen und Trainieren, Seite 30 → Vernetzen und Automatisieren, Seiten 39, 40

122/123 Plusaufgaben mit gleichen Zahlen

Einstieg, 1 Bündelungseinheiten sehen und beschreiben, für Plusaufgaben mit gleichen Zahlen nutzen.
Ggf. das Wort „mal“ bewusst machen, etwa 10 mal 2.
Potenzial zur Sprachförderung nutzen.

2 Plusaufgaben mit gleichen Zahlen auf Zwanzigerreihe übertragen, dabei vorgegebene Zielzahlen treffen.
Zu verschiedenen Zahlen gibt es unterschiedlich viele Malaufgaben.

3 Blitzrechnen
Zu vorgegebener Zahlen in Schritten zählen: Mit und ohne Zwanzigerreihe.
Zählen in größeren Schritten üben und automatisieren.

Wichtige Wörter
Zweier, Dreier, Vierer, Fünfer, Zehner, mal

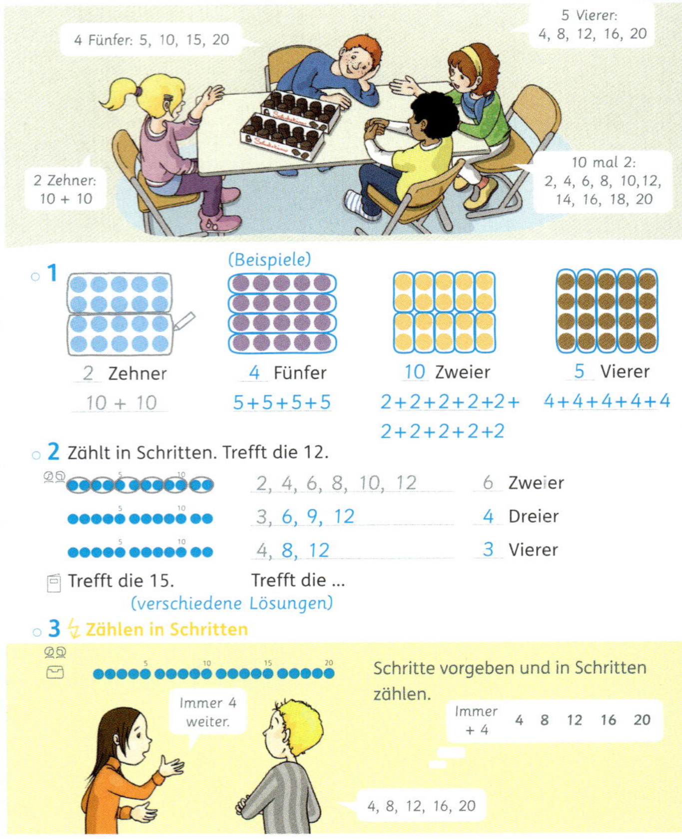

WAS WIRD BENÖTIGT?

Arbeitsmaterial: Zwanzigerreihe

WORUM GEHT ES?

Auf den ersten Blick mag es verwundern, dass im Band 1 des ZAHLENBUCHs schon vom Einmaleins die Rede ist. Wenn man aber bedenkt, dass die Multiplikation eine verkürzte Addition gleicher Summanden ist, sollte sie auch hier schon angesprochen werden. Einige der Aufgaben mit gleichen Summanden wurden bereits behandelt:

- Das Zwanzigerfeld besteht aus 4 Fünfern, d. h. 5 + 5 + 5 + 5 = 20, d. h. 4 Fünfer sind 20 oder kurz: 4 mal 5 = 20.
- 15 besteht aus 3 Fünfern.
- Beim Verdoppeln handelt es sich um eine Additionsaufgabe mit (zwei) gleichen Summanden.

Dabei empfehlen sich Sprechweisen wie „4 Fünfer“, „4 Dreier“, usw., die jeweils am Material veranschaulicht werden sollten. Auch das den Kindern aus der Umgangssprache bekannte Wort „mal“ kann verwendet werden. Die Schreibweise des Malpunktes wird jedoch erst im Band 2 eingeführt.

Bei genauerer Analyse zeigt sich, dass die 25 Einmaleinsaufgaben, deren Ergebnisse (bis auf 5 · 5 = 25) im Zwanzigerraum liegen, als „Mini-Einmaleins“ in den Rahmen von Band 1 passen: Sie lassen sich mit den Kenntnissen zum Einspluseins und zum Zählen in Schritten (beides Blitzrechenübungen) ohne große Mühe erschließen.

1 · 1	2 · 1	3 · 1	4 · 1	5 · 1
1 · 2	2 · 2	3 · 2	4 · 2	5 · 2
1 · 3	2 · 3	3 · 3	4 · 3	5 · 3
1 · 4	2 · 4	3 · 4	4 · 4	5 · 4
1 · 5	2 · 5	3 · 5	4 · 5	5 · 5

Mini-Einmaleins

WIE KANN MAN VORGEHEN?

Einstieg *Bündelungseinheiten einführen*

Die Lehrkraft legt in die Mitte des Sitzkreises 20 Gegenstände (am einfachsten große Plättchen) in der Form 4 · 5. Die Kinder sollen beschreiben, wie sie angeordnet sind. Mögliche Antworten:

- Das sind 20.
- Ich sehe 2 Zehner.
- Da sind 4 Reihen. In jeder sind 5 Plättchen.
- Ich sehe 5 Reihen, in jeder 4 Plättchen.
- Ich sehe 5 mal 4. Ich sehe 4 mal 5.

Falls die Kinder die Mal-Sprechweise nicht spontan benutzen, kann sie von der Lehrkraft eingeführt werden. Durch unterschiedlichen Positionen der Kinder im Sitzkreis werden Aussagen provoziert, die auf das Vertauschungsgesetz der Multiplikation verweisen. Es ist aber nicht nötig, es schon auf dieser frühen Stufe zu thematisieren. Anschließend zeigt die Lehrkraft, wie man ein Zwanzigerfeld durch Einkreisen in Fünfer, Vierer und Zehner zerlegen kann. Die Wörter Zehner, Fünfer, Vierer, Dreier, Zweier sollten angeschrieben werden. Insgesamt muss deutlich werden, dass zu jeder Zerlegung eine Plusaufgabe mit gleichen Summanden gehört. Die Überlegungen können anschließend auf das Einstiegsbild der Doppelseite übertragen werden.

4 Wie viele Beine haben 6 Gänse?

Wie viele Beine haben 4 Kühe?

2+2+2+2+2+2=12, 6 mal 2=12

4+4+4+4=16, 4 mal 4=16

5 Zeige und rechne.

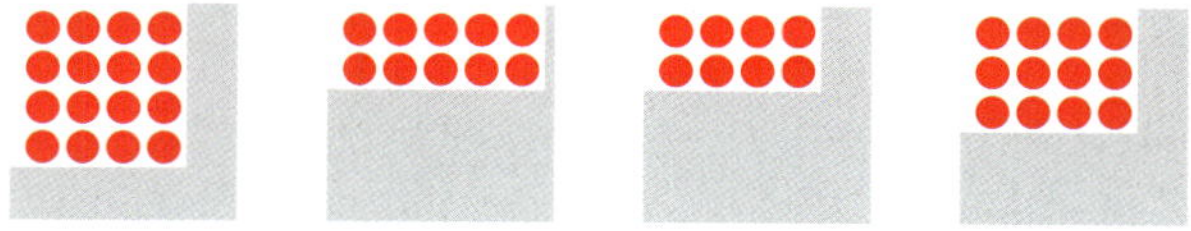

4 mal 4 = 16 | 2 mal 5 = 10 | 2 mal 4 = 8 | 3 mal 4 = 12

6 Zeige und rechne. Immer zwei Aufgaben.

2 mal 5 = 10
5 mal 2 = 10

3 mal 4 = 12
4 mal 3 = 12

3 mal 5 = 15
5 mal 3 = 15

7 Mini-Einmaleins

4 Idee der Malaufgaben auf einfache Sachkontexte übertragen.

5 Einfache Malaufgaben am Material berechnen.

6 Verständnis vom Vertauschungsgesetz anbahnen.

7 Blitzrechnen
Aufgaben am 5 · 5-Feld zeigen und nennen.
Mini-Einmaleins regelmäßig üben.

1 *Punktefelder zerlegen*
Die Kinder zerlegen ein Feld aus 4 · 5 Plättchen in Zehner (Fünfer, Zweier, Vierer) und notieren dazu die Plusaufgabe mit gleichen Zahlen. Einige Kinder werden hier vielleicht schon Beziehungen zwischen den Aufgaben sehen: Es gibt doppelt so viele Fünfer wie Zehner und doppelt so viele Zweier wie Vierer. Die Kinder können weiterführend eigene Punktefelder zu vorgegebenen (z. B. 10, 12, 15, 16 ...) oder frei gewählten Zahlen legen, malen und diese in Plusaufgaben mit gleichen Summanden zerlegen.

2 *In Schritten bis zur Zielzahl zählen*
Die Addition von mehreren gleichen Summanden wird auf die Zwanzigerreihe übertragen, indem die Kinder in Schritten die Zielzahl 12 treffen sollen. Dabei wird festgestellt, dass es zur Zahl 12 unterschiedliche Multiplikationsaufgaben gibt (z. B. 6 Zweier und 4 Dreier).
Um die weiteren Aufgaben zu lösen, können die Kinder Blanko- Zwanzigerreihen nutzen. Die Anregung zur Eigenproduktion „Trefft die ...“ nutzen die Kinder, um selbst Zielzahlen auszuwählen und diese mit unterschiedlichen Schritten (Zehner, Fünfer, Dreier, Zweier und Vierer) zu treffen. Beim Zusammentragen der Ergebnisse der Lerngruppe wird auffallen, dass sich nicht mit jedem Summanden jede Zielzahl treffen lässt und dass zu verschiedenen Zielzahlen unterschiedlich viele Aufgaben gefunden werden können.

3 *Blitzrechnen: Zählen in Schritten*
Das Zählen in Schritten vertieft weiter die Kenntnisse von der Zahlenreihe und bereitet das Verständnis von der Multiplikation vor. Es sollte von jetzt an regelmäßig geübt werden.

4 *Im Sachkontext multiplizieren*
Die Struktur der Multiplikation wird auf einfache Sachkontexte übertragen.

5, 6 *Mit Material multiplizieren*
Einfache Multiplikationsaufgaben werden anhand von rechteckigen Punktebildern (Aufgabe 5) und Darstellungen von rechteckig angeordneten Gegenständen (Aufgabe 6) bearbeitet. Anhand dieser Darstellungen wird in Aufgabe 6 schon angedeutet, was beim Zählen in Schritten verborgen bleibt: Die Faktoren können vertauscht werden.

7 *Blitzrechnen: Mini-Einmaleins*
Das „Mini-Einmaleins“ sollte von hier an regelmäßig geübt werden. Es vertieft die Vorstellung vom Zahlenraum und bereitet auf das Verständnis der Multiplikation vor, wie es im zweiten Schuljahr erarbeitet wird. Ein Punktefeld findet sich auf der Umschlagklappe des Arbeitsheftes.

DIAGNOSTISCHES POTENZIAL

Wie kreisen die Kinder die Faktoren ein? Wie beschreiben sie Bündelungen? Wie zählen sie in größeren Schritten? Bis wohin können sie (flüssig) die Zahlwortreihe vorwärts aufsagen? In welchen Schritten können sie die Zahlwortreihe rückwärts aufsagen?

MÖGLICHKEITEN ZUR UNTERSTÜTZUNG

2 Kinder mit großen Schwierigkeiten können die Zwanzigerreihe vor sich legen.

→ KV 78 *In Schritten vorwärts und rückwärts* → Blitzrechnen

124 Rückblick

1 Zahlen und Aufgaben vergleichen, vgl. S. 110/111 und 117

2 Lösungen für (Un)gleichungen bestimmen, vgl. S. 112

3 Strukturen der Einspluseins-Tafel nutzen, vgl. S. 114 – 117

4 Blitzrechnen
Halbieren, vgl. S. 120; Zählen in Schritten, vgl. S. 122; Mini-Einmaleins vgl. S. 123

Ich kann Zahlen und Aufgaben vergleichen. Ich kann Nachbaraufgaben zum geschickten Rechnen nutzen. Ich kann Zahlen halbieren.

1 Vergleiche. < oder > oder =?

10 > 5	8 > 5 + 1	3 + 3 > 5	4 + 5 > 4 + 4
10 < 20	8 > 5 + 2	3 + 3 = 6	4 + 6 = 5 + 5
10 > 9	8 = 5 + 3	3 + 3 < 7	4 + 7 < 6 + 6
10 < 11	8 < 5 + 5	3 + 3 < 8	4 + 8 < 7 + 7

2 Welche Zahlen passen? 0 2 4 5 6 10 15

5 + ▒ < 10	5 + ▒ = 10	5 + ▒ > 10
0, 2, 4	5	6, 10, 15
20 − ▒ < 15	20 − ▒ = 15	20 − ▒ > 15
6, 10, 15	5	4, 2, 0

3 Rechne geschickt mit Nachbaraufgaben.

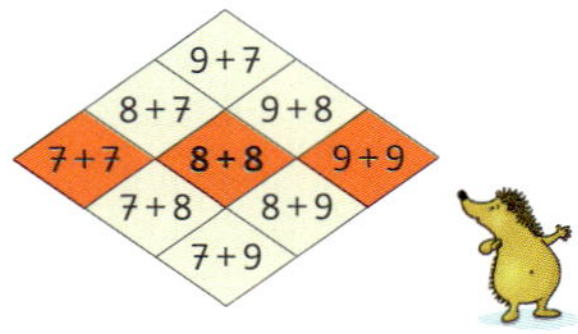

7 + 8 = 15	9 + 7 = 16
8 + 8 = 16	**8 + 8 =** 16
9 + 8 = 17	7 + 9 = 16
8 + 7 = 15	7 + 7 = 14
8 + 8 = 16	**8 + 8 =** 16
8 + 9 = 17	9 + 9 = 18

4 Übt immer wieder.
Halbieren (Seite 120) Zählen in Schritten (Seite 122)
Mini-Einmaleins (Seite 123)

Rückblick: Zahlen und Aufgaben vergleichen

WORUM GEHT ES?

Die inhaltsbezogenen Kompetenzen des Kapitels *Zahlen und Aufgaben* vergleichen werden auf dieser Seite wiederholend angesprochen. Im Kern geht es darum, dass die Kinder

- die Relationen „kleiner“, „größer“, „gleich“ zum Vergleich von Zahlen miteinander, von Zahlen mit Aufgaben und von Aufgaben untereinander heranziehen können,
- mehrere Lösungen für Ungleichungen mit Leerstellen finden und erkennen, dass es bei Gleichungen nur eine Lösung geben kann,
- Aufgaben voneinander ableiten und dadurch schwierige Aufgaben auf einfache zurückführen können.

Die dabei geförderten prozessbezogenen Kompetenzen treten in Form des Darstellens, Kommunizierens und Argumentierens auf. Diese werden stets eingebettet in die Entwicklung der inhaltsbezogenen Kompetenzen weiterentwickelt, indem die Kinder insbesondere

- den Zahlenvergleich zur Orientierung im Zahlenraum heranziehen (Darstellen und Kommunizieren),
- Aufgaben untereinander vergleichen und daraus Rechenstrategien entwickeln, darstellen und begründen (Darstellen und Argumentieren),
- arithmetische Strukturen in Zahlen und Aufgabenformaten entdecken, beschreiben und operativ begründen (Kommunizieren und Argumentieren).

Forschen und Finden: Zahlenmauern

WAS WIRD BENÖTIGT?

Arbeitsmaterial: KV 79 *Mit Zahlenmauern knobeln*

WORUM GEHT ES?

Die Zahlenmauern sind bereits von S. 118/119 bekannt und deren Strukturen im Begleitband auf der entsprechenden Seite geklärt. Hier werden sie vertieft thematisiert.

WIE KANN MAN VORGEHEN?

1 – 3 *Erkunden: Grundsteine vertauschen*

Im Plenum werden der arithmetische Aufbau (in einem Stein steht die Summe der Zahlen aus den beiden darunter liegenden Steinen) und die Bezeichnungen (Grundsteine, mittlere Steine, Deckstein) wiederholt – ggf. unter Rückgriff auf Lernplakate und Wortspeicher. Anschließend wird gemeinsam der Forscherauftrag von Aufgabe 1 besprochen: Es wird über unterschiedliche Möglichkeiten der Anordnung der Grundsteine nachgedacht und erste Vermutungen gesammelt, wie sich das Vertauschen von Grundsteinen auf den Deckstein auswirkt.

Die Kinder berechnen erst in Einzelarbeit alle sechs Zahlenmauern, die man aus drei unterschiedlichen Zahlen in den Grundsteinen erstellen kann. Danach tauschen sie sich mit einem Partner- oder einer Kleingruppe über ihre Lösungen und Entdeckungen aus. Sie stellen fest, dass ein Vertauschen der Zahlen in den äußeren Grundsteinen keine Auswirkung auf die Zahl im Deckstein hat, während das Auswechseln der Zahl im mittleren Grundstein die Zahl im Deckstein verändert.

 → Arbeitsheft, Seite 77 → Förderheft, Seite 70 → Blitzrechnen

125 Forschen und Finden: Zahlenmauern

1 Finde Mauern mit 3, 4, 5. Was fällt dir auf?

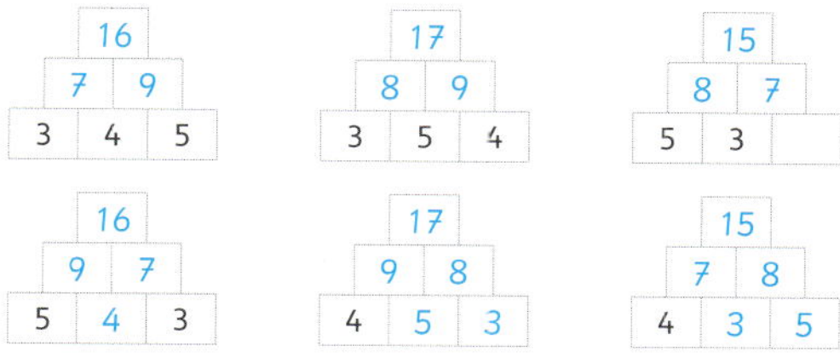

2 Finde Mauern mit 2, 3, 4. Vergleiche.

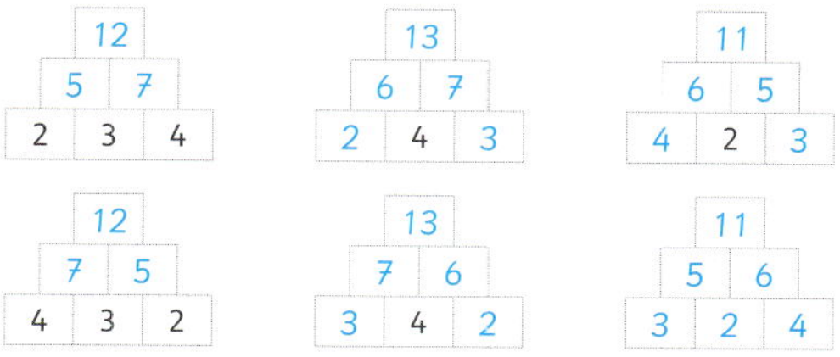

3 Wähle 3 Grundsteine. Baue damit alle Mauern. (verschiedene Lösungen)

4 Findet Zahlenmauern mit Deckstein 6. (Beispiele)

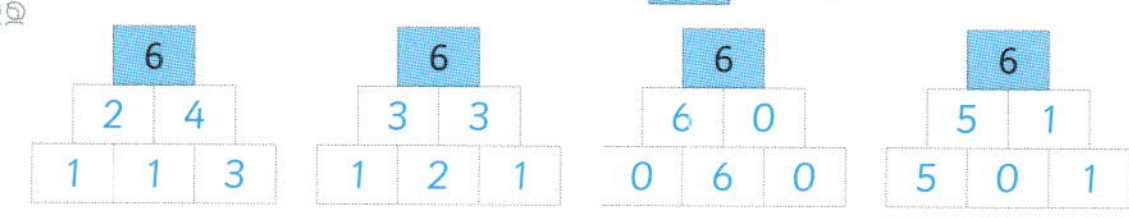

Einstieg Aufbau und Bezeichnungen zu Zahlenmauern wiederholen.

1, 2 Operative Veränderungen durch das Vertauschen der Grundsteine untersuchen.
Beziehungen zwischen Grundsteinen und Deckstein herstellen.

3 Eigene Grundsteine wählen und Erkenntnisse aus Aufgaben 1 und 2 weiterentwickeln und vertiefen.
Der Zahlenraum ist freigegeben.
Potenzial zum selbstgesteuerten Üben nutzen.

4 Zahlenmauern zum Deckstein 6 finden, weitere (evtl. alle) Lösungen ins Heft zeichnen oder KV 79 *Mit Zahlenmauern knobeln* nutzen.
Kinder wählen eigenen Deckstein und finden dazu möglichst viele verschiedene Zahlenmauern.
Potenzial zum selbstgesteuerten Üben und zur Sprachförderung nutzen.

Wichtige Wörter
Grundstein, Deckstein, mittlerer Stein, vertauschen, wird größer, wird kleiner, bleibt gleich

Zur Ergebnispräsentation übertragen die Kleingruppen exemplarisch eine untersuchte Zahlenmauer auf ein Blatt Papier und verdeutlichen ihre Entdeckungen bezüglich der Auswirkungen auf den Deckstein mit Farben und Pfeilen. Die Begründungen werden einsichtig, wenn die Additionsaufgaben in die Steine eingetragen werden – eine Vorgehensweise, die die Kinder vielleicht schon kennen. Ansonsten erstellt die Lehrkraft gemeinsam mit den Kindern eine Zahlenmauer, in der sowohl die mittleren Steine als auch der Deckstein anstelle des Ergebnisses die Additionsaufgabe zeigen. Gemeinsam kann der Begründungszusammenhang noch mit Farben verdeutlicht werden: Da die mittlere Zahl doppelt in den Deckstein eingeht und die Zahlen in den äußeren Grundsteinen nur einfach, bewirkt die größte Zahl in der Mitte auch den größten Deckstein.

4 *Zahlen zu einem Deckstein finden*
Die Kinder suchen möglichst viele Zahlenmauern zu einem vorgegebenen Deckstein. Dabei sollen auch solche Zahlenmauern als verschieden gezählt werden, die zueinander spiegelsymmetrisch sind, die sich also durch Vertauschen der äußeren Grundsteine herstellen lassen.
Sofern man das Ziel verfolgt, alle Zahlenmauern zu finden, bietet sich folgende Strategie an: Die Kinder sortieren die gefundenen Zahlenmauern nach der Zahl im mittleren Grundstein. Zu unterschiedlichen mittleren Grundsteinen gibt es auch unterschiedlich viele Zahlenmauern zum vorgegebenen Deckstein. Der Grund dafür liegt darin, dass die Zahl im mittleren Grundstein doppelt in die Zahl des Decksteins eingeht:

- Mittlerer Grundstein 3: Dieser Grundstein geht doppelt in den Deckstein ein, deshalb können die äußerem Grundsteine nur die Zahl 0 enthalten. Von dieser Sorte gibt es also nur eine Mauer.
- Mittlerer Grundstein 2: Die äußeren Zahlen im Deckstein müssen die Summe 2 ergeben. Dafür gibt es genau 3 Möglichkeiten – eine mehr als die Zahl groß ist (für Begründungen vgl. Argumentationen zu Zahlenhäusern).
- Mittlerer Grundstein 1: Alle Zerlegungen der Zahl 4 in zwei Summanden sind gesucht – davon gibt es genau 5.
- Mittlerer Grundstein 0: Es gibt 7 Zerlegungen, also 7 Zahlenmauern.

Es gibt also insgesamt 1 + 3 + 5 + 7 = 16 Zahlenmauern.

DIAGNOSTISCHES POTENZIAL

Wie finden die Kinder alle Mauern aus drei Grundsteinen? Wie finden sie verschiedene Mauern zu einem Deckstein? In welchem Zahlenraum bewegen sich ihre Eigenproduktionen?

MÖGLICHKEITEN ZUR UNTERSTÜTZUNG

4 Die Anzahl der Zahlenmauern kann durch die Vorgabe eines mittleren Grundsteins erheblich verringert werden. Zudem können Kinder auch Zahlenhäuser bearbeiten und so den Überlegungen zuarbeiten, die für eine festgelegte Zahl im mittleren Grundstein angestellt werden.

FORTSETZUNG

Weiterführende Aufgabe: Die Kinder suchen selbstständig nach möglichst vielen Zahlenmauern zu einer selbst gewählten Zahl im Deckstein. Die mögliche Anzahl wächst sehr schnell, z. B. gibt es 400 Zahlenmauern mit Deckstein 20.

→ Arbeitsheft, Seite 78 → Förderheft, Seite 71

126/127 Sitzpläne

1 Über das Bild sprechen. Dabei Raumlage von Kindern und Gegenständen beschreiben: Was liegt auf den Tischen? Was liegt unter den Tischen? Wer sitzt wo? Zusammenhang von Sitzplan und Bild klären.

2 – 4 Sitzplanrätsel lösen, dabei jeweils die Perspektive des abgebildeten Kindes einnehmen; ggf. die Situation nachstellen.
Potenzial zur Sprachförderung nutzen.

Wichtige Wörter
Sitzplan, rechts von, links von, gegenüber von, zwischen, auf, unter, neben

○ **1** Erzähle.

Ich bin Murat.
Rechts von mir sitzt Paula.
Links von mir sitzt niemand.
Mir gegenüber sitzt Max.

Till	Anna	Paula	Murat
Ben	Mila	Esra	Max

○ **2** Ich bin Mila. 

Rechts von mir sitzt Esra.
Links von mir sitzt Ben.
Mir gegenüber sitzt Anna.

○ **3** Ich bin Paula. 

Rechts von mir sitzt Anna.
Links von mir sitzt Murat.
Mir gegenüber sitzt Esra.

(Beispiel)
○ **4** Ich bin Till.

Rechts von mir sitzt niemand.
Links von mir sitzt Anna.
Mir gegenüber sitzt Ben.

WAS WIRD BENÖTIGT?

Arbeitsmaterial: ggf. KV 80 *Sitzpläne*
Demonstrationsmaterial: vergrößerter Sitzplan von Schulbuchseite 126 für die Tafel

WORUM GEHT ES?

Auf dieser und der nachfolgenden Doppelseite lernen die Kinder Pläne zu lesen, sich darin zu orientieren, sowie selbst Pläne zu erstellen. Pläne sind Übersichtskarten, die für einen bestimmten Zweck, häufig mit Blick von oben, angelegt wurden. Für den Zweck unwichtige Informationen werden vernachlässigt. Z. B. wird für einen Sitzplan die Anordnung der Tische grundrissartig dargestellt und zu den Kindern nur ihre Namen eingetragen. Für die Sitzordnung unwichtige Informationen wie Höhe der Tische, Stühle an den Tischen oder Aussehen der Kinder werden nicht dargestellt. Dieses Hintergrundwissen ist grundlegend für ein Verständnis von Plänen.
Die Raumorientierung ist ein weiterer Schwerpunkt dieser Doppelseite: „Rechts von" und „links von" sind relationale Begriffe, d. h. ein Bezugspunkt bzw. eine Bezugsperson muss mitgenannt werden, etwa rechts von mir oder rechts von Paula. Die Perspektive des Betrachters muss nicht der Perspektive der Bezugsperson entsprechen. Was heißt es etwa, wenn Paula sagt: „Rechts von mir sitzt Anne"? Der Betrachter muss hier einen Perspektivwechsel vornehmen.
Möglicherweise bringen Kinder Erfahrungen zu diesem Thema mit in den Unterricht: Grundrisse von Zimmern, Stadtpläne, Pläne für Flucht- und Rettungswege sind den Kindern eventuell im Alltag schon begegnet. Die Bedeutung derartiger Pläne kann im fächerübergreifenden Unterricht gut aufgegriffen werden.

WIE KANN MAN VORGEHEN?

Einstieg *Raumlage beschreiben, Plan einführen*
Vor der Tafel werden sechs Stühle in zwei Dreierreihen einander gegenübergestellt. An die Tafel wird unter der Überschrift „Sitzplan" der Grundriss dieser Situation gezeichnet. Die Lehrkraft schreibt sechs Kindernamen der Klasse in den Plan. Die Kinder sollen vermuten, wie sich die betreffenden sechs Kinder auf die sechs Stühle verteilen müssen. Die benannten Kinder nehmen auf den Stühlen Platz. Zur Überprüfung, ob die Kinder nun richtig sitzen, sollen die sitzenden Kinder beschreiben, welche Kinder „rechts (von)", „links (von)" und „gegenüber (von)" ihnen sitzen. Auch hier gilt: Die zuhörenden Kinder müssen sich dabei immer in die Lage des erzählenden Kindes versetzen, denn es beschreibt die Raumlage in Abhängigkeit von seiner Blickrichtung. Diese Problematik sollte mit den Kindern sorgsam besprochen werden. Anschließend wird der Plan verändert. Mögliche Gesprächsimpulse sind: Was muss sich am Plan ändern, wenn zwei Kinder die Plätze tauschen? Wie ändern sich die Sitznachbarn: wer sitzt nun „rechts von" oder „links von" wem? Wie sieht es aus, wenn ein Kind seinen Platz verlässt und dieser Stuhl leer bleibt?

1 *Transfer: Einstiegsbild besprechen*
Kinder übertragen ihre Erfahrungen auf die im Einstieg dargestellte Situation und gemeinsam wird überlegt, warum der Sitzplan zum Bild passt. Mit konkreten Impulsen können Kinder aufgefordert werden, die Raumlagen von Personen und Gegenständen zu beschreiben: Was liegt auf den Tischen? Was liegt unter den Tischen?

2 – 4 *Sitzplanrätsel lösen*
Die Kinder lösen die Sitzplanrätsel. In Aufgabe 4 wählen sie ein

5 Zeichne den Plan.

Murat	Paula	Esra	Max
Anna	Mila	Till	Ben

6 Wer sitzt wo?

Mila sitzt zwischen Anna und Till.

Paula sitzt zwischen Murat und Esra.

Links von Till sitzt Mila.

Rechts von Till sitzt Ben.

Links von Esra sitzt Max.

Rechts von Esra sitzt Paula.

Gegenüber von Ben sitzt Max.

Gegenüber von Anna sitzt Murat. (Beispiel)

7 Zeichne einen Plan für deinen Tisch.

5 Sitzplan passend zur neuen Situation erstellen. Dabei die neue Situation mit der Situation in Aufgabe 1 vergleichen. Bei Schwierigkeiten KV 80 *Sitzpläne* nutzen.

6 Sitzplanrätsel lösen. Bei Problemen Kopiervorlage nutzen.
Potenzial zur Sprachförderung nutzen.

7 Für den eigenen (Gruppen-)Tisch einen Sitzplan erstellen. Weiterführender Arbeitsauftrag: Einen Sitzplan für die gesamte Klasse erstellen.
Potenzial zum selbstgesteuerten Üben nutzen.

Kind aus dem Plan aus. Es darf auch ein Kind genommen werden, das am Rand der Tischgruppe sitzt und somit keinen rechten oder linken Sitznachbarn hat.

5 *Plan zu Bild erstellen*
Die Kinder beschriften den Plan und vergleichen die Situation aus Aufgabe 1 mit der neu dargestellten. Ist die Anforderung an einzelne Kinder noch zu groß, können z. B. drei alternative Sitzpläne (siehe KV 80 *Sitzpläne*) angeboten werden, aus denen der richtige begründet ausgewählt und in das Schulbuch übertragen werden muss.
Zur Ergebnispräsentation stellen die Kinder den gefundenen Sitzplan vor. Sie begründen, warum dieser richtig sein muss, indem sie sich auf die Position der einzelnen Kinder zueinander beziehen. Sind zeitgleich mehrere falsche Pläne entstanden, werden auch diese an der Tafel notiert. Gemeinsam wird diskutiert, welcher Plan richtig ist und warum.

6 *Sitzplanrätsel lösen*
Die Kinder lösen die Sitzplanrätsel mit Bezug zur Situation aus Aufgabe 5.

7 *Sitzplan für den eigenen Tisch*
Die Kinder erstellen einen Sitzplan für den eigenen (Gruppen-)Tisch. Dabei können sie den Plan komplett selbst entwickeln (inklusive der Skizze für die Tische) oder einen von der Lehrkraft vorbereiteten leeren Grundriss ihres (Gruppen-)Tisches nutzen. Weiterführender Arbeitsauftrag: Zeichne einen Sitzplan deiner Klasse.
Die erstellten Sitzpläne können zunächst an den jeweiligen Gruppentischen anhand folgender Fragen verglichen werden: Haben wir alle den gleichen Sitzplan für unseren Gruppentisch gezeichnet? Welche sind richtig? Gemeinsam erstellen die Kinder einen vergrößerten Sitzplan für ihren Tisch und stellen ihn der ganzen Klasse vor. Es wird erläutert, warum dieser Sitzplan richtig ist. Die Sitzpläne der einzelnen Tische können an die Tafel gehängt werden, so dass ein Sitzplan für die gesamte Klasse entsteht.

DIAGNOSTISCHES POTENZIAL

Wie erklären die Kinder, wie der zweidimensionale Sitzplan und die reale Situation zusammenhängen? Wie beschreiben sie die Positionen der abgebildeten Kinder, welche Raumorientierungsbegriffe (rechts von, links von und gegenüber von) nutzen sie? Können sie eigene Sitzpläne erstellen?

MÖGLICHKEITEN ZUR UNTERSTÜTZUNG

Bei Schwierigkeiten können die dargestellten Sitzplatzverteilungen konkret nachgespielt werden. An acht Kinder werden die Namensschilder der erwähnten Kinder verteilt. Sie müssen sich entsprechend auf acht Stühle platzieren. Zudem kann es auch hilfreich sein, den Sitzplan zu drehen und damit immer die passende Blickrichtung einzunehmen (KV 80 *Sitzpläne*).

FORTSETZUNG

Flucht- und Rettungspläne der Schule ansehen und deuten.

→ Arbeitsheft, Seite 79

128/129 Stadtpläne: Eckenhausen

Einstieg, 1 Stadtplan von Eckenhausen besprechen.
Bedeutung der Piktogramme klären.
Einzelne Orte sowie Wege im Stadtplan zeigen und beschreiben.
Länge eines Wegstückes klären.

2 Klären, wie Wege mit Pfeilen dargestellt werden.
Einen Weg für Leo zur Schule im Plan einzeichnen, mit Pfeilen darstellen.

3 Viele verschiedene Wege für Leo und Ina zur Schule finden. Auch Umwege sind erlaubt.
Mit Pfeilen im Heft notieren, KV 82 *Eckenhausen* nutzen.
Potenzial zum selbstgesteuerten Üben und zur Sprachförderung nutzen.

Wichtige Wörter
Wegstück, in Richtung ... gehen, nach links/rechts abbiegen

1 Beschreibe.

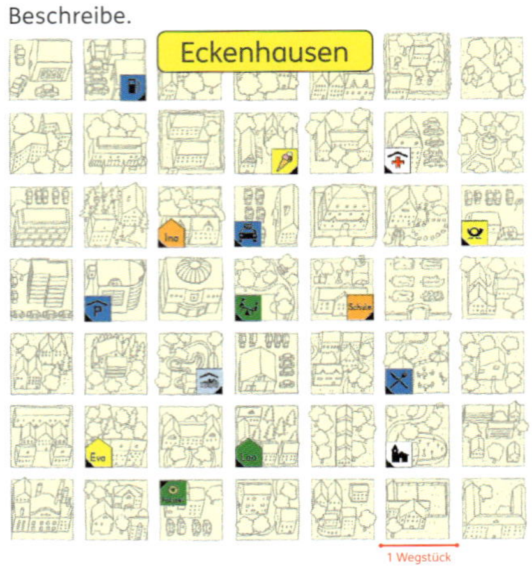

2 Zeichne Wege.

Ina geht zur Schule.

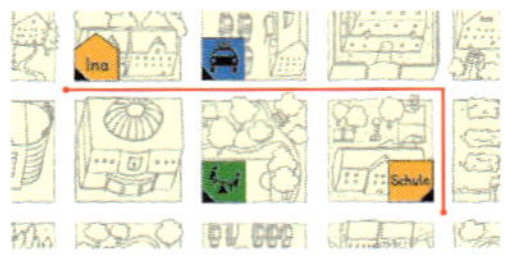

→→→↓

Leo geht zur Schule.

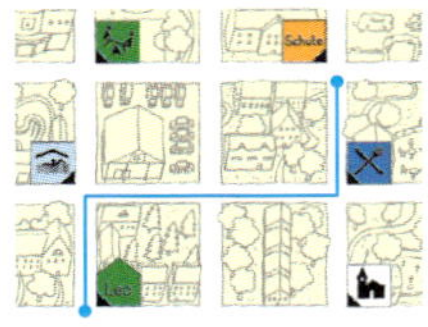

↑→→↑ (Beispiel)

3 Finde weitere Wege für Leo zur Schule und Ina zur Schule.
(verschiedene Lösungen)

WAS WIRD BENÖTIGT?

Arbeitsmaterial: KV 82 *Eckenhausen*
Demonstrationsmaterial: Plakat „Eckenhausen", Spielfiguren mit Gesicht

WORUM GEHT ES?

Eckenhausen fußt auf einer Idee des belgischen Mathematikers Georges Pay zur Auseinandersetzung mit Stadtplänen in der Grundschule sowie zur präformalen Beschäftigung mit Koordinatensystemen. Im Stadtplan sind alle Gebäude bewusst an Kreuzungen platziert. Welche Kreuzung zu einem Gebäude gehört, wird durch ein kleines schwarzes Dreieck am Piktogramm angezeigt.
Am Thema „Eckenhausen" können die Kinder verschiedenes lernen, u. a.
- einfach strukturierte Stadtpläne zu lesen und sich in ihnen zu orientieren,
- Wege im Stadtplan zu beschreiben (mit Worten oder Pfeilen),
- mit einem einfachen Koordinatensystem zu arbeiten,
- kurze Wege und Umwege voneinander zu unterscheiden,
- kürzeste Wege systematisch zu finden.

Die Piktogramme stehen für:

WIE KANN MAN VORGEHEN?

1 *Eckenhausen beschreiben*
Um sich in einem Stadtplan zu orientieren, muss ein Weg immer aus der Perspektive des Betrachters gesehen werden.
Leos Weg zur Schule könnte von den Kindern beschrieben werden als: „Zwei Wegstücke nach oben und zwei Wegstücke nach rechts." Leo geht in der Realität aber nicht nach *oben*. Er geht *in Richtung* Spielplatz. An der zweiten Kreuzung biegt er rechts ab und geht (zwei Wegstücke) bis zur Schule.
Für den Einstieg ist es daher empfehlenswert, das Poster „Eckenhausen" in den Sitzhalbkreis zu legen. Die Kinder sollen sich zunächst spontan zum Plan äußern. Es muss dabei besprochen werden, an welchen Eckpunkten der Kreuzung die einzelnen Häuser genau stehen. Mit den Kindern wird besprochen, was in dieser Stadt anders ist als in anderen Städten: Insbesondere gibt es in Eckenhausen nur gerade Straßen, die in eine von zwei Richtungen laufen und sich in regelmäßigen Abständen kreuzen.
Anschließend können die Wege von einem Punkt zu einem anderen in den Blick genommen werden, etwa: Wie kann Ina zum Spielplatz gehen? Als Hilfe wird dazu eine Spielfigur auf Inas Haus gestellt und entsprechend bewegt. So kann Ina bis zum Taxistand gehen und dann rechts abbiegen. Alternativ könnte man auch sagen, dass sie zuerst in Richtung Post geht und an der ersten Kreuzung rechts abbiegt. Die Bewegung wird mit der Spielfigur nachgemacht, dabei wird sie an der Kreuzung entsprechend nach rechts gedreht. Auf diese Weise werden weitere Wege von Ina zum Spielplatz im Plan gezeigt.

2, 3 *Wege finden und aufschreiben*
Um die Wege zu beschreiben, werden Pfeile genutzt. Zur Einführung wird eine Karte mit Pfeilen, ↑↑↓↑, in die Mitte gelegt. Die

○ 4 Eva geht zu Ina .

→↑↑↑   →→↑←↑↑

• Wie kann sie noch gehen? Schreibe mit Pfeilen. (Beispiele)

↑↑↑→ , ↑↑→→↑←

• Welche Wege sind am kürzesten?
Wie viele gibt es? Schreibe alle auf.

Es gibt 4 Wege mit je 4 Wegstücken.

→↑↑↑ , ↑→↑↑ , ↑↑→↑ , ↑↑↑→

• 5 Das Taxi fährt immer 3 Wegstücke. Das Taxi fährt keine Umwege.
Wo kann es hinkommen? Zeichne die Ziele rot ein. Was fällt dir auf?

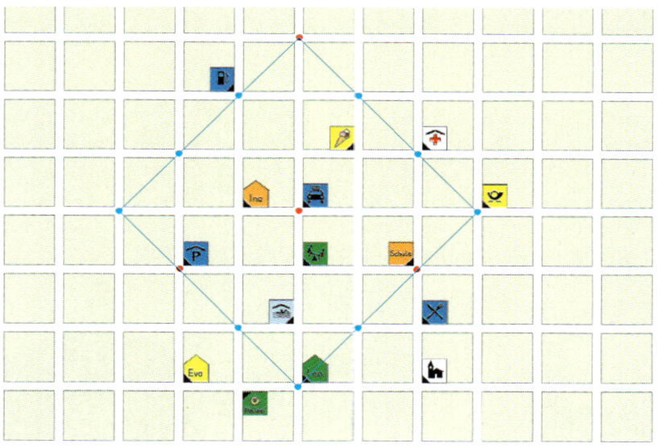

4 Rätsel lösen. Weitere Wege zu Ina finden.
Alle möglichen kürzesten Wege finden:
→↑↑↑
↑→↑↑
↑↑→↑
↑↑↑→
Erklären, warum das alle kürzesten Wege sind.
Potenzial zur Sprachförderung nutzen.

5 Alle 12 Zielpunkte finden.
Feststellen, dass die Zielpunkte auf den Seiten eines Quadrates liegen.

Kinder sollen vermuten, welcher Weg von Inas Haus beschrieben wurde. *Zwei Pfeile nach rechts* bedeuten, dass Ina zwei Wegstücke in Richtung Post geht, der *Pfeil nach unten*, dass sie an der Kreuzung rechts abbiegt und der *Pfeil nach links*, dass sie nun in Richtung Spielplatz geht.

Nach dieser Einführung beschreiben die Kinder, was die Pfeile in Aufgabe 2 bedeuten. Danach zeichnen sie einen Weg von Leo zur Schule im Plan ein und kodieren ihn mit Pfeilen.
In Aufgabe 3 sollen weitere Wege von Ina und Leo zur Schule gefunden werden. Darunter können auch Umwege sein. Die Wege können in die KV 82 *Eckenhausen* gezeichnet werden.
Zur Ergebnispräsentation übertragen die Kinder einige Wege auf vergrößerte Kopien der KV 82 *Eckenhausen* sowie die dazugehörigen Pfeildarstellungen auf Karten und legen sie ungeordnet in die Mitte des Sitzkreises. Gemeinsam wird geklärt, welche Stadtpläne zu welchen Pfeildarstellungen gehören. Dabei sollen die Kinder immer wieder erläutern, welche Bedeutung die jeweiligen Pfeile für den jeweiligen Weg haben. Es kann herausgearbeitet werden, bei welchen Wegen keine Umwege gegangen werden. Wichtig: Es gibt mehrere kürzeste Wege!

4 *Vertiefung Wege finden*
Eine Pfeildarstellung wird in die Mitte des Sitzkreises gelegt, z. B. →↓↓. Die Kinder müssen herausfinden und begründen, dass Ina zum Schwimmbad geht. Der Weg sollte erneut mit der Spielfigur am Plan gezeigt werden. Weitere solche „Rätsel“ können ggf. auch schon von den Kindern gestellt werden.
Anschließend bearbeiten die Kinder Aufgabe 4 im Buch. Im dritten Teil der Aufgabe sollen nur noch die kürzesten Wege in den Blick genommen werden. Die Kinder sollen diese möglichst systematisch finden. Schnelle Kinder finden auch zu anderen Wegen alle möglichen kürzesten Wege (z. B. Eva zum Spielplatz). Die gefundenen kürzesten Wege werden an der Tafel gesammelt und so geordnet, dass man einsehen kann, dass alle kürzesten Wege gefunden wurden.

5 *Erkunden: Zielpunkte bestimmen*
Es werden alle möglichen Wege mit genau drei Wegstücken im Plan eingezeichnet (KV 82 *Eckenhausen* nutzen). Insgesamt können 12 Zielpunkte erreicht werden. Sie liegen auf den Seiten eines auf der Ecke stehenden Quadrates. Einzelne Kinder können anschließend überlegen, welche Zielpunkte das Taxi noch 4 bzw. 5 Wegstücken ohne Umwege erreichen kann.

DIAGNOSTISCHES POTENZIAL

Wie orientieren sich die Kinder auf dem Plan von Eckenhausen? Wie beschreiben sie Wege mit Worten und Pfeilen? Können sie systematisch alle kürzesten Wege finden?

MÖGLICHKEITEN ZUR UNTERSTÜTZUNG

Die Kinder können ihre Wege in den Plänen skizzieren. Sie versuchen nur für einzelne, ausgewählte Wege eine Pfeildarstellung zu finden.

→ Arbeitsheft, Seite 80

130/131 Rechengeschichten

1 Dargestellte Situation beschreiben.
Frage und Antworten der abgebildeten Kinder diskutieren.
Begründen, inwiefern die Rechnungen zum Bild passen.

2 Vorgegebene Plusaufgaben begründet passenden Bildern zuordnen:
4 + 4: Urkunden auf dem Tisch
6 + 1: Wimpel an der Leine
14 − 1: Medaillen
4 · 2: Wimpel zum Ausschneiden
Eigene Aufgaben zu den Bildern finden.
Potenzial zum selbstgesteuerten Üben nutzen.

○ **1** Erzähle und rechne.

Wie viele Flaschen stehen neben dem Feld?	Wie viele Tore wurden insgesamt geschossen?	Gibt es für jedes Kind einen Ball?	Wie viele Tore braucht die blaue Mannschaft zum Ausgleich?
6 Flaschen stehen neben dem Feld.	Insgesamt werden 9 Tore geschossen.	Ja.	Das blaue Team braucht noch 2 Tore.

○ **2** Ordne die Aufgaben den Bildern zu. Erzähle.

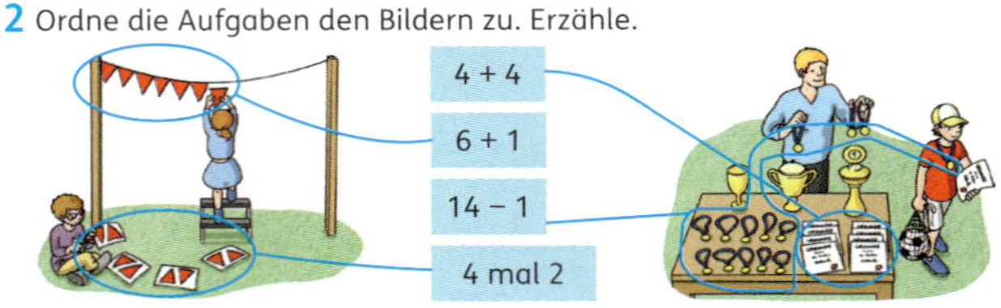

Finde weitere Aufgaben. (verschiedene Lösungen)

WORUM GEHT ES?

Diese Doppelseite beinhaltet verschiedene Varianten von Sachaufgaben.

Aufgabe 1: Zu einem Bild Fragen beantworten, verschiedene Rechenwege sind möglich.

Aufgabe 2: (Einfache) Mathematisierungsbeispiele (Modellierung):

1. Die Kinder müssen eine durch ein Bild beschriebene reale Situation in einem Modell (hier: Rechenaufgabe) erfassen.
2. Sie müssen aus dem Modell eine Folgerung ziehen (hier: Aufgabe lösen).
3. Sie müssen die Folgerung, d. h. das Ergebnis der Rechnung für die reale Situation interpretieren (hier: Zahl deuten).

Aufgabe 3: Fragen zu Textaufgaben stellen (mehrere Fragen sind jeweils möglich), Aufgabe lösen und Frage beantworten.

Aufgaben 4 und 5: Rechengeschichten zu einer Aufgabe deuten und Rechengeschichten erfinden.

Bei der Lösung von Sachaufgaben sollten immer vier Phasen beachtet werden:

1. Verstehen der Aufgabe: Situation veranschaulichen, Aufgabentext gemeinsam lesen, unbekannte Wörter besprechen, relevante Informationen einkreisen.
2. Überlegung: Konkrete Bearbeitungshilfen (etwa Material wie Plättchen oder Rechengeld) suchen, grafische Bearbeitungshilfen wie Skizzen und Zeichnungen verwenden, um die mathematische Struktur der Aufgabe zu erkennen.
3. Lösung: Aufgabe lösen, etwa durch eine Rechnung.
4. Kontrolle und Antwort: Lösung der Aufgabe in Bezug auf Ausgangsfrage deuten und prüfen.

WIE KANN MAN VORGEHEN?

1 *Fragen zu Bild beantworten*

Zuerst wird die auf der Illustration dargestellte Situation besprochen. Die Kinder erläutern, was dort geschieht und was die Punktetafel zu bedeuten hat. Sie können auch eigene Erfahrungen in Bezug auf ein Fußballspiel einfließen lassen.

Die Aufgabe in den Sprechblasen wird gemeinsam erarbeitet. Dabei ist es wichtig, dass die Kinder beschreiben, auf welche Situationen sich die Aufgaben 3 + 2 = 5 (3 Kinder spielen in der blauen Mannschaft und 2 in der roten) und 6 − 1 = 5 (6 Kinder sind zu sehen, aber 1 Kind befindet sich außerhalb des Fußballfeldes) beziehen. Anschließend werden die weiteren Fragen gelesen und beantwortet. Zum Schluss können sich die Kinder zusätzliche Fragen zu der Illustration überlegen.

2 *Aufgaben Situationen zuordnen*

In Partnerarbeit ordnen die Kinder die Aufgaben den Bildern zu und formulieren eine passende Sachaufgabe. Danach finden die Kinder weitere Aufgaben zu den Bildern.

Im Plenum erläutern die Kinder ihre Ergebnisse. Anschließend nennen sie ihre selbst gefundenen Aufgaben und lassen diese von anderen Kindern lösen. Es ist wichtig, dass die Lernenden die Ergebnisse hinsichtlich der abgebildeten Situation deuten.

3 *Fragen zu Textaufgaben stellen und lösen*

Die Kinder bearbeiten diese Aufgabe am besten in Kleingruppen. Dadurch wird gewährleistet, dass auch die Kinder, die noch nicht sinnentnehmend lesen können, den Aufgabentext erfassen. Reihum liest ein Kind einer Gruppe eine Aufgabe vor. Gemeinsam werden erst passende Fragen formuliert und auf Karten notiert. Dann wählt jedes Kind eine Frage und bearbeitet diese. Die Lö-

3 Finde eine passende Frage und beantworte sie.

Auf dem Fußballfeld liegen 20 Bälle. Leo sammelt 5 Bälle ein. Till sammelt doppelt so viele ein.	Eine Limonade kostet 2 €. Anton hat 10 €. Er kauft 3 Flaschen.	Es gibt 3 Fußballfelder. Auf jedem Fußballfeld gibt es 2 Tore und 4 Eckfahnen.
Wie viele Bälle sind noch auf dem Feld? → 5	Wie viel Geld bekommt er zurück? → 4 €	Wie viele Eckfahnen gibt es insgesamt? → 12

(Beispiele)

4 Rechengeschichten erfinden.

12 – 4 = 8

1 Kasten Wasser. 4 Flaschen sind leer. – Mila

Beim Spiel sind 12 Tore gefallen. Die blaue Mannschaft hat 4 Tore geschossen. – Eric

Das Fest dauert 4 Stunden. Es endet um 12 Uhr. – Max

Anne ist 12 Jahre alt. Tom ist 4 Jahre jünger. – Finn

Tim hatte 12 €. 4 € hat er für Kuchen bezahlt. – Kim

• Finde Rechengeschichten zu 12 – 4. (verschiedene Lösungen)

5 Findet Rechengeschichten. (verschiedene Lösungen)

10 + 4 | 8 + 8 | 14 – 4 | 8 – 8 | 4 + 4 + 4 | 5 + 2 + 2

3 Texte lesen, Fragen dazu entwickeln und beantworten. Beispielfragen zur ersten Aufgabe: Wie viele Bälle hat Till eingesammelt? Wie viele Bälle liegen anschließend noch auf dem Feld?
Die Lösungen ggf. auch mit Plättchen, einer Zeichnung oder Rechengeld finden.

4 Texte lesen. Begründen, warum diese zu der Rechnung 12 – 4 passen. Dabei auf die Bedeutung der Zahlen 12 und 4 und das Minuszeichens eingehen.
Beispiele: Mila hat einen Kasten gezeichnet, in dem 12 Flaschen Platz haben. 4 Flaschen sind schon leer. Sie müssen weggenommen werden, wenn man wissen will, wie viele noch voll sind.
Bei der Aufgabe von Max endet das Fest um 12 Uhr. 4 Stunden muss man zurückrechnen, wenn man wissen will, wann es begonnen hat.
Eigene Rechengeschichten zur Aufgabe finden.

5 Gruppen- bzw. Partnerarbeit: Aufgaben auswählen, dazu Rechengeschichten finden und auf Karten notieren.

sungen können bei Bedarf mit Plättchen, einer Zeichnung oder Rechengeld gelegt und gelöst werden. Anschließend werden in der Gruppe die verschiedenen Lösungswege verglichen und besprochen.

4 *Rechengeschichten deuten*
Bevor die Kinder in Gruppen an der Aufgabe arbeiten, wird die Aufgabenstellung mit ihnen besprochen: Sie müssen bei jeder der fünf Lösungen begründen, warum die Aufgabe zur Rechnung 12 – 4 = 8 passt. Dabei muss die Bedeutung der Zahlen 12 und 4 und die Berechtigung der Subtraktion geklärt werden.
Die Kinder können sich anschließend noch weitere Rechengeschichten zu 12 – 4 überlegen.

5 *Rechengeschichten erfinden*
Die in Gruppen- oder Partnerarbeit gefundenen Sachaufgaben werden eine große Spannweite aufweisen. Die Kinder können sich an ihnen bekannten Sachaufgaben orientieren.
Zur Würdigung der Ergebnisse bietet es sich an, dass die Kinder ihre Sachaufgaben auf Karten schreiben und diese auf Plakaten, die jeweils für einen bestimmten Term stehen, sammeln.

DIAGNOSTISCHES POTENZIAL

Können die Kinder zu einer Frage eine passende Rechnung finden und das Ergebnis anschließend auf den Kontext beziehen? Welchen Bezug stellen sie zwischen einer Rechenaufgabe und einer bildlich dargestellten realen Situation her? Können die Kinder zu einem Sachkontext eine passende Frage formulieren und beantworten? Wie viel Sachkenntnis lassen sie in selbst erfundene Aufgaben einfließen?

MÖGLICHKEITEN ZUR UNTERSTÜTZUNG

2 Aufgaben markieren, die zu einem der beiden Bilder gehören, damit das Kind sich auf eine Illustration konzentriert.

3 Fragen zur ersten Rechengeschichte vorgeben und so Anhaltspunkte für weitere Formulierungen geben. Angefangene Lösungsskizzen bereitstellen, die von den Kindern vervollständigt werden müssen.

5 Auswahl auf eine oder zwei Aufgaben begrenzen.

FORTSETZUNG

Auf Blanko-Karten wird auf der Vorderseite eine Aufgabe geschrieben oder als Bild gezeichnet und auf der Rückseite die Lösung notiert. Diese Karte kann in (Frei-)arbeitsphasen genutzt und ergänzt werden.

→ Arbeitsheft, Seite 81 → Probieren und Kombinieren, Seiten 30 – 32

132/133 Tageszeiten

Einstieg Besonderheit der Analoguhr als Darstellungsmittel für Zeitpunkte im Tagesablauf klären.
Über Zeiten im Tagesablauf sprechen: morgens, mittags, nachmittags, abends, nachts.
Doppelte Kennzeichnung der Nachmittagsstunden: „3 Uhr nachmittags ist auch 15 Uhr".
Potenzial zur Sprachförderung nutzen.

1 Lenas Tagesablauf mit den entsprechenden Uhrzeiten verknüpfen.
Dabei Uhrzeiten ablesen bzw. an Analoguhr eintragen.

Wichtige Wörter
Minuten, Stunden, Minutenzeiger, Stundenzeiger, Tageszeit,
nachts, morgens, vormittags, mittags, nachmittags, abends

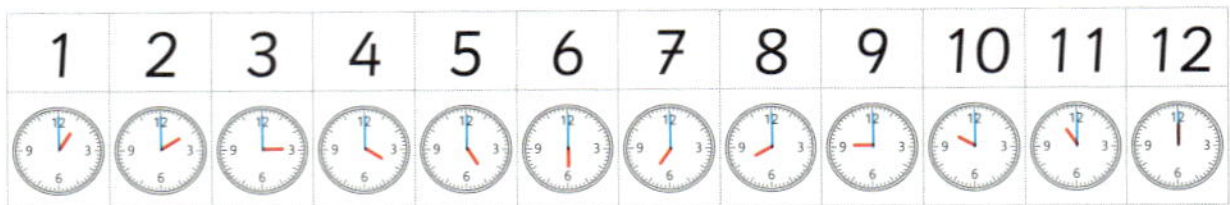

1 So sieht Lenas Tag aus. Erzähle.

6 Uhr

8 Uhr

10 Uhr

13 Uhr

WAS WIRD BENÖTIGT?

Arbeitsmaterial: Lernuhren (LF 19 *Lernuhr*, bevorzugt einfache Analoguhren), KV 83 *Mein Tageslauf*
Demonstrationsmaterial: große analoge Uhr als Lernuhr (möglichst eine echte), ggf. selbstgebastelte Digitaluhr

WORUM GEHT ES?

Die Größe Zeitspannen ist für viele Kinder ein schwierig zugängliches Thema. Die Erfahrungen im Umgang mit Zeitangaben in Form von Zeitpunkten (als Uhrzeit, z. B. 13.45 Uhr) und Zeitspannen (z. B. als verstrichene Zeit, 45 Minuten) sind sehr different. Dennoch hat dieses Thema eine hohe Alltagsrelevanz für die Kinder.
Größenvorstellungen zur Zeit erwirbt man sinnstiftend nur im vielfältigen Umgang mit der Zeit. Daher sollten Zeitpunkte und Zeitspannen immer wieder Thema des täglichen Unterrichts sein. Es ist empfehlenswert, von Beginn an im Klassenraum eine Analoguhr und evtl. auch eine Digitaluhr aufzuhängen, um tägliche Anlässe zu nutzen, Uhrzeiten abzulesen sowie mit Zeitspannen umzugehen. Beispiele:

- Feste Pausenzeiten: Das Frühstück beginnt immer um 9.40 Uhr.
- Zeitliche Vereinbarungen, etwa zum Bearbeiten eines Lernauftrages (Ihr habt 15 Minuten Zeit an euren Aufgaben zu arbeiten. Wie viel Uhr ist es dann?) oder als Zeitpunkt eines Stuhlkreises (Wir treffen uns um 9.15 Uhr zur Präsentation. Wie lange könnt ihr arbeiten?).

Der Größenbereich Zeitspannen umfasst mehrere zentrale Erkenntnisse, die die Kinder über die Schuljahre hinweg erlernen müssen.

1. Es gibt ungewöhnliche Bündelungseinheiten: Eine Stunde hat 60 Minuten, ein Tag 24 Stunden ...
2. Die Analoguhr ist ein sehr komplexes Darstellungsmittel für Uhrzeiten. Der Minutenzeiger umrundet das Ziffernblatt 24 Mal am Tag, der Stundenzeiger nur zweimal. Allerdings wandern sie nicht unabhängig voneinander. Eine gebastelte Lernuhr zeigt dies nicht, deshalb wird empfohlen, zur Demonstration mit einer richtigen Uhr zu arbeiten.
3. Zeitspannen sind schwierig zu schätzen: Zehn Minuten können beim Warten unheimlich lang wirken, bei einem spannenden Spiel aber wie im Fluge vergehen.

Die Seiten zu Zeitpunkten und Zeitspannen eignen sich für eine erste Annäherung an diese komplexe Thematik, die in den folgenden Schuljahren systematisch vertieft wird. Zuerst werden Zeitpunkte im Tagesverlauf behandelt, dabei werden volle Stunden an der Analoguhr abgelesen und eingetragen.

WIE KANN MAN VORGEHEN?

Einstieg *Erfahrungen zu Tageszeiten aufgreifen*
Zum Einstieg bringen Lehrkraft und Kinder Uhren mit in den Sitzkreis. Die Kinder werden aufgefordert, Uhrzeiten einzustellen und über typische Tätigkeiten zu den bestimmten Tageszeiten zu berichten: Welche Uhrzeiten kennt ihr schon? Was sind wichtige Uhrzeiten für euch? Wann steht ihr morgens auf? Wann beginnt die Schule? Wann ist Pause? Wann esst ihr zu Mittag? Um wie viel Uhr beginnt das Training (o. Ä.)?
Möglicherweise können einzelne Kinder solche Uhrzeiten bereits an der Lernuhr einstellen, ansonsten demonstriert die Lehrkraft das Einstellen der vollen Stunden. Die Kinder oder die Lehrkraft erklären, wie man aus dem Stand der beiden Zeiger die Uhrzeit

											0
13	14	15	16	17	18	19	20	21	22	23	24

15 Uhr

18 Uhr

19 Uhr

20 Uhr

2 Wie sieht dein Tag aus?

2 Der eigene Tagesablauf wird unterschiedlich detailliert in die KV 83 *Mein Tageslauf* eingetragen.
Uhrzeiten an der Lernuhr einstellen.
Je nach Erfahrung können Kinder volle Stunden oder auch andere Zeiten wie etwa 16.30 Uhr einstellen.
Potenzial für selbstgesteuertes Üben nutzen.
Eigene Tagesabläufe werden gegenseitig vorgestellt.

ablesen kann. Wird eine neue Uhrzeit eingestellt, sollen die Kinder die Abhängigkeiten der beiden Zeiger betrachten: Bewegt sich der Minutenzeiger, bewegt sich auch der Stundenzeiger mit. Schließlich sollen die vollen Stunden im Tagesablauf in Bezug auf den Sonnenstand verankert werden: Je nach Jahreszeit geht die Sonne zwischen 4 und 7 Uhr auf, mittags um 12 Uhr steht sie am höchsten, zwischen 17 Uhr und 21 Uhr geht sie wieder unter. Unter dem Einstiegsbild zum Tagesverlauf stehen passend die vollen Stunden. Im Gespräch sollen auch Tageszeiten wie morgens und mittags genutzt werden und die vollen Stunden darauf bezogen werden. Außerdem muss besprochen werden, dass für Nachmittagsstunden zwei Bezeichnungen möglich sind. So können etwa 4 Uhr und 16 Uhr denselben Zeitpunkt bezeichnen, aber nur 16 Uhr bezieht sich eindeutig auf den Nachmittag.

1 *Lenas Tagesablauf beschreiben*
Gemeinsam wird geklärt, dass zu jedem Bild die Uhrzeiten notiert bzw. die Zeiger passend eingezeichnet werden. Die Kinder sollen alle Uhrzeiten auch an ihrer Lernuhr einstellen.

2 *Eigenen Tagesablauf notieren*
Unter Einbezug der KV 83 *Mein Tageslauf* malen und schreiben die Kinder ihren Tagesablauf auf. Kinder mit mehr Erfahrungen können hier nicht nur volle Stunden eintragen – auch Uhrzeiten wie z. B. 16.30 Uhr sind erlaubt. Unsichere Kinder können sich an Lenas Tagesablauf orientieren und notieren nur wenige zentrale Zeitpunkte.
Abschließend lesen die Kinder ihre Tagesabläufe oder auch nur besondere Zeitpunkte im Sitzkreis vor. Die anderen Kinder stellen begleitend dazu die entsprechenden Uhrzeiten an ihrer Lernuhr ein. Ergänzend kann die Lehrkraft fragen, um wie viel Uhr dieses Kind z. B. zum Turnen geht. Alle Kinder stellen dann diese Uhrzeit an ihren Lernuhren ein und vergleichen die Einstellungen. Alternativ können die Kinder auch vor der Präsentationsphase aufgefordert werden, eine für sie typische Tätigkeit auf ein Blatt zu malen und dieses Blatt Uhrzeiten, die an eine Tafel gezeichnet wurden, zuzuordnen.

DIAGNOSTISCHES POTENZIAL

Welche Erfahrungen bringen die Kinder zum Thema Zeit mit? Können sie volle Stunden an der Analoguhr ablesen? Können sie volle Stunden an der Lernuhr einstellen und in das Schulbuch übertragen? Können sie die zweite Tageshälfte mit Zeitangaben zwischen 13 Uhr und 24 Uhr beschreiben?

MÖGLICHKEITEN ZUR UNTERSTÜTZUNG

Bei Unsicherheiten müssen die Kinder zunächst viel mit der Lernuhr arbeiten und Uhrzeiten einstellen bzw. eingestellte Uhrzeiten ablesen. Das Zuordnungsmemory (KV 84 *Uhrzeiten – Paarspiel* mit 12 Kartenpaaren: volle Stunden einer Analoguhr gehören zu entsprechenden Uhrzeiten) kann solche Zuordnungen spielerisch vertiefen.

FORTSETZUNG

Bilderbuch von Eric Carle: Der kleine Käfer Immerfrech

→ Arbeitsheft, Seite 82

134/135 Stunden und Minuten

Einstieg, 1 Zeitspannen Minute und Stunde kennen lernen.
Stunden-, Minuten- und Sekundenzeiger der Analoguhr betrachten.
Vorstellungen zu einer Minute aufbauen: Beispiele sammeln, was die Kinder in einer Minute schaffen können bzw. welche Aktivitäten ungefähr eine Minute dauern.

2 Vorstellung zu einer Stunde aufbauen: Beispiele sammeln, was die Kinder in einer Stunde schaffen können bzw. welche Aktivitäten ungefähr eine Stunde dauern.

3 Zu einem Zeitpunkt zwei unterschiedliche Uhrzeiten notieren.
Zeitpunkte an der Analoguhr ablesen.

Wichtige Wörter
Stunde, Minute, Sekunde, Stundenzeiger, Minutenzeiger, Sekundenzeiger

Beobachte genau die Zeiger der Uhr. Beschreibe.

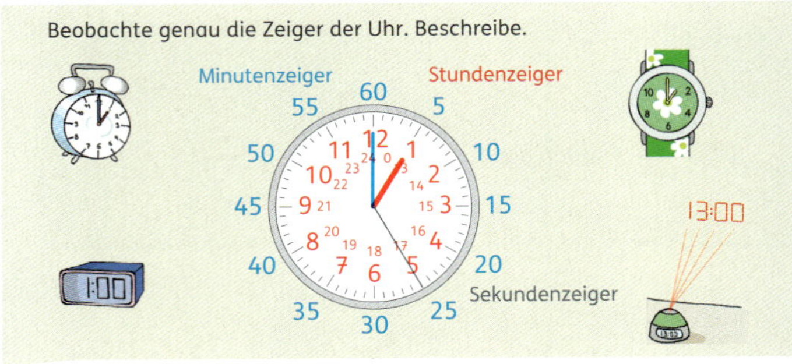

1 Stunde hat 60 Minuten. 1 Minute hat 60 Sekunden.

1 Versuche für genau eine Minute die Augen zu schließen.

2 Was kannst du in einer Stunde alles machen? (verschiedene Lösungen)

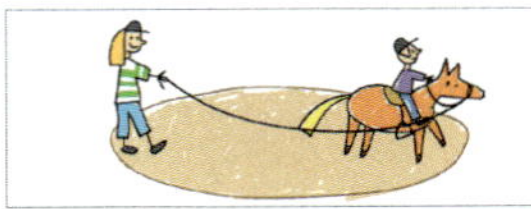

3 Wie spät ist es?

5 Uhr
17 Uhr

10 Uhr
22 Uhr

3 Uhr
15 Uhr

1 Uhr
13 Uhr

WAS WIRD BENÖTIGT?

Arbeitsmaterial: Lernuhren (LF 19 *Lernuhr*, bevorzugt einfache Analoguhren), KV 85 *Zeitspannen*, KV 86 *So lange dauert es*.
Demonstrationsmaterial: große analoge Uhr als Lernuhr (möglichst eine echte), ggf. selbstgebastelte Digitaluhr, Stoppuhren

WORUM GEHT ES?

Die Kinder sollen einerseits ihre Fähigkeiten im Ablesen und Einstellen von Zeitpunkten vertiefen. Digitale Uhren können dabei ergänzend zum Einsatz kommen. Andererseits sollen sie sich nun mit Zeitspannen beschäftigen und Stützpunktvorstellungen für die Zeitspannen Sekunde, Minute und Stunde entwickeln. Sie sollen also grob abschätzen lernen, was man in dieser Zeit „schaffen" kann. Dabei ist es nicht wichtig, ob die Kinder schon bis 60 zählen können, denn sie können alternativ sechsmal bis zehn zählen. Vielmehr geht es darum, ein Gefühl für diese Zeitspannen zu bekommen anhand der Leitfrage, was man in dieser Zeit schaffen kann.

WIE KANN MAN VORGEHEN?

Einstieg, 1 *Zeitspannen Stunde und Minute einführen, Stützpunktvorstellungen entwickeln*
Die Kinder werden im Sitzkreis aufgefordert, für eine Minute ihre Augen zu schließen. Ergänzend dazu können sich die Kinder hinstellen und setzen, sobald sie ihre Augen öffnen. Es bietet sich an, das Startzeichen zu geben, wenn der Sekundenzeiger einer großen Uhr auf 12 steht (alternativ kann man einen Timer auf 60 Sekunden einstellen), sodass die Kinder beim Öffnen der Augen erkennen können, wie gut sie geschätzt haben. Das Augenschließen hat den Vorteil, dass sich die Kinder der einen Minute individuell bewusst werden. Sie sollen nicht schauen, wann sich die anderen Kinder hinsetzen, sondern die Zeitspanne von einer Minute selbst erleben. Anschließend kann darüber gesprochen werden, nach welcher Strategie die Kinder die Zeitdauer geschätzt haben: Haben sie innerlich bis 60 gezählt (was sicherlich noch nicht alle Kinder können)? Warum genau bis 60? Warum genau sechsmal bis zehn? Haben sie einfach ein bisschen gewartet?
Die Zeitspanne von einer Minute wird anschließend an einer Analoguhr mit Sekundenzeiger veranschaulicht. Der Minutenzeiger geht einen Strich weiter, während der Sekundenzeiger einmal außen herum geht. Der Merksatz „Eine Minute hat 60 Sekunden" wird an der Tafel notiert.
Um ihre Stützpunktvorstellungen zu einer Minute zu vertiefen, sollen die Kinder vielfältige Erfahrungen zu dieser Zeitspanne sammeln. Sie können verschiedene Aktivitäten ausprobieren, z. B. versuchen eine Minute auf einem Bein zu stehen; herausfinden, wie weit sie in einer Minute (im Kopf) zählen oder das Alphabet (leise) aufsagen können; probieren, ob sie sich in einer Minute für die Pause anziehen können, wie oft sie Seil hüpfen oder einen Ball hochwerfen können, wie viele Wörter sie lesen oder Aufgaben rechnen können. Dazu erhalten die Kinder in Partnerarbeit eine Stoppuhr, erproben einzelne Aktivitäten, malen diese auf und notieren die entsprechenden Anzahlen, beispielsweise in einem individuellen Zeitbuch mit dem Titel „Das kann ich alles in einer Minute schaffen" oder auf der KV 83 *Zeitspannen*.

2 *Stützpunktvorstellungen zu einer Stunde entwickeln*
Die Kinder werden zunächst im Plenum gefragt, was sie in einer Stunde schaffen können oder was in ihrem Tagesablauf ungefähr

4 Wie lange dauert es?

Beginn — Ende

9 Uhr | 2 Stunden | 11 Uhr

13 Uhr | 4 Stunden | 17 Uhr

16 Uhr | 2 Stunden | 18 Uhr

13 Uhr | 1 Stunde | 14 Uhr

20 Uhr | 10 Stunden | 6 Uhr

(Beispiel)

5 Finde Aufgaben zu Uhrzeiten.

(verschiedene Lösungen)

4, 5 Zeitspannen zwischen zwei Zeitpunkten bestimmen. Dabei Startzeitpunkt an der Analoguhr einstellen und beobachten, wie viele Stunden bis zum Endzeitpunkt vergangen sind.
Eine eigene Aufgabe erfinden. Eigene Zeitpunkte und Zeitspannen wählen.
Potenzial zum selbstgesteuerten Üben nutzen.

eine Stunde dauert. Schließlich wird die Zeitspanne eine Stunde an der Analoguhr durch Drehen der Zeiger visualisiert und der Merksatz „Eine Stunde hat 60 Minuten" an die Tafel geschrieben. Kinder sammeln Beispiele, was sie in einer Stunde alles machen können. Vermutlich werden hierbei vorwiegend Freizeitaktivitäten aufgeführt. In Kleingruppen können Plakate erstellt werden, was sie in einer Stunde schaffen.
Abschließend präsentieren die Kinder ihre Ergebnisse, die dann an der Tafel gesammelt werden, so dass die Kinder eine Stützpunktvorstellung zur Zeitspanne von einer Stunde aufbauen können.

3 *Zeitpunkte ablesen*
Die Kinder notieren wiederholend die zwei unterschiedlichen Zeitpunkte zu einer an der Analoguhr dargestellten Uhrzeit. Unsichere Kinder versuchen zumindest eine Uhrzeit zu finden.

4, 5 *Zeitdauern bestimmen*
Das erste Beispiel aus Aufgabe 4 wird an der Tafel skizziert: links und rechts jeweils die Uhrzeiten (9 Uhr und 11 Uhr), dazwischen eine Skizze von Kindern, die Fahrrad fahren. Gemeinsam wird die Zeitdauer bestimmt.
Nach der Einführung arbeiten die Kinder im Buch weiter: Sie bestimmen die Zeitpunkte zwischen zwei Zeitspannen, indem sie die entsprechenden Zeitpunkte an einer Analoguhr einstellen und beobachten, wie die Zeiger an der Uhr weiterwandern. Zudem erfinden sie eigene Aufgaben. Dazu können sie die KV 86 *So lange dauert es.* verwenden. Dabei dürfen auch Viertelstunden oder halbe Stunden benutzt werden – je nachdem, welche Zeitpunkte und Zeitspannen die Kinder bereits kennen.

DIAGNOSTISCHES POTENZIAL

Können die Kinder zu einem Zeitpunkt an der Analoguhr zwei verschiedene Uhrzeiten im Tagesverlauf nennen? Wie genau schätzen sie Zeitspannen von einer Minute oder einer Stunde? Wie schätzen sie diese ab? Welche weiteren Zeitspannen aus ihrem Alltag kennen die Kinder? Können sie Zeitspannen zwischen zwei Zeitpunkten bestimmen? Können sie eigene Aufgaben mit Zeitpunkten und Zeitspannen erfinden?

MÖGLICHKEITEN ZUR UNTERSTÜTZUNG

Für viele Kinder ist es einsichtiger, wenn sie mit für sie bedeutsamen Zeitpunkten und Zeitspannen arbeiten. Von daher kann es hilfreich sein, die Aufgaben immer konkret auf die individuellen Tagesabläufe der Kinder zu beziehen.

FORTSETZUNG

Die Kinder erstellen ein „Zeitbuch" zu Aktivitäten in ihrem Tagesablauf, von denen sie die Zeitdauer kennen, etwa: Wie lang putzt du täglich deine Zähne? Wie lang brauchst du für den Schulweg? Wie lang dauert eine Schulstunde? Im Buch notieren oder malen die Kinder ihnen bekannte Zeitspannen bzw. Zeitspannen, die für sie bedeutsam sind. Dazu können Anregungen gegeben werden, bewusster über Zeitspannen nachzudenken: Finde heraus, wie lang du für deinen Schulweg brauchst. Wie lang brauchst du für deine Hausaufgaben? Das Zeitbuch kann die Kinder über mehrere Monate begleiten und fortlaufend gefüllt werden.
Es können Beispiele für Zeitspannen im Tageslauf der Kinder auf einem großen Plakat gesammelt werden.

→ Arbeitsheft, Seite 83

136/137 Alle Münzen

Einstieg Münzen einführen.
Wechseln von Münzen besprechen.

1, 2 Geldbeträge durch systematisches Probieren unterschiedlich legen.

3 Zusammenstellungen von zwei Cent-Münzen systematisch finden.
Potenzial zur Sprachförderung nutzen.

Wichtige Wörter
Euro, Cent, wechseln

1 Immer 10 Cent. Lege und zeichne. (Beispiele)

	Wie viele Münzen?
1 1 1 1 1 1 1 1 1 1	10
5 2 2 1	4
2 2 2 2 2	5
5 1 1 1 1 1	6
5 5	2
10	1

2 Immer 20 Cent. Lege und zeichne. (Beispiele)

	Wie viele Münzen?
20	1
10 5 5	3
10 2 2 2 2 2	6
10 5 2 2 1	5

3 Ich habe 2 Centmünzen. Wie viel Geld könnte es sein?
(verschiedene Lösungen)

WAS WIRD BENÖTIGT?

Arbeits- und Demonstrationsmaterial: Rechengeld (Münzen)

WORUM GEHT ES?

Nicht alle Kinder verfügen über reichhaltige Erfahrungen mit kleinen Münzen. Daher muss dieses Thema im Unterricht gründlich behandelt werden. Auf den Seiten 54/55 haben die Kinder die Euro-Münzen und Scheine kennengelernt und mit Geldbeträgen bis zu 20 Euro gearbeitet. Auf dieser Doppelseite kommen die Cent-Münzen hinzu. Auf der linken Seite werden Centbeträge bis 20 Cent unterschiedlich gelegt, auf der rechten Seite der Zusammenhang zwischen einem Euro und 100 Cent hergestellt.
Die Darstellung von Geldbeträgen durch Münzen regt zu kombinatorischen Aufgaben an. Interessant ist dabei die Frage, mit welchen Anzahlen von Münzen man einen bestimmten Betrag legen kann. Man kann sich überlegen, dass bei allen Beträgen von 1 Cent bis 100 Cent jede Anzahl zwischen der Minimalzahl und der Maximalzahl von Münzen möglich ist, mit Ausnahme von 5 Cent und 10 Cent. Bei 5 Cent gibt es keine Darstellung mit zwei Münzen, bei 10 Cent gibt es keine Darstellung mit drei Münzen (vgl. G. N. Müller und E. Ch. Wittmann: Der Mathematikunterricht in der Primarstufe. Braunschweig/Wiesbaden, Vieweg 1984, S. 76–78).
Um einen bestimmten Betrag mit einer vorgegebenen Anzahl von Münzen zu legen, ist ein systematisch probierendes Vorgehen empfehlenswert: Man startet mit einer beliebigen Anzahl von Münzen und wechselt. Beispiel: Mit neun Münzen sollen 20 Cent gelegt werden.

	Sieben Münzen zu wenig. Aus 10 mache fünf Münzen.
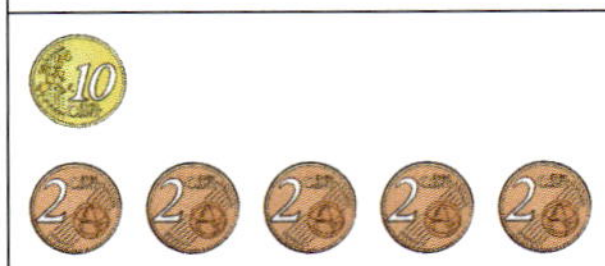	Drei Münzen zu wenig. Aus 10 mache vier Münzen.
	Nun sind es neun Münzen!

Häufig gibt es mehrere Lösungen: 20 Cent kann man z.B. mit neun Münzen auch so legen:

Der Ausblick in den Hunderterraum auf der rechten Seite ergibt sich materialbedingt und trägt zur Umwelterschließung bei. Wichtig ist dabei, dass die Kinder zweistellige Centbeträge als Anzahlen von Münzen interpretieren: z.B. 30 Cent sind drei 10-Cent-Münzen. So können die Kinder an die Rechenkompetenzen im Zahlenraum bis 20 anschließen: Man kann mit glatten Zehnern genauso rechnen wie mit Einern.

WIE KANN MAN VORGEHEN?

Einstieg, 1, 2 *Cent-Münzen einführen, Beträge unterschiedlich legen*
Im Sitzkreis betrachten die Kinder Euro- und Cent-Münzen im Hin-

1 Euro hat 100 Cent.

4 Wie viele Münzen von jeder Sorte sind es?

50 70 60 50 60 50 25 17

5 Immer 1 Euro. Lege und zeichne. (Beispiele)

(1)
(50) (10) (10) (10) (10) (10)
(50) (50)
(50) (20) (10) (10) (5) (2) (2) (1)
(50) (20) (20) (10)
(50) (20) (10) (5) (5) (5) (5)

6 Mila kauft: Sie gibt: Eric kauft: Er gibt:

Wie viel Cent bekommt sie zurück?
Sie bekommt 10 Cent zurück.

Wie viel Cent bekommt er zurück?
Er bekommt 10 Cent zurück.

7 Immer 50 Cent. Lege und zeichne.
(verschiedene Lösungen)

Einstieg Merksatz besprechen und auf den Stapel von 1-Cent-Münzen beziehen.

4 Geldbeträge systematisch ermitteln, in einen Block passen 5 Münzen.

5 Geldbetrag durch systematisches Probieren unterschiedlich legen. Die Kinder entscheiden, ob sie auch Kupfermünzen hinzuziehen.
Euro-Münzen werden mit einem Doppelkreis gezeichnet.

6 Einkaufssituation ggf. nachspielen und erweitern.

7 Geldbetrag durch systematisches Probieren unterschiedlich legen. Die Kinder entscheiden, ob sie auch Kupfermünzen hinzuziehen.

blick auf Farbe, Größe, Motive und Wert. Dann werden sie dazu aufgefordert, 5 Cent auf verschiedene Weisen zu legen. Einige Beispiele werden verglichen. Es wird festgelegt, dass Lösungen gleich sind, die sich nur in der Anordnung der Münzen unterscheiden. Zudem wird vereinbart, Münzen nach ihrem Wert zu sortieren, um gleiche Lösungen schneller identifizieren zu können. Anschließend werden die vier Lösungen nach der Münzanzahl sortiert.
Dann können die Kinder die Aufgaben mithilfe von Rechengeld probierend lösen. Es ist hilfreich, nicht jedes Mal alle Münzen neu zu legen, sondern geschickt zu wechseln.
In der Ergebnispräsentation kann die operative Struktur der Aufgabe bewusst(er) gemacht werden: Das Wechseln von einer Münze in zwei Münzen (etwa eine 10-Cent-Münze in zwei 5-Cent-Münzen) bewirkt, dass man eine Münze mehr in der Zerlegung gewinnt. Ebenso kann man durch das Wechseln einer 2-Cent-Münze in zwei 1-Cent-Münzen denselben Geldbetrag mit einer Münze mehr erzielen. Jedoch kann man durch Wechseln einer 5-Cent-Münze die Münzanzahl nicht um 1 erhöhen. Je nachdem, wie intensiv diese Probleme besprochen werden, kann durch solche Überlegungen ein Katalog an operativen Variationen der Münzanzahlen entstehen.

3 *Geldbeträge mit zwei Münzen legen*
Es gibt 10 Möglichkeiten Geldbeträge mit zwei Cent-Münzen im Zwanzigerraum zu legen.

Einstieg *Euro in Cent wechseln*
Es wird eingeführt: 1 Euro hat 100 Cent. Dies wird mit dem Bild von 100 Cent-Münzen visualisiert. Dabei werden die Zehnerzahlen in Ziffernschreibweise und als Wort festgehalten.

4 *Mit Zählbrett bündeln und zählen*
Ein Zählbrett eignet sich zum Zählen, da die Münzen jeder Sorte in Fünferpacks versetzt angeordnet sind. Die Kinder versuchen, die Anzahlen der einzelnen Sorten im Zählbrett zu ermitteln, indem sie jeweils zwei Fünferpacks zu einem Zehnerpack zusammenfassen.

5 *Erweiterung: 1 Euro unterschiedlich legen*
In dieser Aufgabe können die Kinder ihre Kenntnisse aus dem Zwanzigerraum nutzen – die Geldstücke müssen hierfür als neue Einheiten aufgefasst werden. Es ist auch möglich, Kupfermünzen einzubeziehen, wodurch sich die Anzahl der Lösungen beträchtlich steigert.

6 *Rückgeld berechnen*
Der Einkauf kann nachgespielt und die Situation beliebig ausgebaut werden.

7 *Vertiefung: 50 Cent unterschiedlich legen*
Es gibt sehr viele Lösungen, wenn man die Kupfermünzen hinzuzieht.

DIAGNOSTISCHES POTENZIAL

Welche Erfahrungen im Umgang mit Münzen haben die Kinder?
Welche Münzen nutzen sie zum Legen der Beträge?

MÖGLICHKEITEN ZUR UNTERSTÜTZUNG

Zerlegungs-Aufgaben vereinfachen durch Ausschluss der Kupfermünzen.

→ Arbeitsheft, Seite 84 → Probieren und Kombinieren, Seiten 26, 27

138/139 Zehner und Einer

Einstieg Strichlisten wiederholen, mit Kerbholz vergleichen.
Stellenwerttafel als Strichliste herausstellen, mit der Zehner und Einer gezählt werden können.

1 Zehner bündeln. Stellenwerttafel einführen, Anzahl eintragen und mit Zahlenkarten darstellen.

2 Zehnerbündel zählen und in der Stellenwerttafel und mit Zahlenkarten darstellen.

Wichtige Wörter
Zehner, Einer, Zehner bündeln

Als die Menschen noch keine Zahlen kannten, nahm ein Hirte ein Stück Holz, wenn er seine Schafe zählen wollte.
Für jedes Schaf schnitt er eine Kerbe ein.

Heute werden Zahlen verwendet.

○ **1** Wie viele Zehner, wie viele Einer?

Z Zehner	E Einer
2	6

20 / 6 / 26

Z Zehner	E Einer
3	1

30 / 1 / 31

○ **2** Wie viele Zehner, wie viele Einer?

Z	E
1	1

10 / 1 / 11

Z	E
2	0

20 / 0 / 20

Z	E
3	5

30 / 5 / 35

Z	E
2	9

20 / 9 / 29

WAS WIRD BENÖTIGT?

Arbeits- und Demonstrationsmaterial: Material in großen Mengen, etwa Büroklammern, Schrauben, Steckwürfel, Cent-Münzen, Muggelsteine, Holzstäbchen, Knöpfe, Wendeplättchen, Steine, Muscheln, u. Ä.

WORUM GEHT ES?

Diese Seite schließt direkt an die vorangegangene Seite an und vertieft den Transfer von den im Zwanzigerraum gewonnenen Kompetenzen auf die Zahlen bis 100. Den Kindern soll bewusst werden, dass die Bündelung von 10 Einern zu einem Zehner weit über den Zwanzigerraum hinaus funktioniert und dass man für den erweiterten Zahlenraum trotzdem nicht mehr als 10 Ziffern benötigt, mit denen man die Anzahl der Bündelungseinheiten angibt – hierin liegt die *Kraft der 10* begründet.
Für die Erweiterung des Zahlenraums werden auch die Darstellungen weitergeführt, die für zweistellige Zahlen zur Orientierung im Zwanzigerraum eingeführt wurden: die Zahlenkarten und die Stellenwerttafel. Die Stellenwerttafel folgt dem Prinzip der Strichliste: Man erfasst die Anzahl von Zehnerbündeln und nimmt die Einer nur dann in den Blick, wenn kein Zehnerbündel mehr gebildet werden kann.
Auch die Zahlenkarten sind gut dazu geeignet, Analogien zwischen den Zahlen im Zwanzigerraum und größeren Zahlen herzustellen. Sie verdeutlichen auf symbolischer Ebene die Zusammensetzung einer Zahl aus Zehnern und Einern, die bei Bedarf getrennt betrachtet werden können – deshalb werden die Karten stellengerecht untereinander abgebildet.
Auf der rechten Seite wird angedeutet, wie das Zwanzigerfeld auf den Hunderterraum erweitert werden kann: Es werden mehrere Zehnerstreifen untereinander gelegt. Die Kinder vertiefen dabei ihr Vertrauen in das dezimale Stellenwertsystem und seine Darstellung: Sie können sich stets darauf verlassen, dass in einer vollen Zeile des Feldes genau 10 Plättchen liegen und müssen diese nicht nachzählen. Zudem wird ersichtlich, dass die Zahlen jenseits der 20 genauso aufgebaut sind, wie die Zahlen bis 20 – sie unterscheiden sich nur durch Zehnerstreifen, die hinzu gelegt wurden.

WIE KANN MAN VORGEHEN?

Einstieg *Zehnerbündelung mit Kerbholz einführen*
Die Lehrkraft zeichnet ein paar mehr als vierzig Kreise (oder Kreuze oder Sternchen) an die Tafel. Durch fortgesetzte Zehnerbündelung (immer zwei Fünfer) wird die Anzahl bestimmt und aufgeschrieben, wobei die Stellenwerttafel wie eine Strichliste geführt wird. Erst wenn der Zählprozess beendet wurde, werden Zahlsymbole in die Stellenwerttafel geschrieben und Zahlenkarten entsprechend gelegt.
Die Kinder sollen dann in Gruppen- oder Partnerarbeit selbst größere Anzahlen von Gegenständen („Material in großer Menge") entsprechend bündeln und zählen, wobei die Stellenwerttafel zunächst immer als Strichliste geführt und erst nach dem Zählen mit Symbolen ausgefüllt wird. Zudem wird die Anzahl mit Zahlenkarten gelegt und ggf. geschrieben.

1, 2 *Zehner bündeln und zählen*
Die Anzahl wird jeweils durch Zehnerbündelung und Abzählen der vorhandenen Zehnerbündel bestimmt und in die Tabelle und in die Zahlenkarten eingetragen.

3 Wie viele Zehner? Wie viele Einer?

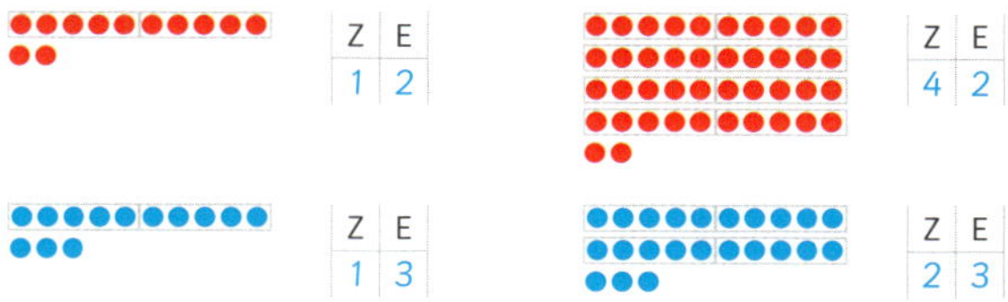

4 Wie viele Zehner? Wie viele Einer?

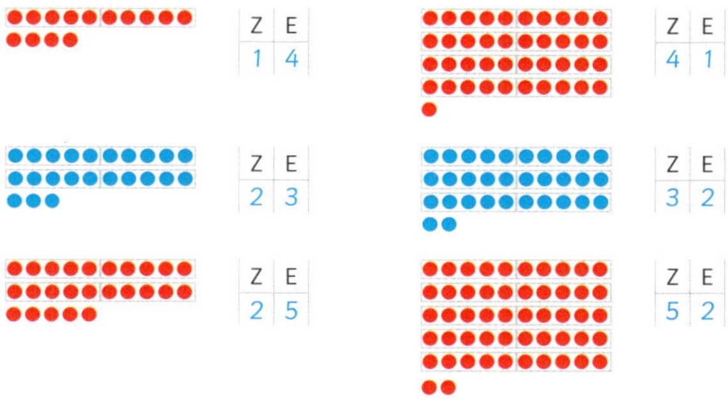

Einstieg, 3, 4 *Plättchenanzahlen bestimmen*
Die Anzahl der Zehner und der Einer wird bestimmt und in die Stellenwerttafel eingetragen. In Aufgabe 3 werden zwei Paare verwandter Zahlen betrachtet: sie unterscheiden sich nur durch volle Zehner und stimmen in den Einern überein.

DIAGNOSTISCHES POTENZIAL

Wie bündeln die Kinder das Material zum Zählen? Wie lesen die Kinder zweistellige Zahlen? Wie bestimmen sie die Anzahl der Einer in den Plättchendarstellungen?

MÖGLICHKEITEN ZUR UNTERSTÜTZUNG

Einstieg Sofern man den Kindern Steckwürfel zum Zählen gibt, können diese bei der Anzahlbestimmung zusammengesteckt werden. Dabei kann auch durch einen Längenvergleich festgestellt werden, wann sich ein Zehner ergeben hat. Ebenso können von Kindern mit großen Schwierigkeiten Eierkartons genutzt werden, bei denen sich immer dann ein Zehner ergibt, wenn ein Karton gefüllt wurde.

Einstieg, 3 Analogien zwischen nebeneinander dargestellten Zahlen herausstellen: Die Einer stimmen überein.
Sprechweisen und Darstellungen einführen.

4 Anzahl der Zehner und der Einer bestimmen, *Kraft der 10* nutzen.

→ Arbeitsheft, Seiten 85, 86

140/141 Bald ist Weihnachten

Einstieg, 1 – 3 Besondere Tage im Monat Dezember mithilfe eines aktuellen Kalenderblattes eintragen. Unterschied Tag, Woche, Monat, Jahr klären. Wochentage nennen.

4 Sachaufgabe zum Rechnen mit Zeitspannen (hier 20 Tage) lösen. Sachsituation mit den Kindern nachstellen.

5 Sechs verschiedene Rollenverteilungen finden (drei Kinder auf drei Rollen). Angefangenes System in Tabelle fortsetzen.

Wichtige Wörter
Kalender, Tag, Woche, Monat, Jahr
Montag, Dienstag, Mittwoch, Donnerstag, Freitag, Samstag, Sonntag

○ **1** Trage in den Kalender ein: Nikolaus, Heiligabend, 1. Weihnachtstag, 2. Weihnachtstag, Silvester.

○ **2** Male die Adventssonntage rot an.

○ **3** Male alle Ferientage blau an.

◡ **4** Am 4. Dezember ist St. Barbaratag.

Wann blühen sie?

● **5** Leo, Ina und Ben spielen beim Krippenspiel die Heiligen Drei Könige.
Welche Rollenverteilungen sind möglich?

Caspar	Melchior	Balthasar
Leo	Ina	Ben
Leo	Ben	Ina
Ben	Leo	Ina
Ben	Ina	Leo
Ina	Ben	Leo
Ina	Leo	Ben

Dezember
1
2
3
4
5
6 Nikolaus
7
8
9
10
11
12
13
14
15
16
17
18
19
20
21
22
23
24 Heilgabend
25 1. Weihnachtstag
26 2. Weihnachtstag
27
28
29
30
31 Silvester

WAS WIRD BENÖTIGT?

Arbeits- und Demonstrationsmaterial: Kalender, Kalenderblatt für Dezember, Papier und Schere

WORUM GEHT ES?

Diese Doppelseite eignet sich als Miniprojekt in der Adventszeit. Alle Aufgaben stehen im Kontext „Advent" und „Weihnachten" und stimmen die Kinder somit auch im Mathematikunterricht auf die vorweihnachtliche Zeit ein.

WIE KANN MAN VORGEHEN?

1 – 3 *Kalender einführen*

Im Halbkreis betrachten die Kinder das Kalenderblatt vom Monat Dezember. Es wird gesammelt, was sie zum Thema Kalender wissen und Unterschiede zwischen Jahr, Woche, Monat und Tag besprochen. Zur Vorbereitung der Aufgaben im Schulbuch eignen sich folgende Impulse: Wann ist Nikolaus? Wo sehe ich diesen Tag im Kalender? Wann ist Weihnachten? Wann Sylvester? Wann zünden wir die erste (zweite, dritte, vierte) Adventskerze an? Die Ferien beginnen dieses Jahr am ... und enden am ... An welchen Tagen im Dezember habt ihr also Ferien? Haben Kinder unserer Klasse noch vor Weihnachten Geburtstag? Dazu passend zeigen die Kinder auf die jeweiligen Tage im Kalenderblatt und markieren sie farbig: besondere Tage gelb, Adventssonntage rot und Ferientage blau. Bei den besonderen Tagen sollte der Name des Tages dazugeschrieben werden (Nikolaus, Heiligabend ...). Ergänzend können besondere Tage an der Tafel notiert werden:

6. Dezember: Nikolaus
24. Dezember: Heiligabend
25. Dezember: 1. Weihnachtstag
26. Dezember: 2. Weihnachtstag
31. Dezember: Silvester
... Dezember: ... Geburtstag

Die Kinder übertragen die besonderen Tage des Dezembers in ihr Kalenderblatt im Schulbuch. Dafür kann den Kindern eine Kopie eines aktuellen Kalenderblattes zur Verfügung gestellt werden, in dem sie diese Daten nachsehen können. Allein das Zurechtfinden auf dem Kalender und das Übertragen in den Kalender im Schulbuch ist für manche Kinder eine große Herausforderung.

4 *Im Kalender orientieren*

Hier sammeln die Kinder erste Erfahrungen im Rechnen mit Daten. Sie müssen die Sachsituation erfassen, 20 Tage weiterrechnen und in das leere Kalenderblatt „24." eintragen. Es reicht, wenn sie „24" eintragen und die Zahl passend als „24. Dezember" deuten.
Den Brauch zum St. Barbaratag kann man mit der Klasse erleben: Am St. Barbaratag (04.12.) werden Zweige von Obstbäumen in die Vase gestellt. Circa 20 Tage später blühen sie, d. h. die Kinder können mit Ferienbeginn je einen kleinen, fast blühenden Zweig mit nach Hause nehmen.

5 *Rollenkombinationen bestimmen*

Die Kinder versuchen alle möglichen Verteilungen der drei Kinder auf die drei Rollen zu finden. Dazu können sie sich die Namen – Leo, Ben, Ina – auf kleine Zettel schreiben und diese den Rol-

6 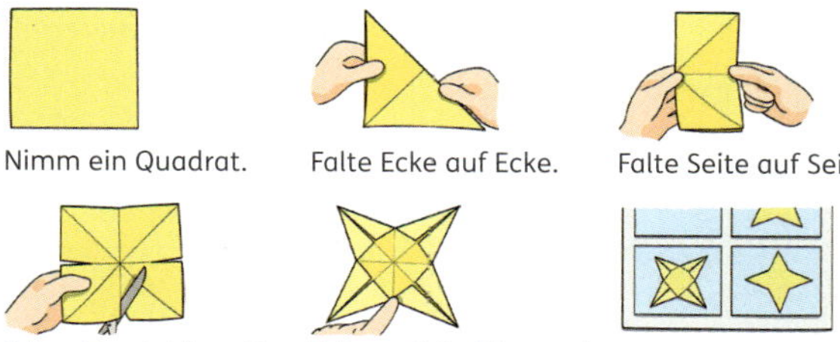

Nimm ein Quadrat. Falte Ecke auf Ecke. Falte Seite auf Seite.

Schneide gleich weit. Falte auf die Diagonale.

7 

8 Anna bastelt 5 Sterne. Till bastelt 8 Sterne.
Wie viele Sterne hat Till mehr als Anna?

Anna / Till 

$8 - 5 = 3$

Till hat 3 Sterne mehr.

Max bastelt 3 Kugeln. Ina bastelt doppelt so viele.
Wie viele Kugeln bastelt Ina?

ooo ooo

$3 + 3 = 6$

Ina bastelt 6 Kugeln.

9 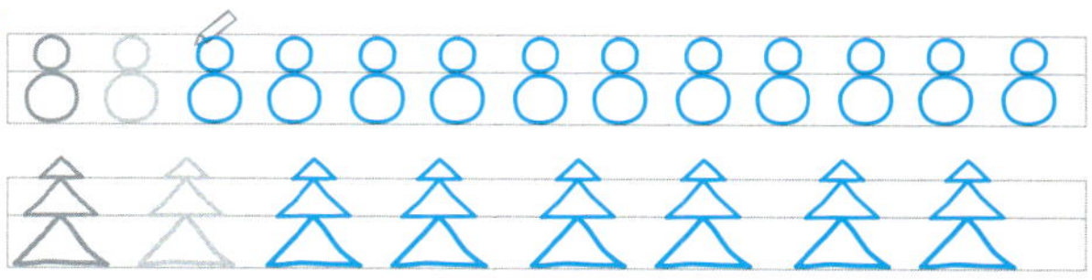

6, 7 Sterne nach Anleitung basteln
Potenzial zur Sprachförderung nutzen.

8 Sachaufgaben lösen.
Zeichnungen als Lösungshilfe nutzen.

9 Kreise und Dreiecke zeichnen.

Wichtige Wörter
Ecke, Seite, Mitte, Faltkante, Diagonale, Kreis

lenkarten (Gewändern) zuordnen. Bereits von der ersten Lösung ausgehend, sollten die Kinder aufgefordert werden, eine neue Lösung zu finden, indem sie möglichst geschickt vorgehen und nur wenig verändern. Anschließend vergleichen sie ihre Lösungen mit einem Partner und versuchen diese zu ordnen. Erst dann sollten sie ihre Ergebnisse in die Tabelle eintragen. Insgesamt gibt es sechs mögliche Verteilungen.
Die Kinder präsentieren abschließend alle gefundenen Verteilungen der drei Kinder auf die drei Rollen und beschreiben, wie sie die Lösungen gefunden haben.

6, 7 *Sterne basteln*
Gemeinsam wird besprochen, wie die beiden Sterne erstellt werden. Es ist möglich, dazu die Bastelanleitung vergrößert an die Tafel zu hängen und gemeinsam nachzuvollziehen. Die Fachbegriffe Ecke, Seite, Faltkante, Mitte, Diagonale, Kreis werden wiederholt und zur Beschreibung genutzt.
Wenn Kinder die Sterne aus Aufgabe 7 basteln, sollen sie vor dem Aufklappen des Sternes vermuten, wie er aussehen wird, etwa: Wie viele Zacken hat er? Welche und wie viele Aussparungen?

8 *Sachaufgaben lösen*
Die Kinder lösen die Sachaufgaben ggf. indem sie Sterne paarweise zuordnen. Sie notieren anschließend die Lösungszahl oder malen drei Sterne, bzw. Kreise, ggf. notieren sie auch eine passende Rechnung und formulieren (mündlich) einen Antwortsatz.

9 *Muster fortsetzen*
Das angefangene Muster wird fortgesetzt. So üben die Kinder, Kreise und Dreiecke zu zeichnen.

DIAGNOSTISCHES POTENZIAL
Kennen die Kinder die Wochentage und die Begriffe Tag, Woche, Monat, Jahr? Können sie mit einem Kalenderblatt umgehen und dort Daten finden oder eintragen? Welche besonderen Tage im Dezember kennen die Kinder? Wie lösen sie Rechenaufgaben zum Kalender?
Wie finden die Kinder die Verteilungen der drei Rollen? Wie erklären sie, wie sie dabei vorgegangen sind?
Gelingt es ihnen, Bastelanleitungen zu folgen? Kennen und nutzen sie die entsprechenden Fachausdrücke?
Wie lösen die Kinder Sachaufgaben (z. B. mit Zeichnungen, rechnerisch)?
Können sie Kreise und Dreiecke zeichnen?

MÖGLICHKEITEN ZUR UNTERSTÜTZUNG
1 – 3 Bei Schwierigkeiten können die Aufgaben in Partnerarbeit bearbeitet werden.

6, 7 Ein fertiger Stern dient als konkretes Anschauungsmittel für Kinder, die Schwierigkeiten haben, die Anleitung zu verstehen. Alternativ oder ergänzend kann man unter jeden Schritt der Faltanleitung das zugehörige gefaltete bzw. geschnittene Papier als reales Anschauungsobjekt hängen.

→ Arbeitsheft, Seite 87

142/143 Bald ist Ostern

Einstieg Mit Gedicht auf Osterthema einstimmen.

1 – 3 Durch systematisches Probieren alle Möglichkeiten für die Zusammenstellung der Nester finden.

Osterhäschen, komm zu mir,
komm in unseren Garten!
Bring uns Eier, zwei, drei, vier,
lass uns nicht so lange warten!
Leg' sie in das grüne Gras,
lieber, guter Osterhas!

Volksgut

1 Immer 2 Eier im Nest.

2 Immer 3 Eier im Nest.

3 Lege immer 4 Eier in ein Nest.
Wie viele verschiedene Nester findest du? 15 verschiedene Nester

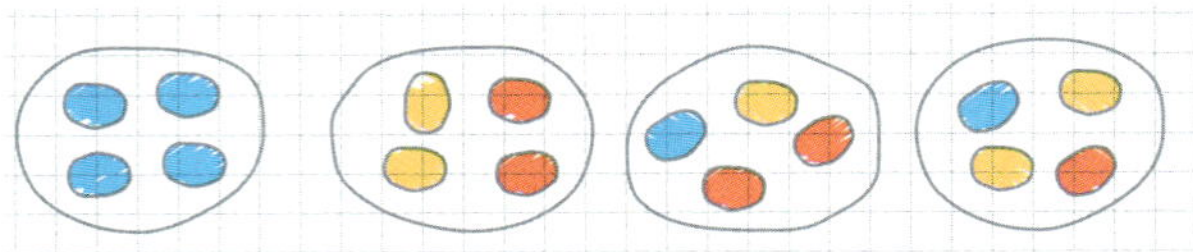

WAS WIRD BENÖTIGT?

Arbeits- und Demonstrationsmaterial: Linke Seite: Je vier Ostereier (Papier, Holz, ...) oder ähnliche Gegenstände in den Farben rot, blau, gelb, einige Nester oder kreisförmige Pappe als Nesterersatz, KV 87 *Bald ist Ostern.*
Rechte Seite: Blickdichte Beutel und Ostereier (oder andere gleichartige Objekte) zum Ziehen in rot, blau und gelb.

WORUM GEHT ES?

Das Mini-Projekt „Ostern" sollte zeitlich passend in das Schuljahr integriert werden. Nester, die mit Ostereiern verschiedener Farben bestückt werden, bilden den Kontext für kombinatorische Aufgaben (linke Seite) und Zufallsexperimente (rechte Seite).
Auf der linken Seite bestimmen die Kinder die Möglichkeiten dafür, Nester mit unterschiedlich vielen Eiern in den Farben rot, blau und gelb zusammen zu stellen. Es handelt sich hierbei um Kombinationen mit Wiederholung, d. h. es dürfen mehrere Eier in derselben Farbe in ein Nest gelegt werden. Eine Möglichkeit, die Aufgabe systematisch zu lösen, ist diese:
Man unterteilt die Möglichkeiten in überschaubare Gruppen. Sucht man zum Beispiel alle Möglichkeiten, Nester mit 3 Eiern in den Farben rot, blau und gelb zusammen zu stellen, kann man wie folgt vorgehen:

1. Alle Eier in der gleichen Farbe: (r, r, r), (b, b, b), (g, g, g)
2. Zwei Farben treten auf: Farben r, b: (r, r, b), (r, b, b)
   Farben r, g: (r, r, g), (r, g, g)
   Farben b, g: (b, b, g), (b, g, g)
3. Alle drei Farben r, b, g kommen vor: (r, b, g)

Diese Gruppen enthalten keine gemeinsamen Möglichkeiten, es ergeben sich also 3 + 1 + 2 + 2 + 2 = 10 Möglichkeiten.

Auf der rechten Seite wird eine Grundaufgabe der Stochastik behandelt: das Hochrechnen von einer Stichprobe (wie bei einer Wahlprognose). Die Kinder vermuten durch Ziehen mit Zurücklegen, wie die Farben von Eiern in Nestern verteilt sind. Sie erfahren dabei, dass man von den entstehenden Strichlisten auf den Inhalt der Nester schließen kann, dass man aber den Inhalt nie sicher bestimmen kann.

WIE KANN MAN VORGEHEN?

Einstieg *Auf Osterthema einstimmen*
Als Einstieg wird das Gedicht vorgelesen, das die Kinder dazu anregen soll, eigene Erfahrungen und Familiengewohnheiten zum Osterfest mitzuteilen.

1 *Farbkombination zu zwei Eiern finden*
Zum Erkunden der kombinatorischen Aufgaben 1 – 3 erhalten die Kinder je vier Eier o. Ä. in den Farben rot, gelb und blau und ggf. mehrere „Nester" zum Legen.
Die Lehrkraft fordert die Kinder auf, unterschiedliche Nester mit zwei Eiern zu legen und demonstriert das Aufzeichnen der gefundenen Lösungen. Gemeinsam werden alle Möglichkeiten gesucht. Es wird dabei herausgestellt, dass es nicht auf die Lage der Eier im Nest ankommt, sondern nur auf deren Anzahl und Farben. Es gibt sechs Möglichkeiten, die sortiert werden können: (r, r), (r, b), (r, g), (b, b), (b, g), (g, g).

2, 3 *Farbkombination zu drei und vier Eiern finden*
Die Lösung zur Aufgabe 2 findet sich in der einführenden Erläuterung. Nach einem analogen Zählverfahren ermittelt man die

4 Spielt „Nester raten“.
4 Eier sind im Nest versteckt. Es sind rote und blaue Eier.
Wie viele sind rot? Wie viele sind blau?

5 Spielt „Nester raten“ mit 3 Nestern.

6 Wählt eigene Nester.

7 Welches Nest vermutest du in welchem Sack? Begründe und verbinde.

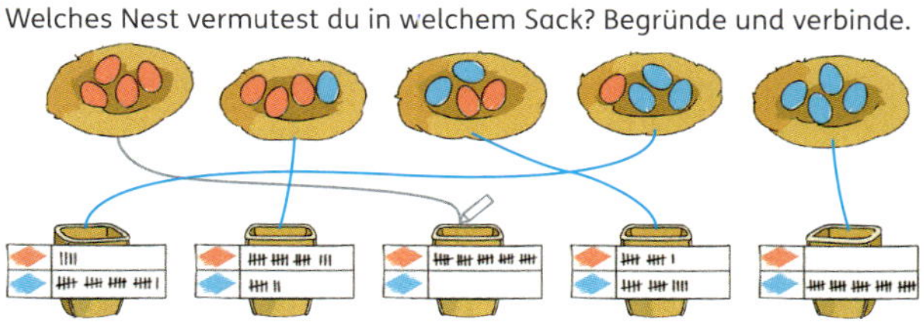

8 Spielt „Nester raten“ mit 3 Nestern und 3 Farben.

4 – 6 „Nester raten“ spielen: Auf der Basis des Experiments „Ziehen mit Zurücklegen“ auf die Zusammenstellung der Nester schließen.

7 Zuvor gewonnene Erfahrungen umsetzen.

8 „Nester raten“ auf drei Farben erweitern. Es muss öfter gezogen werden!

Anzahl der möglichen Nester der Aufgabe 3: Es sind insgesamt 15. Die Kinder sollten zuerst immer die Möglichkeit haben, ihre eigenen Systematiken zu entwickeln, indem sie unter Nutzung des Legematerials und anschließender Dokumentation eigene Vorgehensweisen erproben. Erst danach begeben sie sich in kooperative Lernformen (Partner- oder Kleingruppenarbeit) und tauschen sich dort mit anderen über gefundene Möglichkeiten aus, ordnen diese, entfernen doppelte und ergänzen fehlende Lösungen (Ich – Du – Wir – Prinzip nach Gallin und Ruf (1999)).

4 – 6 *Spiel „Nester raten“ einführen*
Für das Partnerspiel „Nester raten“ brauchen die Kinder jeweils einen blickdichten Beutel sowie vier Eier in drei verschiedenen Farben. Es ist wichtig, dass sich die Eier (bzw. Ersatzgegenstände) in Form und Gewicht gleichen, damit das Experiment zufällig bleibt.
Das Spiel steht exemplarisch für das Zufallsexperiment „Ziehen mit Zurücklegen“. Alle Aufgaben werden analog zu Aufgabe 4 bearbeitet, bei der man wie folgt vorgehen kann:
Die Lehrkraft hat zwei Beutel („Nester“) vorbereitet: Beutel 1: 1 rotes und 3 blaue Eier, Beutel 2: 2 rote und 2 blaue Eier. Sie erzählt den Kindern, dass in beiden Nestern 4 Eier in den Farben rot und blau liegen, verrät aber nicht, wie viele davon rot (bzw. blau) sind. Aufgabe der Kinder ist es, das herauszufinden.
Jedes Kind darf nun mit geschlossenen Augen aus jedem Beutel ein Ei ziehen, es ansehen und wieder zurücklegen. In je einer Tabelle für jeden Beutel wird festgehalten, welche Farbe gezogen wurde. Wenn alle Kinder gezogen haben, stehen an der Tafel also zwei Strichlisten. Die Kinder müssen jetzt mit Bezug auf die Tabellen begründen, welche Inhalte sie in den Beuteln vermuten. Die Vermutung wird durch Prüfen der Inhalte bestätigt. Es sollte herausgearbeitet werden, dass bei Beutel 2 die Chancen, ein rotes bzw. ein blaues Ei zu ziehen, gleich sind. Bei Beutel 1 ist die Chance, ein rotes Ei zu ziehen, kleiner. Daher erscheinen in der Strichliste bei rot weniger Striche. Es sollte aber auch deutlich werden, dass man nie ganz sicher sein kann: Der Zufall kann einem auch einen Streich spielen.

7 *Reflexion des Experiments*
Diese Aufgabe baut auf Erfahrungen der Aufgaben zuvor auf.

8 *Vertiefen: „Nester raten“*
Die Erfahrungen werden auf drei Nester übertragen. Sobald man ein gelbes Ei zieht, kann das zweite Nest ausgeschlossen werden.

DIAGNOSTISCHES POTENZIAL

Welche Systematik entwickeln die Kinder zum Auffinden aller Möglichkeiten und wie begründen sie die Vollständigkeit ihrer Lösungen? Welche Vorstellungen von zufälligen Ereignissen zeigen sie und wie begründen sie ihre Zuordnung der Nester auf der rechten Seite?

MÖGLICHKEITEN ZUR UNTERSTÜTZUNG

2, 3 Für Kinder mit Schwierigkeiten kann man den Suchraum eingrenzen, etwa: Finde alle Nester, in denen mindestens ein rotes Ei vorkommt. Arbeitsteilig lässt sich erreichen, dass die Kinder in einer Gruppe alle Möglichkeiten finden können.

Grundkonzeption des ZAHLENBUCHs

Unsere Arbeit ist von der Überzeugung getragen, dass die Reform des Mathematikunterrichts nur in einem stetigen Prozess gelingen kann. Auch bei der Entwicklung des ZAHLENBUCHs wurde daher bewusst die bewährte Praxis des Mathematikunterrichts der Grundschule aufgenommen und weitergeführt. Im Mittelpunkt des Werkes stehen die zentralen Inhalte der Arithmetik (Einspluseins, Einmaleins, halbschriftliches Rechnen, schriftliche Rechenverfahren) und deren Anwendungen auf das Sachrechnen, die nach wie vor den Kern des Unterrichts ausmachen. Unter der Devise „Weniger ist mehr" wurde zurückgegriffen auf altbewährte Anschauungsmittel (Wendeplättchen, Zehnerfeld, Zwanzigerfeld, Hunderterfeld, Hundertertafel, Stellentafel, Zahlenstrahl und Rechenstrich), die durch passende Neuentwicklungen komplettiert wurden (Wendekarten, Poster zum Einspluseins und Einmaleins, Tausenderbuch, Sortierkarten).
Die Ergebnisse der Hirnforschung zeigen, dass ein Teil unseres Gehirns auf die Erkennung und Verarbeitung von Zeichen, insbesondere von Zahlen, der andere auf die Erkennung und Verarbeitung von Bildern spezialisiert ist. Um beide Teile zu aktivieren wird im ZAHLENBUCH die Geometrie von der Frühförderung an besonders gepflegt. Sie bildet einen schlüssigen Lehrgang. Dies kommt auch der Arithmetik und dem Sachrechnen zugute, denn in beiden Bereichen werden geometrische Darstellungen vielfach benutzt (Punktmuster, Zahlenstrahl, Diagramme, Situationsskizzen usw.) Schon bei ersten Ausgabe 1994/97, also lange vor den Bildungsstandards, wurden in das ZAHLENBUCH auch die Elemente neuer Inhaltsbereiche (Stochastik[1], Kombinatorik) aufgenommen und organisch mit den klassischen Inhaltsbereichen verbunden.
In der betont *fachlichen Fundierung* und im *ganzheitlichen Zugang zum Lernen* wurden im Projekt „mathe 2000" und im ZAHLENBUCH neue Wege beschritten, die gerade heute angesichts der gegenwärtigen Herausforderungen an den Unterricht hochaktuell sind. Diese Wege sind insofern nicht völlig neu, als sie von fortschrittlichen Mathematikdidaktikern vorgezeichnet waren. Für ihre konsequente praktische Umsetzung in der Breite ist das ZAHLENBUCH das Original.

Fachliche Fundierung: Mathematik als Wissenschaft von Mustern

Früher hat man die Mathematik einerseits als Werkzeug für viele Berufsfelder und andererseits als systematisch geordnetes Gebäude mathematischer Theorien unterrichtet und Lehren als Wissensvermittlung verstanden. Heute wird die Mathematik als lebendige „Wissenschaft von Mustern und Strukturen" gesehen.[2] Der Unterricht orientiert sich weniger an der fertigen Mathematik, sondern mehr an den individuellen und sozialen Prozessen, die zu mathematischem Wissen führen. Diese Prozesse verlaufen naturgemäß nicht glatt. Genauso wie mathematische Forscher müssen auch die Lernenden ihren Weg zu Erkenntnissen suchen. Fehler sind dabei unvermeidlich. Aus ihnen in der Diskussion mit anderen Lernenden Lehren zu ziehen, gehört zum Wesen des Lernens. Im ZAHLENBUCH wird diesem aktiven und interaktiven Wissenserwerb konsequent Raum gegeben (s. Kapitel 2).
Die betont mathematische Fundierung des Werkes resultiert auch aus der Einsicht, dass die in mathematischen Mustern und Strukturen konzentrierte Denkökonomie die beste Grundlage für Verständnis bietet: *Mathematik lernt man nur durch Mathematiktreiben.*
Muster und Strukturen bieten aber lediglich einen Rahmen. Sie legen die Lernprozesse nicht fest, sondern schaffen Spielräume, die individuell genutzt werden können.

Ganzheitlicher Zugang: Lernen als Knüpfen von Wissensnetzen

Im Einklang mit der modernen Auffassung von Mathematik wird Lernen heute nicht mehr als Bau einer Mauer nach einem vorgegebenen Plan unter strikter Vermeidung von Lücken verstanden, sondern als fortlaufendes Knüpfen eines Netzes von Wissenselementen und Fertigkeiten. Lücken an einer Stelle sind keineswegs ein Hindernis für den Ausbau eines Netzes an einer anderen Stelle. Sie werden im Laufe des Lernprozesses geschlossen, indem über die Lücken hinweg „Wissensfäden" gespannt und an den schon festeren Teilen des Netzes verankert werden.
Der Natur des Lernens gemäß verlaufen Lernprozesse bei der Auseinandersetzung mit einem Stoffgebiet immer individuell. Die Lernenden kommen am besten voran, wenn sie eigene Wege gehen und ihr Tempo selbst bestimmen dürfen. Nur dann können sie auch ihr Vorwissen optimal einsetzen. Auch die Reihenfolge, in der einzelne „Wissensfäden" eingeknüpft werden, variiert individuell und darf auch variieren. Durch ein schlüssiges fachliches Konzept sowie durch den sozialen Austausch mit der Lehrperson und mit anderen Lernenden wird dafür gesorgt, dass trotz aller individuellen Unterschiede während des Lernprozesses am Ende gemeinsames Wissen vorhanden ist, über das die verschiedenen Lernenden natürlich in unterschiedlicher Weise verfügen.
Die Anleitung zu eigenständigem Lernen bedeutet aber nicht, dass die Lernenden sich selbst überlassen bleiben. Im Gegenteil: Die Lehrperson spielt bei der Orientierung über die Lernaufgaben und deren Strukturierung, bei der Besprechung und Erklärung von Lösungswegen, bei der Vertiefung von Einsichten, der prägnanten Zusammenfassung des Gelernten und der Herstellung von Querbeziehungen eine tragende Rolle.

1. KONZENTRATION DES STOFFES AUF TRAGENDE GRUNDIDEEN

Da die Unterrichtszeit begrenzt ist, muss der Stoff auf diejenigen inhaltlichen Grundideen konzentriert werden, die für die Umwelterschließung und für ein Verständnis der Fachstruktur unerlässlich sind. Die in Tabelle 1 aufgelisteten Grundideen der Arithmetik, Geometrie und Stochastik reichen weit über die Grundschule hinaus in die höheren Schulstufen hinein. In ihnen sind „strukturelle" und „praktische" Aspekte aufeinander bezogen. Dies entspricht dem Wesen der Mathematik als gleichzeitig „reiner" und „angewandter" Wissenschaft: Mathematische Muster und Strukturen sind schön *und* nützlich.
Muster und Strukturen durchziehen alle Inhaltsbereiche. Dass sie in den Bildungsstandards der KMK für die Grundschule als eigener Inhaltsbereich ausgewiesen wurden, ist ein systematischer Fehler, dem das ZAHLENBUCH so nicht folgt.

---

[1] *Stochastik (gr.) ist eine zusammenfassende Bezeichnung für Wahrscheinlichkeitstheorie und Statistik.*

[2] *s. dazu Wittmann, E. Ch. & Müller, G. N. (2004): Muster und Strukturen als Grundkonzept. In: Walther, G. et al.: Bildungsstandards konkret. Berlin: Cornelsen Scriptor 2007, 42 – 65*

Spiralige Entwicklung der Grundideen über die Stufen hinweg

Die mathematischen Grundideen der Inhaltsbereiche werden nach dem Spiralprinzip entwickelt, d.h. der Unterricht greift sie immer wieder auf, vertieft sie und führt sie in den folgenden Stufen weiter. Die Kinder können so Schritt für Schritt in die Mathematik hineinwachsen. Auf diese Weise wird nachhaltiges Lernen gesichert.

So erscheint zum Beispiel die Idee „Zehnersystem“ in der Frühförderung im „Zehnerfeld“, das im ersten Band zum „Zwanzigerfeld“ ausgebaut wird. Im zweiten Band wird das Zehnersystem weitergeführt und durch das „Hunderterfeld“ und die „Hundertertafel“, im dritten durch das „Tausenderbuch“ und das „Tausenderfeld“ und im vierten durch das „Millionbuch“ repräsentiert.

Lernziele und Kompetenzen

Um die *inhaltliche* Orientierung zu bewahren, die für einen fachlich fundierten Unterricht absolut notwendig ist, werden im ZAHLENBUCH seit jeher die „inhaltsbezogenen mathematischen Kompetenzen“ der Bildungsstandards als „inhaltliche Lernziele“ und die „allgemeinen mathematischen Kompetenzen“ als „allgemeine Lernziele“ verstanden. Da bereits in der Originalausgabe 1994/97 inhaltliche und allgemeine Lernziele ausgewiesen und in produktiven Übungen miteinander verzahnt wurden, war das ZAHLENBUCH auch in diesem Punkt seiner Zeit weit voraus.

Inhaltliche Lernziele beschreiben also angezielte Kenntnisse und Fertigkeiten, z.B. das Einspluseins, das Einmaleins, die schriftlichen Rechenverfahren, Konstruktionen mit Zirkel und Lineal oder die Umrechnung von Größeneinheiten. Allgemeine Lernziele beschreiben den mathematischen Erkenntnisprozess und sind daher für das Mathematiklernen von der Grundschule bis zur Universität maßgeblich. Heinrich Winter gebührt das Verdienst, sie bereits 1975 mustergültig formuliert zu haben. Seine Liste lautet in etwas anderer Formulierung wie folgt:

1. *Mathematisieren*, d.h. reale Situationen in die Sprache der Mathematik übersetzen, mit Mitteln der Mathematik Lösungen bestimmen und das Ergebnis für die reale Situation interpretieren,
2. *Explorieren*, d.h. Situationen probierend erforschen, Beziehungen und Strukturen entdecken, Strukturen erfinden, kreative Ideen entwickeln,
3. *Argumentieren*, d.h. mathematische Sachverhalte und Lösungswege erklären und begründen,
4. *Formulieren*, d.h. mathematische Sachverhalte und Lösungswege mündlich und schriftlich beschreiben.

Inhaltliche Lernziele (Kompetenzen) schaffen eine gute Basis für die Förderung allgemeiner Lernziele (Kompetenzen) und umgekehrt. Insofern bedingt jede Lernzielkategorie die andere. Für die praktische Arbeit muss aber ein wichtiger Unterschied im Auge behalten werden: während sich bei inhaltlichen Lernzielen vorzeigbare Erfolge in einem begrenzten Zeitraum erzielen lassen, stellen sich Fortschritte bei den allgemeinen Lernzielen nur langfristig und nur dann ein, wenn mit Geduld und Beharrlichkeit an ihnen gearbeitet wird. Dies ist besonders wichtig, wenn die Eingangsvoraussetzungen der Kinder im Entdecken, Beschreiben und Begründen von Mustern und Strukturen sehr niedrig sind, was in einem ungünstigen Umfeld häufig vorkommt.

Sparsamkeit in Arbeitsmitteln und bildlichen Darstellungen: Weniger ist mehr

Anschauungs- und Arbeitsmittel wirken weder unmittelbar noch eindeutig. Vielmehr müssen sich die Kinder erst in sie einarbeiten. Dies erfordert Zeit. Angesichts des engen Zeitrahmens verbietet es sich daher, eine große Zahl von Materialien heranzuziehen. Im ZAHLENBUCH wurde das Problem der Auswahl von Demonstrations- und Anschauungsmitteln auf folgende Weise gelöst: *genau die Materialien wurden ausgewählt, mit denen man die mathematischen Grundideen am besten verkörpern kann.* Ihr ständiger Gebrauch schafft die besten Voraussetzungen dafür, dass *Dar*stellungen in *Vor*stellungen übergehen und eine Grundlage für mentale Operationen bilden.

Aus dem gleichen Grund werden im ZAHLENBUCH auch bildliche und symbolische Darstellungen sowie Sprechweisen und Fachausdrücke auf diejenigen beschränkt, die weiterführende Bedeutung haben. Besondere Aufmerksamkeit erfahren dabei grundlegende Datenstrukturen (Tabellen, Listen, Diagramme und Rechenpläne).

Richtige Nutzung der Darstellungsformen

Vom Standpunkt des aktiv-entdeckenden und sozialen Lernens sind konkrete Materialien sowie bildliche und symbolische Darstellungen nicht als Hilfsmittel der Belehrung, sondern als Hilfen für das Lernen in der Hand der Kinder aufzufassen. Das ZAHLENBUCH verbindet die Nutzung konkreter Materialien („enaktiv“), zeichnerischer Darstellungen („ikonisch“) und formaler Darstellungen („symbolisch“) mit der ganzheitlichen Behandlung von Rahmenthemen. Ein zu früher Übergang zum formalen Rechnen ist Gift für das Verständnis und wird im ZAHLENBUCH vermieden. So wird zum Beispiel der gesamte Zwanzigerraum zuerst mit Material gestützt erarbeitet. Erst durch die dabei entwickelten Fähigkeiten, Zahlen zu zerlegen und zusammen zu setzen, werden die Kinder dazu in die Lage versetzt, formale Schreibweisen inhaltlich zu füllen und verständig zu nutzen („Prinzip der fortschreitenden Schematisierung“).

Auf zwei Punkte muss dabei besonders geachtet werden:

1. Mit der Einführung formaler Darstellungen verlieren Arbeitsmittel und Bilder keineswegs ihre Bedeutung. Sie werden immer benötigt, wenn es um das Verstehen, Beschreiben und Mitteilen von Lösungswegen, das Aufzeigen von Beziehungen zwischen Aufgaben und Lösungen, das Lösen kombinatorischer Aufgaben oder um die Modellierung von Sachsituationen geht. Den Kindern wird diese Botschaft am besten dadurch übermittelt, dass die Lehrperson Arbeitsmittel im Unterricht selbst *mit der größten Selbstverständlichkeit* verwendet. Auf diese Weise lässt sich auch das unter Kindern (und auch Eltern!) verbreitete Vorurteil am wirkungsvollsten ausräumen, die Verwendung von Plättchen sei ein Zeichen für mangelnde Rechenkompetenz. Letztendlich muss aber jedem Kind die Freiheit zugestanden werden, die verschiedenen Darstellungsmittel individuell zu nutzen.
2. Der handelnde („operative“) Umgang mit Mathematik ist keineswegs nur auf „enaktive“ Darstellungen beschränkt, sondern schließt „ikonische“ und „symbolische“ Darstellungen ein. Auch an bildlichen Darstellungen (z.B. der Zahlenreihe) oder an symbolischen Darstellungen (z.B. Rechensätzen) kann man operieren. Im ZAHLENBUCH wird dieser *operative Zugang*, den Arnold Fricke (angeregt durch Jean Piaget und Hans Aebli) eröffnet hat, besonders gepflegt.

Grundkonzeption des ZAHLENBUCHs

2. AKTIV-ENTDECKENDES UND SOZIALES LERNEN

Das für die Konzeption zentrale didaktische Prinzip des aktiv-entdeckenden und sozialen Lernens gründet sich auf aktivistische Lerntheorien, insbesondere die genetische Psychologie des Schweizer Psychologen Jean Piaget (1896 - 1980), ist aber auch fundamental mit der Mathematik verbunden. Heinrich Winter hat dieses Prinzip 1985 prägnant formuliert:

Den Aufgaben und Zielen des Mathematikunterrichts wird in besonderem Maße eine Konzeption gerecht, in der das Mathematiklernen als ein konstruktiver, entdeckender Prozess aufgefasst wird. Der Unterricht muss daher so gestaltet werden, dass die Kinder möglichst viele Gelegenheiten zum selbsttätigen Lernen in allen Phasen eines Lernprozesses erhalten.
Die Aufgabe des Lehrers besteht darin, herausfordernde Anlässe zu finden und anzubieten, ergiebige Arbeitsmittel und produktive Übungsformen bereitzustellen und vor allem eine Kommunikation aufzubauen und zu erhalten, die dem Lernen aller Kinder förderlich ist.

Aktiv-entdeckendes und soziales Lernen verlangt eine ständige Durchdringung inhaltlicher und allgemeiner Lernziele und lässt sich daher nicht in einem kleinschrittigen Unterricht verwirklichen, in dem der Stoff Häppchen für Häppchen vermittelt wird und die Lösungswege sowie die äußere Form der Lösung anhand von Musteraufgaben festgelegt sind. Sinnvoll ist vielmehr eine ganzheitliche Behandlung von Rahmenthemen, z. B. des Einspluseins und des Einmaleins.

Ganzheitliche Behandlung von Rahmenthemen in mehreren Durchgängen

Speziell im ersten und zweiten Band gibt es Rahmenthemen, die in *mehreren Durchgängen* erarbeitet werden müssen. Die ersten Durchgänge dienen der Orientierung und Einführung, die weiteren der Übung, Vertiefung und Ergänzung. Bei arithmetischen Rahmenthemen steht am Schluss immer die Automatisierung. Jedes Kind kann bei diesem Vorgehen an seine individuellen Voraussetzungen anknüpfen und hat genügend Zeit um sein Wissensnetz von Durchgang zu Durchgang zu erweitern und zu festigen. Wie eingangs schon angemerkt sind Lücken bei einem Durchgang kein Hindernis für sinnvolles Lernen im nächsten Durchgang. Da der Lernprozess die Lernziele immer wieder neu und von einer anderen Seite aus ansteuert, gibt es für die Kinder genügend Möglichkeiten, um ihre Lücken allmählich zu schließen. Es besteht kein Grund zur Sorge, dass Kinder „abgehängt" werden.

Beispiel

Einspluseins (Band 1)

1. Durchgang: Einführung der Addition, vor allem am Zwanzigerfeld (S. 56 - 69)
2. Durchgang: Einführung der Subtraktion am Zwanzigerfeld unter Bezug auf die Addition (S. 76 - 89)
3. Durchgang: Verzahnung von Addition und Subtraktion (S. 92 - 105)
4. Durchgang: Vertiefung des Einspluseins an der Einspluseins-Tafel (S. 110 - 117)
5. Durchgang: Weitere produktive Übungen zur Verzahnung beider Rechenarten (S. 118 - 125)
6. Durchgang (parallel zu den Durchgängen 2 - 4): Automatisierung im Blitzrechenkurs

Der ganzheitliche Zugang unterscheidet sich grundlegend vom traditionellen Zugang. Für Lehrerinnen und Lehrer, die zum ersten Mal nach dem neuen Konzept unterrichten, kostet es daher Mut und Überwindung, trotz anscheinender Lücken bei Kindern im Unterricht weiterzugehen, wie es das neue Konzept verlangt. Wenn dieser Mut nicht aufgebracht wird, sind Schwierigkeiten vorprogrammiert und der Erfolg wird beeinträchtigt: Ganzheitliche Themen sperren sich gegen eine kleinschrittige Behandlung.

Vorteile der ganzheitlichen Behandlung

Durch die ganzheitlichen Zugänge zu Rahmenthemen wird das bewährte Prinzip „Vom Leichten zum Schweren" keinesfalls aufgehoben. Es wird nur anders realisiert als traditionell üblich. Beim Einspluseins z. B. sind nicht nur die Aufgaben im Fünferraum leicht, sondern auch Aufgaben mit einem Summanden 1, Aufgaben „mit 5", Aufgaben , in denen die 10 eine Rolle einnimmt oder Verdopplungsaufgaben. Es ist daher sehr sinnvoll, solche Aufgaben als erste Fäden des Netzes „Einspluseins" zu spannen und andere Aufgaben daran anzuknüpfen.
Lernen in Ganzheiten trägt auch ganz wesentlich zur Zieltransparenz bei: Die Kinder können sich schon während des Lernprozesses klar machen, was sie schon können, wo sie noch Schwierigkeiten haben und was sie noch lernen müssen. Dazu sind die Seiten im ZAHLENBUCH so konzipiert, dass jede Doppelseite einen spezifischen mathematischen Aspekt der thematischen Grundeinheit wiederspiegelt.
Der ganzheitliche Zugang wird auch dadurch unterstützt, dass grundsätzlich nur Arbeitsmittel verwendet werden, die eine Gesamtübersicht über die Aufgaben ermöglichen. Beim Einspluseins z. B. sind dies das Zwanzigerfeld und die Einspluseinstafel, beim Einmaleins das Hunderterfeld mit Malwinkel und die Einmaleins-Tafel.

Zone der nächsten Entwicklung

Ganzheitliche Themen weisen über sich hinaus und verlocken zu Grenzüberschreitungen. Z. B. werden die Kinder vom Einspluseins ausgehend auch über 20 hinaus rechnen wollen. Dies ist zugelassen und sogar erwünscht. Wie der russische Psychologe Vygotskij in seiner kritischen Auseinandersetzung mit Piaget überzeugend dargelegt hat, muss der Unterricht stets die „Zone der nächsten Entwicklung" anpeilen. Dies bedeutet aber nicht, dass Grenzüberschreitungen eigens thematisiert werden müssten. Es genügt, sie als Denkanstöße wirken zu lassen. Wichtig ist,

dass keine Abschottung im Sinne von „Das dürfen wir noch nicht rechnen!“ vorgenommen wird.
Ein typisches Beispiel für Anregungen in der „Zone der nächsten Entwicklung“ sind die vielen offenen Übungen im ZAHLENBUCH, in denen die Kinder den Zahlenraum selbst wählen können – viele Kinder werden dabei über die 20 hinausgehende Überlegungen anstellen.

Anleitung zum selbstständigen und eigenverantwortlichen Umgang mit dem ZAHLENBUCH

Grundvoraussetzung für lebenslanges Lernen ist die Fähigkeit, Texte eigenständig erschließen zu können. Auch im Mathematikunterricht muss diese Fähigkeit gefördert werden. Nicht nur bei der Besprechung von Themenblöcken sollten die Kinder versuchen, sich so weit wie möglich selbst ein Bild von den Lernaufgaben zu machen. Auch bei einzelnen Doppelseiten des ZAHLENBUCHs sollte die Lehrperson bei der Vorbesprechung typischer Beispiele und der anschließenden Bearbeitung der Seite die Kinder selbst überlegen lassen, worum es im einzelnen geht, und sich auf Verständnishilfen beschränken, z. B. die Vorgabe konventioneller Sprechweisen, Schreibweisen und zeichnerischer Darstellungen. Je weiter die Lesefähigkeit entwickelt ist, desto mehr sollten die Kinder versuchen, sich neue Aufgaben alleine zu erschließen. Im Klassengespräch können die verbleibenden Unklarheiten anschließend beseitigt werden. Das ZAHLENBUCH unterstützt diese aktive Sinnkonstruktion, insbesondere durch die vielen Illustrationen, in denen Handlungen angedeutet und in einfach formulierten Sprechblasen durch wenige Worte beschrieben werden. Im Interesse des selbstständigen Arbeitens sollte auch das Auffinden und Aufschreiben von Lösungen im Rahmen der fachlichen Vorgaben den Kindern überlassen werden. Zudem wiederholen sich die grundlegenden Aufgabenstellungen im ZAHLENBUCH immer wieder, so dass der Zugang zur Aufgabe für die Lernenden in unterschiedlichen Themengebieten erleichtert wird.
Aus diesen Überlegungen geht hervor, dass mit der Förderung der Eigenaktivität auch die Eigenverantwortung der Kinder für ihr Lernen gestärkt werden muss.

Anleitung zum kooperativen und interaktiven Umgang mit dem ZAHLENBUCH

Zur Unterstützung des selbstständigen Arbeitens wird eine Organisationsform empfohlen, die in den letzten Jahren wieder an Bedeutung gewinnt, da sie insbesondere für das Lernen in der Grundschule von herausragender Bedeutung ist: Die Arbeit in Kleingruppen, die zum einen Absprachen zwischen den Lernenden erfordert, zum anderen die Entwicklung von verschiedenen Sichtweisen und die reflexive, argumentativ gestützte Vertiefung eigener Ideen fördert. Die Organisation solcher Gruppen erfordert einen bestimmten Aufwand, lohnt sich aber. Die Kinder einer Gruppe (in der ersten Klasse ist zu empfehlen, diese zumeist auf Partnerarbeiten zu konzentrieren) sollen sich gegenseitig beim Aufbau von Verständnis unterstützen, natürlich ohne einander die Arbeit abzunehmen. Auf diese Weise wird auch die Verantwortung für das soziale Lernen gefördert.
Es ist weder notwendig noch sinnvoll, ausschließlich annähernd leistungshomogene Gruppen zu bilden. Die Befürchtung, dass mathematisch interessierte und begabte Kinder durch Kinder, die Schwierigkeiten beim Lernen zeigen, „gebremst“ würden, besteht nicht. Gerade im Austausch mit ggf. langsam lernenden Kindern werden sie angeregt, den Stoff noch tiefer zu durchdringen und ihre kommunikativen Fähigkeiten weiterzuentwickeln. Dies gilt auch für den inklusiven und altersgemischten Unterricht. Im ZAHLENBUCH finden sich insbesondere dann Anregungen für kooperatives Arbeiten, wenn Aufgaben auf unterschiedliche Weise bearbeitet werden können oder wenn Rechenwege oder mathematische Erkenntnisse formuliert und anderen mitgeteilt werden sollen. Gute Erfahrungen haben wir gemacht, wenn Kinder nicht allein informell zusammen arbeiten, sondern in kooperatives Arbeiten eingeführt werden – z. B. indem über verschiedene Rollen bei der Zusammenarbeit gesprochen wird:

- In der Partnerarbeit legt beispielsweise ein Kind eine Aufgabe mit Plättchen, das andere Kind nennt anschließend die Anzahl; daraufhin wechseln die Rollen (das sog. „Waagemodell“).
- Eine Partnerarbeit kann auch in drei Phasen gegliedert werden: (1) Ein Problem wird individuell bearbeitet, (2) Zwei Kinder treffen sich und tauschen sich über ihre Lösungen aus, (3) Beide Kinder entwickeln für weitere Aufgabenstellungen gemeinsame Lösungen und präsentieren diese anderen Kindern (das sog. „Weggabelungsmodell“ bzw. „Ich-du-wir-Modell“).
- Eine „Mathekonferenz“ bietet auf ähnliche Weise den Kindern ein Forum, individuell entwickelte Rechenwege mit anderen Kindern auszutauschen und zu vergleichen. Im Kern sollen die Kinder ihre Strategien zu einer mathematischen Aufgabe besprechen und sich gegenseitig Hinweise zur Verbesserung der Strategien geben (ähnlich wie in einer Schreibkonferenz).

Der Umgang mit Fehlern

Im belehrenden Unterricht wird angestrebt, die Lernenden zur fehlerlosen Reproduktion von vorgegebenen Verfahren zu führen. Von diesem Standpunkt aus ist eine möglichst genaue Beobachtung der Lernfortschritte des einzelnen Kindes gemessen an den Vorgaben wünschenswert, damit Fehler möglichst schnell „diagnostiziert“ und „ausgemerzt“ werden können. Entsprechend sind möglichst wirksame Rezepte zur „Fehlertherapie“ gefragt. Die Jahrhunderte langen Erfahrungen mit dem belehrenden Unterricht zeigen, dass dieser Weg, so verlockend er scheint, nicht zum Ziel führt. „Von außen“ kommt man dem Lernprozess und den dabei auftretenden Fehlern nicht bei, ganz abgesehen davon, dass es für die Lehrkraft in einer Klasse mit 20 bis 30 Kindern gar nicht möglich ist, den Lernprozess jedes einzelnen Kindes genau zu verfolgen.
Im aktiv-entdeckenden Unterricht wird mit Fehlern anders umgegangen: Die Kinder erhalten zuerst einmal Zeit, um sich selbst an neuen Aufgaben zu versuchen, alleine oder im Austausch mit anderen Kindern. Auf diese Weise können sie die notwendige Verbindung zu ihrem Vorwissen am besten herstellen. Bei diesen ersten Versuchen werden auch Fehler auftreten, denn es gehört zum Wesen des Lernens Fehler zu machen. Die Kinder brauchen natürlich eine Rückmeldung zu Fehlern, die sie selbst nicht erkennen. Anhaltspunkte zu Beobachtungsschwerpunkten während der Arbeit der Kinder liefert die Rubrik „Diagnostisches Potenzial“, die für jede Doppelseite erstellt wurde. Rezepte zur Fehlervermeidung gehen aber am Problem vorbei. Die Rückmeldung muss in erster Linie auf die Herstellung eines Verständniszusammenhangs abzielen. Hinweise dazu liefert die Rubrik „Möglichkeiten zur Unterstützung“ für jede Doppelseite des Schulbuchs. Damit werden die Kinder besser befähigt, von sich aus Fehler zu vermeiden, als durch von außen mitgeteilte Rezepte zur Fehlervermeidung, deren blinde Befolgung selbst eine Fehlerquelle ist.

Grundkonzeption des ZAHLENBUCHs

Notwendigkeit eines fachlichen Rahmens

Zu welchen Leistungen Kinder bei der Erarbeitung eigener Lösungswege fähig sind, wurde empirisch in eindrucksvoller Weise nachgewiesen. Aus diesen Befunden darf aber nicht gefolgert werden, Kinder könnten „sich“ die Mathematik am besten „alleine“ erarbeiten und würden darin durch Fachstrukturen nur behindert.

Der Erfolg des Mathematikunterrichts von der Grundschule bis zum Abitur steht und fällt damit, dass das Prinzip des aktiv-entdeckenden und sozialen Lernens organisch mit fachlichen Grundideen und allgemeinen Lernzielen verbunden wird. Wenn die Kinder in der Mathematik wirklich weiterkommen wollen, dürfen sie nicht bei ihren privaten Sichtweisen und Denkwegen stehen bleiben, sondern müssen sich in die bewährten Fachstrukturen einarbeiten und diese gemäß der *im Fach liegenden Offenheit* produktiv nutzen. Diese Aneignung wird durch eine schlüssige fachliche Strukturierung der Lernangebote, wie sie das ZAHLENBUCH verkörpert, wesentlich unterstützt. Die Kinder gelangen insbesondere nicht von sich aus zu einem Verständnis typisch „theoretischer“ Aspekte der Mathematik (z.B. der Erfassung der Allgemeingültigkeit von Rechengesetzen, der Abstraktheit von Begriffen oder der zwingenden Logik einer mathematischen Argumentation), sondern müssen im Unterricht dazu angeregt werden. Ziel des Unterrichts kann es nicht sein, dass jedes Kind seine „private Mathematik“ entwickelt, sondern dass es die Werkzeuge, die sich als effektiv erwiesen haben, individuell nutzt. Auch der einzelne mathematische Forscher erfindet nicht seine eigene Welt, sondern arbeitet eingebettet in das soziale Netzwerk der Wissenschaft Mathematik.

Entwicklung von Bewusstheit

Eine dem Lernen übergeordnete wichtige Aufgabe der Lehrkraft besteht darin, die Kinder anzuregen, Besonderheiten der Mathematik wahrzunehmen, ihre Lernprozesse selbst zu steuern und Verantwortung für ihre Lernfortschritte zu übernehmen. Man muss mit den Kindern z.B. über die grundsätzliche Freiheit von Rechenwegen, über Schwierigkeiten beim Lernen und ihre Überwindung, über den Nutzen der Zusammenarbeit, über den Sinn des Blitzrechnens, usw. sprechen.

Die Entwicklung von Bewusstheit verlangt Geduld und Beharrlichkeit, weil sich der Erfolg bei der Mehrheit der Kinder naturgemäß nur langfristig einstellt. Je mehr Bewusstheit die Kinder aber entwickeln und je mehr sie sich für ihr Lernen verantwortlich fühlen, desto mehr werden Lehrkräfte entlastet. Insofern liegt es in deren ureigenem Interesse, die Bewusstheit der Kinder für ihr Lernen zu fördern.

3. GRUNDLEGENDES, AUTOMATISIERENDES UND PRODUKTIVES ÜBEN

Den weitaus größten Teil des Unterrichts muss aus guten Gründen das Üben einnehmen. Deshalb ist auch das ZAHLENBUCH überwiegend ein Übungsbuch. Im Hinblick auf die Breite der heutigen Zielsetzungen des Unterrichts sind aber verschiedene Übungstypen erforderlich, die in der Neubearbeitung des ZAHLENBUCHs neu ausgezeichnet wurden.

○	Grundlagen aufbauen und sichern
◒	Zusammenhänge entdecken und anwenden
●	Beziehungen reflektieren und nutzen
❀	Selbstgesteuert üben und Aufgaben produzieren

Grundlegendes Üben

Wenn ein Thema neu eingeführt wird, sind grundlegende Übungen angebracht, die dazu dienen, die neuen Aufgabenstellungen und Lösungswege zusammen mit neuen Sprechweisen handelnd an geeigneten Materialien zu erarbeiten. Dabei muss das neue Wissen mit bekanntem Wissen verknüpft werden. Die Qualität der Bearbeitung von Aufgaben, die exemplarische Bedeutung haben, ist in dieser Phase wichtiger als die Quantität der behandelten Aufgaben. Im ZAHLENBUCH sind solche Übungen gekennzeichnet durch das Symbol ○.

○ **1** Lege 8, nimm weg.

8 − 2 = 6	8 − 7 =
8 − 3 =	8 − 1 =
8 − 5 =	8 − 8 =

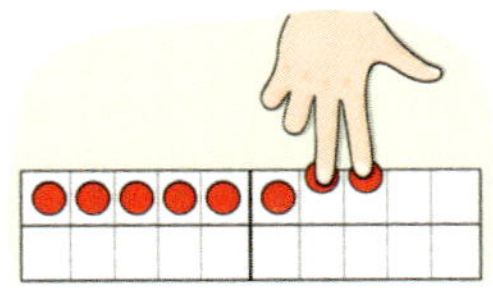

Schülerbuch 1, S. 78

Abgesehen davon, dass die Kinder natürlich auch an grundlegende Übungen aktiv herangehen und ihre eigenen Wege gehen sollen, besteht in diesem Bereich inhaltlich eine große Übereinstimmung mit dem traditionellen Unterricht.

Produktives Üben

Ganz neu im Vergleich mit dem traditionellen Unterricht sind die sogenannten *produktiven* Übungen, die durch die *gemeinsame* Förderung inhaltlicher und allgemeiner Lernziele (Kompetenzen) gekennzeichnet sind. Mathematisieren, Explorieren, Argumentieren und Formulieren (bzw. in den Worten der Bildungsstandards „Modellieren“, „Problemlösen“, „Argumentieren“ und „Kommunizieren“) kann man nur, wenn ein mathematisches Muster oder eine auf ein Muster bezogene Aufgabe eine Grundlage für solche Aktivitäten bietet. Im „Handbuch produktiver Rechenübungen“, dem Hauptwerk von „Mathe 2000+“, ist dieser Übungstyp erstmals beschrieben und flächendeckend für den Rechenunterricht umgesetzt worden.[3] Im ZAHLENBUCH wurde der Ansatz für die Praxis entwickelt und in der Neubearbeitung weiter ausgearbeitet:

[3] *Wittmann, E.Ch. & Müller, G.N., Handbuch produktiver Rechenübungen. Band 1: Vom Einspluseins zum Einmaleins. Band 2: Vom halbschriftlichen zum schriftlichen Rechnen. Stuttgart: Klett 1990/92*

Das Symbol ◒ kennzeichnet Aufgaben, die untereinander einen strukturellen Zusammenhang aufweisen, der von den Kindern gesehen und ggf. ausgenutzt werden kann – aber nicht muss.

◒ **5** Rechne. Was fällt dir auf?

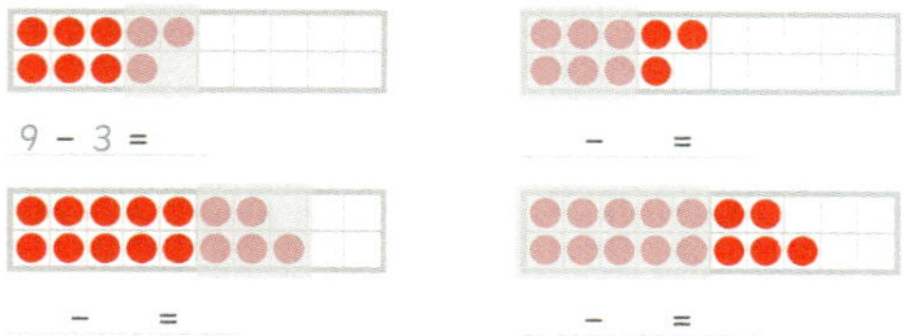

Schülerbuch, S. 79

Im abgebildeten Beispiel können die Kinder Beziehungen zwischen den bekannten Tauschaufgaben der Addition und den hier abgebildeten Paaren der Subtraktionsaufgaben herstellen, wodurch ein Kommunikations- und in der Regel auch ein Argumentationsanlass entstehen kann. Es handelt sich hier in aller Regel um reflektiv aufgebaute Übungen, d. h. die Zusammenhänge treten erst nach dem Berechnen einiger Aufgaben in den Vordergrund und können ab dann für die Berechnung weiterer Aufgaben herangezogen werden.
Durch das Symbol ● werden Aufgaben gekennzeichnet, die stärker von Beginn an die Herstellung und Ausnutzung struktureller Zusammenhänge einfordern. Das bedeutet ausdrücklich nicht, dass diese Aufgaben nur für die stärkeren Kinder wichtig wären – auch grundsätzlich wichtige Wissenselemente können strukturellen Charakter haben. Dies gilt insbesondere dann, wenn prozessbezogene Kompetenzen stärker in den Vordergrund treten. Zum Beispiel müssen die Kinder bei der operativen Durchdringung der Addition erkennen, dass die Struktur einfacher Zahldarstellungen zu einem Repertoire einfacher Additionsaufgaben werden kann: Einfaches Legen führt zu einfachem Rechnen.

● **4** Lege und rechne. mit 5

5 + 2 =	4 + 5 =	5 + 1 =	5 + 3 =
2 + 5 =	5 + 4 =	1 + 5 =	3 + 5 =

Schülerbuch, S. 63

Schließlich gab es im ZAHLENBUCH schon immer besonders offene Aufgaben, mit denen die Kinder auf ihrem Niveau „unerschöpflich viele Aufgaben" bearbeiten können. Solche Aufgaben sind in der Neubearbeitung durch das Symbol ❀ gekennzeichnet. Da hier in besonderem Maße das Prinzip der natürlichen Differenzierung zum Tragen kommt, sind diese Aufgaben ebenfalls nicht den besonders guten Kindern vorbehalten, sondern können und sollen von allen Kindern angegangen werden.

❀ **7** Schreibe Aufgaben. mit 5 mit 10 = 10

5 + 1 = 6 2 + 1 0 = 1 2 6 + 4 = 1 0

Schülerbuch, S. 63

Insbesondere können die Kinder den hierbei zugrunde gelegten Zahlenraum an die eigenen Fähigkeiten und Interessen anpassen.

Eine besondere Bedeutung für das produktive Üben haben „Übungsformate", die auf mathematischen Strukturen beruhen und wie Formulare unterschiedlich mit Zahlen gefüllt werden können. Im ZAHLENBUCH finden sich folgende Übungsformate: „Schöne Päckchen", „Schöne Päckchen?", „Zahlenmauern", „Rechendreiecke", „Rechenketten" und „Zahlenraupen", zu denen in der Reihe „Probieren und Kombinieren" noch das Format „Igeldreiecke" hinzukommt. Diese wenigen, aber sehr reichhaltigen Übungsformate ziehen sich durch alle Bände des ZAHLENBUCHs. Ein Sammelsurium von Übungsformen, die jeweils neu eingeführt werden müssten, nur vorübergehende Bedeutung hätten und letztlich nur Ballast wären, wird absichtlich vermieden, da dies im Widerspruch zur Konzeption des ZAHLENBUCHs steht. Leerformate und Kopiervorlagen im Materialband zum ZAHLENBUCH erleichtern die praktische Arbeit mit den o. g. Übungsformaten. Übungsformate kann man nicht nur für Aufgaben mit willkürlich eingetragenen Zahlen, sondern für Aufgabenserien mit Mustern nutzen. Dadurch ist oft eine gute Kontrolle der Ergebnisse gegeben.

◒ **2** Rechne, vergleiche, beschreibe.

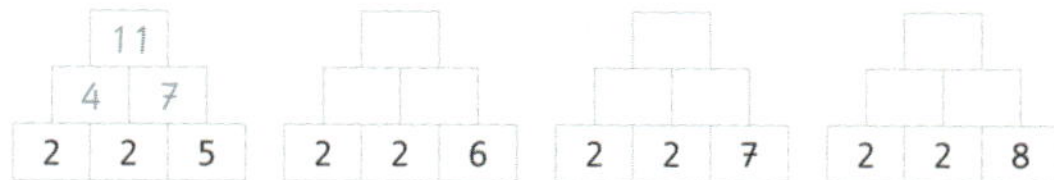

Schülerbuch, S. 118

Automatisierendes Üben

An die Seite des grundlegenden und des produktiven Übens tritt im ZAHLENBUCH ein dritter Übungstyp: das *automatisierende Üben*. Aktiv-entdeckendes Lernen und die Automatisierung von Wissenselementen und Fertigkeiten sind keineswegs Gegensätze, sondern bedingen einander: Aktiv-entdeckendes Lernen schafft die Verständnisgrundlage, die für die Automatisierung notwendig ist, und umgekehrt bildet automatisiertes Wissen die notwendige Grundlage für aktiv-entdeckende Lernprozesse auf der nächst höheren Stufe. Diese komplementäre Beziehung muss besonders betont werden, weil in den herrschenden pädagogischen Theorien das „Auswendiglernen" verpönt ist. Da sich die Kinder nicht beliebig viel merken können, muss genau überlegt werden, welche Wissenselemente und Fertigkeiten wirklich grundlegend sind, und diese müssen dann gezielt geübt und automatisiert werden.
In der Neubearbeitung des ZAHLENBUCHs werden die zugehörigen Übungen deswegen den grundlegenden Übungen zugewiesen und ebenfalls mit dem Symbol ○ ausgezeichnet. Natürlich sind die Auszeichnungen nur Richtlinien – welche Funktion eine Aufgabe für den individuellen Lernprozess eines Kindes wirklich einnimmt, kann nur aus der Sicht auf das spezielle Kind entschieden werden. Im Sinne eines angezielten fortschreitenden Lernprozesses aber werden natürlich solche Aufgaben, die zu Beginn noch das Reflektieren von Beziehungen erfordern, letztendlich zu Aufgaben, die mehr und mehr routiniert bearbeitet – also automatisiert – werden können. Diesen Bogen zwischen dem Kennenlernen und dem routinierten Nutzen von Strukturen schlägt der Blitzrechenkurs, der aus 10 Übungen pro Band besteht. Alle Blitzrechenübungen werden bewusst auf einer breiten Anschauungsgrundlage und unter Nutzung von Beziehungen entwickelt. Sie zielen auf die Entwicklung von *Zahlvorstellungen* und auf *Verständnis*. Dementsprechend wird jede Blitzrechenübung in zwei Phasen geübt: Die *Grundlegungsphase*, die zum grundlegenden Üben gehört, dient der Verankerung der Übung in grundlegenden

Zahldarstellungen, die nachfolgende *Automatisierungsphase* der Festigung und „blitzschnellen“ Abrufbarkeit der entsprechenden Wissenselemente und Fertigkeiten.
Ein zu früher Übergang von der Grundlegung zur Automatisierung ist für den Lernprozess schädlich und muss unter allen Umständen vermieden werden.

Zur Organisation der Blitzrechenübungen im Unterricht

Die *Grundlegung* jeder Übung wird im Schülerbuch eingeführt und kann in Partnerarbeit oder in der Kleingruppe durchgeführt werden. Die Kinder können auch mit der Rechenkartei, der CD-ROM oder mit der App üben. Genauso wie jede Übungsstunde im Sport mit einem „warm up“ beginnt, sollte in der Regel am Beginn jeder Mathematikstunde eine kleine Runde im Blitzrechnen oder blitzrechenartigen Aktivitäten stehen, in der die mathematischen Areale des Gehirns auf „Betriebstemperatur“ gebracht werden.
Angesichts des Nachdrucks, der beim Blitzrechnen auf die Entwicklung von Zahlen- und Rechenverständnis gelegt wird, ist die flüssige Beherrschung der Übungen des Kurses ein sehr guter Indikator für das Erreichen der grundlegenden inhaltlichen Lernziele. *Daher zahlt es sich aus, wenn die Lehrkraft den Fortschritt der Kinder beim Blitzrechnen ständig im Auge behält.* In der Einzelplatz- und der Netzwerkversion werden die drei letzten Testergebnisse der Kinder zu den einzelnen Übungen und das beste Ergebnis des Gesamttests in einem „Lehreraccount“ festgehalten. Die Lehrkraft hat mit einem Passwort Zugang zu diesen Daten und kann sich so mühelos über die Übungsfortschritte informieren.
Es empfiehlt sich, die Beherrschung jeder Übung in einem „Blitzrechenpass“ (Kopiervorlage) festzuhalten. Damit bekommt jedes Kind eine individuelle Rückmeldung über seinen Lernstand. Die zwei Teilprüfungen für jede einzelne Übung (in angemessenem zeitlichen Abstand voneinander) sowie für die Abschlussprüfung über den gesamten Kurs können zeitsparend in Gruppen abgelegt werden. Die Kinder können sich vorher gegenseitig testen und entscheiden, wann sie sich zu einer Prüfung melden. Wenn im Klassenzimmer ein Computer zur Verfügung steht, kann der Lernstand auch am Computer überprüft werden, da sich jedes Kind beim Üben persönlich eintragen muss.

Mitarbeit von „Rechentrainern“ beim Blitzrechnen

Der Blitzrechenkurs erreicht dann seine optimale Wirkung, wenn es gelingt, nicht nur die Kinder, sondern auch Eltern oder andere Bezugspersonen von der Notwendigkeit und Wichtigkeit des Kurses zu überzeugen. Lehrkraft, Kinder und Eltern müssen die Übungen bewusst als ständiges „Fitnessprogramm“ verstehen und konsequent durchführen: „Übe so immer wieder!“ Bereits beim ersten Elternsprechtag sollte dieser wichtige Punkt geklärt und damit gleichzeitig die Mitarbeit der Eltern in sinnvolle Bahnen gelenkt werden. Die Eltern sollten in das Konzept des Kurses eingeführt werden, den Unterschied zwischen Grundlegung und Automatisierung verstehen und lernen, wie die Grundlegung der zehn Blitzrechenübungen unter Benutzung der Seiten 94–95 und des hinteren Umschlags des Arbeitsheftes durchgeführt wird. Anschließend sollte mit den Eltern überlegt werden, wer für ihr Kind als „Blitzrechen-Trainer“ rekrutiert werden kann. Die Unterstützung beim Blitzrechnen ist bei solchen Eltern kein Problem, die von sich aus an den Lernfortschritten ihrer Kinder interessiert sind und die nötige Zeit aufbringen können. Für Kinder, bei denen diese Voraussetzung nicht gegeben ist, sollten andere „Blitzrechen-Trainer“ gefunden werden, die sich für den Kurs mitverantwortlich fühlen, z. B. ein älteres Geschwisterkind oder ein(e) andere(r) Verwandte(r), ein(e) Mitschüler(in), ein(e) Mitarbeiter(in) bei der Ganztagsbetreuung, oder Betreuer(in) bei der Hausaufgabenhilfe.

4. DIE FÖRDERUNG VON KINDERN MIT UNTERSCHIEDLICHEN VORAUSSETZUNGEN NACH DEM PRINZIP VON DER NATÜRLICHEN DIFFERENZIERUNG

Die üblichen Methoden der („inneren“ und „äußeren“) Differenzierung bestehen darin, dass die Lehrkraft Gruppen von Kindern oder einzelnen Kindern Aufgaben für ein bestimmtes Lernziel zuweist, die nach Einschätzung der Lehrkraft dem jeweiligen Lernstand entsprechen. Es gibt Unterrichtswerke, bei denen die Kinder weitgehend unabhängig voneinander Heftchen für Heftchen abarbeiten. Dadurch werden aber nicht nur die Bildungsstandards verfehlt, sondern auch soziales Lernen verhindert, obwohl es erklärtes pädagogisches Ziel von Schule ist. Im ZAHLENBUCH wird ein grundsätzlich anderer Weg der Differenzierung beschritten: das Werk ist vom Grundsatz her so konzipiert, dass Kinder mit unterschiedlichen Voraussetzungen, Interessen und Möglichkeiten *gemeinsam* damit arbeiten können und gleichwohl *individuell* gefördert werden, wir sprechen hierbei von der *natürlichen Differenzierung*.
Das Prinzip von der natürlichen Differenzierung ist von besonderer Bedeutung für die Lösung der wohl größten pädagogischen Herausforderung, vor der die Grundschule steht: Der Umgang mit Heterogenität, sei es in inklusiven Klassen, in altersgemischten Klassen oder auch in Klassen, in denen Kinder mit ganz unterschiedlichen sprachlichen Hintergründen sind. Die traditionelle Antwort auf diese Herausforderung besteht darin, am „Punkt Null“ zu beginnen und den Wissenserwerb der Kinder auf einem unteren bis mittleren Niveau klein- und gleichschrittig zu normieren. Dieser Ansatz, bei dem die Bedürfnisse der einzelnen Kinder völlig ignoriert werden, wurde und wird auch heute noch mit dem Argument verteidigt, er komme den schwachen Kindern besonders entgegen. Tatsächlich lernen aber auch und gerade schwache Kinder am besten, wenn ihnen fachlich gerahmte Freiräume gewährt werden. Auch pädagogische Gründe sprechen daher für das Prinzip des aktiv-entdeckenden Lernens, wie es im ZAHLENBUCH realisiert ist. Die Kinder können die reichhaltigen Lern*angebote* im Sinne der natürlichen Differenzierung nach ihren individuellen Voraussetzungen nutzen. Auf diese Weise werden *alle* Kinder bei der Bearbeitung gemeinsamer Themen zusammengehalten. Sowohl Kinder mit Lernschwierigkeiten als auch leistungsstarke Kinder können *aus dem Unterricht heraus* gefördert werden. Spezielle zusätzliche Förderprogramme für schwächere oder begabte Kinder sind – abgesehen von Extremfällen – unnötig. Wie erfolgreich dieser Weg ist, wenn er konsequent beschritten wird, zeigen die Erfahrungen mit dem ZAHLENBUCH unter unterschiedlichsten Bedingungen: Das ZAHLENBUCH findet einerseits großen Zuspruch in Förderschulen und dient andererseits als Anregung für die Förderung mathematisch begabter Kinder.
Es besteht kein Grund zur Sorge, dass die mit aktiv-entdeckendem Lernen verbundene natürliche Differenzierung zu einem Auseinanderfallen der Klasse führen könnte. Durch verbindliche Lernziele, insbesondere den Blitzrechenkurs, wird dafür gesorgt,

dass trotz aller individuellen Unterschiede während des Lernprozesses am Ende ein ausreichender gemeinsamer Wissensbestand vorhanden ist.

Der „alternative Ansatz" zur Förderung von Kindern mit Lernschwierigkeiten

In der alternativen Medizinen gelten diejenigen Heilmittel als besonders wertvoll, die nicht spezifisch auf eine bestimmte Körperfunktion wirken, sondern auf die allgemeine Stärkung des gesamten Organismus zielen. Entsprechend besteht der „alternative Ansatz" des ZAHLENBUCHs zur Förderung von Kinder mit Lernschwierigkeiten nicht in spezifischen „Fördermaßnahmen", sondern in einer *unspezifischen* Förderung, die organisch in das Konzept integriert ist. Lernschwierigkeiten können damit an der Wurzel erfasst werden. Folgende Punkte wirken sich bei diesem Ansatz positiv aus:

1. Durch eine geeignete Förderung *schon im Kindergartenalter* lassen sich Lernschwierigkeiten vermeiden oder zumindest abmildern. Hierfür steht das ZAHLENBUCH-Frühförderprogramm zur Verfügung. In Zusammenarbeit mit den Kindergärten können damit bereits im Vorfeld wichtige Grundlagen gelegt werden.
2. Die im ZAHLENBUCH konsequent verfolgte *Konzentration* auf mathematische Grundideen, die *Beschränkung* auf wenige grundlegende Anschauungs- und Arbeitsmittel und auf eine kleine Zahl wiederkehrender Übungsformate sowie die Benutzung einer schlichten Sprache sind didaktische Maßnahmen, die gerade schwächeren Kindern das Lernen erleichtern. Der Förderbedarf wird damit generell reduziert.
3. Der Blitzrechenkurs stellt ein in den Unterricht eingebettetes *Diagnose- und Förderprogramm* für Kinder mit Lernschwierigkeiten dar, auf das gezielte schulische und außerschulische Fördermaßnahmen unmittelbar zurückgreifen können. Die Rechenkartei „Blitzrechnen" bietet sich hier in besonderer Weise als Fördermaterial an.

Hinweise dazu, wie man mit dem Material und den Aufgabenangeboten des ZAHLENBUCHs Kindern mit besonderen Schwierigkeiten *im* Mathematikunterricht gezielter helfen kann, bieten die beiden zusätzlichen Förderkommentare mit dem Schwerpunkt „Lernen" und mit dem Schwerpunkt „Sprache".

Die Förderung mathematisch begabter und interessierter Kinder

Als „ZAHLEN*muster*-BUCH" enthält das Werk viele produktive Aufgaben, die über die Übung von Fertigkeiten hinaus Optionen zur selbstständigen Fortsetzung, Variation und Erfindung arithmetischer und geometrischer Muster bieten. In einzelne Aufgaben sind Muster eingebaut, die sogar bis in die höhere Mathematik hineinreichen. Bei den Praxishinweisen zu den einzelnen Schülerbuchseiten werden entsprechende Möglichkeiten aufgezeigt.
Leistungsstarke Kinder können die Aufgaben zum selbstgesteuerten Üben in besonderer Weise ausreizen und sich unter Variation vorgegebener Themen tiefergehende mathematische Strukturen selbstständig erarbeiten. Eine Förderung dieser Kinder ist somit ebenfalls aus dem normalen Stoff heraus möglich. Diese Besonderheit des ZAHLENBUCHs sollte den leistungsstarken Kindern bewusst gemacht werden, damit sie das Potenzial des Buches von sich aus ausschöpfen, ohne ständig von der Lehrkraft „Futter" zu erwarten.

Unterricht in jahrgangsgemischten Klassen

In altersgemischten Klassen reicht das Prinzip der natürlichen Differenzierung nicht aus. Dem sehr unterschiedlichen Entwicklungsstand entsprechend müssen daher Lerngruppen gebildet werden, die an unterschiedlichen Stellen des Curriculums, d.h. auch mit anderen Bänden des ZAHLENBUCHs arbeiten. Lerngruppen sind schon deshalb zwingend, weil unterschiedliche mathematische Themen, z.B. das Einspluseins im ersten Schuljahr und das Einmaleins im zweiten Schuljahr, unterschiedliche Strukturen aufweisen. Zugleich gibt es auch Themen in verschiedenen Klassenstufen, die in enger Beziehung stehen, z.B. das Einspluseins im ersten Schuljahr und die halbschriftliche Addition im zweiten Schuljahr.
Diese Themen bieten vielfältige Anlässe für ein gemeinsames Arbeiten, das vorausschauendes und rückblickendes Lernen ermöglicht. Gleichwohl ist bei solchen Themen zu beachten, dass sich einzelne Kindern auch explizit auf ihr Thema konzentrieren lernen müssen, um den jeweiligen Stoff auch grundanständig zu durchdringen.

Bei der Organisation von Lerngruppen zeigt das Konzept des ZAHLENBUCHs seine ganze Stärke:

1. Der transparente, schlüssige Aufbau des Werkes in Themenblöcken und die Förderung einer aktiv-entdeckenden Lernhaltung unterstützen zusammen das folgende Klassenmanagement: Jede Lerngruppe wird jeweils in einen thematischen Block eingeführt und angeleitet, die entsprechenden Abschnitte im ZAHLENBUCH und Arbeitsheft soweit wie möglich selbstständig zu bearbeiten. In dem bereitliegenden Lösungsband können die Kinder ihre Lösungen kontrollieren. Ferner bieten insbesondere die Aufgaben zum selbstständigen Üben nicht allein Anregungen zur Erkundung von Zahlen in größeren Zahlenräumen oder zur Vertiefung von Erkenntnissen in kleineren Zahlenräumen. Sie schaffen auch Gelegenheiten zur fachlichen Begegnung über die Jahrgänge hinweg.
2. Wie die thematisch strukturierten Inhaltsübersichten der einzelnen Bände des ZAHLENBUCHs deutlich machen, wird in der Arithmetik jeder Zahlenraum in folgender Sequenz behandelt: Orientierung, Einführung von Rechenwegen an einem komplexen Beispiel, einfache Aufgaben, Übergang von einfachen zu schweren Aufgaben, vertiefende Übungen, ergänzende Übungen, Blitzrechenübungen. Weiter kehrt eine kleine Zahl von Übungsformaten ständig wieder. In der Geometrie und im Sachrechnen werden ebenfalls einige wenige Grundideen über die Schuljahre hin entfaltet.
   Durch diese sich ständig wiederholenden inhaltlichen Strukturen wird der Erklärungsbedarf in beträchtlichem Maße reduziert. An den übersichtlich gestalteten Inhaltsübersichten des ZAHLENBUCHs können sich die Kinder diesen Aufbau selbst klar machen und die verschiedenen Bände des ZAHLENBUCHs als Teile einer Reihe verstehen, auf die sie frei zugreifen können.
3. Die systematisch wiederkehrenden Lernstrukturen ermöglichen und erleichtern nicht nur den Übergang von einer Lerngruppe zu einer anderen, sondern auch den *formellen* und *informellen* Austausch zwischen den Gruppen, dessen positive Wirkungen nicht unterschätzt werden dürfen. In diesem Sinn können von Zeit zu Zeit sogar Kinder höherer Klassen mit Kindern aus unteren Klassen zusammengeführt werden. Auch der Einsatz von Kindern aus fortgeschrittenen Lerngruppen

als Tutoren wird durch den besonderen Aufbau des ZAHLENBUCHs erleichtert.[4]

5. DIAGNOSE, LERN- UND LEISTUNGSKONTROLLEN

Kinder möchten wissen, wie sie beim Mathematiklernen vorangekommen sind und an welcher Stelle im Kompetenzerwerb sie stehen. Auch Eltern, Lehrkräfte und Schulbehörden möchten aus unterschiedlichen Gründen wissen, welche Voraussetzungen Kinder zur Schule mitbringen, welche Fortschritte sie machen und inwieweit die vorgesehenen Ziele am Ende von Schuljahren oder Schulstufen erreicht worden sind.

Lern- und Leistungskontrollen werden hauptsächlich aus drei Gründen durchgeführt: um Kindern (und Eltern) wertfrei eine Rückmeldung über den Lernstand bzw. den Lernfortschritt zu geben, um den Lernstand zu bewerten (Benotung) oder als Diagnostik, um eine Förderung anzuschließen. Diese drei Aspekte sind eng miteinander verwoben. Eine Note kann auch gleichzeitig eine Rückmeldung sein; auch aus Lernzielkontrollen am Ende der Behandlung eines Stoffabschnitts, die zur Leistungsfeststellung dienen, lassen sich auch diagnostische Informationen darüber entnehmen, welche Fertigkeiten im weiteren Unterricht nochmals geübt werden müssen, usw.

Im Folgenden werden die wesentlichen Formen der mathematischen Lern- und Leistungskontrollen beschrieben, die zu unterschiedlichen Zeitpunkten im Unterricht stattfinden, wobei sich die meisten organisch in den kindlichen Lernprozess einbauen lassen: Eingangstests, Standortbestimmungen, Ergebniskontrollen, interne Lernzielkontrollen, Rückmeldung des Lernstandes, externe Lernzielkontrollen und diagnostische Tests.

Eingangstests

Zum Schulbeginn werden Eingangstests benutzt, um sich ein erstes Bild von den Kindern zu machen, den eventuell nötigen Förderbedarf einzuschätzen oder über die Zuordnung zu bestimmten Lerngruppen zu entscheiden. Der Aufwand von Eingangstests lohnt sich besonders, wenn genügend Ressourcen vorhanden sind, um anschließend eventuell erforderliche Fördermaßnahmen durchzuführen.

Unabhängig davon wird im ZAHLENBUCH die Eintrittsschwelle schon für die ersten Lernangebote so niedrig angesetzt, dass auch Kinder mit geringen Vorkenntnissen mitmachen und mitlernen können. Die Beobachtung der Kinder im laufenden Anfangsunterricht zeigt dann, wer sich bei bestimmten Aufgaben schwer tut und besonders gefördert werden muss.

Standortbestimmungen

Zu Beginn der Behandlung zentraler Themen sollte jeweils eine Standortbestimmung durchgeführt werden. Die Analyse der Bearbeitungen liefert wertvolle Anhaltspunkte für die Planung des weiteren Unterrichts. Offene Aufgaben bieten sich für eine Standortbestimmung besonders an. Bei geeigneter Aufgabenstellung können die mathematischen Grundkompetenzen jedes Kindes zu bestimmten Bereichen erfasst und differenzierte Lernangebote für einzelne Kinder entwickelt werden.

Beispiel: Für den ganzheitlichen Einstieg in das erste Rahmenthema „Entwicklung des Zahlbegriffs“ im Band 1 des ZAHLENBUCHs bieten sich z. B. folgende offene Aufgaben an:

- Diese Zahlen kenne ich: (SB 1, S. 4)
- Meine Klasse. Wie viele? (SB 1, S. 6)
- Schreibe die Zahlen der Reihe nach auf, soweit du möchtest.
- Schreibe eine Zahl und male ein Bild, das zur Zahl passt.

Ergebniskontrollen

Weniger aussagekräftig als Rückmeldungen zu Lösungswegen, aber dafür viel einfacher zu geben, sind Rückmeldungen zu Ergebnissen. Hierfür ist eine Unterscheidung zu beachten, auf die schon Wilhelm Oehl mit aller Klarheit hingewiesen hat:

[Wir müssen] zwischen Fremdkontrolle und Selbstkontrolle unterscheiden. Sagt der Lehrer dem Schüler: „Diese Aufgabe ist falsch“, so handelt es sich einwandfrei um Fremdkontrolle. Aber auch in allen andern Fällen, in denen ... etwa ein Ergebnisheft oder eine Prüfzahl ... dem Schüler sagt: „Diese Aufgabe ist falsch“, haben wir es mit Fremdkontrolle zu tun. ... Diese begriffliche Klarstellung ist notwendig, weil sich ... Kontrollmethoden unter dem anspruchsvollen Etikett „Selbstkontrolle“ eingebürgert haben, die in Wirklichkeit Fremdkontrollen sind. ...

Da das ZAHLENBUCH auf die Entwicklung von Verständnis ausgerichtet ist, wird die echte Selbstkontrolle besonders betont. Die Kinder werden angeleitet, Beziehungen zu anderen ähnlich strukturierten Aufgaben herzustellen, ihre Ergebnisse abschätzen, sich mit anderen Kindern auszutauschen und auf Arbeitsmittel zurückzugreifen. Das ZAHLENBUCH unterstützt diese auf Eigenverantwortung zielenden Formen der Selbstkontrolle dadurch, dass in viele Aufgaben Muster eingebaut sind, deren Störung auf Fehler hinweist.

In gewissem Umfang sind im Unterricht natürlich auch Formen der äußeren Kontrolle notwendig. Dies gilt z. B. für das Blitzrechnen, wo die Kinder schnelle Rückmeldungen auf ihre Antworten erhalten müssen. Auf den Rückseiten der Rechenkarten und auf den Aufgabenblättern der Rechenkartei „Blitzrechnen“ sind daher die Lösungen eingetragen, auf der CD-ROM „Blitzrechnen“ werden falsche Ergebnisse vom Computer nicht angenommen. Auch die Ergebnisse von Rechnungen, denen keine hilfreichen Muster zugrunde liegen, müssen kontrolliert werden. Daher werden zum Schülerbuch und zum Arbeitsheft Lösungsbände angeboten, anhand derer die Kinder ihre Rechnungen selbst kontrollieren können. In altersgemischten Klassen erleichtert dies das Klassenmanagement erheblich.

Interne Lernzielkontrollen

Schriftliche Arbeiten zur Leistungsbewertung haben ihren Platz am Ende von Lernabschnitten, wenn der betreffende Stoff gründlich behandelt worden ist und die Kinder damit vertraut sind. Solche Tests sollten so konstruiert sein, dass alle Anforderungsbereiche abgedeckt werden. Als Vorbild dienen die Lernzielkontrollen im Materialband, die auch eine zusätzliche Variante für lernzieldifferent unterrichtete Kinder in inklusiven Klassen enthält. Mit den ergänzenden Aufgaben zur Differenzierung kön-

---

4 *Hinweis: Weitere Einzelheiten zu der Frage „Jahrgangsmischung ja oder nein“ finden sich in der Schrift „Mathematikunterricht in jahrgangsbezogenen und jahrgangsgemischten Klassen – mit dem ZAHLENBUCH“, die vom Klettverlag bezogen und in etwas verkürzter Form von der „Mathe 2000+“- Homepage (www.mathe2000.de) herunter geladen werden kann.*

nen die Lernzielkontrollen an das Leistungsniveau einer Klasse oder einzelner Kinder angepasst werden.
Beachtet werden muss aber, dass sich der Leistungsstand von Kindern mit schriftlichen Tests allein nicht ausreichend ermitteln lässt. Kinder können in der Regel mehr, als sie in schriftlichen Tests zeigen können. Es sind daher weitere Formen von Leistungsnachweisen nötig. Aktiv-entdeckende und soziale Arbeitsformen bieten den Kindern vielfältige Möglichkeiten ihr Können zu zeigen: in mündlichen Tests (Blitzrechenpass), in mündlichen oder schriftlichen Beiträgen zum Unterricht (insbesondere an der Tafel), in der schriftlichen Bearbeitung von Aufgaben im Heft oder auf Arbeitsblättern, oder anhand materieller Produkte, die im Unterricht hergestellt wurden. Die zuletzt genannte Form von Leistungsnachweisen ist besonders für geometrische Themen wichtig, die sich schriftlich nicht angemessen prüfen lassen.
Diese Formen der Lernkontrolle haben den unschätzbaren Vorteil, dass der Vertrauensschutz gewahrt ist: Es wird nur getestet, was die Kinder gelernt haben, und zwar anhand von Aufgabenformaten, die den Kindern bekannt sind. Dies entspricht der normalen Praxis im Arbeitsleben, wo in aller Regel eine gewisse Zeit für die Einarbeitung in neue Aufgaben eingeräumt wird, bevor Leistungen verlangt werden.

Rückmeldung des Lernstandes

Zu unterschiedlichen Zeiten im Lernprozess sollte der Lernstand der Kinder nicht nur bewertet, sondern den Kindern an konkreten Inhalten transparent gemacht werden, an welcher Stelle im Kompetenzerwerb sie stehen, bzw. welche Fortschritte sie gemacht haben. Hierzu bietet das ZAHLENBUCH Rückmeldebögen an, bei denen die Lehrkraft die Kompetenzen eines Kindes auf einer kontinuierlichen Skala im Sinne eines Lernweges einordnen kann. Die Rückmeldebögen orientieren sich dabei inhaltlich an den großen Themenblöcken und beziehen sich auf die wesentlichen mathematischen Kompetenzen der einzelnen Themenblöcke. Das Ausfüllen des Rückmeldebogens kann sich an die entsprechende Rückblickseite im Schülerbuch und die zugehörige Lernzielkontrolle anschließen. Es ist jedoch auch möglich, den Lernstand allein aus den Beobachtungen im Unterricht und den dort entstandenen Schülerdokumenten zu erheben. Wird der gleiche Rückmeldebogen im Laufe des Schuljahres mehrfach ausgefüllt, kann der Lernfortschritt transparent werden.

Externe Lernzielkontrollen

Neben Formen der Lern- und Leistungskontrolle, die Teil des Unterrichts sind, gibt es externe Formen der Kontrolle. Diese national und international organisierten Vergleichstests wie VERA, PISA & Co. haben eine „Qualitätssicherung" von „Bildungsstandards" zum Ziel, was die Autoren des ZAHLENBUCHs durchaus kritisch sehen. Dennoch bereitet das ZAHLENBUCH die Kinder natürlich inhaltlich auf externe Lernzielkontrollen vor:

1. Die inhaltlichen und allgemeinen Lernziele (Kompetenzen) der Bildungsstandards werden im ZAHLENBUCH gründlich und umfassend behandelt. Ziel dabei ist die Entwicklung von mathematischem Verständnis. Der durchgehende „Blitzrechenkurs" sorgt für sicheres Grundwissen. Aber auch die allgemeinen Lernziele werden umfassend behandelt: Die Kinder lernen, Muster zu entdecken, fortzusetzen und zu begründen, und sie lernen, ihre Überlegungen mündlich und schriftlich zu formulieren. Damit wird das volle Spektrum der Bildungsstandards abgedeckt.
2. Das ZAHLENBUCH leitet dazu an, Aufgabentexte selbstständig zu erschließen und mathematisch sinnvoll zu bearbeiten. Ein schlüssiger Sachrechenkurs, bei dem die Kinder lernen, Situationen der Lebenswelt mathematisch zu durchdringen, zieht sich systematisch durch alle Bände.
3. Jeder arithmetische Themenblock endet mit einem Rückblick, durch den man eine Übersicht über die erreichten Lernziele erhalten kann. Alle Arbeitshefte enden mit einer zusammenfassenden Wiederholung der zentralen Lernziele.

Zur Vorbereitung auf externe Tests ist es darüber hinaus erforderlich, die Kinder anhand von Beispielaufgaben und Beispieltests auch in Besonderheiten der Bearbeitung von Testaufgaben einzuführen, die mit Mathematik nichts zu tun haben, z.B. in das Ankreuzen von Ergebnissen bei Multiple-Choice-Aufgaben, das Notieren von Ergebnissen am dafür vorgesehenen Platz, evtl. auch das Arbeiten unter scharfer Zeitbegrenzung, das Vorziehen von Aufgaben, die man schnell versteht und lösen kann.

Unterrichtsbegleitende Diagnose

Differenzierte Einblicke in den Verlauf von Lernprozessen, aus denen sich wiederum differenzierte Hinweise für eine Förderung oder eine Hilfe zur Selbsthilfe ergeben, erhält man mit dem geringsten Aufwand und am besten während des Unterrichts: im Gespräch mit den Kindern anhand der Bearbeitung von Aufgaben. Das ZAHLENBUCH setzt damit auf implizite Formen von Diagnose. Eine Aufgabe wird ja nicht erst dadurch zu einer Testaufgabe, weil sie auf einem Testblatt oder Diagnosebogen steht. Wenn z.B. das Einspluseins gelernt wird, rechnen die Kinder im Unterricht mündlich und schriftlich eine Vielzahl von Aufgaben. Wenn es um die schriftliche Multiplikation geht, werden dazu viele Aufgaben mit unterschiedlich großen Zahlen gerechnet. Aus den mündlichen und schriftlichen Äußerungen der Kinder im normalen Unterricht kann man umfassende Informationen über den Lernstand und die Lernfortschritte gewinnen. Bei Nutzung der Rückmeldebögen werden Lücken im Wissenserwerb und ein Stagnieren des Lernfortschritts schnell sichtbar.
Um mit den Kindern ins Gespräch zu kommen, müssen sie immer wieder aufgefordert werden, ihre Rechen- und Lösungswege zu erklären und ihre Überlegungen zu begründen. Sie werden dabei umso mehr aus sich herausgehen, je mehr sie darauf vertrauen können, dass im Verlauf von Lernprozessen keine Leistungsbewertung stattfindet. Die Äußerungen der Kinder im Unterricht durch geschicktes Fragen und Nachfragen gezielt anzuregen, gelingt natürlich umso leichter, je mehr Sprechanlässe der Unterricht bietet und provoziert und je mehr Möglichkeiten die Kinder haben, ihre eigenen mathematischen Fähigkeiten zu zeigen. Im ZAHLENBUCH bieten besonders die „Aufgaben zum selbstgesteuerten Üben" der Lehrkraft Hinweise über die mathematischen Kompetenzen der Kinder. Diese Aufgaben sind insofern diagnostisch sensibel. Die von den Kindern eigenständig formulierten Lösungen liefern der Lehrkraft Hinweise über das Verständnis der jeweiligen Lernenden und Anregungen für ein diagnostisch geprägtes Gespräch mit dem Kind. Ferner kann auch die Bearbeitung des Rückblicks einen Überblick über die zentralen Kompetenzen eines Themenblocks liefern und Hinweise darüber geben, wie nachhaltig diese verstanden worden sind. Die auf den Rückblickseiten ausgewiesenen Kompetenzen sind bewusst für die Lernenden verständlich formuliert, so dass die Schüler diese Seiten auch für einen „Selbstcheck" nutzen können.

Es gibt einen weiteren Bereich, in dem die Lehrkraft im Interesse der Kinder und im eigenen Interesse gut daran tut, sich über die Lernfortschritte genau auf dem Laufenden zu halten und darüber sogar Buch zu führen: den Bereich der Basiskompetenzen, vor allem im Blitzrechnen. Dieser Bereich ist überschaubar und lässt sich mit einem akzeptablen Aufwand kontrollieren. Wenn Blitzrechnen geübt wird, sieht man, wo die Kinder noch Schwächen haben, und kann gezielt fördern (s. das obige Zitat und die Ausführungen zum Blitzrechenkurs im vorhergehenden Abschnitt).